Modern Public Budgeting

Schriften des Instituts für Finanzen
Universität Leipzig

Herausgegeben von Prof. Dr. Udo Hielscher und Prof. Dr. Thomas Lenk

Band 10

PETER LANG
Frankfurt am Main · Berlin · Bern · Bruxelles · New York · Oxford · Wien

Matthias Klumpp

# Modern Public Budgeting

## Analyse und Bewertung von Informations- und Risikomanagementsystemen in Öffentlichen Einrichtungen am Beispiel einer Risk-Return-Steuerung für Hochschulen

PETER LANG
Internationaler Verlag der Wissenschaften

**Bibliografische Information der Deutschen Nationalbibliothek**
Die Deutsche Nationalbibliothek verzeichnet diese Publikation in der Deutschen Nationalbibliografie; detaillierte bibliografische Daten sind im Internet über <http://www.d-nb.de> abrufbar.

Zugl.: Leipzig, Univ., Diss., 2007

15
ISSN 1439-4936
ISBN 978-3-631-56751-7



www.peterlang.de

**Inhaltsübersicht**

**Inhaltsverzeichnis**

**Tabellenverzeichnis**

**Abbildungsverzeichnis**

**Gleichungsverzeichnis**

| | | |
|---|---|---|
| (6-1) | Definitionsgleichung der Varianz | $s = \sqrt{\Sigma}(x\text{-}E)^2$ |
| (6-2) | Additivität der Standardabweichung | $s^2(x+y) = s^2(x) + s^2(y)$ |
| (6-3) | Additivität des marginalen Value-at-Risk | $mVaR_V = VaR_G - VaR_{G\text{-}V}$ |

**Abkürzungsverzeichnis**

| | |
|---|---|
| a.a.O. | am angegebenen Ort |
| Abs. | Absatz |
| AG | Aktiengesellschaft |
| Art. | Artikel |
| BIP | Bruttoinlandsprodukt |
| BMF | Bundesministerium der Finanzen |
| BOR | Bayerischer Oberster Rechnungshof |
| BR | Bezirksregierung |
| BRH | Bundesrechnungshof |
| Bsp. | Beispiel |
| bspw. | beispielsweise |
| bzw. | beziehungsweise |
| CHE | Centrum für Hochschulentwicklung |
| c.p. | ceteris paribus |
| d.h. | das heißt |
| DFG | Deutsche Forschungsgemeinschaft |
| DGBV | Deutsche Gesellschaft für Bildungsverwaltung |
| DHV | Deutsche Hochschule für Verwaltungswissenschaft |
| DM | Deutsche Mark |
| ebd. | Ebenda |
| ECU | European Currency Unit |
| EPL | Einzelplan |
| ER | Ergänzungsrechnung(en) |
| ERA | European Research Area |
| etc. | et cetera |
| EU | Europäische Union |
| FA | FinanzArchiv |
| FA&M | Financial Accounting & Management in Governments, Public Services and Charities |
| FH | Fachhochschule |
| ggf. | gegebenenfalls |
| ggü. | gegenüber |
| GmbH | Gesellschaft mit beschränkter Haftung |
| GöW | Gesellschaft für öffentliche Wirtschaft, Berlin (vormals auch Gesellschaft für öffentliche Wirtschaft und Gemeinwirtschaft) |
| GuV | Gewinn- und Verlustrechnung |
| HIS | Hochschul-Informations-System GmbH |
| HRH | Hessischer Rechnungshof |
| HRK | Hochschulrektorenkonferenz |
| i.d.F. | in der Fassung |
| i.H.v. | in Höhe von |
| i.S.d. | im Sinne der/des |
| i.V.m. | in Verbindung mit |

| | |
|---|---|
| IE | Input-Einheiten |
| insb. | insbesondere |
| IT | Informationstechnologie |
| IuK | Informations- und Kommunikationstechnik |
| IV | Informationsverarbeitung |
| Jg. | Jahrgang |
| k.A. | keine Angaben |
| KG | Kommanditgesellschaft |
| KGSt | Kommunale Gemeinschaftsstelle für Verwaltungsvereinfachung |
| KNA | Kosten-Nutzen-Analyse |
| LHO | Landeshaushaltsordnung |
| Libor | London Interbank Offered Rate |
| lit. | Buchstabe |
| LRH | Landesrechnungshof |
| LRHB | Landesrechnungshof Brandenburg |
| LRHMV | Landesrechnungshof Mecklenburg-Vorpommern |
| LRHNW | Landesrechnungshof Nordrhein-Westfalen |
| LRHSA | Landesrechnungshof Sachsen-Anhalt |
| LRHSH | Landesrechnungshof Schleswig-Holstein |
| LVB | Leipziger Verkehrsbetriebe (GmbH) |
| MBS | Mittelbewirtschaftungssystem |
| Mio. | Million(en) |
| NLRH | Niedersächsischer Landesrechnungshof |
| NPM | New Public Management |
| Nr. | Nummer |
| Nrn. | Nummern |
| NRO | Nichtregierungsorganisationen |
| NSM | Neues Steuerungsmodell |
| o.ä. | oder ähnliche |
| ÖE | Öffentliche Einrichtung |
| OE | Output-Einheiten |
| OECD | Organisation for Economic Cooperation and Development |
| o.g. | oben genannte(r) |
| ÖPNV | Öffentlicher Personennahverkehr |
| ÖRLK | Öffentliches Rechnungslegungskonzept |
| PPB | Planning Programming Budgeting |
| PPBS | Planning Programming Budgeting System |
| RAPM | Risk Adjusted Performance Measurement |
| rd. | rund |
| resp. | respektive |
| RFHB | Rechnungshof der Freien Hansestadt Bremen |
| RFHH | Rechnungshof der Freien und Hansestadt Hamburg |
| RHB | Rechnungshof von Berlin |
| RHBW | Rechnungshof Baden-Württemberg |
| RHEG | Rechnungshof der Europäischen Gemeinschaften |
| RHFS | Rechnungshof des Freistaates Sachsen |
| RHRP | Rechnungshof Rheinland-Pfalz |
| RHS | Rechnungshof des Saarlandes |
| Rn. | Randnummer |
| RLS | Rechnungslegungssystem |
| RLK | Rechnungslegungskonzept |
| S. | Seite |

| | |
|---|---|
| SKP | Senatskommission für das Personalwesen (Bremen) |
| SMF | Sächsisches Staatsministerium der Finanzen |
| SMUL | Sächsisches Staatsministerium für Umwelt und Landwirtschaft |
| SMWA | Sächsisches Staatsministerium für Wirtschaft und Arbeit |
| Sp. | Spalte |
| TDM | Tausend Deutsche Mark |
| TRH | Thüringer Rechnungshof |
| TUD | Technische Universität Dresden |
| TQM | Total Quality Management |
| Tz. | Textzahl |
| Tzn. | Textzahlen |
| u.a. | unter anderem |
| u.dgl. | und dergleichen |
| UN | United Nations |
| U.S. | United States (of America) |
| USA | United States of America |
| v.H. | vom Hundert |
| VaR | Value at Risk |
| WHU | Wissenschaftliche Hochschule für Unternehmensführung |
| WoV | Wirkungsorientierte Verwaltungsführung |
| ZögU | Zeitschrift für öffentliche und gemeinwirtschaftliche Unternehmen |

**Verzeichnis der Gesetze und Verordnungen**

| | |
|---|---|
| BHO | Bundeshaushaltsordnung vom 19. August 1969 i.d.F. vom 17. Juni 1999 |
| EGV | Vertrag über die Europäische Union vom 7. Februar 1992 i.d.F. vom 2. Oktober 1997 |
| EUV | Vertrag zur Gründung der Europäischen Gemeinschaft vom 7. Februar 1992 i.d.F. vom 2. Oktober 1997 |
| GG | Grundgesetz der Bundesrepublik Deutschland vom 23. Mai 1949 i.d.F. vom 19. Dezember 2000 |
| HGB | Handelsgesetzbuch vom 10. Mai 1897 i.d.F. vom 18. Januar 2001 |
| HGrG | Gesetz über die Grundsätze des Haushaltsrechts des Bundes und der Länder (Haushaltsgrundsätzegesetz) v. 19. August 1969 i.d.F. v. 26. August 1998 |
| HRG | Hochschulrahmengesetz in der Fassung der Bekanntmachung vom 19. Januar 1999, zuletzt geändert durch Artikel 1 des Gesetzes vom 8. August 2002 |
| NtVO | Nebentätigkeitsverordnung |
| SäHO | Sächsische Haushaltordnung |

**Symbolverzeichnis**

| | |
|---|---|
| E | Erwartungswert einer (zufallsverteilten) Zeitreihe |
| mVaR | Marginaler Value at Risk |
| s | Standardabweichung |
| $s^2$ | Varianz |
| VaR | Value at Risk |
| x | Merkmalsausprägung einer (zufallsverteilten) Zeitreihe |
| y | Merkmalsausprägung einer (zufallsverteilten) Zeitreihe |

> *„Unter der studentischen Jugend wird seit Jahren über den Sinn und die Aufgaben der Universität leidenschaftlich verhandelt. Von außen werden unfreundliche Urteile aus verschiedenen Motiven gefällt. Die Universität selbst hat (...) allerlei 'Reformen' mit sich vorgenommen und vornehmen lassen. Dass es ganz anders werden müsse, dass es so nicht bleiben könne, dass erwägen aus einem noch dunklen Instinkt auch ernst zu nehmende junge Menschen. Dazu soll die Universität noch neue Aufgaben übernehmen.“*[1]

# 1. Einführung

## 1.1. Arbeitsgebiet

Die moderne Gesellschaft kann in zwei Sphären differenziert werden, das *ökonomische System* der privaten und staatlichen Wirtschaft auf der einen sowie das *politisch-administrative System* auf der anderen Seite.[2] Die Wirtschaftswissenschaft hat sich im Wesentlichen das erste System als Betrachtungsgegenstand gewählt. In der Volkswirtschaftslehre hat neben der Wirtschaftspolitik insbesondere die Finanzwissenschaft als „Lehre von den öffentlichen Einnahmen und Ausgaben“[3] zwei mit dem Bereich des politisch-administrativen Systems verknüpfte Zielsetzungen: Zum einen zielt sie auf eine *Beschreibung* und *Erklärung* der Handlungen und finanziellen Vorgänge im politisch-administrativen System (*positive* Finanzwissenschaft).[4] Zweitens wird in Anwendung des ökonomischen Rationalprinzips eine *Beschreibung* und *Umsetzung* als erstrebenswert definierbarer Tatbestände in Entscheidungsprozessen und Rahmenbedingungen des politisch-administrativen Systems erarbeitet (*normative* Finanzwissenschaft).[5] Die *Teilbereiche der Finanzwissenschaft* lassen sich als eine von mehreren Gliederungsmöglichkeiten nach Maßgabe der Finanzflüsse unterscheiden:

(a) Die Begründung, Beschreibung und Bestimmung des *Umfangs* der staatlichen Finanzmittel beziehungsweise der staatlichen Tätigkeit kann als originär oder zumindest vorgelagert in Bezug auf weitere Fragestellungen gelten.[6]

---

1 Jaspers, Karl (1923): Die Idee der Universität, Berlin, Seite V.

2 König, Klaus/Beck, Joachim (1997): Modernisierung von Staat und Verwaltung, Zum neuen Öffentlichen Management, Baden-Baden, Seite 9; allgemein: Luhmann, Niklas (1993): Soziale Systeme, Grundriss einer allgemeinen Theorie, Frankfurt am Main.

3 Zimmermann, Horst/Henke, Klaus-Dirk (2001): Finanzwissenschaft - eine Einführung in die Lehre von der öffentlichen Finanzwirtschaft, München, Seite 1.

4 Grossekettler, Heinz (1995): Öffentliche Finanzen, in: Bender, Dieter u.a. (Hrsg.) (1995): Vahlens Kompendium der Wirtschaftstheorie und Wirtschaftspolitik, Band 1, 6. Auflage, München, Seite 553-613.

5 Ebd., Seite 496-552.

6 Beispielhaft: „Aufgabe ist es vielmehr, die Grenzziehung zwischen Staat und Privat in den wichtigen Aufgabenbereichen der Volkswirtschaft daraufhin zu überprüfen, ob eine Veränderung in die eine wie die andere Richtung eine bessere Erfüllung der jeweiligen Aufgaben ermöglicht.“ (von Scherpenberg, Norman (1997): Staat und Privat: Reformkonzepte zur Überwindung verkrusteter Strukturen, in: Brede, Helmut/Gottschalk, Wolf/Liekmeier, Norbert (Hrsg.) (1997): Staat und Privat, Grenzziehung – Grenzverschiebung?, Schriften des Göttinger Forums für Wissenschaft, Wirtschaft und Verwaltung, Band 1, Frankfurt am Main, Seite 98).

(b) Einen großen Bereich der finanzwissenschaftlichen Diskussion nimmt die Beschreibung und Verbesserung der *Aufbringung* staatlicher Mittel als Theorie der Staatsfinanzierung, Verschuldung und Besteuerung ein.[7]
(c) Unter den Bereich des öffentlichen Haushaltswesens fällt die Beschreibung und der Optimierungsdiskurs zu Festlegung, Vorgehen und Instrumenten im Rahmen der *Verwendung* staatlicher Finanzmittel.
(d) Die Auseinandersetzung mit der *Umverteilung* staatlicher Finanzmittel als Veränderung einer primären Ausgangsverteilung wird bezogen auf staatliche Einrichtungen (Finanzausgleich) sowie private Haushalte (distributive Finanzpolitik).
(e) Die Beschreibung und Erklärung übergreifender volkswirtschaftlicher *Auswirkungen* der Verwendung staatlicher Finanzmittel ist im Rahmen der finanzwissenschaftlichen Konjunkturanalyse (Stabilitätspolitik) sowie der ökonometrischen Analyse von Interdependenzen Analysegegenstand.[8]
(f) Weiterhin existieren Teilbereiche wie etwa die Diskussion umweltpolitischer Aspekte, wobei staatliches Handeln und staatliche Finanzmittel als *Instrumentarium* zur Realisierung diskutierter spezieller Zielsetzungen wie der nachhaltigen Entwicklung betrachtet werden.

Schließlich ergibt sich im Rahmen der Finanzwissenschaft ähnlich wie in den meisten Wissenschaftsdisziplinen eine *Theorie-Praxis-Verschränkung* in der Form der gegenseitigen Beeinflussung und Abhängigkeit. So werden wesentliche Teilbereiche und Themen durch die theoretische Vorarbeit ermöglicht und schließlich in der Praxis erprobt. Umgekehrt sind zeitliche Phasen und inhaltliche Themenbereiche zu beobachten, in denen die praktische Entwicklung der wissenschaftlichen Bearbeitung weit voraus war oder ist. Zu den letztgenannten Bereichen zählt das Beispiel der *Verwaltungsmodernisierung*, die etwa seit 1980 ausgehend von praktischen Anlässen und Erfahrungen auch den unter (c) angesprochenen Bereich der wissenschaftlichen Auseinandersetzung mit Inhalten, Methoden und Instrumenten der Planung, Verwaltung und *Verwendung staatlicher Finanzmittel* bestimmt.[9]

Die Beschreibung, Erklärung und Optimierung der Arbeit öffentlicher Einrichtungen[10] ist eines der wesentlichen Themen der Finanzwissenschaft.[11] Grundlage dieser Auseinandersetzung sind die rechtlich fixierten Basisprinzipien der

---

7 Siehe beispielsweise Zimmermann, Horst/Henke, Klaus-Dirk (2001), a.a.O., Seite 103-174.

8 Vgl. beispielsweise Albers, Willi (1969): Haushaltsrechtliche Grundlagen und elastische Durchführung einer konjunkturgerechten Finanzpolitik, in: Haller, Heinz (Hrsg.) (1969): Probleme der Haushalts- und Finanzplanung, Schriften des Vereins für Socialpolitik, Neue Folge, Band 52, Berlin, Seite 77-110.

9 Als Beispiele früher wissenschaftlicher Veröffentlichungen können unter Beachtung eines wissenschaftlichen time lags gelten: Böhret, Carl (1986): Instrumente für das Verwaltungsmanagement, Anforderungen aus der Zukunft, Speyerer Arbeitshefte Nr. 71, Speyer; Budäus, Dietrich (1982): Betriebswirtschaftliche Instrumente zur Entlastung kommunaler Haushalte, Analyse der Leistungsfähigkeit ausgewählter Steuerungs- und Finanzierungsinstrumente für eine effiziente Erfüllung öffentlicher Aufgaben, Baden-Baden; Eichhorn, Peter (Hrsg.) (1987): Doppik und Kameralistik, Festschrift für Prof. Dr. Ludwig Mülhaupt zur Vollendung des 75. Lebensjahres, Baden-Baden; Mäding, Heinrich (Hrsg.) (1987): Haushaltsplanung – Haushaltsvollzug – Haushaltskontrolle, XI. Konstanzer Verwaltungsseminar 1986, Schriften zur öffentlichen Verwaltung und öffentlichen Wirtschaft, Band 109, Baden-Baden; Osborne, David/Gaebler, Ted (1992): Reinventing Government, How the Entrepreneurial Spirit Is Transforming the Public Sector, Reading; Reinermann, Heinrich (1991): Marktwirtschaftliches Verhalten in der öffentlichen Verwaltung, Speyerer Vorträge Heft 19, Speyer; schließlich als vorläufige Zusammenfassung der ersten Erkenntnisse: Kommunale Gemeinschaftsstelle (KGSt.) (Hrsg.) (1993): Das neue Steuerungsmodell, Begründung, Konturen, Umsetzung, Köln.

10 Der Begriff ‚öffentliche Einrichtung' wird hier als eigenständiger Begriff verwendet und ist in Abschnitt 1.3. festgelegt.

- Wirtschaftlichkeit (Rationalität),
- Sparsamkeit (Effizienz),
- Rechtmäßigkeit (Legitimität) und
- Ordnungsmäßigkeit (Regularität).[12]

Dabei sind die ersten beiden Prinzipien in den Ausführungen des Haushaltsgrundsätzegesetzes[13] sowie der gleichlautenden Bundeshaushaltsordnung[14] dargelegt. Die letzten beiden Prinzipien leiten sich aus Artikel 20 Abs. 3 des Grundgesetztes ab.[15] Das *Wirtschaftlichkeitsprinzip* ist umfassend gültig: Sowohl für allgemeine als auch für spezifische Aufgaben, für alle zeitlichen Phasen des Organisationshandelns (Planung, Organisation, Kontrolle) sowie für alle Organisationseinheiten in sachlicher und örtlicher Hinsicht.[16] Alle öffentlichen Organisationseinheiten geraten dabei ins Blickfeld der wissenschaftlichen Betrachtung.[17] Die Grundlage des Wirtschaftlichkeitsprinzips ist das *ökonomisches Rationalprinzip* in den Facetten des Minimalprinzips[18] sowie des Maximalprinzips[19].

Das Ziel der *Sparsamkeit* kann als Teilbereich eines umfassenden Wirtschaftlichkeitsprinzips verstanden werden und mit dem Minimalprinzip der ökonomischen Rationalität gleichgesetzt werden. Den an einer ökonomischen Rationalität orientierten ersten beiden Prinzipien sind die

---

11 Zimmermann/Henke nennen beispielsweise als Objekt der Finanzwissenschaft die „Gesamtheit von Einnahmen und Ausgaben, die in Haushaltsplänen zusammengefasst (...) ist" (Zimmermann, Horst/Henke, Klaus-Dirk (2001), a.a.O., Seite 18).

12 Siehe beispielhaft die Aufzählung im Rahmen der Beschreibung der Prüfungsleitlinien der Rechnungshöfe bei Schröder, Horst (1994): Haushaltswirtschaft und Haushaltsrecht als Instrumente wirtschaftlichen Verwaltens, in: Morath, Konrad (Hrsg.) (1994): Wirtschaftlichkeit in der Verwaltung, Reformkonzepte, Reformpraxis, Frankfurter Institut für Wirtschaftspolitische Forschung, Bad Homburg, Seite 42; teilweise werden auch weitere aus dem Grundgesetz ableitbare Zielsetzungen wie *Verteilungsziele* der Distributionspolitik (Sozialstaatlichkeit nach Art. 20 Abs. 1 GG) sowie *Teilhabe-* und *Informationsziele* (Demokratiegebot nach Art. 20 Abs. 1 GG) abgeleitet (z.B. bei Herbst, Heiner (1997): Staat und Privat: Die Rolle eines Rechnungshofes, in: Brede, Helmut/Gottschalk, Wolf/Liekmeier, Norbert (Hrsg.) (1997), a.a.O., Seite 59-96).

13 So bestimmt § 6 Abs. 1 HGrG: „Bei Aufstellung und Ausführung des Haushaltsplans sind die Grundsätze der Wirtschaftlichkeit und Sparsamkeit zu beachten."

14 Gleichlautend definiert § 7 Abs. 1 Satz 1 der BHO: „Bei Aufstellung und Ausführung des Haushaltsplans sind die Grundsätze der Wirtschaftlichkeit und Sparsamkeit zu beachten." Darüber hinaus erläutert § 7 Abs. 1 Satz 2 BHO weitergehend: „Diese Grundsätze verpflichten zur Prüfung, inwieweit staatliche Aufgaben oder öffentlichen Zwecken dienende wirtschaftliche Tätigkeit durch Ausgliederung und Entstaatlichung oder Privatisierung erfüllt werden können." Damit ist implizit die Aussage getroffen, a) dass es in jedem Fall Aufgabenbereiche gibt, die *nur durch staatliches Handeln* erfüllt werden können – ansonsten wäre eine Prüfung einer alternativen privaten Aufgabenerfüllung nicht berechtigt sowie b) dass die Aufgabenerfüllung durch staatliche Einrichtungen *in der Regel unwirtschaftlicher* ist als eine Erfüllung durch private Einrichtungen, da ansonsten der festgelegte Vorrang privater Aufgabenerfüllung im Kontext des Wirtschaftlichkeitsgebotes keinen Sinn ergibt.

15 Siehe beispielsweise Morell, Paul (1994): Die Kontrollfunktion übergeordneter Verwaltungsorgane und Körperschaften, Beiträge zur Durchsetzung des Wirtschaftlichkeitsgebots im öffentlichen Dienst, in: Morath, Konrad (Hrsg.) (1994), a.a.O., Seite 54 und Schröder, Horst (1994), a.a.O., Seite 42.

16 Ebd., Seite 56.

17 Siehe beispielsweise: Schuster, Bernd (1999): Organisatorische und personale Probleme bei der Einführung der Kosten- und Leistungsrechnung am Beispiel der Bundeswehr, in: Budäus, Dietrich/Gronbach, Peter (Hrsg.) (1999): Umsetzung neuer Rechnungs- und Informationssysteme in innovativen Verwaltungen, 1. Norddeutsche Fachtagung zum New-Public-Management, Freiburg im Breisgau/Berlin/München, Seite 209-218.

18 Das Erreichen eines *vorgegebenen* Zieles oder Ergebnisses mit einem kleinstmöglichen (minimalen) Mitteleinsatz.

19 Das Erreichen eines größtmöglichen (maximalen) Ergebnisses mit einem *vorgegebenen* Mitteleinsatz.

*Rechtmäßigkeit* sowie die *Ordnungsmäßigkeit* gegenübergestellt. Diese beiden Prinzipien haben nach der Zäsur des zweiten Weltkriegs in Deutschland den (Wieder-) Aufbau des Staates und der Verwaltungseinheiten bestimmt.[20] Vor diesem Hintergrund kann bis heute von einem Übergewicht dieser beiden Prinzipien gegenüber den erstgenannten der Wirtschaftlichkeit und Sparsamkeit gesprochen werden, auch wenn in einer juristischen Argumentation beide Bereiche *ineinander überführbar* und damit *gleichrangig* sind.[21]
Damit kann die festzustellende *Neuorientierung*[22] der Verwaltungsgrundlagen im Rahmen der Verwaltungsmodernisierung als *Korrektur der Bedeutungsgewichtung* in Bezug auf die vier Grundprinzipien interpretiert werden. Die *Bedeutung* sowie *Aktualität* der Fragestellung der Wirtschaftlichkeit öffentlicher Einrichtungen in der *Praxis* ist beispielsweise daran ersichtlich, dass das Thema Verwaltungsreform in seinen vielen Facetten durch die verschiedensten öffentlichen Einrichtungen und Gebietskörperschaften aufgegriffen und in vielfältigen Praxisprojekten und Publikationen gewürdigt wird.[23]

---

20 Siehe Homann, Walter (1998): Niedersachsen: Verstärkte Nutzung betriebswirtschaftlicher Elemente bei der Steuerung und Bewirtschaftung des Hauhalts, in: Damkowski, Wulf/Precht, Klaus (Hrsg.) (1998): Moderne Verwaltung in Deutschland, Public Management in der Praxis, Stuttgart u.a., Seite 59.

21 Siehe Reinermann, Heinrich (2000): Neues Politik- und Verwaltungsmanagement: Leitbild und theoretische Grundlagen, Speyerer Arbeitshefte Nr. 130, Speyer, Seite 8.

22 Reinermann spricht hier sogar von einem „Paradigmenwechsel“ (ebd., Seite 8). Dies kann aber möglicherweise bei der unterstellten *immerwährenden Gültigkeit* aller vier Prinzipien und allein der festzustellenden *Bedeutungsverschiebung* unter diesen bestehenden Prinzipien nicht so formuliert werden.

23 Siehe beispielhaft für den deutschen Sprachraum: Ahlgrimm, Christine (2000): Kosten- und Leistungsrechnung in der Bundesanstalt für Materialforschung und -prüfung, in: Budäus, Dietrich/Küpper, Willi/Streitferdt, Lothar (Hrsg.) (2000): Neues öffentliches Rechnungswesen, Stand und Perspektiven, Wiesbaden, Seite 369-385; Beus, Hans-Bernd (1998): Public Management auf Bundesebene, in: Damkowski, Wulf/Precht, Klaus (Hrsg.) (1998), a.a.O., Seite 34-42; Böhret, Carl (1996b): Budgetierung und Controlling in der öffentlichen Verwaltung von Rheinland-Pfalz, Dargestellt an Beispielen aus der Kommunal-, Schul-, Finanz- und Forstverwaltung, Schriften zur Verwaltungsmodernisierung in Rheinland-Pfalz Nr. 4, Mainz; Borchers, Reinhard (1998): Magdeburg - Das Projekt Verwaltungsreform in der Landeshauptstadt, in: Damkowski, Wulf/Precht, Klaus (Hrsg.) (1998), a.a.O., Seite 143-151; Budäus, Dietrich/Gronbach, Peter (Hrsg.) (1999), a.a.O.; Buschor, Ernst (1987): Die Schweizer Haushaltsreform der Kantone und Gemeinden, in: Eichhorn, Peter (Hrsg.) (1987), a.a.O., Seite 29-47; CHE (2001b): Akademisches Controlling und hochschulinterne Zielvereinbarungen, Ergebnisbericht des Kooperationsprojektes der Technischen Universität München und des CHE Centrum für Hochschulentwicklung, CHE Arbeitspapier Nr. 28, Gütersloh; Daxner, Michael (1998): Hochschulentwicklung, Evaluation und Indikatoren, in: Damkowski, Wulf/Precht, Klaus (Hrsg.) (1998), a.a.O., Seite 356-370; de Maizière, Thomas (1998): Verwaltungsstrukturreform in Mecklenburg-Vorpommern, in: Wallerath, Maximilian (Hrsg.) (1998): Administrative Strukturen und Verwaltungseffizienz, Verwaltungsstrukturreform in Mecklenburg-Vorpommern, Baden-Baden, Seite 53-66; Ebert, Thorsten (1999): Prozessoptimierung durch schlankes und effizientes Controlling bei der Städtische Werke AG, Kassel; in: ZgöU, Band 22, Heft 4, 1999, Seite 387-400, Baden-Baden 1999; Fischer, Edmund/Weber, Jürgen (2001): Der Nutzen der Kostenrechnung in Kommunen, Eine empirische Studie zu Gestaltung, Nutzung und Erfolg der Kostenrechnung, Studie der KGSt und der Wissenschaftlichen Hochschule für Unternehmensführung (WHU), Köln/Vallendar; Homann, Walter (1998), a.a.O., Seite 59-78; John, Monika (1998): Verwaltungsorganisation im Reformprozess, Der Entwurf eines Landesorganisationsgesetzes für Mecklenburg-Vorpommern, Speyerer Forschungsberichte Band 179, Speyer; Julich, Horst (1998): Obere Bundesbehörde - Deutscher Wetterdienst, in: König, Klaus (Hrsg.) (1998): ‚Schlanker Staat' - Verwaltungsmodernisierung im Bund, Zwischenbericht, Praxisbeiträge, Kommentare, Speyerer Forschungsberichte Nr. 183, Speyer, Seite 245-259; Kuhnert, Ingo/Leszczensky, Michael (1998): Kostenrechnung an Hochschulen, Erfassung und Bewertung hochschulinterner Kostenstrukturen, Modellversuch an der Universität Bonn und der Universität-Gesamthochschule Wuppertal, Reihe Hochschulplanung Band 35, Hannover; Milbradt, Georg H. (1987): Flexible Vollzugssteuerung auf kommunaler Ebene – am Beispiel der Stadt Münster, in: Mäding, Heinrich (Hrsg.) (1987), a.a.O., Seite 189-197; Pulch, Otto Rudolf (1987): Kontrolle und/oder Beratung: Chancen und Probleme der Leistungssteigerung eines Rechnungs-

Gleichzeitig kann trotz oder gerade wegen vieler laufender Praxisprojekte zum Thema Verwaltungsmodernisierung und Budgettechniken definitiv nicht von einem Ende der *finanzwissenschaftlichen Forschung* ausgegangen werden.[24] Alle vorgeschlagenen, diskutierten und evaluierten Ergebnisse seit dem Beginn des wissenschaftlichen Diskurses vor etwa fünfzig Jahren[25] können nur als *Zwischenstand* gelten. Dieser Prozess der fortlaufenden Erkenntnisgewinnung in der Verschränkung und Rückwirkung mit der Praxis kann als evolutionärer Prozess beschrieben werden. Jeder Beitrag stellt einen kleinen Schritt in Richtung

- einer besseren Beschreibung,
- eines besseren Verständnisses sowie
- einer besseren Praxisumsetzung

in Bezug auf wirksamere – d.h. effektivere und effizientere – öffentliche Einrichtungen dar.

## 1.2. Themenabgrenzung

Im Rahmen der Beschäftigung mit dem Handeln in öffentlichen Einrichtungen werden die unterschiedlichsten Themen angesprochen. Es werden alle drei finanzwissenschaftlichen Zielbereiche der Allokation, Distribution und Stabilität[26] in Bezug auf die Verwendung öffentlicher Haushaltsmittel diskutiert. Ein Teilbereich der Allokationsdiskussion ist die Verbesserung der *Effizienz* und *Effektivität* der Verwaltung. Im Zuge von Forschungs- und Praxisprojekten zur Verwaltungsmodernisierung[27] finden sich bevorzugt Publikationen[28] zu den Themenbereichen

- *Personal* (Personalführung, Motivation, Feedbacktechniken, Anreizmechanismen),
- *Organisation* (Rechtsform, Hierarchieformen, Verantwortlichkeiten, Kompetenzen) und

hofs, in: Mäding, Heinrich (Hrsg.) (1987), a.a.O., Seite 230-241; Timmel, Karin (1998): Die Reform der Binnenstrukturen am Beispiel einer Kreisverwaltung, Verwaltungsstrukturreform und kommunale Selbstverwaltung, in: Wallerath, Maximilian (Hrsg.) (1998), a.a.O., Seite 89-93; Werner, Clemens (1997): Fallbeispiel Warstein: Das Warsteiner Reformkonzept - Ansätze für ein integrales Management, in: Naschold, Frieder/Oppen, Maria/Wegener, Alexander (1997): Innovative Kommunen, Internationale Trends und deutsche Erfahrungen, Stuttgart, Berlin, Köln, Seite 351-364.

24 Dies formulieren mit dem Verständnis einer weiterhin erforderlichen 'Experimentierfreudigkeit' insbesondere Damkowski und Precht in Damkowski, Wulf/Precht, Klaus (Hrsg.) (1998), a.a.O., Seite 503;

25 Ausgehend von der Grundlegung durch Johns fallen die ersten Schriften zum Verwaltungsmanagement und den verwendeten Rechnungs- und Informationstechniken in den Zeitraum 1951-1971: Johns, Rudolf (1951): Kameralistik, Grundlagen einer erwerbswirtschaftlichen Rechnung im Kameralstil, Wiesbaden; Friedrich, Peter (1956): Die Variationsrechnung als Planungsverfahren der Stadt- und Landesplanung, Raumforschung und Landesplanung Abhandlungen, Band 32, Bremen-Horn; Schultze, Charles L. (1968): The Politics and Economics of Public Spending, Washington; Haller, Heinz (Hrsg.) (1969), a.a.O.; Hansmeyer, Karl-Heinrich (Hrsg.) (1971): Das rationale Budget, Ansätze moderner Haushaltstheorie, Köln.

26 Siehe beispielsweise Rahmann, Bernd (1971): Stabilisierungsorientierte Analyse der Budgetwirkungen, in: Hansmeyer, Karl-Heinrich (Hrsg.) (1971), a.a.O., Seite 105-134.

27 Dazu findet sich ein breites Begriffsspektrum von Verwaltungsmodernisierung über New Public Management (NPM), Wirtschaftlichkeit in der Verwaltung und Neues Steuerungsmodell bis zu Reinventing Government. Gemeinsam ist den Begriffen der Ausdruck einer mehr oder weniger grundlegenden zu beobachtenden Änderung der theoretischen und praktischen Verfahren und Methoden für die Arbeit Öffentlicher Einrichtungen.

28 Beispielsweise: Beus, Hans-Bernd (1998), a.a.O., Seite 36; Schmiing, Karl-Ludwig (1998): Schleswig-Holstein: Organisation des Reformprozesses, in: Damkowski, Wulf/Precht, Klaus (Hrsg.) (1998), a.a.O., Seite 81; Naschold, Frieder/Jann, Werner/Reichard, Christoph (1999): Innovation, Effektivität, Nachhaltigkeit: International Erfahrungen zentralstaatlicher Verwaltungsreform, Modernisierung des öffentlichen Sektors, Band 16, Berlin, Seite 21.

- *Informationssysteme und Rechnungslegung* (kaufmännische Buchführung, Variationen der Kameralistik, Ergänzungsrechnungen, Outputsteuerung)[29].

Abbildung 1: Aufgaben-Leistungs-Lücke im öffentlichen Sektor als Hintergrund der Verwaltungsmodernisierung

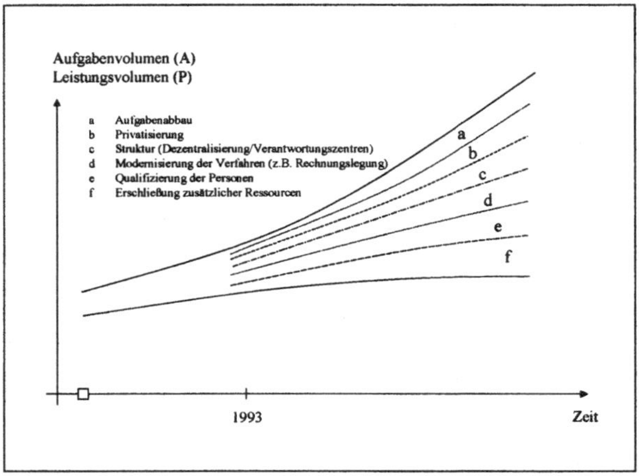


*Quelle: Budäus, Dietrich (1994): Public Management, Konzepte und Verfahren zur Modernisierung öffentlicher Verwaltungen, Reihe Modernisierung des öffentlichen Sektors, Band 2, Berlin, Seite 23.*

Wie in der oben stehenden Abbildung ersichtlich ist das verbindende Element in diesem Kontext neben der Effizienzsteigerung und Mitteleinsparung vor dem Hintergrund knapper Finanzmittel[30] die Hinwendung zu einer verstärkten Outputorientierung des gesamten Verwaltungshandelns[31]:

29 Hierzu als Auswahl: Borchers, Reinhard (1998), a.a.O., Seite 146; König, Klaus/Beck, Joachim (1997): a.a.O.

30 In der Literatur wird dazu wesentlich die These vertreten, dass Projekte zur Verwaltungsmodernisierung regelmäßig durch finanzielle Engpässe und Sparzwänge induziert werden. Dies impliziert, dass einige Verbesserungsoptionen, welche beispielsweise mit Investitionen verbunden sind, regelmäßig nicht zur Verbesserung der Effektivität und Effizienz eingesetzt werden können. Siehe dazu beispielsweise van Helden, Jan (2000): Is Financial Stress an Incentive for the Adoption of Businesslike Planning and Control in Local Government? A Comparative Study of Eight Dutch Municipalities; in: FA&M, 16. Jg., Band 1/February 2000, Seite 83-100; de Maizière, Thomas (1998), a.a.O., Seite 54; Timmel, Karin (1998), a.a.O., Seite 92; Borchers, Reinhard (1998), a.a.O., Seite 145; vereinzelt werden auch andere Motivationsgründe wie die Beschleunigung des Verwaltungshandelns genannt: Schröder, Horst (1994), a.a.O., Seite 47. Diese These betrifft die Reformbemühungen in der Verwaltung nicht erst in den letzten Jahren, sondern ist beispielsweise genauso in der Diskussion um die Programming-Planning-Budgeting-Systeme (PPBS) in den 70er Jahren zu finden: Engelhardt, Gunther (1987): Programmbudgetierung als Antwort auf die Haushaltskrise, in: Mäding, Heinrich (Hrsg.) (1987), a.a.O., Seite 132-152.

31 In der Vergangenheit wurden angesichts von Finanzierungslücken auch andere Wege diskutiert und realisiert. Allerdings sind die Möglichkeiten der Kreditaufnahme, Steuererhöhung, Auslagerung in Sonderhaushalte oder Fondslösungen (Dieckertmann, Dietrich (1971): Investitionsbudgetierung durch revolvierende Fonds?, in: Hansmeyer, Karl-Heinrich (Hrsg.) (1971), a.a.O., Seite 163-181) entweder ausgereizt oder nicht akzeptiert. Damit verbleibt nur die als 'Binnenrationalisierung' bezeichnete Verbesserung der Wirksamkeit des eigentlichen Handelns Öffentlicher Einrichtungen.

- *"Diese Finalisierung der internen Prozeßmuster in Richtung eines größtmöglichen Bedeutungszuwachses von Output-Kriterien kann als ein zentrales Charakteristikum des NPM gelten."*[32]
- *"Während heute das Alltagsgeschäft der Politik darin besteht, Verwaltungsentscheidungen im Einzelvollzug zu prüfen und zu hinterfragen, müssen künftig globale kommunalpolitische Betrachtungen von Themen in den Vordergrund rücken."*[33]

Obwohl für alle Reformbereiche gefordert und in Beispielen umgesetzt, wird diese Zielrichtung doch am ehesten dem Bereich der Rechnungslegung als dem grundlegenden Informations- und Dokumentationssystem der öffentlichen Einrichtungen zugeordnet. Dieser Bereich steht als Kernelement moderner Verwaltungen im Zentrum dieser Arbeit. Nach der Darstellung von BUDÄUS kann eine sich im Zeitablauf öffnende Lücke zwischen zunehmenden Ansprüchen und Leistungserwartungen gegenüber öffentlichen Einrichtungen und parallel dazu nicht in gleichem Maße zunehmende oder sogar abnehmende Ressourcenausstattung zur Leistungserstellung konstatiert werden (Abbildung 1).

Diese Lücke kann und muss durch verschiedene Ansätze vermindert oder geschlossen werden. Zu diesen Ansätzen zählen die generelle Aufgabenkritik, die Auslagerung der Leistungserstellung an private Einrichtungen, die Verbesserung von Strukturen[34], die Modernisierung der Verfahren[35], die Qualifizierung des Personals sowie die Erschließung zusätzlicher Ressourcen[36]. Ein genauer Anteil der verschiedenen Ansätze kann *nicht a priori* festgelegt werden, sondern ein entsprechender 'Modernisierungsmix' wird je nach

- betroffener Öffentlicher Einrichtung,
- Modernisierungsmotivation,
- politischem Kontext und auch
- handelnden Personen

*unterschiedlich* sein. Die Ansätze stellen damit eine *Auswahlliste* möglicher Teilbereiche einer Optimierung der Effizienz und Effektivität öffentlicher Einrichtungen dar. Die Frage der Modernisierung der Verfahren kann in drei Teilbereiche gegliedert werden und wird in der nachfolgenden Abbildung erläutert.

Einmal die *politischen Entscheidungsverfahren*, welche als Vorgabe der Ziele und erwarteten Leistungen sowie der eingesetzten Ressourcen wesentlich den inhaltlichen und wirtschaftlichen Erfolg öffentlicher Einrichtungen determinieren. Zweitens das *Vollzugssystem*, in dem durch ein *Verantwortungs-*, *Führungs-* und *Mitarbeitersystem* wesentliche Umsetzungsent-

---

32 König, Klaus/Beck, Joachim (1997), a.a.O., Seite 34.

33 Timmel, Karin (1998), a.a.O., Seite 93.

34 Dieser Kontext wird hier als 'Organisation' bezeichnet; Ansätze auch bei: Färber, Gisela (1984): Das rationale Budget, Voraussetzungen und Konsequenzen für ein funktionsfähiges Haushaltswesen der öffentlichen Hand, Frankfurt am Main.

35 Hierunter zählen die Arbeiten und Überlegungen zur öffentlichen Rechnungslegung als Kernpunkt, welche in dieser Arbeit im Mittelpunkt stehen.

36 Eine Erhöhung der zur Verfügung stehenden Ressourcen ist regelmäßig auf Grund der erreichten Staatsquote nicht durch beliebige Steuer- oder Abgabenerhöhungen erreichbar, so dass eine Ausweitung der Ressourcen nur durch zusätzliche Einnahmen aus anderen Quellen (bei den Hochschulen beispielsweise Fundraising oder Studiengebühren) möglich ist. Im anglo-amerikanischen Kontext wird in diesem Bereich auch die zunehmende Nutzung von nichtmonetären Leistungen der Bürger angewendet (Elwood, Brian (1995): Wie hat sich die Reform der Kommunalverwaltung auf die finanzielle Krise der Städte ausgewirkt?, in: Banner, Gerhard (Hrsg.) (1995): Neue Steuerungsmodelle und die Rolle der Politik, Dokumentation eines Symposiums der Bertelsmann-Stiftung, Gütersloh, Seite 21-24; Osborne, David/Gaebler, Ted (1992), a.a.O.).

scheidungen gefällt werden und damit in Interaktion mit den Modernisierungsansätzen der 'Organisation' und des 'Personals' ebenso Ergebnisse und Wirtschaftlichkeit bestimmt werden. Und drittens den Kernbereich des *Datensystems*, das in der Kombination aus Rechnungslegungssystem, Kalkulationssystem und Informationssystem die Voraussetzung für eine Wirksamkeit der anderen beiden Verfahrensbereiche darstellt.

Abbildung 2: Politisches System, Vollzugssystem und Datensystem als Steuerungszusammenhang Öffentlicher Einrichtungen

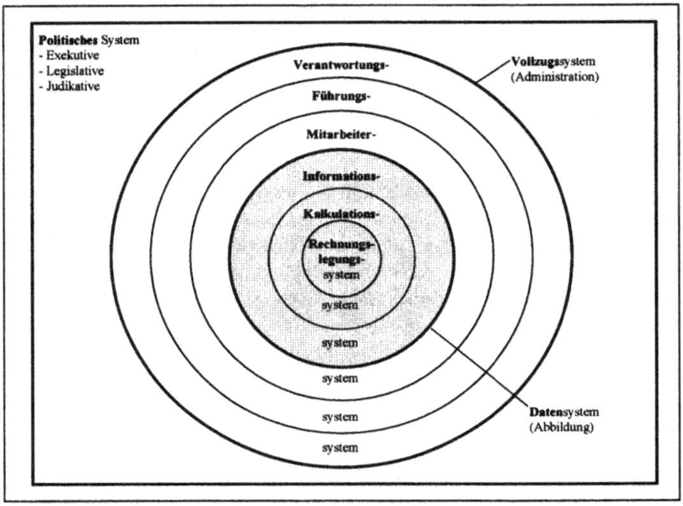


*Quelle: Eigene Darstellung in Anlehnung an HOMANN*[37].

Mit der Konzentration auf den Komplex der Modernisierung der Verfahren – insbesondere der Informations- und Rechnungslegungsverfahren – stellt sich die theoretische Ausgangssituation also der Frage, wie ein *Datensystem* mit den Elementen Rechnungslegung, Kalkulation und Information für ein möglichst *optimales Funktionieren öffentlicher Organisationen* auszusehen hat. Dies schließt die Diskussion weiterer finanzwissenschaftlicher Themen wie

- der *Mittelerhebung* (Steuertheorie),[38]

37 So unterschiedet Homann für das Datensystem in gleicher Dreiteilung zwischen Buchführung ('RS'), Kostenrechnung ('KS') sowie Planungs- und Vergleichsrechnung ('IS') (vgl. Homann, Klaus (2003): Kommunales Rechnungswesen – Buchführung, Kostenrechnung und Wirtschaftlichkeitsrechnung, 5. Auflage, Wiesbaden, Seite 3-4).

38 Dies zielt einmal auf die (statische) Bestimmung der notwendigen Steueraufkommen zur Deckung der definierten öffentlichen Aufgaben sowie deren Erhebung durch verschiedene Steuerarten unter ökonomischen Optimalitätskriterien – siehe beispielsweise Grossekettler, Heinz (1995), a.a.O., Seite 538-540; Homburg, Stefan (2000): Allgemeine Steuerlehre, 2. Auflage, München; Neumark, Fritz (1970): Grundsätze gerechter und ökonomisch rationaler Steuerpolitik, Tübingen; Zimmermann, Horst/Henke, Klaus-Dirk (2001), a.a.O., Seite 228-248; oder für den Erklärungszusammenhang mit dem Themenbereich des Public Choice: Brennan, Geoffrey (1999): Public Choice and Public Finance: The Place of 'Tax Reform Advocary', in: FA, Band 56 (1999), Heft 1, Seite 67-85; sowie zweitens auf die (dynamische) Betrachtung der Interdependenz der Steuererhebung mit gesamtwirtschaftlichen Größen wie dem BIP, dem Wachstum des BIP, Zinsen und Kapitalkosten der Unternehmen oder auch auf Verhaltensänderungen der Haushalte bei

- der *optimalen Zielbestimmung und Mittelzuordnung* (Theorie der Staatstätigkeit und der öffentlichen Güter)[39] sowie
- der *weiteren politischen Akteure* (Theorie der Präferenzermittlung und Wahlmethoden, Modelle des Budgetkreislaufes und der Aufgaben)[40] neben der Exekutive

primär aus. Teilaspekte werden aus diesen und vielen weiteren Bereichen der wirtschaftswissenschaftlichen Theorie angesprochen. Die Abgrenzung der *Mittelerhebung* von der Frage der optimalen und rationalen Mittelverwendung hat als budgettechnisches 'Nicht-Äquivalenzprinzip' verbreitet Eingang in die finanzwissenschaftliche Theorie und Praxis gefunden.[41] Die Untersuchungszielsetzung konzentriert sich auf die *'Diskussion ökonomisch optimaler Rechnungslegungssysteme öffentlicher Einrichtungen bei gegebenen Mitteln und Zielen.'* Diese allgemeine Themenstellung wird konkret für den Bereich der *Hochschulen* bearbeitet. Die *Universität Leipzig* als Ort dieser Arbeit hat selbst einen spezifischen Themenbezug: Im Jahr 1742 wurde hier der damals *fünfte wissenschaftlichen Lehrstuhl für Kameralwissenschaften* (nach den preußischen Universitäten Halle und Frankfurt an der Oder 1727 und den schwedischen Universitäten Rinteln und Uppsala 1730 bzw. 1741) eingerichtet.[42] Nach Leipzig folgten dann Braunschweig (1745), Oxford, Abo, Lund (1751) und Wien (1752) sowie viele weitere Hochschulen. Die wissenschaftliche Beschäftigung mit Informationssystemen öffentlicher Einrichtungen hat für Leipzig also Tradition.

## 1.3. Begriffsabgrenzungen

Für die weitere wissenschaftliche Ausarbeitung werden im Folgenden bestehende und eigenständige Begriffe explizit definiert, um eine klare Abgrenzung und Aussage in den weiteren Überlegungen zu erreichen.

(a) Der *Untersuchungsgegenstand* der Forschungsarbeit wird als *öffentliche Einrichtung* bezeichnet. Er wird für die weitere Verwendung wie folgt definiert: Vereinfacht kann nach einer verbreiteten begrifflichen Unterteilung der Begriff öffentliche Einrichtung (als Oberbegriff) in die Teilbegriffe öffentliche Unternehmen und öffentliche Verwaltung ge-

---

der Entscheidung über das individuelle Angebot von Arbeitsleistungen ebenfalls als normative Vorstellung unter der Zielsetzung ökonomischer Optimalität beispielweise die Berechnung für Neuseeland durch Branson und Lovell (Branson, Johannah/Lovell, C.A. Knox (2001): A Growth Maximising Tax Structure for New Zealand, International Tax and Public Finance, 8/2001, Seite 129-146), die Betrachtung für Italien durch Bordignon, Giannini und Panteghini (Bordignon, Massimo/Giannini, Silvia/Panteghini, Paolo (2001): Reforming Business Taxation: Lessons from Italy?, in: International Tax and Public Finance, 8/2001, Seite 191-210) oder auch Slemrod (Slemrod, Joel (2001): A General Model of the Behavioral Response to Taxation, in: International Tax and Public Finance, 8/2001, Seite 119-128).

39 Siehe beispielsweise der wissenschaftliche Diskurs zu Ursache und Umfang der Staatstätigkeit bei Musgrave, Richard Abel (1978): The Future of Fiscal Policy, A Reassessment, Leuven; oder die Definition des Umfangs öffentlicher Aufgaben bei Mackscheidt: „Die öffentlichen Ausgaben sind solange auszudehnen oder einzuschränken, bis ihr Grenznutzen gerade dem Grenznutzen der auf dem Markt angebotenen privaten Güter entspricht.“ (Mackscheidt, Klaus (1971): Das optimale Budget: Von der Lösung zum Problem, in: Hansmeyer, Karl-Heinrich (Hrsg.) (1971), a.a.O., Seite 26).

40 Siehe stellvertretend Downs, Anthony (1968): Ökonomische Theorie der Demokratie, herausgegeben von Rudolf Wildemann, Tübingen.

41 Vergleiche Haller, Heinz (1981): Die Steuern, Tübingen und Hansjürgens, Bernd (1999): Die Sicht des Äquivalenzprinzips in der Finanzwissenschaft, Stuttgart, Seite 8.

42 Baumstark, Edward (1835): Kameralistische Encyclopädie, Handbuch der Kameralwissenschaft und ihrer Literatur für Rechts- und Verwaltungsbeamte, Landstände, Gemeinderäthe und Kameralkandidaten, unveränderter Nachdruck 1975 (Glashütte im Taunus), Heidelberg/Leipzig, Seite 35.

trennt werden.[43] Das verbindende Kriterium nach CHMIELEWICZ ist dabei der mehrheitliche „Anteil des Staates an dem Eigenkapital".[44] Allerdings soll hier umfassender neben dem *formalen* Definitionshintergrund (Rechtsform, staatlicher Anteil am Eigenkapital sowie staatliche Einflussnahme) auch auf einen *inhaltlichen* und einen *systemtheoretischen* Definitionshintergrund zugegriffen werden: Inhaltlich wird regelmäßig über den Gegenstand der Leistungserstellung argumentiert. Wenn für diesen Gegenstand Eigenschaften eines öffentlichen Gutes festzustellen sind (oder es sich zwar um Allmende- oder Clubgüter handelt, der Staat jedoch als meritorische Güter sich für eine eigene Leistungserstellung entschieden hat), wird dieser Charakter als Öffentliche Einrichtung auf die Institution übertragen. Systemtheoretisch kann eine Einrichtung - ähnlich wie ein Betrieb oder ein Unternehmen - als technisch, sozial, wirtschaftlich und rechtlich unabhängig[45] eingestuft werden. Allerdings sind die beiden letzten Kriterien nur als schwache Kann-Kriterien zu begreifen: Die volle wirtschaftliche und rechtliche Unabhängigkeit grenzt eine Institution hinreichend ab, ist jedoch nicht in jedem Fall notwendig.[46] In einigen Fällen, wie zum Beispiel bei staatlichen Universitäten, besteht keine volle wirtschaftliche Unabhängigkeit – dennoch wird eindeutig von unabhängigen Institutionen oder öffentlichen Einrichtungen ausgegangen. Die zusammenfassende Begriffsdefinition vor den drei dargestellten Hintergrundbereichen beschreibt eine Öffentliche Einrichtung als *eine technisch, sozial, (wirtschaftlich) und (rechtlich) eigenständige Einheit, deren Handlungsgegenstand Merkmale eines öffentlichen Gutes aufweist und die durch Rechtsform, staatlichen Beteiligungsanteil oder anderen Einfluss zu einem wesentlichen Teil dem planenden, entscheidenden und beurteilenden Einfluss öffentlicher Gebietskörperschaften (in Gestalt von Legislative, Exekutive oder Rechnungsprüfung) unterliegt.* Die drei Teilbereiche sowie die jeweiligen Unterpunkte sind dabei *additiv* in der Zuweisung der Eigenschaften einer öffentlichen Einrichtung zu sehen. Je *mehr* der Definitionseigenschaften erfüllt sind, desto *begründeter* kann von dieser Eigenschaft ausgegangen werden.

---

43 In der internationalen Diskussion z.B. in den Publikationen der OECD ist dazu der Begriff der ‚Public Unit' gebräuchlich.

44 Chmielewicz, Klaus (1989): Öffentliche Unternehmen, in: Chmielewicz, Klaus/Eichhorn, Peter (Hrsg.) (1989): Handbuch der öffentlichen Betriebswirtschaft, Band 11 der Enzyklopädie der Betriebswirtschaft, Stuttgart, Sp. 1093.

45 Von Eingriffen bzw. Einflüssen von außen, hier im wesentlichen zu verstehen aus direkte Einflussnahme politischer Entscheidungsträger.

46 In der Diskussion um eine geforderte Autonomie der betrachteten öffentlichen Einrichtung wird im Rahmen des New Public Management davon ausgegangen, dass nur durch unabhängig handelnde Institutionen nach dem Subsidiaritätsprinzip u.a. auf Grund der vorliegenden umfassenderen Informationen eine Verbesserung der Allokationsoptimalität erreicht werden kann. Zudem ist im Bereich der betreffenden Institutionen wie beispielsweise der Hochschulen ein gewisser Autonomiegrad für eine eigenständige Risikobetrachtung sowie ein eigenständiges Risikomanagement essentiell wie beispielweise auch die OECD bemerkt: „Market forces in higher education are not only relevant to students; they also operate in institutional competition for staff, for research contracts, for special initiative funds, for commercial contracts, for government investment. In general, the more institutions are exposed to market opportunities and market risks, the more they need the autonomy to respond in a strategic manner." (Organisation for Economic Cooperation and Development (OECD) (Hrsg.) (2004): On the Edge: Securing a Sustainable Future for Higher Education, Paris, Seite 22).

Abbildung 3: Herleitung der Definition des Untersuchungsgegenstandes öffentliche Einrichtung

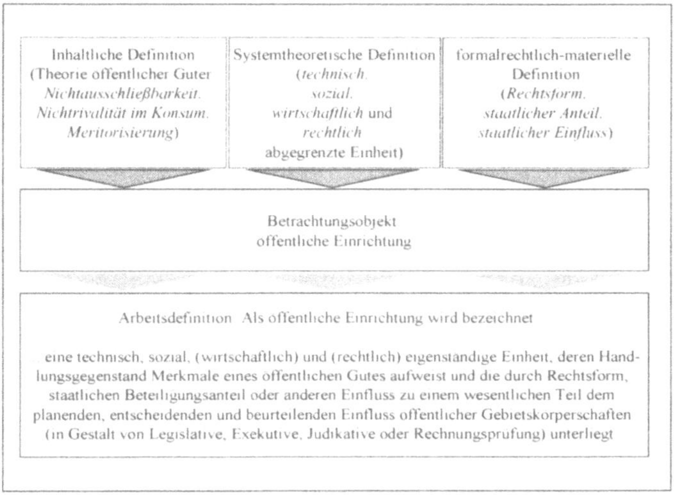


*Quelle: Eigene Darstellung in Anlehnung an die im Text genannten Quellen.*

(b) Die Betrachtungsperspektive der Arbeit richtet sich in Bezug auf das Untersuchungsobjekt der öffentlichen Einrichtungen auf die eingesetzte Rechnungslegung zur Information, Planung und Dokumentation rund um die wirtschaftlichen Vorgänge in den öffentlichen Einrichtungen. Dazu wird das individuelle *Rechnungslegungssystem (RLS)* definiert als *spezifische und individuelle Systematik von Handlungsanweisungen zur rechnerischen Erfassung und Verarbeitung von Informationen zu wirtschaftlichen Vorgängen in konkreten abgrenzbaren Einrichtungen.* Es kann nach dieser Definition *so viele verschiedene* RLS geben wie *verschiedene* öffentliche Einrichtungen beobachtet werden. Diese Vielfalt ist historisch in öffentlichen Einrichtungen vorgegeben. Auch privatwirtschaftliche Unternehmen weisen erhebliche individuelle Unterschiede in der Gestaltung und Anwendung der Rechnungslegung auf. So unterscheiden sich die verwendeten Kontenrahmen mindestens für verschiedene Branchen. Die regelmäßig geführten *Sonder-* und *Nebenrechnungen* wie zum Beispiel Kalkulationen sind in jeder Einrichtung individuell.

(c) Demgegenüber steht als Begriff für ein allgemein-theoretisch diskutiertes Schema das *Rechnungslegungskonzept (RLK)*. Darunter soll eine *allgemeine theoretische Modellsystematik von Handlungsanweisungen zur rechnerischen Erfassung und Verarbeitung von Informationen zu wirtschaftlichen Vorgängen unabhängig von einer tatsächlichen Umsetzung* verstanden werden. Ein solches RLK stellen beispielsweise die Systeme der Doppik sowie der Kameralistik dar. Die jeweiligen Erweiterungen und Ergänzungsrechnungen bilden dann Untervarianten der grundlegenden Konzepte.

(d) Der Haushalt oder das Budget in öffentlichen Einrichtungen verbindet die drei vorgestellten Verfahrensbereiche des politischen Entscheidungssystems, des Vollzugssystems und des Datensystems. Als Definition wird hier die Beschreibung nach KITTERER verwendet: *„Das Budget umfasst die sich aus einem politischen Willensbildungsprozess ergebenden und aus einer überbudgetären Planungskonzeption abgeleiteten, regelmäßig für einen bestimmten Zeitraum geplanten bzw. innerhalb eines bestimmten Zeitraumes im Vollzug* *begriffenen oder vollzogenen Maßnahmen des Staates zur Erfüllung seiner Aufgaben in Form einer nach funktionalen, ökonomischen und institutionellen Gesichtspunkten gegliederten und erläuterten Darstellung seiner Einnahmen und Ausgaben."*[47] Das Budget kann als Ort oder Dokument des Zusammentreffens aller Verfahrensbereiche und finanzwissenschaftlichen Teilfragen[48] verstanden werden. Damit wird die zentrale politische und gestalterische Bedeutung offensichtlich – die historische Aussage, der Haushalt sei das in Zahlen gefasste Regierungsprogramm[49], wird so verständlich.

(e) In diesem Kontext der Steuerung öffentlicher Einrichtungen wird zunehmend der Begriff *Governance* für allgemeine Führung und Steuerung verwendet (z.B. Corporate Governance). Er ist aber in Bezug auf öffentliche Einrichtungen nicht trennscharf.[50] Überträgt man diesen Begriff auf den Verfahrensbereich des Datensystems, so soll in dieser Arbeit dafür der Begriff *Public Budgeting* verwendet werden, der ein *steuerungs- und führungsorientiertes Datensystem in öffentlichen Einrichtungen beschreibt.*

## 1.4. Forschungskonzeption

Methodisch baut die vorliegende Arbeit auf den Dreiklang von Forschungs*gegenstand*, Forschungs*interesse* und Forschungs*methodik* auf: *Gegenstand* der Betrachtung und Analyse ist die *Systematik* der Erfassung, Dokumentation, Auswertung und Steuerung *definierter* Informationen zur finanziellen Abbildung des Handelns öffentlicher Einrichtungen. Die Definition des Anwendungsbereiches ist dabei *einseitig offen*: Die Betrachtung soll *mindestens* für Einrichtungen mit

*(a)nicht privater* Rechtsform *und*
*(b)nicht privaten* Eigentümern *und*
*(c)nicht privater* Gewinnzielsetzung

gelten. Eine Ausweitung der Ergebnisanwendung beispielsweise auf Einrichtungen in privater Rechtsform ohne Gewinnzielsetzung wie eingetragene Vereine kann nachrangig angestellt werden, ist jedoch nicht Bedingung der Untersuchung.

Das spezifische Forschungs*interesse* konzentriert sich auf die wissenschaftlichen Schritte der Beschreibung, der Erklärung sowie der Verbesserung des Forschungsthemas. Es wird eine *Beschreibung* der Geschichte, Hintergründe, Problembereiche und bestehenden Verbesserungsansätze im Bereich der öffentlichen Rechnungslegung angestrebt. Wesentliche Problembereiche werden durch einen umfassenden Wirkungszusammenhang einer *Erklärung* zugeführt. Eine Erläuterung in Form einer *Bewertung* soll durch ein Kriteriensystem erfolgen. Durch eine Zusammenführung sollen die Anforderungen an ein modernen Informationssystem für öffentliche Einrichtungen dargestellt werden. Formal werden mehrere *Forschungsmethoden* im Verlauf der Untersuchung eingesetzt. Diese bauen aufeinander auf und ergeben die folgenden Kapitel als grobe Schrittfolge der Darstellung.

47 Kitterer, Wolfgang (1976): Das moderne Budget, eine vergleichende Analyse der zentralen Haushalte Frankreichs und der BRD, Frankfurt am Main/Bern, Seite 18.

48 Wie der Mittelbeschaffung durch Besteuerung, der Mittelverwendung sowie der Überprüfung der Rechtmäßigkeit und Wirtschaftlichkeit.

49 Dies drückt im Wesentlichen die Planungsfunktion des Haushalts aus der Sicht der Regierung aus. Gleichzeitig setzt daran auch die Kontrollfunktion parlamentarischer Einrichtungen an, da mit der Quantifizierung der Mittelverwendung auch deren Überwachung und Kritik möglich wird (vgl. Blankart, Charles Beat (2001): Öffentliche Finanzen in der Demokratie: Eine Einführung in die Finanzwissenschaft, 4. Auflage, München, Seite 415-416).

50 Organisation for Economic Cooperation and Development (OECD) (Hrsg.) (2001): Governance im 21. Jahrhundert, Paris, Seite 259-260.

(a) *Beschreibung* der historischen Entwicklung der öffentlichen Rechnungslegung: Die entwicklungsgeschichtliche Darstellung der öffentlichen Haushaltsführung legt den Grundstein für die weitere Analyse und das Verständnis der Thematik. Wesentliche Entwicklungen und Ziele sind nur vor dem Hintergrund der Kontexte des Public Budgeting bis heute zu verstehen.
(b) *Darstellung und Analyse* der wesentlichen Problembereiche in der Anwendung der öffentlichen Haushaltsführung: Aus öffentlichen Quellen werden Problembeschreibungen zusammengetragen. Diese werden nach inhaltlich zusammenhängenden Problembereichen analysiert.
(c) *Deduktion* eines kriterienbasierten Bewertungssystems für öffentliche Rechnungssysteme: Aus den ermittelten Zielsetzungen, welche mit den Problembereichen verbunden, sind sowie weiteren bis dahin nicht dargestellten Zielen wird ein Zielsystem als Grundlage eines Bewertungssystems abgeleitet. Für die Umsetzung des Systems werden Kriterien zur Untergliederung der Ziele weiter spezifiziert. Diese werden in einem letzten Schritt durch Überlegungen zur Messbarkeit und Gewichtung operationalisiert.
(d) *Bewertung* in der Praxis eingesetzter Informationssysteme mit Hilfe des Bewertungssystems: In einer konkreten Anwendung des Bewertungssystems werden zwei Softwareanwendungen für das Informations- und Risikomanagement in Hochschulen anhand der Kriterien bewertet. Eine solche Bewertung kann kein eindeutiges Ranking ergeben, sondern lediglich präferierte Systeme oder Ansatzpunkte in Bezug auf einzelne Ziele und Kriterien aufzeigen.
(e) *Deduktion* eines Informations- und Risikomanagementkonzeptes auf der Basis der Risk-Return-Steuerung für Hochschulen.
(f) *Empirischer Einblick* in die Situation der Informationserfassung und Risikomessung in Hochschulen.
(g) *Evaluation* des Umfeldes und der Folgewirkungen eines fortentwickelten Rechnungslegungskonzeptes: Die Kontextbeziehungen insbesondere in Bezug auf handelnde Institutionen, deren Interessen und Rollen sind zu diskutieren. Dabei werden Auswirkungen und Veränderungen zum Status quo betont.
(h) *Synopse* der Untersuchung und Abschlussbewertung: Abschließend werden alle Untersuchungsergebnisse und Arbeitsthesen zusammengefasst und gewürdigt. Es wird ein Ausblick auf die Umsetzung und Fortentwicklungsmöglichkeiten des neuen Systems sowie auf die Folgen der Aussagen zu den Arbeitsthesen gegeben.

Mit diesem methodischen Ablauf wird die nachvollziehbare und objektive Bearbeitung der Arbeitsthematik sichergestellt. Ergänzend zu den Methoden wird eine a priori Definition von *Arbeitsthesen* erstellt, welche im Verlauf der Untersuchung durch die Methodenanwendung verifiziert oder falsifiziert werden können.

## 1.5. Arbeitsthesen

Als Fokussierung der inhaltlichen Gliederung sowie der Erkenntniszielsetzungen sind nachfolgend sieben Arbeitsthesen dargestellt, welche im weiteren Verlauf hergeleitet, diskutiert und evaluiert werden.

(I) *Die Begründung und Eigenschaften öffentlicher Güter sowie politische Entscheidungen führen zur Notwendigkeit öffentlicher Leistungserstellung sowie zur damit notwendigen Existenz öffentlicher Einrichtungen:*[51] Die Begründung für eine nicht private Erstellung von Gü-

51 Es ist also nicht trivial und damit sinnvoll, die weiteren Thesen im Zusammenhang mit der Verbesserung der Wirtschaftlichkeit Öffentlicher Einrichtungen zu untersuchen. Eine Aussage über den Umfang der

tern wird in der besonderen Natur der betroffenen Güter gesehen.[52] Daraus leitet sich ab, dass im Gegensatz zur privatwirtschaftlichen Leistungserstellung nicht ein finanzielles Gewinnziel an erster Stelle steht, sondern ein inhaltliches Ergebnisziel. In einigen Fällen ist die öffentliche Leistungserstellung mit einer monopolähnlichen Stellung verbunden, welche auch als Garantenstellung interpretiert werden kann. Dies bedeutet, dass der Nutzen des Gutes erst dann realisiert wird, wenn eine Garantie für seine *einzigartige*, *richtige*, *planbare* und *vorhersehbare* Produktion vorliegt. Als *Beispiel* kann das Gut der öffentlichen Rechtssicherheit genannt werden. Dieses Gut wird von vielen Personen und Institutionen, insbesondere auch von privaten Unternehmungen, genutzt. Zusätzlich sind einige Güter einer *Unteilbarkeit* in Produktion und Konsum unterworfen. So kann beispielsweise nicht ein Teil eines Gutes äußere Sicherheit hergestellt werden, d.h. entweder es sind stabile äußere Grenzen und die Abwesenheit von (militärischer) Gewalt zu beobachten oder nicht.

(II) *Es liegen in der praktischen und theoretischen Betrachtung wesentliche Problembereiche in der Anwendung der bestehenden Konzeptionen zu Rechnungslegungs- und Informationssystemen vor*: Allein die regelmäßigen Kritikpunkte der Rechnungshöfe sowie die Entwicklungsrichtung der zunehmenden Übernahme der doppischen Buchhaltung in vielen öffentlichen Einrichtungen zeigt die Berechtigung der Vermutung über existierende Problembereiche auf.[53] Auch die Übernahme der doppischen Rechnungslegungskonzeption geschieht nur mit Anpassungen und Überarbeitungen welche die besonderen Anforderungen der öffentlichen Einrichtungen widerspiegeln.

(III) *Es werden zunehmend kriteriengestützte Bewertungssysteme zur rationalen Beurteilung und Entscheidungsunterstützung bei der Auswahl von geeigneten Informations- und Risikomanagementsystemen für öffentliche Einrichtungen benötigt:* Es wird als These davon ausgegangen, dass im Rahmen der zunehmenden Anforderungen der Verwaltungsmodernisierung eine rationale und kriteriengestützte Betrachtung der Auswahl der verwendeten Informations- und Risikomanagementsysteme durch die öffentlichen Einrichtungen benötigt wird.

(IV) *Für öffentliche Einrichtungen wie beispielsweise Hochschulen fehlt weitgehend ein adäquates Risikoinformations- und Risikomanagementsystem*: Im öffentlichen Finanzmanagement ist keine einheitliche und umfassende Risikodarstellung vorhanden, welche auch in der Lage ist, Risiken in privatwirtschaftlichen Unternehmen mit öffentlichem Einfluss darzustellen. Richtschnur der Risikobewertung kann beispielsweise die *Einschränkung von finanziellen Handlungsspielräumen* in der Zukunft sein. Dabei können Wahrscheinlichkeiten und Szenarioberechnungen eine Hilfestellung geben. Parallel zu bestehenden Steuerungs- und Informationssystemen muss ein Risikoinformationssystem eingerichtet werden und die Risikominimierung als zentrales Ziel der öffentlichen und politischen Verantwortung gelten.

(V) *Die Wirtschaftlichkeit und Effektivität bestehender Informations- und Risikomanagementsysteme in öffentlichen Einrichtungen können durch Einführung ergänzender Konzepte wie zum Beispiel der Risk-Return-Steuerung gesteigert werden*: Kernpunkt einer Effizienz- und Effektivitätssteigerung ist in jeder Organisation, insbesondere jedoch im öffentlichen Bereich - als eine unter mehreren Voraussetzungen - die Verbesserung der zur Verfügung stehenden Information. Dies wurde bereits in vielen theoretischen Modellen und praktischen Versuchen

staatlichen Leistungserstellung ist damit nicht getroffen. Er muss nach dieser Darstellung aber in jedem Fall größer Null sein.

52 Die Begründung für einen öffentlichen Auftrag wird in der Regel in einer Nichtanwendbarkeit einer Marktordnung wegen fehlender Ausschließbarkeit bzw. Rivalität der Konsumenten oder in der fehlenden politischen Akzeptanz der Marktergebnisse gesehen ('Meritorisierung'); siehe Brede, Helmut (2001): Grundzüge der Öffentlichen Betriebswirtschaftslehre, München/Wien, Seite 13-14.

53 Eine weitere Detaillierung der Problembereiche erfolgt im dritten Kapitel.

angestrebt.[54] In vielen Fällen wird auch der Übergang zur doppischen Buchführung als Verbesserung der Informationsgrundlage gesehen.[55] Weiterführende Maßnahmen setzen dann zur Steigerung der Wirtschaftlichkeit auf einen Vergleich mit anderen Organisationen (Benchmarking).

(VI) *In der Praxis kann in Öffentlichen Einrichtungen am Beispiel der Hochschulen eine Differenz der Einstellungen und Nutzung von Risikomanagementsystemen festgestellt werden, die unter anderem durch die Frage des herrschenden Wettbewerbs beeinflusst wird*: Im Vergleich einzelner Institutionen und insbesondere verschiedener Länder kann in Hochschulen eine unterschiedliche Wahrnehmung von Risiko und damit verbunden auch eine differierende Einstellung zu Risikoermittlungs- und Risikomanagementsystemen festgestellt werden. Als eine Haupteinflussgröße auf die Frage der Risikowahrnehmung und nachfolgend den Einsatz und die Anwendungen von Risikoermittlungssystemen kann der Wettbewerb unter den betreffenden Institutionen wie beispielsweise der Hochschulen identifiziert werden.

(VII) *Durch die Neuorientierung der Öffentlichen Einrichtungen im Zuge der Verwaltungsmodernisierung und den Einsatz neuer Informations- und Risikomanagementsysteme ist eine neue Rollenbeschreibung für die beteiligten politischen Institutionen notwendig*: Im Zuge der Veränderungen des Umfeldes der öffentlichen Einrichtungen, insbesondere auch der Hochschulen, ist eine Neudefinition und Abstimmung der Akteure und deren Rollen im Prozess der Budgeterstellung, Budgetdefinition, Budgetexekution und Budgetüberwachung notwendig.

Die ersten Thesen zur *Notwendigkeit öffentlicher Leistungserstellung* wird neben allgemeinen Hintergründen und historischen Herleitungen im zweiten Kapitel beleuchtet. Als Fortführung wird die zweite These aus der Analyse der bestehenden Literatur entwickelt (Kapitel 3). Aufbauend auf den identifizierten Problembereichen erreicht das vierte Kapitel eine Umsetzung der dritten These in der Entwicklung eines kriteriengestützten Bewertungssystems.

Aus der Bewertung von bestehenden Softwareanwendungen in Hochschulen im Bereich der Rechnungslegung bzw. der Informations- und Risikosysteme ergibt sich der in These vier vertretene Punkt einer fehlenden Systematik zur Ermittlung und Steuerung von Risiken in Hochschulen als Beispiel für öffentliche Einrichtungen (Kapitel 5). Als Lösungsvorschlag zu dieser spezifischen Problemstellung wird im sechsten Kapitel ein Risikomanagementkonzept für Hochschulen auf der Basis der Risk-Return-Steuerung entwickelt, was die fünfte Arbeitsthese ausgestaltet.

Ein empirischer Blick in die Praxis des Hochschulmanagements ermöglicht eine Interviewerhebung in Hochschulen in Australien, Deutschland, Österreich und der Schweiz in Kapitel sieben. Damit werden einmal die unterschiedlichen Wahrnehmungen und Haltungen zu Risiken in Hochschulen aufgezeigt und weiterhin werden korrespondierend zu Arbeitsthese sechs mögliche Einflussfaktoren auf diese Einstellung der Führungspersonen in Hochschulen je nach Länderbereichen ermittelt. Für die Umsetzung in der Praxis beispielsweise der Hoch-

54 Siehe stellvertretend: Bräunig, Dietmar (1994): Pretiale Steuerung von Kommunalverwaltungen, Schriften zur öffentlichen Verwaltung und öffentlichen Wirtschaft, Band 147, Baden-Baden; Budäus, Dietrich/Gronbach, Peter (Hrsg.) (1999), a.a.O.; Buschor, Ernst (1987), a.a.O., Seite 29-47; Lüder, Klaus (1998a): Konzeptionelle Grundlagen des neuen kommunalen Haushaltswesens, Schriftenreihe des Innenministeriums Baden-Württemberg zum kommunalen Haushalts- und Rechnungswesen Band 5, Stuttgart.

55 So beispielsweise: Gerhards, Ralf (2001): Konzeption für eine Kosten- und Leistungsrechnung öffentlicher Verwaltungen, Frankfurt am Main u.a., Seite 26-29; grundlegende Aussagen bei Schmalenbach, Eugen (1950): Das Rechnungswesen der Betriebe, Band 1, Köln/Opladen; Lüder, Klaus (1999): Das Ende der Kameralistik?, in: der gemeinderat, Jg. 42 (1999), Heft 1, Seite 34-37.

schulen sind laut These sieben besondere Umstände zu berücksichtigen und spezifische Konzepte zu entwickeln, was in Kapitel 8 ausführlich analysiert und bewertet wird. Das neunte Kapitel schließt mit einer Zusammenfassung der Ergebnisse und dem Ausblick auf den sich ergebenden weiteren Arbeitsbedarf die vorliegende Untersuchung ab.

# 2. Entstehung öffentlicher Rechnungslegung als Informations- und Risikomanagementsystem

## 2.1. Historischer Abriss der öffentlichen Haushaltsführung

### 2.1.1. Existenz und Umfang staatlicher Finanzen

Die Existenz und die Herkunft öffentlicher Mittel leiten sich direkt aus der Existenz von *Herrschafts- und Machtverhältnissen* in der Gesellschaft ab. Bestehen wenig organisierte und wenig überregionale Herrschaftssysteme, werden auch die Mittel in öffentlicher oder herrschaftlicher Hand gering und wenig zusammenhängend sein. Im Zeitverlauf übertrugen sich die Opferriten der *Antike* und des *frühen Mittelalters* auf die lokalen und regionalen Herrscher des *Feudalsystems im Mittelalter*. Die Herrscher wurden als ‚gottgegeben' und verehrungswürdig tituliert. Generell war der Umfang der öffentlichen Leistungen und Wertströme noch *sehr gering*, analog zu denen der restlichen Wirtschaft und Gesellschaft.[56]

Auf der *Einnahmeseite* des Finanzwesens stand am Anfang die *freiwillige* Überlassung von Naturalien und Arbeitsleistungen an die Regionalfürsten, allein in den italienischen Regionen (Lombardei) waren Geld- oder Silberzahlungen üblich. Graduell mutierten diese ‚Dankesopfer' zu auf Macht basierenden Rechtstiteln der Herrschenden, zum Beispiel per Eroberung und Tributpflicht oder sozialem Gruppendruck (tradierte Erwartungshaltung). Ebenso wurde im Zeitverlauf das Naturalopfer oder die Naturalsteuer (Sachleistungen oder Arbeitsleistung) durch direkte Geldzahlungen ersetzt. Dies konnte jedoch erst mit dem Aufbau des Geldwesens in den mittelalterlichen Städten, ausgehend von Italien geschehen. Auf der *Ausgabenseite* war eine Vermischung von Ausgaben zur Erfüllung öffentlicher Aufgaben wie Verwaltung und Rechtsprechung mit den Aufwendungen für die eigene Lebensführung beziehungsweise für die der Untergebenen und Angestellten am Hof und in der Verwaltung anzutreffen.

Ein weiteres Merkmal bestand in der deutlichen Macht- und Mittellosigkeit überregionaler Institutionen wie des Karolingischen Reiches. Verwaltung und die Durchsetzung von Herrschaftstiteln auf Sach- und Geldwerte konnten nur im engen regionalen öffentlichen Raum verwirklicht werden. Schon damals entwickelten sich aus diesem Grund erste Ansätze einer föderalen Fiskalordnung: Der Kaiser vergab Grundstücke und Rechte bevorzugt im kirchlichen Bereich an die Bischöfe, die dafür Naturalabgaben (Beherbergung und Nahrungsmittel) und Truppen für militärische Zwecke zu stellen hatten.[57] Aus dieser Zeit stammt auch der noch heute verwendete Begriff Kameralistik, der im historischen Kontext im Wort Kammer als Bezeichnung für einen abgeschlossenen Raum seinen Ursprung fand: Die Kammer des Herrschers wurde so bezeichnet, in der unter anderem die Wertgegenstände und Gelder zu finden waren.[58] Von diesem Ausgangspunkt wurde der Begriff auf das Geldwesen der öffentlichen Hand selbst ('Kameralwesen'), die verwendete Rechnungslegung (‚Kameralistik') sowie die damit betrauten Personen (‚Kämmerer') übertragen.

### 2.1.2. Entwicklung öffentlicher Unternehmen

Öffentliches Wirtschaften in der Form öffentlich *abgegrenzter Unternehmensorganisationen* findet sich seit dem *Mittelalter*, wo im *Feudalismus* Forstbetriebe, Bergwerke und Hüttenbetriebe die staatlichen Einnahmen der Feudalherrscher sicherten. Mit der Konzeption des *Mer-*

56 Vergleiche dazu Henning, Friedrich-Wilhelm (1989): Handbuch der Wirtschafts- und Sozialgeschichte Deutschlands; Band 1 (Deutsche Wirtschafts- und Sozialgeschichte im Mittelalter und in der frühen Neuzeit), Paderborn u.a., Seite 153-157.

57 Kroeschell, Karl (1999): Deutsche Rechtsgeschichte; Band 1 (Bis 1250), 11. Auflage, Opladen, Seite 123-126.

58 „Das Allgemeine seiner Bedeutung ist ein gewölbter Raum, ein Verschliß, welches sich in den neuen Sprachen zu der Bedeutung Gemach, Zimmer, geheimes Gemach, Schlafgemach, Zimmer für Geheimes u.dgl. umwandelte." (Baumstark, Edward (1835), a.a.O., Seite 4-5).

*kantilismus* wurden diese Aktivitäten deutlich ausgeweitet, auch Rüstungs- und Gebrauchsgüterbetriebe wurden nunmehr in *öffentlicher Regie* betrieben. Als Beispiele sind noch heute die staatlichen Porzellanmanufakturen unter anderem in Berlin und Sachsen erhalten. Auch die Beförderungsmonopole im Brief- und Personenverkehr fanden im Zeitraum um das 17. Jahrhundert ihre Grundlage.[59] Während der Industrialisierung im 18. und 19. Jahrhundert nahm die öffentliche Produktion in Form öffentlicher Unternehmen als Folge der sich verbreitenden Vorstellungen des Liberalismus tendenziell ab. Mit dem ersten Weltkrieg wurde jedoch ab 1914 der Bestand an öffentlichen Unternehmen zur Produktion kriegswichtiger Güter deutlich ausgeweitet und nach Kriegsende nicht bedeutend zurückgeführt. Eine vergleichbare Tendenz einer Ausweitung und der anschließender Übernahme ist auch für den zweiten Weltkrieg festzustellen.[60] Erst seit etwa 1990 ist insbesondere unter dem Einfluss der Binnenmarktpolitik der Europäischen Union ein Rückgang von Anzahl und Umfang öffentlicher Unternehmen mit der rechtlichen und teilweise materiellen Privatisierung im Telekommunikations-, Bahn-, Post- und Energiesektor festzustellen.[61]

### 2.1.3. Rechnungslegung und Steuerungsmethoden

Die Entwicklung der *kameralistischen Rechnungslegung* als vorherrschendes Rechnungslegungssystem der Gebietskörperschaften und Öffentlichen Einrichtungen begann mit der Institutionalisierung dieser staats- und finanzwissenschaftlichen Forschungsrichtung ab 1727.[62] Die erste Publikation mit dem Titelinhalt der Kameralistik datiert von 1751.[63] Die endgültige Ausgestaltung und Beschreibung wurde durch mehrere grundlegende Arbeiten in der ersten Hälfte des 20. Jahrhunderts durch JOHNS, WALB und andere erreicht.[64] Dieser Stand der Rechnungslegungskonzeption der Kameralistik bestand im Wesentlichen bis zur Reformdiskussion ab etwa 1985.

Dazwischen fällt jedoch das erste Aufkommen einer Tendenz zur *ergebnisorientierten Steuerung* im Zuge der Entwicklung von Planning-Programming-Budgeting-Systemen (PPBS) etwa seit 1960. Dabei wuchs die Überzeugung, von der finanziellen Haushaltsführung relativ

---

59 Ambrosius, Gerold (1989): Geschichte öffentlicher Unternehmen, in: Chmielewicz, Klaus/Eichhorn, Peter (Hrsg.) (1989): Handbuch der öffentlichen Betriebswirtschaft, Band 11 der Enzyklopädie der Betriebswirtschaft, Stuttgart, Sp. 504.

60 Ebd., Sp. 504-507.

61 Siehe u.a. Cox, Helmut (1996): Europäischer Binnenmarkt und Telekommunikations- und Postreform in Deutschland, in: Cox, Helmut (Hrsg.) (1996): Perspektiven öffentlicher Unternehmen in der Wirtschafts- und Rechtsordnung der Europäischen Union, Band 2, herausgegeben im Auftrag des Wissenschaftlichen Beirats der Gesellschaft für öffentliche Wirtschaft, Schriftenreihe der Gesellschaft für öffentliche Wirtschaft, Heft 37, Baden-Baden, Seite 83-114; Eiermann, Rudolf/Oettle, Karl (1996): Die öffentlichen Unternehmen des Fernverkehrs in der Europäischen Union unter besonderer Berücksichtigung der Eisenbahnpolitik, in: Cox, Helmut (Hrsg.) (1996), a.a.O., Seite 51-82; König, Klaus/Benz, Angelika (Hrsg.) (1997): Privatisierung und staatliche Regulierung, Bahn, Post und Telekommunikation, Rundfunk, Verwaltungsorganisation, Staatsaufgaben und Öffentlicher Dienst, Band 39, Baden-Baden; zur Diskussion in den Bereichen Kreditwesen und Nahverkehr u.a. Zimmermann, Gebhard/Jöhnk, Thorsten (1999): Probleme der Bestimmung der Eigenkapitalkosten öffentlicher Unternehmen, Kritische Anmerkungen zur Entscheidung der EU-Kommission aus Sicht der Investitions- und Finanzierungstheorie, in: Kreditwesen, Heft 19/99, Seite 26-28; Meyer, Dirk (2002): Regulierung versus Deregulierung im Öffentlichen Personennahverkehr – Das Modell eines Nutzerklubs, in: Perspektiven der Wirtschaftspolitik, Band 3, Heft 1, Februar 2002, Seite 69-84.

62 Baumstark, Edward (1835), a.a.O., Seite 35.

63 Zincke, Georg Heinrich (1751): Cameralistenbibliothek, Leipzig.

64 Vgl. Johns, Rudolf (1938): Die Vollrechnung der Gemeinden, Teildruck der Habilitationsschrift „Das Gemeinderechnungswesen“ der Rechts- und Staatswissenschaftlichen Fakultät der Albert Ludwigs-Universität Freiburg im Breisgau, Leipzig; Walb, Ernst (1943): Finanzwirtschaftliche Bilanz, Köln; Johns, Rudolf (1951), a.a.O.; Klapdor, Karl (1910): Die kameralistische Buchführung, Düsseldorf.

unabhängige Zieldefinitions- und Zielmesssysteme schaffen und einsetzen zu können. Damit verband sich neben der Bestimmung und Verfolgung einzelner inhaltlicher Politikziele auch die Vorstellung, eine wirtschaftliche Global- oder sogar Feinsteuerung durch die Steuerung der öffentlichen Ausgaben erreichen zu können.[65]

Die PPB-Systeme stellten einen ersten Versuch der *Ergebnisdarstellung* sowie der *Integration von Outputzielen* in die bisher rein inputorientierte staatliche Planung dar. In einigen Fällen wie der Vorreiterinstitution des U.S.-amerikanischen Verteidigungsministeriums funktionierte der Ansatz auch sehr gut. Allerdings waren die dortigen *Voraussetzungen nicht* auf alle staatlichen Einrichtungen *übertragbar*[66] bzw. wurden die *Erwartungen* immer weiter *erhöht* bis eine allgemeine Ernüchterung einsetzte. Zu diesem wahrgenommenen Misserfolg einer Methodeninnovation trug auch die Vielzahl der Vorschläge und Methoden bei, so dass sich eine allgemeine ‚Planungsmüdigkeit' einstellte.[67] Ausgehend von den USA wurden die PPBS-Techniken weltweit eingesetzt, wie KITTERER beispielsweise in einer Analyse für Frankreich und Deutschland feststellt:

> *„Obwohl in Frankreich mit der Planifikation seit langem ein mittelfristiges Planungsinstrument vorhanden ist, wurde die Planung politischer Ziele im Regierungsbereich zum ersten Mal in den VI. Plan (1971-1975) aufgenommen, und zwar in der Form der 'fonctions collectives' und der 'programmes finalisés'."*[68]

Diese Vorstellung der Instrumente und Möglichkeiten hat sich nahezu vollständig verflüchtigt:

> *„Die Illusion einer wirklich genauen Global- oder gar Feinsteuerung der Gesamtwirtschaft, der Traum solcher Machbarkeit ist sicher vorbei."*[69]

Dies führt dazu, dass erst theoretisch[70], dann auch praktisch die Überzeugung einer politischen Einflussnahme durch Planung und Budgetexekution auf die ökonomischen Prozesse und das wirtschaftliche Wachstum schwindet. In der Folge beginnen die *Liberalisierungsüberlegungen* zu öffentlichen Unternehmen den staatlichen Einfluss zu beschneiden. Gleichzeitig richtet sich der Fokus der finanzwissenschaftlichen Diskussion und Bewertung nicht mehr auf die Wirkungsforschung, sondern auf „die Frage nach der Wirtschaftlichkeit der Maßnahmen"[71].

---

65 Siehe beispielhaft: Reinermann, Heinrich (1975): Programmbudgets in Regierung und Verwaltung, Möglichkeiten und Grenzen von Planungs- und Entscheidungssystemen, Schriften zur öffentlichen Verwaltung und öffentlichen Wirtschaft, Band 6, Baden-Baden oder auch Engelhardt, Gunther (1987), a.a.O., Seite 132; Rürup, Bert (1971): Das Planning-Programming-Budgeting System, Theorie - Praxis - Erfahrungen, in: Hansmeyer, Karl-Heinrich (Hrsg.) (1971): Das rationale Budget, Ansätze moderner Haushaltstheorie, Köln, Seite 135-161.

66 So gab es a) eine ‚Vorhut-Gruppe' ausgebildeter Planer und Analytiker, b) eine bekannte Terminologie und Theorie zur Programmplanung, c) eine kompetente Führung sowie d) eine Planungsaffinität durch Vorläuferprogramme (siehe Wildavsky, Aaron (1973): Plädoyer für eine Trennung von politischer Analyse und PPBS, in: Naschold, Frieder/Väth, Werner (1973): Politische Planungssysteme, Opladen, Seite 117).

67 Schatz, Heribert (1974): Politische Planung im Regierungssystem der Bundesrepublik Deutschland, Göttingen, Seite 47.

68 Kitterer, Wolfgang (1976), a.a.O., Seite 239.

69 Klemm, Peter (1987): Der öffentliche Haushalt, Einführung in die Fragestellung, in: Mäding, Heinrich (Hrsg.) (1987), a.a.O., Seite 16.

70 Vergleiche beispielsweise der ausführliche Nachweis der planerischen Unvollkommenheit der Politik bei: Ronge, Volker/Schmieg, Günter (1973): Restriktionen politischer Planung, Frankfurt am Main, Seite 37-44.

71 Rürup, Bert/Färber, Gisela (1987): Kontrolle durch den Rechnungshof – Forderungen und Reformmöglichkeiten, in: Mäding, Heinrich (Hrsg.) (1987), a.a.O., Seite 216.

Abbildung 4: Kreislaufprozess von Planning-Programming-Budgeting-Systemen (PPBS)

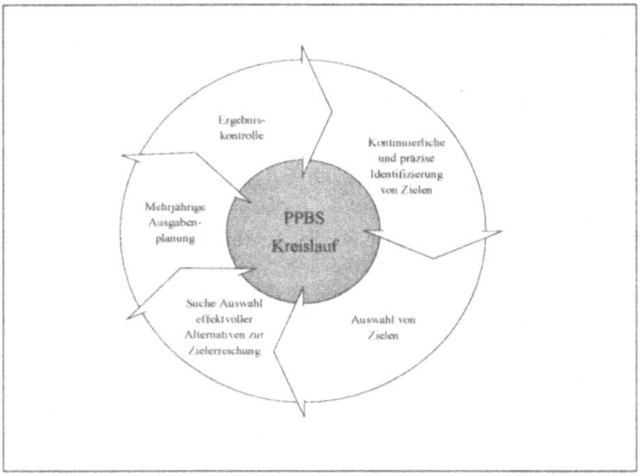


*Quelle: Nach der Textdarstellung von Reinermann, Heinrich (1975): Programmbudgets in Regierung und Verwaltung, Möglichkeiten und Grenzen von Planungs- und Entscheidungssystemen, Schriften zur öffentlichen Verwaltung und öffentlichen Wirtschaft, Band 6, Baden-Baden, Seite 116.*

### 2.1.4. Entwicklung der Betriebswirtschafts- und Verwaltungslehre

Interessant erscheint abschließend noch ein Blick in die geschichtliche Entwicklung der Betriebswirtschafts- und Managementlehre: Wie DRUCKER[72] eindrucksvoll zeigt, entstanden die ersten allgemeinen Thesen zum Management mit wissenschaftlichem Anspruch bei TAYLOR, FAYOL und RATHENAU im Bereich *gemeinnütziger* oder *staatlicher Einrichtungen*. Die Berufsbezeichnung des 'Managers' wurde erstmals im Kontext der Kommunalverwaltung für den 'City Manager' in den USA verwendet. Im Entstehungszeitraum zwischen 1900 und 1925 wird also *keine Unterscheidung* zwischen dem Management *öffentlicher Organisationen* und dem *Unternehmensmanagement* gemacht, implizit wird der Begriff in Untersuchungen sogar eher auf den gemeinnützigen und staatlichen Bereich bezogen. Erst zu einem späteren Zeitpunkt konzentriert sich die Management- und Betriebswirtschaftslehre auf das privatwirtschaftliche Unternehmen. Es findet wissenschaftshistorisch eine zunehmende Trennung in Disziplinen statt, der gemeinnützige Bereiche wird wenig betrachtet während der staatliche Organisationsbereich wird zur Domäne der rechtswissenschaftlichen und politikwissenschaftlichen Bereiche bzw. als Verwaltungswissenschaften verselbstständigt. Der Austausch und die Befruchtung unter den Teilbereichen werden geringer. Mit dem Beginn der Verwaltungsreformdiskussion ab 1980 im niederländischen, US-amerikanischen und neuseeländischen Kontext und ab 1990 flächendeckend in Deutschland und Europa zeichnet sich eine historische Wiedervereinigung der Managementdisziplinen ab. Zunehmend wird die These vertreten, dass die Gemeinsamkeiten der getrennten Bereiche im Lichte der Führung und Steuerung von Organisationen, gleich welchen Typs, die bisher betonten Unterschiede überdecken.

Eine These der *Konvergenz der Rechnungslegungssysteme* für öffentliche Einrichtungen und privatwirtschaftliche Unternehmen kann vor diesem Hintergrund möglicherweise auf die ge-

72 Drucker, Peter Ferdinand (2001): Management im 21. Jahrhundert, München, Seite 18.

samte Organisationslehre[73] ausgedehnt werden. Diese Sichtweise wird nicht zuletzt dadurch befördert, dass sich beispielsweise nach der Erwartung von DRUCKER die Entwicklungsmöglichkeiten im 21. Jahrhundert wesentlich in den Bereichen der gemeinnützigen und staatlichen Organisationen zu sehen sind.[74]

## 2.2. Begründung der Staatstätigkeit

In der *Theorie der öffentlichen Güter* soll normativ und positiv eine Begründung für die Tätigkeit des Staates in Form des *Angebotes* und der *Produktion* öffentlicher Güter dargestellt werden.[75] Dabei wird in einem ersten Schritt die Unterscheidung zwischen öffentlichen Gütern und privaten Gütern durch das Kriterium der *Rivalität im Konsum* eingeführt.[76] Es handelt sich um ein *Güterkriterium*, welches an den Eigenschaften des betrachteten Gutes ausgerichtet ist. Dies bedeutet, dass ein zusätzlicher Nutzer eines Gutes die anderen Nutzer beeinträchtigt (privates Gut) bzw. nicht beeinträchtigt (öffentliches Gut). Gleichzeitig ist festzustellen, dass die zusätzlichen Produktionskosten (Grenzkosten) eines öffentlichen Gutes in der Regel Null oder vernachlässigbar sind – während bei privaten Gütern regelmäßig Grenzkosten der Produktion größer Null zu beobachten sind. Diese Unterscheidung ist definitorisch und hat inhaltlich noch keinen Einfluss auf die Definition eines *öffentlichen* Angebotes, d.h. einer *öffentlichen* Leistungserstellung. So kann beispielsweise ein *privates* Gut wie Bildung in Form eines *öffentlichen* Angebotes beobachtet werden (Meritorisierung).
In einer *zweiten Definitionsebene* werden mindestens vier voneinander unabhängige Argumentationslinien zur Begründung eines *öffentlichen Angebotes*[77] vorgebracht: Neben der Konsumrivalität wird als weiteres *Güterkriterium* die *Ausschließbarkeit von der Nutzung* durch den Anbieter definiert. Ist eine Ausschließbarkeit nicht vorhanden, können die Nutznießer eines Güterangebotes nicht zur Offenlegung ihrer Präferenzen bzw. zur Zahlung eines Nutzungsentgeltes gezwungen werden (Strategisches Verhalten oder Schwarzfahrer-Verhalten). Dies kann beispielsweise bei einem Gut Öffentliche Sicherheit beobachtet werden. Damit wird die Produktion auf privater Ebene nicht stattfinden können. So muss von öffentlicher

73 Verstanden als Vereinigungsmenge der Teildisziplinen Betriebswirtschaftslehre (der privatwirtschaftlichen Unternehmen), Verwaltungswissenschaft, Rechtswissenschaft (in Bezug auf die Gestaltung und Führung von Organisationen), Betriebswirtschaft der öffentlichen Unternehmen und weitere Teildisziplinen, welche als verbindende Frage die Zielstellung der zieloptimalen Gliederung, Führung und Steuerung von Organisationen haben.

74 „So ist es durchaus berechtigt zu mutmaßen, daß der Wachstumsbereich des 21. Jahrhunderts nicht das privatwirtschaftliche Business in Form organisierter wirtschaftlicher Aktivitäten sein wird. Viel wahrscheinlicher ist das Wachstum im Bereich des gemeinnützigen sozialen Sektors." (Drucker, Peter Ferdinand (2001), a.a.O., Seite 21).

75 Zimmermann, Horst/Henke, Klaus-Dirk (2001), a.a.O., Seite 43-44; Musgrave, Richard Abel (1978), a.a.O., Seite 19 oder auch Stößel, Frank Volker (1998): Outsourcing in der öffentlichen Verwaltung: Ein Instrument zur effizienten Versorgung mit öffentlichen Gütern, Frankfurt am Main u.a., Seite 28.

76 Im Grunde definiert das Kriterium allein ein Kontinuum zwischen extremen Ausprägungen. So führen beispielsweise Zimmermann und Henke als Zwischenform ‚Mischgüter' ein (Zimmermann, Horst/Henke, Klaus-Dirk (2001), a.a.O., Seite 49). Tatsächlich sind jedoch alle Abstufungen zwischen einem rein privaten Gut und einem rein öffentlichen Gut je nach Grad der Rivalität möglich. Damit macht eine Einführung einer weiteren diskontinuierlichen Güterklasse wenig Sinn.

77 Ein öffentliches Angebot ist dabei nicht zu verwechseln mit öffentlicher Produktion: Die öffentliche Hand übernimmt lediglich eine Garantenstellung für die Existenz eines Angebots des betroffenen Gutes. Die Definition durch welche Art von Einrichtung die Produktion tatsächlich erfolgt, ist hier noch nicht angesprochen. Vgl. zur Garantieleistung bzw. Gewährleistungsverantwortung des Staates u.a.: Naschold, Frieder (1995): Ergebnissteuerung, Wettbewerb, Qualitätspolitik, Entwicklungspfade des öffentlichen Sektors in Europa, Modernisierung des öffentlichen Sektors, Sonderband 1, Berlin, Seite 90-91 oder Schedler, Kuno/Proeller, Isabella (2000): New Public Management, Bern/Stuttgart/Wien, Seite 35.

öffentlicher Seite ein Angebot sichergestellt und die Nutzung durch Zwang zur Präferenzoffenlegung bzw. Zwang zur Zahlung eines Entgeltes finanziert werden.[78]

Abbildung 5: Skizze zu den Definitionsbereichen zwischen öffentlicher und privater Allokation

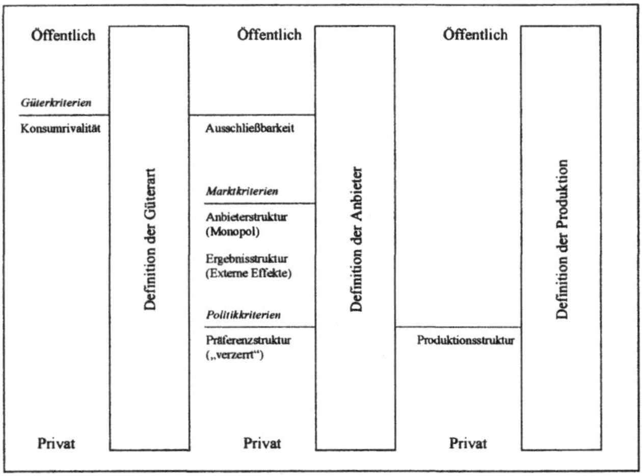


*Quelle: Eigene Darstellung in Anlehnung an Zimmermann, Horst/Henke, Klaus-Dirk (2001): Finanzwissenschaft – eine Einführung in die Lehre von der öffentlichen Finanzwirtschaft, München, Seite 49.*

Als *Marktkriterien* zur Begründung eines öffentlichen Angebotes werden fehlerhafte, d.h. verbesserungswürdige Ergebnisse eines funktionierenden (privaten) Marktes angeführt: Erstens eine Korrekturnotwendigkeit durch eine *abweichende Anbieterstruktur* wenn sich beispielsweise in Netzmärkten wie Elektrizität oder Telekommunikation eine monopolistische Anbieterstruktur herausbildet. Dies begründet mit dem Hinweis auf „rationales staatliches Handeln"[79] einen Übergang zu einem öffentlichen Angebot. Zweitens kann eine *abweichende Ergebnisstruktur* bei einem funktionierenden Markt in Form von (positiven oder negativen) externen Effekten vorliegen. Ein positiver externer Effekt wäre beispielsweise der Schutz der Gesamtbevölkerung bei der Durchführung eines Impfschutzes für eine Person. Nicht nur diese Person genießt einen individuellen Schutz, sondern auch andere Mitglieder der Gesellschaft sind durch eine sinkende Ansteckungs- und Seuchengefahr positiv betroffen. Umgekehrt kön-

78 Vergleiche den wissenschaftlichen Diskurs zu Umfang und Ursache der Staatstätigkeit bei Musgrave, Richard Abel (1978), a.a.O. oder Peacock, Alan T./Wiseman, Jack (1971): The Economic Theory of Fiscal Policy, University of York Studies in Economics Nr. 5, London.

79 Welches unter dem Stichwort 'Staatsversagen' zu bezweifeln ist. Politische Entscheidungen der Vergangenheit zugunsten eines öffentlichen Angebotes beispielsweise in Netzgütermärkten werden demzufolge auch zunehmende revidiert. Siehe u.a. die Liberalisierung der Post-, Telekommunikations- und Schienenverkehrsdienstleistungen in Deutschland beziehungsweise die Deregulierung der Energiemärkte in Europa (Mansfeld, Ludger/Altehoefer, Klaus-Peter (1996): Die deutschen öffentlichen Energieversorgungsunternehmen im Konflikt zwischen energiepolitischen Zielen und europäischen Wettbewerbsregeln, in: Cox, Helmut (Hrsg.) (1996), a.a.O., Seite 31-50; Eiermann, Rudolf/Oettle, Karl (1996): Die öffentlichen Unternehmen des Fernverkehrs in der Europäischen Union unter besonderer Berücksichtigung der Eisenbahnpolitik, in: Cox, Helmut (Hrsg.) (1996), a.a.O., Seite 51-82; Cox, Helmut (1996), a.a.O., Seite 83-114).

nen negative externe Effekte beispielsweise im Umweltbereich vorliegen, wenn ein Unternehmen ohne zusätzliche Kosten bestimmte Umweltmedien wie Luft, Wasser, Boden etc. verschmutzen darf. In beiden Fällen wird ein Eingriff des Staates zur Steigerung der gesamten Wohlfahrt der Gesellschaft als sinnvoll erachtet.

Als *politisches Kriterium* wird im Rahmen der Entscheidung über ein öffentliches Angebot die Entscheidung politischer Institutionen über eine vorliegende unvollständige Information oder verzerrte Präferenzstruktur bei den Verbrauchern angeführt: Am Beispiel der persönlichen Ausbildung wird regelmäßig argumentiert, dass das Individuum in einem rein privaten Bildungsmarkt die Ausbildungskosten systematisch zu hoch und/oder die zusätzlichen (Einkommens-)Erträge dieser Ausbildung systematisch zu niedrig einschätzt und daher eigentlich rational gebotene Ausbildungsschritte unterlässt. In dieser Situation wird ein staatlicher Eingriff in Form eines öffentlichen Angebotes (z.B. durch subventionierte Bildungsangebote zu einem niedrigeren Preis) als normativ sinnvoll angesehen.[80] Die angeführten vier Kriterien der zweiten Definitionsebene des öffentlichen Angebotes sind *nicht* auf die erste Definitionsebene des öffentlichen Gutes anwendbar, d.h. die Anbieterstruktur eines beobachteten Monopols beispielsweise begründet *nicht* die Eigenschaft eines öffentlichen Gutes. Auf einer *dritten Definitionsebene* wird über die tatsächliche *Leistungserstellung* (‚Produktion') durch öffentliche oder private Einrichtungen entschieden. Dabei werden die bisher genannten Kriterien und Argumente auch als Begründung einer Leistungserstellung durch öffentliche Einrichtungen verwendet; tatsächlich sind diese Argumente für eine solche Begründung *hinreichend*, allerdings führen sie nicht *zwingend notwendig* zur Schlussfolgerung einer öffentlichen Leistungserstellung. Regelmäßig ist über diese Argumente hinaus noch der Nachweis notwendig, dass eine privatwirtschaftliche Leistungserstellung zu vergleichbaren oder geringeren Kosten nicht zu vergleichbaren Leistungsergebnissen führen könnte (sog. ‚Subsidiaritätsprinzip' der Leistungserstellung).[81]

Als eigenständiges *politisches Kriterium* auf der Ebene der *Leistungserstellung* wird die Akzeptanz der realisierten *Produktionsstruktur* diskutiert: In bestimmten Bereichen wie beispielsweise der Herstellung von Personalausweisen ist eine privatwirtschaftliche Herstellung auf der Grundlage aller diskutierten Kriterien sehr wohl möglich. Allein der Staat ist mit einer privatwirtschaftlichen Produktion aus hoheitlichen Gründen der Sicherheit und Glaubwürdigkeit nicht zufrieden zu stellen. Damit liegt ein Beispiel einer unerwünschten Produktionsstruktur vor. Weitere Beispiele für eine derartige Begründung staatlicher Eingriffe in die Produktionsstruktur sind die vielfältigen Auflagen zur Berufsausübung, beispielsweise die Staatsprüfungen für Mediziner und Juristen. Mit den genannten (mindestens) sechs Kriterien einer öffentlichen Leistungserstellung wird die praktische Beobachtung der staatlichen Tätigkeit theoretisch fundiert. Es lässt sich daraus allerdings *kein optimaler Umfang* einer staatlichen Tätigkeit oder Leistungserstellung ableiten. Dies ist auch an dieser Stelle nicht notwendig. Hier sollte lediglich aufgezeigt werden, dass es regelmäßig eine staatliche Leistungserstellung in einer Mehrzahl von Bereichen gibt, welche wissenschaftlich begründet werden kann. Damit ist es nicht völlig trivial, sich mit der Rechnungslegung öffentlicher Einrichtungen zu beschäftigen, da diese eine *zeitlich unbegrenzte Existenzerwartung* haben. Für die

---

80 Hier wird nach einer Begriffsprägung von Musgrave u.a. von *meritorischen Gütern* gesprochen (vgl. Zimmermann, Horst/Henke, Klaus-Dirk (2001), a.a.O., Seite 50-51).

81 Siehe die Forderung in § 7 Absatz 1 Satz 2 BHO nach einer *grundsätzlichen Prüfung einer Privatisierung* in Verbindung mit § 7 Absatz 2 Satz 2 BHO (Bestimmung eines *Interessenbekundungsverfahrens privater Anbieter* für staatliche Aufgaben und öffentlichen Zwecken dienende wirtschaftliche Tätigkeiten).

Auseinandersetzung mit staatlicher Tätigkeit und insbesondere der öffentlichen Leistungserstellung sind die *übergeordneten Ziele des Staates* von Bedeutung. Grundsätzlich sollten alle Aktivitätsbereiche und Teilgebiete mit den übergeordneten Zielsetzungen vereinbar sein. Diese übergeordneten Ziele lassen sich mindestens in fünf Teilbereiche gliedern:

(a) *Allokative Zielsetzungen*: Staatliches Handeln unterliegt den Anforderungen der Wirtschaftlichkeit und des effizienten rationalen Handelns zur Erreichung eines maximalen Nutzens für die Bürger des Staates. Vorstellungen der Leistungsgerechtigkeit finden dabei ihren Niederschlag in der Forderung einer Verteilung von Gütern, Einkommen und Vermögen nach der individuellen Leistungsfähigkeit bzw. dem individuellen Leistungsbeitrag.

(b) *Distributive Zielsetzungen*: Staatliches Handeln ist an normative Vorstellungen zur Verteilung von Einkommen und Vermögen gebunden. Aus Bedürftigkeitsgründen wird regelmäßig ein gewisses Mindesteinkommen zur Absicherung der grundlegenden Bedürfnisse garantiert (Prinzip der Bedürfnisgerechtigkeit). Aus allgemeinen Grundsätzen, insbesondere dem Gleichheitsgrundsatz, wird eine generelle Umverteilung von Gütern, Einkommen und Vermögen von leistungsfähigeren Bürgern zu weniger leistungsfähigen Bürgern z.B. im Rahmen einer progressiven Besteuerung realisiert. Diese Zielsetzungen werden unter anderem aus dem Sozialstaatsgebot des Grundgesetzes abgeleitet.[82]

(c) *Stabilitätsorientierte Zielsetzungen*: Staatliche Einrichtungen haben auf der Grundlage ihres Handelns Verantwortung für eine weiter zu definierende Stabilität der wirtschaftlichen Entwicklung. So sollen staatliche Ausgaben und Tätigkeiten nicht zu einer Verschärfung von konjunkturell schwierigen Zeitabschnitten wie Rezessions- oder Boomzeiten beitragen. Dazu sollen die Planungsmöglichkeiten öffentlicher Ausgaben und Aktivitäten im Idealfall antizyklisch, auf jeden Fall aber nicht prozyklisch wirken. Der Umfang der tatsächlichen staatlichen Einflussmöglichkeiten im Rahmen der wirtschaftspolitischen Stabilisierung ist nicht genau zu bestimmen.

(d) *Subsidiäre Zielsetzungen*: Staatliches Handeln sollte nach dem Leitbild der Subsidiarität immer auf der Ebene des geringsten Eingriffsumfangs stattfinden. Kann eine Problemlösung oder eine Produktion von öffentlichen Gütern durch privatwirtschaftliche oder gemeinnützige Einrichtungen oder Privatpersonen sichergestellt werden, so sollte diese Lösung vorrangig angestrebt werden (*sektorale Subsidiarität*).[83] Kann eine Problemlösung oder eine Produktion von öffentlichen Gütern auf der Ebene lokaler oder regionaler Gebietskörperschaften sichergestellt werden, sollten keine höhere Gebietskörperschaften wie Länder oder Bundeseinrichtungen tätig werden (*Ebenensubsidiarität*).[84]

(e) *Partizipative Zielsetzungen*: Aus dem Demokratieprinzip[85] ist abzuleiten, dass die Bürger bei staatlichen Aktivitäten und Leistungserstellungen indirekt durch die parlamentarische Vertretung oder direkt durch Beteiligungen, Anhörungsverfahren, Informations- und Ein-

---

82 Siehe Artikel 20 Absatz 1 GG.

83 Ansatzweise ist dies z.B. in § 7 Absatz 1 Satz 2 der BHO dargelegt („Diese Grundsätze verpflichten zur Prüfung, inwieweit staatliche Aufgaben oder öffentlichen Zwecken dienende wirtschaftliche Tätigkeiten durch Ausgliederung und Entstaatlichung oder Privatisierung erfüllt werden können.").

84 Siehe z.B. die Regelung auf europäischer Ebene: „... entschlossen, den Prozeß der Schaffung einer immer engeren Union der Völker Europas, in der die Entscheidungen entsprechend dem Subsidiaritätsprinzip möglichst bürgernah getroffen werden, weiterzuführen, ..." (Präambel des EUV) sowie Artikel 5 Satz 2 des EGV („In den Bereichen, die nicht in ihre ausschließliche Zuständigkeit fallen, wird die Gemeinschaft nach dem Subsidiaritätsprinzip nur tätig, sofern und soweit die Ziele der in Betracht gezogenen Maßnahmen auf Ebene der Mitgliedsstaaten nicht ausreichend erreicht werden können und daher wegen ihres Umfangs oder ihrer Wirkung besser auf Gemeinschaftsebene erreicht werden können.").

85 Siehe Artikel 20 Absatz 1 GG.

gabemöglichkeiten einzubinden sind.[86] Diese Zielsetzung wird auch u.a. in den fünf Regierungsprinzipien der EU-Kommission deutlich, die unter anderem 'Offenheit' und 'Teilhabe' einschließen.[87]

Zwischen den Teilbereichen bestehen teilweise *inhärente Zielkonflikte*, insbesondere zwischen den ersten beiden Zielsetzungen der Allokation und Distribution. Darüber hinaus besteht regelmäßig *Ressourcenkonkurrenz* dadurch, dass mit einem bestimmten Umfang öffentlicher Ressourcen nur eines oder wenige, aber *nicht alle* Zielsetzungen zu realisieren sind. Da die öffentlichen Ressourcen nicht unendlich vorhanden sind, gehen Investitionsentscheidungen zugunsten einer Zielsetzung zu Lasten einer oder mehrerer anderer. Dazu findet in der Regel die konkrete Einzelfallentscheidung nicht nach Maßgabe dieser abstrakten und übergeordneten Prinzipien statt, sondern ist an *inhaltlichen Sachverhalten* orientiert. So ist beispielsweise die kommunale Entscheidung zur Einrichtung einer neuen Kindergartengruppe als Ganztagesgruppe *oder* als Vormittagsgruppe mit zusätzlicher Lernförderung[88] *nicht unmittelbar* in eine der genannten Zielbereiche *einzuordnen*. Damit ist die *Ebenenproblematik der Ziel-Maßnahmen-Zuordnung* im Bild der Einzelfallentscheidung der Kommune dargestellt.

## 2.3. Aufgabenstellung der öffentlichen Rechnungslegung

Erfolgt nun nach den dargelegten politischen Festlegungen eine Güterproduktion in einer öffentlichen Einrichtung, so hat diese ein *Dokumentationssystem* zum Nachweis dieser Produktionsaktivitäten zu verwenden. Dabei entsteht bei der Existenz übergeordneter (politischer, gesamtgesellschaftlicher) Ziele aus der Verwendung als einzelwirtschaftliches Rechnungslegungssystem für eine Organisationseinheit – im Gegensatz zum Einsatz von Rechnungslegungssystemen in privatwirtschaftlichen Unternehmen – ein inhärenter Zielkonflikt: Das Dokumentationssystem kann sich in der Regel nur auf einzelwirtschaftliche Tatbestände beziehen, soll aber gleichzeitig das Erreichen übergeordneter Zielsetzungen aufzeigen. Dieser Gegensatz ergibt sich *unmittelbar* und *zwingend* aus der Definition öffentlicher Güter. Er ist damit *unabhängig* von der tatsächlich gewählten Rechnungslegungskonzeption. In einem privatwirtschaftlichen Unternehmen dagegen kann Zielkongruenz zumindest in Hinblick auf die Ebene der Rechnungslegung und der Ziele unterstellt werden.[89] Die betrachteten öffentlichen Einrichtungen können nach zwei Kriterien abgegrenzt werden:

- Nach der *Bruttoveranschlagung* im kameralistischen Haushalt einer Gebietskörperschaft (im Gegensatz zu der Nettoveranschlagung, in der nur ein Finanzierungssaldo beispielsweise für einen Eigenbetrieb oder ein öffentliches Unternehmen in privater Rechtsform ausgewiesen ist) oder

86 Eine Verbindung zur Verwaltungsmodernisierung stellen beispielsweise König/Beck her, indem sie dem oft anzutreffenden Prinzip der ‚Kundenorientierung' einen Aspekt der ‚partizipativen Beimischung' zugestehen (König, Klaus/Beck, Joachim (1997), a.a.O., Seite 133).

87 Die fünf Prinzipien sind ‚openness', ‚participation', ‚accountability', ‚effectiveness' und ‚coherence' (Commission of the European Communities (2001): European Governance, A White Paper, Brussels, Seite 10).

88 Beispielsweise durch die Einführung in eine erste Fremdsprache.

89 Der privatwirtschaftliche Betrieb verfolgt also in dieser Vorstellung nur Ziele, welche intern definiert und verfolgt werden können. Oettle formuliert: „Einem derartigen Spannungsverhältnis unterliegt das kaufmännische Rechnungswesen nicht, es sei denn, es werde von öffentlichen Unternehmen verwendet oder private Unternehmen versuchten, mittels rechnerischer Angabe als Wahrnehmer öffentlicher Interessen zu erscheinen." (Oettle, Karl (1987): Kameralistisches Rechnungswesen - Entwicklung, Stand, Reformen, in: Mäding, Heinrich (Hrsg.) (1987), a.a.O., Seite 168).

- nach der Frage der *eigenständigen Einnahmen* einer Organisationseinheit durch Gebühren oder andere direkt der Leistungserstellung zuzuordnenden Zahlungen im Gegensatz zu Organisationseinheiten mit einer reinen Steuerfinanzierung.[90]

Neben der *Dokumentationsfunktion* hat die Rechnungslegung sowohl in privaten Betrieben wie auch im öffentlichen Bereich die Aufgabe der *Entscheidungsunterstützung* durch Informationsbereitstellung. Dies definiert beispielsweise OETTLE als *Unterstützungsfunktion* durch Rechnungsergebnisse. Diese Unterstützung bezieht sich auf (politische) *Sachfragen* im Gegensatz zum Funktionskreis der *Rechnungsfragen*, welcher die oben dargestellte Dokumentationsfunktion erfüllt. Dabei geht OETTLE davon aus, dass sowohl in privaten wie auch in öffentlichen Einrichtungen

- die Rechnungssysteme *niemals alle* notwendigen Informationen oder Rechnungsergebnisse für die Entscheidungen in Sachfragen liefern können, so dass „wirtschaftliche Beurteilungen oder Entscheidungen nicht durch Rechnungen ersetzt werden“[91] können;
- Informationen und Rechnungen *außerhalb* der bestehenden Buchführungssysteme (sowohl kameralistisch als auch doppisch) eine zunehmende Bedeutung für die Entscheidung der Sachfragen gewinnen werden.[92]

Im Rahmen der bestehenden Diskussion um Rechnungslegungskonzepte ist die inhaltliche Trias der *Finanzrechnung*, der *Ergebnisrechnung* sowie der *Vermögensrechnung* gefordert. Als Ergebnis dieser Dokumentation in bis zu drei Bereichen ergibt sich der Saldo als Messobjekt der Rechnungslegung. Messobjekt des privatwirtschaftlichen Rechnungswesens ist beispielsweise die Bestimmung des *Reinvermögensergebnisses* als Saldo aller drei Bereiche.[93] Allerdings bewegt sich diese Diskussion nach den dokumentierten Praxiserfahrungen der Verwaltungsreform und mit dem Neuen Steuerungsmodell (NSM) in die Richtung einer *Outputsteuerung*, d.h. der Steuerung der öffentlichen Produktion anhand von Ergebniskennziffern. Dies geht über die bestehende Diskussion von Rechnungslegungskonzepten als Erfassung der *Inputressourcen* hinaus. Dieser Gesichtspunkt ist in der Definition der Inhaltsbereiche nicht enthalten. Damit wird sichtbar, inwieweit die bestehende Diskussion zur Rechnungslegungskonzeption, insbesondere die ergänzungsfreie Übernahme der privatwirtschaftlichen Doppik, an der anzustrebenden Zielsetzung einer effektivitätsorientierten Outputsteuerung vorbeiführt. Durch die Übernahme der Rechnungslegungskonzeption wird implizit auch die *Messgröße* in Form des inhaltlichen *Vermögenssaldos* übernommen. Damit wird ein eventuell erwirtschafteter Gewinn zur Messgröße in der öffentlichen Produktion, was gerade *nicht* den Zielsetzungen öffentlichen Handelns entspricht.[94] Eben weil sich bei den angeführten Ursachen einer öffentlichen Produktion die Zielsetzung nicht durch ein intertemporales Vermögenssaldo ausdrücken lässt, geht diese Übernahme der Doppik zumindest in ihrer unreflek-

90 Musgrave, Richard Abel (1978), a.a.O., Seite 15.

91 Oettle, Karl (1987), a.a.O., Seite 169.

92 „Verbesserungen der Erfassung von Rechnungsstoff und seiner Verarbeitung im Rechnungswesen sind geeignet, dessen Unterstützungsfunktion zu stärken, insoweit sie zu besseren oder vermehrten Rechnungsergebnissen führen. Die Möglichkeit hierzu scheinen jedoch (...) eher außerhalb als innerhalb von Rechnungssystemen im Sinne von Buchführungssystemen zu liegen.“ (Oettle, Karl (1987), a.a.O., Seite 169).

93 Vergleiche Lüder, Klaus (1991): Die zentrale Rolle des Rechnungskonzeptes für die Ausgestaltung des öffentlichen Rechnungswesens, in: Speyerer Forschungsberichte 93, Speyer, Seite 1.

94 Vgl. Bea, Franz Xaver (1968): Kritische Untersuchung über den Geltungsbereich des Prinzips der Gewinnmaximierung, zugleich Inaugural-Dissertation zu Erlangung des Doktorgrades einer Hohen Rechts- und Wirtschaftswissenschaftlichen Fakultät (Wirtschaftswissenschaftliche Abteilung) der Eberhard-Karls-Universität Tübingen, Berlin.

tierten Form an den Zielsetzungen der öffentlichen Produktion vorbei, da das Vermögen bzw. eine Vermögenssteigerung nicht zu den inhärenten Zielen der öffentlichen Produktion gezählt werden kann. Im Kontext der politischen Budgeterstellung, welche insbesondere als historische Kontrollfunktion eine besondere Bedeutung genießt,[95] können fünf Budgetfunktionen für den gesamten Haushaltsprozess festgestellt werden:[96]

a) eine finanzwirtschaftliche Ordnungsfunktion,
b) eine volkswirtschaftliche Lenkungsfunktion,
c) eine administrative Kontrollfunktion,
d) eine politische Programmfunktion sowie
e) eine politische Kontrollfunktion.

So legen MÜHLHAUPT und EISELE im Kontext der württembergischen Geldverbundrechnung die Auffassung dar, dass in der Vermögensrechnung „keine Vermögensrechnung, sondern ein Deckungsnachweis"[97] zu sehen ist. Dieser Nachweis lässt sich mit der *administrativen* und *politischen* Kontrollfunktion der dargestellten Funktionen der Rechnungslegung in Deckung bringen. Für den Budgeterstellungsprozess kann unterschieden werden zwischen einer *policy-Dimension*[98] als Planungs- und Entscheidungsprozess zur Optimierung und Durchsetzung politischer Ziele bei Knappheit finanzieller Ressourcen auf der einen Seite[99]:

> *„In kybernetischen Modellen zielorientierten Handelns und Entscheidens ist die Betonung der Notwendigkeit einer Rückkoppelung eine Trivialität, die auf der Einsicht in die Unsicherheit von Handlungsprognosen und damit der Möglichkeit von Fehlplanungen und Planungsfehlern beruht."*[100]

Demgegenüber steht eine *politics-Dimension* als organisatorisch-institutioneller Aspekt der Planung in der Rückkoppelung bzw. im Abgleich organisierter Interessen in einem Konfrontations- und Koordinierungsprozess.[101] Aus dem Bereich der privatrechtlichen Rechnungslegung können in Anlehnung an die Regelungen des Handelsgesetzbuches (HGB) folgende Anforderungen an eine Rechnungslegung gestellt werden:

- möglichst *wahrheitsgetreue* Wiedergabe der realen Situation und Vorgänge[102] und
- möglichst *vollständige* Wiedergabe der Finanzlage.[103]

---

95 „In der Betonung der politischen Kontrollfunktion des Budgets stellt das parlamentarische Budgetrecht ein, wenn nicht das originär bedeutsamste Recht der Legislative auf dem Weg zum demokratischen Rechtsstaat dar. Schon im letzten Jahrhundert ging es darum, den politischen Gestaltungs- und damit Herrschaftsraum der Regierung (und der ihre nachgeordneten Exekutive), der in der Erhebung von Zwangseinnahmen und deren Verausgabung für Zwecke liegt, durch die Kontrolle seitens gewählter Parlamente zu beschränken." (Rürup, Bert/Färber, Gisela (1987), a.a.O., Seite 218).

96 U.a. nach: Ebd., Seite 218.

97 Mühlhaupt, Ludwig/Eisele, Eugen (1994): Entscheidungsorientiertes Rechnungswesen für Staat und Gemeinden, Schriften zur öffentlichen Verwaltung und öffentlichen Wirtschaft, Band 145, Baden-Baden, Seite 18.

98 Siehe Rürup, Bert/Färber, Gisela (1987), a.a.O., Seite 219.

99 Damit ist auch definitorisch das Interesse der Wirtschaftswissenschaften - als objektive methodengestützte Beschäftigung mit der in der Realität zu beobachtenden Zielsetzung einer *Bedürfnisbefriedigung bei knappen Ressourcen* - an den Prozessen und Vorgängen der Politik- und Verwaltungswissenschaften dokumentiert.

100 Derlien, Hans-Ulrich (1976): Die Erfolgskontrolle staatlicher Planung, Eine empirische Untersuchung über Organisation, Methode und Politik der Programmevaluation, Baden-Baden, Seite 29.

101 Rürup, Bert/Färber, Gisela (1987), a.a.O., Seite 220.

102 „Die Buchführung muss so beschaffen sein, daß sie einem sachverständigen Dritten innerhalb angemessener Zeit einen Überblick über die Geschäftsvorfälle und über die Lage des Unternehmens vermitteln kann." (§ 238 Abs. 1 Satz 2 HGB).

Abbildung 6: Übersicht zu modernen Anforderungen an RLK und entsprechende Informationssysteme

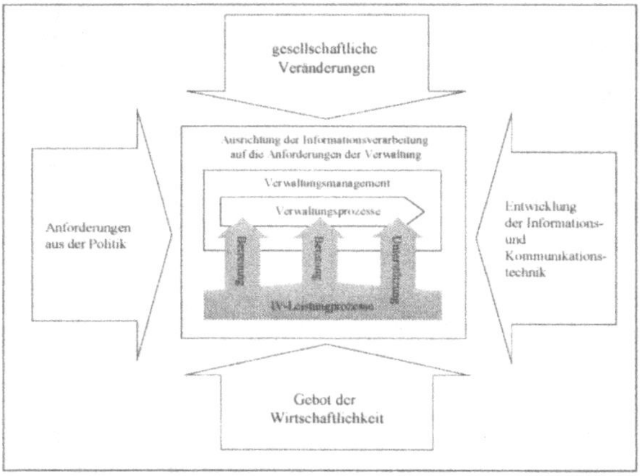


*Quelle: Schultz-Kult, Franz J. (2001): Kommunales Information Management, Effiziente Organisation und institutionenökonomische Gestaltung, Wiesbaden, Seite 1.*

Abbildung 7: Gliederungsunterscheidung öffentlicher und privater Betriebe als Fremdbedarfsdeckungsbetriebe

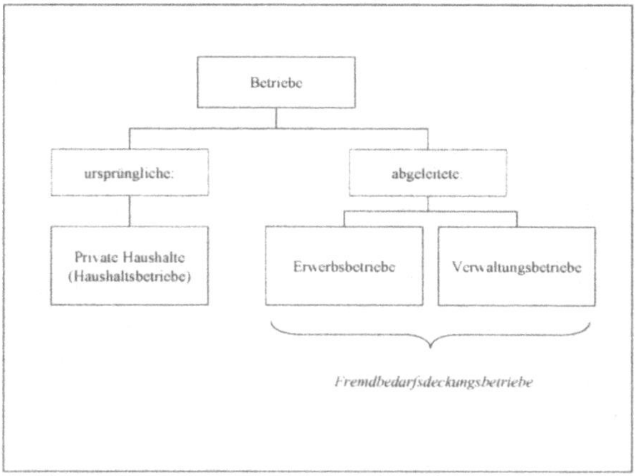


*Quelle: Gornas, Jürgen (1992): Grundzüge einer Verwaltungskostenrechnung, Die Kostenrechnung als Instrument zur Planung und Kontrolle der Wirtschaftlichkeit in der öffentlichen Verwaltung, Schriften zur öffentlichen Verwaltung und öffentlichen Wirtschaft, Band 13, Baden-Baden, Seite 22.*

Im Gesamtbild eines Informationssystems inklusive der technischen Informationsverarbeitung (IV) zeigt beispielsweise SCHULTZ-KULT in der dargestellten Abbildung 6 auf, dass durch wesentliche Umweltveränderungen wie Wirtschaftlichkeitsgebot, politische Anforderungen, Entwicklung der IV-Technologien sowie allgemeiner gesellschaftlicher Veränderungen auch

103 „Der Jahresabschluss hat sämtliche Vermögensgegenstände, Schulden, Rechnungsabgrenzungsposten, Aufwendungen und Erträge zu enthalten, soweit gesetzlich nichts anderes bestimmt ist.“ (§ 246 Abs. 1 Satz 1 HGB).

die Anforderungen an die IV als Unterstützung von Verwaltungsprozessen zunehmen. Dabei werden neben der reinen technischen IV auch die Unterstützungsprozesse der Beratung, Betreuung und Unterstützung dargestellt.

## 2.4. Objekt der öffentlichen Rechnungslegung: Die öffentliche Einrichtung

Entsprechend der Unterteilung in öffentliche und private Gütern bzw. öffentlicher und privater Produktion kann man organisatorisch beispielsweise mit GORNAS[104] nach der oben stehenden Abbildung staatliche und private Betriebe unterscheiden. Beide werden gegenüber dem privaten Haushalt als *Fremdbedarfsdeckungsbetriebe* verstanden, da sie im Gegensatz zum privaten Haushalt nicht für die Befriedigung eines unmittelbaren eigenen Bedürfnisses, sondern der Bedarfsdeckung anderer Personen und Institutionen arbeiten. Die Bestimmung des Organisationstatbestandes der Existenz einer abgrenzbaren Einheit wird dabei mit Hilfe von GUTENBERGS *systemdifferenten Tatbeständen*

(a) System produktiver Faktoren sowie
(b) Geltung des Wirtschaftlichkeitsprinzips und Beachtung des finanziellen Gleichgewichts definiert.[105]

Allerdings ist das letzte Kriterium für öffentliche Betriebe durch die per definitionem gegebene Finanzierung aus Steuer- und Haushaltsmitteln nicht vollständig vorhanden. Die Abgrenzung zwischen privaten ‚Erwerbsbetrieben' und öffentlichen ‚Verwaltungsbetrieben' erfolgt mit Hilfe der systembezogenen Kriterien nach GUTENBERG[106] wie die folgende Übersichtstabelle zeigt. Die Definition öffentlicher Betriebe ist nach diesem Verständnis wesensbildend für den Gegenstand der Überlegungen zur Rechnungslegungskonzeption, da diese mit ihren Zielsetzungen und Kriterien in der Organisationseinheit ‚öffentlicher Betrieb' angewendet wird. Eine makroökonomisch geprägte Fragestellung in der Zusammenfassung aller Einrichtungen der öffentlichen Hand, wie sie sonst in der Finanzwissenschaft üblich ist, wird ausgeschlossen. Gegenstand der Untersuchung ist nur die Ebene einer einzelnen Organisationseinheit in Form eines öffentlichen Betriebes.[107]

Tabelle 1: Abgrenzungsprinzipien zwischen privaten und öffentlichen Betrieben

| **‚Erwerbsbetriebe'** | **‚Verwaltungsbetriebe'** |
|---|---|
| Autonomieprinzip | Organprinzip |
| Prinzip der Alleinbestimmung | Prinzip der Mitbestimmung |
| Erwerbswirtschaftliches Prinzip | Prinzip der plandeterminierten Leistungserstellung |

*Quelle: Nach Gornas, Jürgen (1992): Grundzüge einer Verwaltungskostenrechnung, Die Kostenrechnung als Instrument zur Planung und Kontrolle der Wirtschaftlichkeit in der öffentlichen Verwaltung, Schriften zur öffentlichen Verwaltung und öffentlichen Wirtschaft, Band 13, Baden-Baden, Seite 21.*

104 Gornas, Jürgen (1992): Grundzüge einer Verwaltungskostenrechnung, Die Kostenrechnung als Instrument zur Planung und Kontrolle der Wirtschaftlichkeit in der öffentlichen Verwaltung, Schriften zur öffentlichen Verwaltung und öffentlichen Wirtschaft, Band 13, Baden-Baden, Seite 19-23.

105 Ebd., Seite 20.

106 Die Kriterien beziehen sich nach Gutenberg auf die Unterscheidung der Wirtschaftssysteme (‚marktwirtschaftliche Systemkriterien' und ‚planwirtschaftliche Systemkriterien'), welche Gornas aber gleichermaßen auf die dargestellte Unterscheidung zwischen privaten und öffentlichen Betrieben überträgt (ebd., Seite 21).

107 Siehe ebd., Seite 23-26.

Abbildung 8: Gestufte Kriterienunterscheidung öffentlicher und privater Betriebe

| **Bezeichnung** | „Behörde" (1) | „Eigenerzeugung der öffentlichen Hand" (2) | „Öffentliche Anstalt" (3) | „Gemeinnützi-ges öffentliches Unternehmen" (4) | „Gemischt-öffentliches Unternehmen" (5) | „Privatunternehmen" (6) |
|---|---|---|---|---|---|---|
| Kriterium 1<br>Die Produktionsaufgabe erfordert eine Einrichtung nach den Methoden der privaten Produktionswirtschaft. | Nicht erfüllt | Erfüllt | Erfüllt | Erfüllt | Erfüllt | Erfüllt |
| Kriterium 2<br>Es besteht kein reines Bedarfsdeckungs-prinzip, weil ein anteiliges Einzelinteresse existiert. | Nicht erfüllt | Nicht erfüllt | Erfüllt | Erfüllt | Erfüllt | Erfüllt |
| Kriterium 3<br>Es besteht nur noch untergeordnetes Gemeininteresse, eine Kostendeckung wird angestrebt. | Nicht erfüllt | Nicht erfüllt | Nicht erfüllt | Erfüllt | Erfüllt | Erfüllt |
| Kriterium 4<br>Beteiligung privaten Kapitals mit entsprechendem Verzinsungsanspruch und Gewinnerzielungsabsicht. | Nicht erfüllt | Nicht erfüllt | Nicht erfüllt | Nicht erfüllt | Erfüllt | Erfüllt |
| Kriterium 5<br>Keine Beteiligung öffentlicher Stellen als Kapitalgeber. Keine priorisierte Wahrnehmung gemeinnütziger Ziele. | Nicht erfüllt | Nicht erfüllt | Nicht erfüllt | Nicht erfüllt | Nicht erfüllt | Erfüllt |
| ***Beispiel*** | *Auswärtiges Amt der BRD* | *Berliner Stadtreinigung (BSR)* | *Museen, Theater, Universitäten (HU Berlin)* | *Deutsche Ausgleichsbank (DtA), KfW, LVB GmbH* | *Deutsche Telekom AG, RWE AG* | *Siemens AG, Deutsche Bank AG* |
| ***Rechtsformen*** | *Keine eigene Rechtsform* | *Anstalt des öffentlichen Rechts* | *Anstalt des öffentlichen Rechts, Stiftungen etc.* | *alle Formen möglich* | *i.d.R. private Rechtsformen* | *Private Rechtsformen (AG, GmbH, KG u.a.)* |

*Quelle: Eigene Darstellung in Erweiterung der Abgrenzung nach Ritschl. Siehe: Hirsch, Hans (1992): Hans Ritschls Theorie der öffentlichen Unternehmungen als Element einer Theorie der Staatswirtschaft im Vergleich mit den von Dieter Bös und Charles Blankart vorgelegten Theorien; in: Friedrich, Peter (Hrsg.) (1992): Beiträge zur Theorie öffentlicher Unternehmen, in memoriam Theo Thiemeyer; Zeitschrift für öffentliche und gemeinwirtschaftliche Unternehmen, Beiheft 14, Baden-Baden 1992, Seite 20-44.*

Die Unterscheidung von Institutionen mit öffentlichem oder privatem Charakter kennt viele analytische Herangehensweisen von der Darstellung als Kontinuum 'staatlich-privat' über eine Sektoreneinteilung[108] bis zu Kooperations- und Netzwerkdefinitionen.[109] Diese erscheinen aber angesichts der vielfältigen realen Organisationsausprägungen nicht immer trennscharf.

Für die Definition des hier einheitlich zu verwendenden Begriffs der 'öffentlichen Einrichtung' soll in Anlehnung an Überlegungen zu 'Verantwortungsstufen' des Staates[110] die Eigenschaft des verfolgten Zieles beziehungsweise des dazu erstellten Gutes als überwiegend

108 Mindestens in ‚Staat' und ‚Unternehmen', neuerdings auch regelmäßig in einen ‚Dritten Sektor' (beispielsweise Schuppert, Gunnar Folke (2000): Verwaltungswissenschaft: Verwaltung, Verwaltungsrecht, Verwaltungslehre, Baden-Baden, Seite 354-361).

109 Vgl. ebd., Seite 365-400.

110 Vergleiche die Erläuterung zu 'Erfüllungsverantwortung', 'Gewährleistungsverantwortung' und ‚Auffangverantwortung' bei Schuppert (ebd., Seite 404-408).

öffentliches oder überwiegend privates Gut herangezogen werden.[111] Diese Unterscheidung unterliegt durch die dargestellten politischen Kriterien und der daraus möglicherweise folgenden Meritorisierung einer zeitlichen Variabilität, d.h. zu einem Zeitpunkt $t_1$ nach diesen Kriterien als öffentliche Güter definierte Leistungsbereiche können zu einem späteren Zeitpunkt $t_2$ durch veränderte Rahmenbedingungen oder politische Einschätzungen nach den gleichen Kriterien nicht mehr als öffentliche Güter bewertet werden.
Damit fallen sowohl Institutionen der öffentlichen Verwaltung[112] als auch Institutionen der öffentlichen Unternehmen unter den Oberbegriff der öffentlichen Einrichtung.

## 2.5. Einordnung der öffentlichen Rechnungslegung in das öffentliche Haushaltswesen

Das Handeln des Staates kennt die vielfältigsten Ausprägungen, die jeder in der Gesellschaft selbst erfahren kann: Gesetze und Regeln schränken den Handlungsspielraum im positiven und negativen Sinne ein, Genehmigungen ermöglichen Aktivitäten im privaten Umfeld, Informationen behindern oder verbessern Entscheidungen von Bürgern und Unternehmen, Steuern beschneiden die Ausgabenhoheit von Firmen und Privathaushalten, Transfers und Subventionen tragen auf der anderen Seite oft zur Überlebensfähigkeit bei.

Alle diese Varianten staatlicher Tätigkeit sind mehr oder weniger mit Finanzströmen verbunden, nahezu jede Tätigkeit lässt sich wie im privaten Haushalt oder Unternehmen durch die Dokumentation der Geld- und Wertbewegungen abbilden. Dieses fiskalische Ebenbild staatlicher Aktivität verdient besondere Betrachtung: Hier wird eine Realitätsabstraktion geschaffen, welche die Verwaltung, Steuerung und Kontrolle öffentlichen Handelns erst ermöglicht. Diese Informations- und Dokumentationsfunktion der Finanzverwaltung geht gerade im öffentlichen Bereich über die reine Mittelbeschaffung und -verwendung hinaus. Hier kann zwischen der Definition des öffentlichen Budgets (Public Budget) und der Definition des öffentlichen Budgetprozesses (Public Budgeting) unterschieden werden:

(a) Unter *Public Budget* versteht man eine *Dokumentation der Zuordnung von (politischen) Zielen zu Ressourcen* bei Aktivitäten mit Beteiligung der öffentlichen Hand. Der Begriff „Public" legitimiert sich also aus der Beteiligung der öffentlichen Hand, ohne dieses Merkmal kann ein ‚Budget' ebenso für private Institutionen definiert werden. Weiter sind die aufgeführten Ziele nicht definitionsnotwendig politischer Natur, da auch wirtschaftliche oder private Ziele mit Beteiligung staatlicher Einrichtungen verfolgt werden, so im Bereich der Staatsunternehmen. In der Regel werden jedoch politische Ziele verfolgt, weshalb dies als wesentliches aber nicht notwendiges Merkmal aufgefasst werden kann. Die Ressourcen, welche im Budget explizit und eindeutig einem Ziel zugeordnet werden, können alle Verbrauchswert umfassen: Geld, Zeit, Personal(zeit), Sachmittel, Bürgschaften, Kredite, Informationen. Die Information nimmt hier eine Sonderrolle ein, da sie nur stellvertretend durch die Aufwendungen zur Informations*beschaffung* oder *-verwertung* dokumentiert werden kann.

---

111 Siehe die Darstellung zur Unterscheidung nach privaten und öffentlichen Gütern in Abschnitt 1.2. dieses Kapitels. Auch Stößel nutzt in der Abgrenzung seiner Effizienzuntersuchung im Kontext einer Outsourcingprüfung für Öffentliche Verwaltungseinrichtungen den Abgrenzungsbegriff des öffentlichen Gutes (Vgl. Stößel, Frank Volker (1998), a.a.O., Seite 8).

112 Unter den Begriff der Öffentlichen Verwaltung fallen „in der Bundesrepublik Deutschland sämtliche Verwaltungen der Gebietskörperschaften" (ebd., Seite 9).

(b) Unter *Public Budgeting* versteht man den *Prozess der Zieldefinition, Ressourcenzuordnung und Maßnahmendurchführung* bei Aktivitäten der öffentlichen Hand. Hier steht in Abgrenzung zur vorigen Dokumentation der Prozess der Aufstellung, Durchführung und auch Kontrolle eines öffentlichen Haushaltes im Vordergrund. Man spricht hier auch vom Haushaltskreislauf, da wie bei jeder Planung Ist-Daten wieder in die Soll-Planung (Budgetaufstellung) eingehen.[113] Diese Definition ist also viel weiter gefasst, sie schließt in der Regel die Definition ‚Public Budget' mit ein, da im Lauf des Budgetprozesses die Budgetdokumentation oder -definition erfolgt. Da der Begriff viel umfassender ist, sind viele Teilbereich des Public Budgeting auch sehr schwer fassbar und zu definieren, mitunter werden sie in andere Bereiche verlagert. So zum Beispiel die Budgetexekution als Zuordnung von im Budget dokumentierten Mitteln zu konkreten Instrumenten und Maßnahmen: Diese wird i.d.R. als Aufgabe der Verwaltung angesehen, die im Budgetkreislauf nicht näher spezifiziert beziehungsweise überwacht wird.

## 2.6. Die öffentlichen Finanzhaushalte

### 2.6.1. Haushalte der Gebietskörperschaften

#### (A) Das Budget der Europäischen Union

Der Haushalt der Europäischen Union umfasst in der Ist-Dokumentation des Jahres 2004 insgesamt 105,0 Mrd. Euro.[114] Die Finanzierung der Aufgabenbereiche der EU erfolgt hauptsächlich durch die Mitgliedsstaaten,[115] so brachte die BRD beispielsweise mit 20,2 Mrd. Euro für das genannte Budgets aus dem Jahr 2004 auf.[116]

113 Siehe die Beschreibung des Planungsprozesses in der betriebswirtschaftlichen Standardliteratur, z.B. die revolvierende Planung bei Schierenbeck, Henner (2000): Grundzüge der Betriebswirtschaftslehre, 15. Auflage, München u.a., Seite 124-126 oder die Beschreibung der Plankostenrechnung mit einem Soll-Ist-Abgleich zur iterativen Realitätsannäherung der Plandaten bei Wöhe, Günter (1996): Einführung in die allgemeine Betriebswirtschaftslehre; 19. Auflage, München 1996, Seite 335-340.

114 Vgl. Europäischer Rechnungshof (ERH) (2005): Jahresbericht 2004, in: Amtsblatt der Europäischen Union, Jahrgang 48, 30. November 2005, Informationsnummer 2005/C 301/01, Luxemburg, Anhang Seite XV.

115 Im Jahr 2004 95 von 105 Mrd. Euro (Europäischer Rechnungshof (ERH) (2005): Jahresbericht 2004, in: Amtsblatt der Europäischen Union, Jahrgang 48, 30. November 2005, Informationsnummer 2005/C 301/01, Luxemburg, Anhang Seite XII).

116 Siehe ebd., Seite XVI.

Tabelle 2: Ausgaben des Europäischen Haushaltes 2004

| | Finanzielle Vorausschau — Rubriken und Untergliederung Einzelpläne (E) und Titel (T) zum Haushaltseingliederungsplan 2004 | Endgültige Mittel (¹) | Verwendung der Mittel | | | | | |
|---|---|---|---|---|---|---|---|---|
| | | | 2004 getätigte Zahlungen | Verwendungsrate (%) | Mittelübertragungen auf 2005 | Anteil (%) | Annullierungen | Anteil (%) |
| | | (a) | (b) | (b)/(a) | (c) | (c)/(a) | (d) = (a) − (b) − (c) | (d)/(a) |
| | *Haushaltseingliederungsplan 2004* | | | | | | | |
| I | Parlament (E I) | **1 524,5** | **1 166,4** | **76,5** | **314,4** | **20,6** | **43,7** | **2,9** |
| II | Rat (E II) | **630,4** | **506,8** | **80,4** | **105,8** | **16,8** | **17,8** | **2,8** |
| III | Kommission (E III) | **102 328,4** | **98 003,9** | **95,8** | **2 371,2** | **2,3** | **1 953,3** | **1,9** |
| III.1 | Wirtschaft und Finanzen (T. 01) | 427,6 | 348,7 | 81,6 | 14,0 | 3,3 | 64,9 | 15,2 |
| III.2 | Unternehmen (T. 02) | 335,5 | 246,4 | 73,5 | 40,5 | 12,1 | 48,6 | 14,5 |
| III.3 | Wettbewerb (T. 03) | 86,5 | 77,2 | 89,3 | 7,4 | 8,6 | 1,9 | 2,2 |
| III.4 | Beschäftigung und Soziales (T. 04) | 9 404,5 | 9 286,0 | 98,7 | 24,5 | 0,3 | 93,9 | 1,0 |
| III.5 | Landwirtschaft und Entwicklung des ländlichen Raums (T. 05) | 47 837,8 | 47 445,8 | 99,2 | 75,9 | 0,2 | 316,2 | 0,7 |
| III.6 | Energie und Transport (T. 06) | 1 268,8 | 1 008,4 | 79,5 | 71,9 | 5,7 | 188,5 | 14,9 |
| III.7 | Umwelt (T. 07) | 334,4 | 252,1 | 75,4 | 42,9 | 12,8 | 39,5 | 11,8 |
| III.8 | Forschung (T. 08) | 3 079,5 | 2 605,8 | 84,6 | 459,7 | 14,9 | 14,0 | 0,5 |
| III.9 | Informationsgesellschaft (T. 09) | 1 445,8 | 1 248,3 | 86,3 | 166,2 | 11,5 | 31,3 | 2,2 |
| III.10 | Direkte Forschung (T. 10) | 527,1 | 320,6 | 60,8 | 203,5 | 38,6 | 3,1 | 0,6 |
| III.11 | Fischerei (T. 11) | 1 069,4 | 841,0 | 78,6 | 52,8 | 4,9 | 175,6 | 16,4 |
| III.12 | Binnenmarkt (T. 12) | 71,5 | 56,4 | 79,1 | 7,7 | 10,8 | 7,1 | 10,0 |
| III.13 | Regionalpolitik (T. 13) | 22 099,6 | 21 880,1 | 99,0 | 152,9 | 0,7 | 66,7 | 0,3 |
| III.14 | Steuern und Zollunion (T. 14) | 98,2 | 81,3 | 82,7 | 7,5 | 7,7 | 9,4 | 9,6 |
| III.15 | Bildung und Kultur (T. 15) | 1 180,6 | 989,2 | 83,8 | 171,6 | 14,5 | 19,9 | 1,7 |
| III.16 | Presse und Kommunikation (T. 16) | 172,3 | 136,7 | 79,3 | 15,3 | 8,9 | 20,3 | 11,8 |
| III.17 | Gesundheit und Verbraucherschutz (T. 17) | 852,6 | 447,2 | 52,5 | 361,6 | 42,4 | 43,8 | 5,1 |
| III.18 | Raum der Freiheit, der Sicherheit und des Rechts (T. 18) | 520,6 | 436,2 | 83,8 | 19,4 | 3,7 | 65,0 | 12,5 |
| III.19 | Außenbeziehungen (T. 19) | 3 690,3 | 3 316,8 | 89,9 | 152,2 | 4,1 | 221,4 | 6,0 |
| III.20 | Handel (T. 20) | 76,3 | 65,8 | 86,2 | 6,7 | 8,8 | 3,8 | 4,9 |
| III.21 | Entwicklung und Beziehungen zu den AKP-Staaten (T. 21) | 1 109,3 | 975,7 | 88,0 | 80,8 | 7,3 | 52,8 | 4,8 |
| III.22 | Erweiterung (T. 22) | 2 175,6 | 1 987,3 | 91,3 | 60,7 | 2,8 | 127,6 | 5,9 |
| III.23 | Humanitäre Hilfe (T. 23) | 535,5 | 514,1 | 96,0 | 5,2 | 1,0 | 16,2 | 3,0 |
| III.24 | Betrugsbekämpfung (T. 24) | 57,8 | 43,7 | 75,6 | 4,6 | 7,9 | 9,5 | 16,5 |
| III.25 | Koordinierung der Politiken und rechtliche Beratung der Kommission (T. 25) | 212,9 | 185,4 | 87,1 | 20,4 | 9,6 | 7,1 | 3,3 |
| III.26 | Verwaltung (T. 26) | 983,5 | 801,5 | 81,5 | 118,0 | 12,0 | 64,0 | 6,5 |
| III.27 | Haushalt (T. 27) | 1 474,8 | 1 460,2 | 99,0 | 12,0 | 0,8 | 2,6 | 0,2 |
| III.28 | Audit (T. 28) | 9,6 | 8,6 | 89,5 | 0,8 | 7,9 | 0,3 | 2,6 |
| III.29 | Statistik (T. 29) | 127,7 | 97,3 | 76,2 | 13,1 | 10,3 | 17,3 | 13,5 |
| III.30 | Versorgungsbezüge (T. 30) | 841,8 | 840,1 | 99,8 | 1,6 | 0,2 | 0,1 | 0,0 |
| III.31 | Reserven (T. 31) | 221,0 | — | — | — | — | 221,0 | 100,0 |
| IV | Gerichtshof (E IV) | **245,2** | **216,3** | **88,2** | **15,9** | **6,5** | **13,0** | **5,3** |
| V | Rechnungshof (E V) | **103,0** | **84,2** | **81,8** | **7,2** | **7,0** | **11,5** | **11,2** |
| VI | Wirtschafts- und Sozialausschuss (E VI) | **113,4** | **92,3** | **81,4** | **8,8** | **7,8** | **12,3** | **10,8** |
| VII | Ausschuss der Regionen (E VII) | **79,0** | **63,2** | **80,0** | **5,7** | **7,2** | **10,1** | **12,8** |
| VIII | Europäischer Bürgerbeauftragter und Europäischer Datenschutzbeauftragter (E VIII) | **8,2** | **6,2** | **75,4** | **0,9** | **10,8** | **1,1** | **13,8** |
| | **Mittel für Zahlungen insgesamt** | 105 032,1 | 100 139,4 | 95,3 | 2 829,9 | 2,7 | 2 062,7 | 2,0 |
| | *Finanzielle Vorausschau* | | | | | | | |
| 1 | Landwirtschaft | 44 308,3 | 43 579,4 | 98,4 | 397,9 | 0,9 | 331,0 | 0,7 |
| 2 | Strukturmaßnahmen | 34 635,1 | 34 198,3 | 98,7 | 197,0 | 0,6 | 239,7 | 0,7 |
| 3 | Interne Politikbereiche | 8 992,1 | 7 255,2 | 80,7 | 1 152,1 | 12,8 | 584,8 | 6,5 |
| 4 | Externe Politikbereiche | 5 098,0 | 4 605,8 | 90,3 | 175,6 | 3,4 | 316,6 | 6,2 |
| 5 | Verwaltungsausgaben | 6 927,2 | 5 856,4 | 84,5 | 849,6 | 12,3 | 221,2 | 3,2 |
| 6 | Reserven | 442,0 | 181,9 | 41,1 | — | — | 260,1 | 58,9 |
| 7 | Heranführungsstrategie | 3 219,9 | 3 052,9 | 94,8 | 57,8 | 1,8 | 109,2 | 3,4 |
| 8 | Beitrittsausgleich | 1 409,5 | 1 409,5 | 100,0 | — | — | — | — |
| | **Mittel für Zahlungen insgesamt** | 105 032,1 | 100 139,4 | 95,3 | 2 829,9 | 2,7 | 2 062,7 | 2,0 |

*Quelle: Europäischer Rechnungshof (ERH) (2005): Jahresbericht 2004, in: Amtsblatt der Europäischen Union, Jahrgang 48, 30. November 2005, Informationsnummer 2005/C 301/01, Luxemburg, Anhang Seite XIV.*

## (B) Der Bundeshaushalt

Der Bundeshaushalt der Bundesrepublik Deutschland umfasst in der tatsächlichen Umsetzung (Ist) für das Jahr 2005 ein Ausgabenvolumen von 259,8 Mrd. Euro[117] und ist durch eine *detaillierte Gliederung nach Aufgabenbereichen* mit über 7.000 Ausgabeansätzen gekennzeichnet.[118] In der ersten und zweiten Gliederungsebene werden die in der nachfolgenden Tabelle dargestellten Aufgabenbereiche mit den geplanten Ausgaben der *mittelfristigen Finanzplanung* unterschieden.

117 Bundesministerium der Finanzen (BMF) (2006): Monatsbericht 02/2006, Berlin, Seite 71.

118 Klemm, Peter (1987), a.a.O., Seite 21.

Tabelle 3: Ausgaben des Bundeshaushalts 2004 und 2005

| Epl. | Bezeichnung | Summe Ausgaben | | gegenüber 2004 mehr (+) weniger (-) |
|---|---|---|---|---|
| | | 2005 1 000 € | 2004 1 000 € | 1 000 € |
| 1 | 2 | 3 | 4 | 5 |
| 01 | Bundespräsident und Bundespräsidialamt | 23 636 | 23 039 | +597 |
| 02 | Deutscher Bundestag | 550 920 | 548 906 | +2 014 |
| 03 | Bundesrat | 19 952 | 18 253 | +1 699 |
| 04 | Bundeskanzler und Bundeskanzleramt | 1 510 084 | 1 490 286 | +19 798 |
| 05 | Auswärtiges Amt | 2 205 783 | 2 173 578 | +32 205 |
| 06 | Bundesministerium des Innern | 4 126 641 | 4 057 984 | +68 657 |
| 07 | Bundesministerium der Justiz | 338 592 | 340 116 | -1 524 |
| 08 | Bundesministerium der Finanzen | 4 041 769 | 3 520 916 | +520 853 |
| 09 | Bundesministerium für Wirtschaft und Arbeit | 37 974 665 | 30 915 325 | +7 059 340 |
| 10 | Bundesministerium für Verbraucherschutz, Ernährung und Landwirtschaft | 5 106 957 | 5 211 631 | -104 674 |
| 12 | Bundesministerium für Verkehr, Bau- und Wohnungswesen | 23 255 509 | 26 778 798 | -3 523 289 |
| 14 | Bundesministerium der Verteidigung | 23 900 000 | 24 060 711 | -160 711 |
| 15 | Bundesministerium für Gesundheit und Soziale Sicherung | 84 409 880 | 83 465 101 | +944 779 |
| 16 | Bundesministerium für Umwelt, Naturschutz und Reaktorsicherheit | 769 024 | 789 414 | -20 390 |
| 17 | Bundesministerium für Familie, Senioren, Frauen und Jugend | 4 571 691 | 4 872 486 | -300 795 |
| 19 | Bundesverfassungsgericht | 17 631 | 17 033 | +598 |
| 20 | Bundesrechnungshof | 86 668 | 88 714 | -2 046 |
| 23 | Bundesministerium für wirtschaftliche Zusammenarbeit und Entwicklung | 3 859 093 | 3 783 433 | +75 660 |
| 30 | Bundesministerium für Bildung und Forschung | 8 540 422 | 8 261 253 | +279 169 |
| 32 | Bundesschuld | 40 431 841 | 38 844 142 | +1 587 699 |
| 33 | Versorgung | 8 821 008 | 8 792 715 | +28 293 |
| 60 | Allgemeine Finanzverwaltung | -261 766 | 7 546 166 | -7 807 932 |
| | **Ausgaben** | **254 300 000** | **255 600 000** | **-1 300 000** |

*Quelle: BMF (2006): Der Bundeshaushalt 2005, Berlin, Seite 16.*

## (C) Die Landeshaushalte

Die Landeshaushalte haben den jeweils in der folgenden Tabelle dokumentierten Umfang und betreffen jeweils charakteristischerweise die Aufgabenbereiche der Innenministerien (öffentliche Sicherheit, Polizei), der Justizministerien, der Kultus-/Wissenschaftsministerien (Kultur, Bildung, Hochschulen, Forschung), der Wirtschafts-, Verkehrs- und Technologieministerien, der Landwirtschafts-, Forst- und Umweltministerien sowie der Ministerien für Arbeit, Familien und Soziales.[119]

119 Die Bezeichnungen sind in den einzelnen Bundesländern unterschiedlich. Die hier formulierte Aufzählung erhebt keinen Anspruch auf Repräsentativität, sondern will nur grob die charakteristischen Aufgabenbereiche nachzeichnen.

Tabelle 4: Angaben zu den Haushalten der Bundesländer

| **Bundesland** | **Haushaltsvolumen in Mio. Euro** | **Jahr** | **Angabe** |
|---|---|---|---|
| Baden-Württemberg[120] | 31.716,6 | 2003 | Ist nach Rechnungsprüfung |
| Bayern[121] | 35.249,4 | 2003 | Ist nach Rechnungsprüfung |
| Berlin[122] | 22.118,3 | 2003 | Ist nach Rechnungsprüfung |
| Brandenburg[123] | 9.914,4 | 2003 | Ist nach Rechnungsprüfung |
| Bremen[124] | 4.235,8 | 2003 | Ist nach Rechnungsprüfung |
| Hamburg[125] | 10.782,3 | 2003 | Ist nach Rechnungsprüfung |
| Hessen[126] | 22.369,5 | 2003 | Ist nach Rechnungsprüfung |
| Mecklenburg-Vorpommern[127] | 7.350,2 | 2003 | Ist nach Rechnungsprüfung |
| Niedersachsen[128] | 22.849,0 | 2003 | Ist nach Rechnungsprüfung |
| Nordrhein-Westfalen[129] | 47.423,5 | 2003 | Ist nach Rechnungsprüfung |
| Rheinland-Pfalz[130] | 14.873,4 | 2003 | Ist nach Rechnungsprüfung |
| Saarland[131] | 3.332,9 | 2003 | Ist nach Rechnungsprüfung |
| Sachsen[132] | 16.695,8 | 2003 | Ist nach Rechnungsprüfung |
| Sachsen-Anhalt[133] | 10.455,0 | 2003 | Ist nach Rechnungsprüfung |
| Schleswig-Holstein[134] | 10.898,2 | 2003 | Ist nach Rechnungsprüfung |
| Thüringen[135] | 9.230,6 | 2003 | Ist nach Rechnungsprüfung |

*Quelle: Siehe jeweilige Fußnote für die einzelnen Bundesländer.*

## (D) Die kommunalen Haushalte

Die Spannweite des Haushaltsvolumens der deutschen Kommunen reicht beispielhaft von 3.965.600.000 Euro[136] für die Stadt München in Bayern bis zu 24.459.176 Euro[137] für die Stadt Lauchhammer in Brandenburg (jeweils Verwaltungshaushalt 2001).[138] Am Beispiel dieser beiden in ihrer Größe sehr unterschiedlichen Kommunen zeigt sich auch die Behauptung

120 RHBW (2005): Denkschrift 2005, Karlsruhe, Seite 12.
121 Vgl. BOR (2005): Jahresbericht 2005, München, Seite 10.
122 Vgl. RHB (2006): Jahresbericht 2006, Berlin, Seite 13.
123 Vgl. LRHB (2005): Jahresbericht 2005, Potsdam, Seite 18.
124 Vgl. RFHB (2006): Jahresbericht 2006, Bremen, Seite 35.
125 Vgl. RFHH (2005): Jahresbericht 2005, Hamburg, Seite 11.
126 Vgl. HRH (2005): Bemerkungen 2004, Darmstadt, Seite 35.
127 Vgl. LRHMV (2005): Jahresbericht 2005, Neubrandenburg, Seite 21.
128 NLRH (2005): Jahresbericht 2005, Hildesheim, Seite 2.
129 LRHNW (2005): Jahresbericht 2005, Düsseldorf, Seite 20.
130 Vgl. RHRP (2004): Jahresbericht 2004, Speyer, Seite 13.
131 Vgl. RHS (2004): Jahresbericht 2004, Saarbrücken, Seite 11.
132 Vgl. RHFS (2005): Jahresbericht 2005, Leipzig, Seite 55.
133 Vgl. LRHSA (2004): Jahresbericht 2004, Teil II, Dessau, Seite 2.
134 LRHSH (2005): Bemerkungen 2005, Kiel, Seite 23.
135 TRH (2005): Jahresbericht 2005, Rudolstadt, Seite 20.
136 Stadt München (2004): Budgetangaben der Stadtkämmerei, abgerufen unter http://www.muenchen.de, München (einzelne Download-Dateien ohne Seitenangaben).
137 Stadt Lauchhammer (2002): Verwaltungsbericht 2001, Lauchhammer, Seite 3.2.-2, eigene Umrechnung in Euro (Verhältnis 1:1,95583).
138 Die beiden Städte wurden beispielhaft ausgewählt: Bei der Stadt München handelt es sich um die größte eigenständige Kommunalverwaltung (nach Einwohnerzahl); im Fall der Stadt Lauchhammer handelt es sich um die kleinste Stadt (größer 20.000 Einwohner, Stand 01.01.2002), welche noch Mitglied des Deutschen Städtetages ist.

des *Brechtschen Gesetzes*, welches besagt, dass „mit zunehmender räumlicher Bevölkerungskonzentration die öffentlichen Ausgaben pro Kopf der Bevölkerung zunehmen."[139] Verdeutlicht wird dies mit den in der untersten Tabellenzeile gebildeten Verhältniszahlen: Die Stadt München verzeichnet pro Kopf die 2,7fachen Ausgaben im Verwaltungshaushalt im Vergleich zur Stadt Lauchhammer. In Bezug auf den Vermögenshaushalt betragen diese sogar das 3,4fache der Ausgaben pro Kopf für München gegenüber Lauchhammer. Berechnet man die Summe der Verwaltungs- und Vermögenshaushalte und vergleicht die Werte je Einwohner, so hat München durchschnittlich die 2,8fachen Ausgaben im Vergleich zu Lauchhammer je Einwohner.[140]

Tabelle 5: Angaben der Verwaltungs- und Vermögenshaushalte für 2001 in München (Bayern) und Lauchhammer (Brandenburg) und Kennzahlen

| Stadt | Verwaltungshaushalt in € | Vermögenshaushalt in € | Summe | Einwohner (EW) | Verwaltungshaushalt je EW in €/EW | Vermögenshaushalt je EW in €/EW | Summe je EW in €/EW |
|---|---|---|---|---|---|---|---|
| München | 3.965.600.000 | 1.328.400.000 | 5.294.000.000 | 1.227.958 | 3.229,43 | 1.081,80 | 4.311,22 |
| Lauchhammer | 24.459.176 | 6.519.937 | 30.979.113 | 20.276 | 1.206,31 | 321,56 | 1.527,87 |
| *Verhältnis*[141] | | | | | *2,68* | *3,36* | *2,82* |

*Quelle: Stadt München (2004): Budgetangaben der Stadtkämmerei, abgerufen unter http://www.muenchen.de, München; Stadt Lauchhammer (2002): Verwaltungsbericht 2001, Lauchhammer, Seite 3.2.-2 sowie eigene Berechnungen.*

### 2.6.2. Haushalte verbundener Institutionen und Unternehmen

#### (A) Unternehmen in unselbstständiger öffentlich-rechtlicher Organisationsform

Die wirtschaftliche Betätigung der öffentlichen Hand definiert sich aus der unter der öffentlichen Zielsetzung zusätzlich verfolgten Gewinnerzielungsabsicht. Die Erzielung eines Betriebsgewinns darf nicht Hauptzweck, muss aber ein untergeordneter Zweck der Aktivität und der eigenständigen Einheit sein. Als weitere Kriterien müssen gegeben sein

a) ein öffentlicher Zweck,
b) die gegebene Leistungsfähigkeit des Trägers (Gemeinde o.ä.) im Verhältnis zum Umfang der Betätigung,
c) in der Regel der Nachweis, dass dieser Zweck nicht im Rahmen rein privater Tätigkeiten verfolgt werden kann und
d) die Absicht und Dokumentation der Gewinnerzielung.[142]

Bei dieser Form handelt es sich um sogenannte 'Bruttobetriebe', welche in Bezug auf die Haushaltsführung vollständig in die Budgetierung und Ausführung des kameralistischen

139 Zimmermann, Horst/Henke, Klaus-Dirk (2001), a.a.O., Seite 470.

140 Erklärt wird dies mit der Zunahme sogenannter 'zentralörtlicher Funktionen' für größere Kommunen. Die Verhältniszahlen hier lassen sogar die Vermutung zu, dass dies stärker für den Vermögenshaushalt als den Verwaltungshaushalt gilt, eventuell weil mit diesen 'zentralörtlichen Funktionen' verstärkt vermögensbildende Ausgaben wie Gebäude und andere Investitionen verbunden sind. Alle Verhältnisangaben sind auf eine Nachkommastelle gerundet.

141 Berechnetes Verhältnis: München zu Lauchhammer.

142 Vogelsang, Klaus/Lübking, Uwe/Jahn, Helga (1991): Kommunale Selbstverwaltung, Rechtsgrundlagen – Organisation – Aufgaben; Berlin 1991, Seite 178-180.

Haushalts der Gebietskörperschaft integriert sind.[143] Diese Organisationseinheiten können in der Form eines Regiebetriebs oder eines Eigenbetriebs geführt werden. Beispiele für diese Organisationsform sind typischerweise die Funktionsbereiche der Stadtreinigung, des Fuhrparks, der Energie- und Wasserversorgung auf kommunaler Ebene.

(B) Unternehmen in selbstständiger öffentlich-rechtlicher Organisationsform

Weiterhin existieren rechtlich und haushaltsmäßig eigenständige Organisationsformen, sogenannte 'Nettobetriebe',[144] welche möglicherweise nur mit dem auftretenden Jahressaldo im Haushalt der betreffenden Gebietskörperschaft auftauchen. Dabei werden öffentliche Rechtsformen und private Rechtsformen[145] der Organisation unterschieden. Beispiele für öffentliche Rechtsformen sind die Anstalten des öffentlichen Rechts wie beispielsweise die Sparkassen oder auch Zweckverbände zur gemeinsamen Leistungserstellung der Kommunen auf kommunaler Ebene oder beispielsweise die Universitätskliniken Dresden und Leipzig auf Landesebene.[146]

(C) Unternehmen in privater Rechtsform mit öffentlicher Beteiligung

Die private Rechtsform wird im Rahmen der wirtschaftlichen Betätigung der öffentlichen Hand zunehmend üblich, ebenso die gemeinsame Kapitalbeteiligung von öffentlichen und privaten Eignern in dann sogenannten ‚gemischtwirtschaftlichen Betrieben'.[147] Allerdings geht der Trend durch die weiter zurückgehende Finanzkraft der öffentlichen Einrichtungen ebenso wie auf Grund ordnungspolitischer Überlegungen zur *kompletten Veräußerung* der öffentlichen Kapitalanteile.[148] Tendenziell arbeiten vorwiegend größere Einheiten - also Bund, Länder und größere Kommunen - mit diesem Rechtsinstitut. Deskriptiv kann man die Varianten der privatrechtlichen Betätigung nach den *Anteilsverhältnissen* unterteilen: Eine ‚Eigengesellschaft' wird zu einhundert Prozent von einem öffentlichen Träger gehalten. An einem ‚gemischt-öffentlichen' Unternehmen sind mehrere öffentliche Träger beteiligt. Das ‚gemischt-private' Unternehmen wird von privaten und öffentlichen Anteilseignern kontrolliert; dies wird auch als ‚gemischtwirtschaftliche' Betriebsform bezeichnet. Charakteristisch und essentiell sind für öffentliche Betriebe in privater Rechtsform die drei Merkmale:

(a) Es gilt der Vorrang der Eigenbetriebsform, das heißt eine privatrechtliche Unternehmensform darf nur errichtet werden, wenn der angestrebte Zweck nicht im Rahmen eines Eigenbetriebs realisiert werden kann.

(b) Die Haftung des Trägers muss begrenzt sein. Hier kommen deswegen nur die vier Rechtsformen der Aktiengesellschaft (AG), der Gesellschaft mit beschränkter Haftung (GmbH), der Kommanditgesellschaft auf Aktien (KGaA oder AG & Co KG) sowie der GmbH & Co KG in Frage.

(c) Die Wahrung und Ausübung eines beherrschenden Einflusses zur Sicherung des öffentlichen Auftrages muss sichergestellt sein.[149]

143 Dies bedeutet, dass alle Buchungen und Ausgaben im kameralen Haushalt der Gebietskörperschaft verzeichnet sind (vgl. Brede, Helmut (2001), a.a.O., Seite 34).

144 Ebd., Seite 34).

145 Siehe die Beschreibung im folgenden Abschnitt.

146 Für den Freistaat Sachsen (vgl. RHFS (2001), a.a.O., Seite 61).

147 Eine Begriffsprägung findet sich zum Beispiel bei Ahrens, Karl (1988): Grenzen der Gemischtwirtschaftlichkeit aus kommunaler Sicht; in: GöW (Hrsg.) (1988): Gemischwirtschaftlichkeit und öffentliche Aufgabe; Referate und Diskussionsbeiträge einer Vortrags- und Diskussionsveranstaltung der Gesellschaft für öffentliche Wirtschaft und Gemeinwirtschaft am 17. November 1987 in Köln, Beiträge zur öffentlichen Wirtschaft und Gemeinwirtschaft, Heft 3, Berlin 1988, Seite 7-17.

148 So zum Beispiel bei der Deutsche Telekom AG (Bund), der VIAG AG (Land Bayern) und anderen.

149 Vogelsang, Klaus/Lübking, Uwe/Jahn, Helga (1991): Kommunale Selbstverwaltung, Rechtsgrundlagen – Organisation – Aufgaben, Berlin, Seite 188.

*Beispiele* für diese Organisationsformen sind:

(a) die *Stadtwerke Düsseldorf AG* mit einem Umsatz von 802 Mio. Euro (2002)[150], einer Bilanzsumme von 973 Mio. Euro (2001) sowie einer Mitarbeiterzahl von 2.971 (31.12.2001)[151],

(b) die *Stadtwerke Leipzig GmbH* mit einem Umsatz von 475,3 Mio. Euro (2002), einer Bilanzsumme von 725,9 Mio. Euro (2002) sowie einer Mitarbeiterzahl von 1.195 (31.12.2002)[152],

(c) die *Badenova AG & Co KG* (als Beispiel einer Mischform) mit einem Umsatz von 567,7 Mio. Euro (2002)[153], einer Bilanzsumme 555,2 Mio. Euro (2002) sowie einer Mitarbeiterzahl von 988 (31.12.2002)[154].

### 2.6.3. Allgemeine Aussagen zur Entwicklung der staatlichen Finanzen

Generell hat die Bedeutung in der Form des Finanzumfangs der staatlichen Einrichtungen in der historischen Entwicklung zugenommen.

Tabelle 6: Beschäftigte im öffentlichen Dienst der Gebietskörperschaften (Bund, Länder und Gemeinden)

| | 1960 | 1970 | 1980 | 1990 | 1993 |
|---|---|---|---|---|---|
| Arbeitnehmer | 1.240.900 | 1.654.900 | 2.095.600 | 2.274.000 | 2.295.200 |
| Beamte* | 666.300 | 902.400 | 1.194.200 | 1.323.600 | 1.422.900 |
| Gesamt | 1.907.200 | 2.557.300 | 3.289.800 | 3.597.600 | 3.718.100 |

*Quelle: Beus, Hans-Bernd (1998): Public Management auf Bundesebene, in: Damkowski, Wulf/Precht, Claus (1998): Moderne Verwaltung in Deutschland, Public Management in der Praxis, Stuttgart u.a. (* Beamte einschließlich Richter und Berufssoldaten, ohne Beamte auf Widerruf, ohne Bahn und Post sowie ohne mittelbaren öffentlichen Dienst).*

Tabelle 7: Die langfristige Zunahme der Staatsquote in ausgewählten Ländern

| Land | Zeitraum | Zunahme der Staatsquote | Staatsquote 1989 | Staatsquote 1999 |
|---|---|---|---|---|
| Belgien | 1912-1956 | von 7,3% auf 22,2% | 55,7% | 50,5% |
| Dänemark | 1870/79-1947/50 | von 8,4% auf 23,3% | 59,4% | 54,4% |
| Deutschland | 1913-1954 | von 15,7% auf 41,0% | 45,3% | 48,0% |
| Großbritannien | 1920-1950 | von 26,0% auf 39,0% | 41,2% | 40,8% |
| Kanada | 1929-1954 | von 15,0% auf 27,4% | 44,6% | 41,8% |
| Norwegen | 1938-1950/53 | von 17,0% auf 32,6% | 54,6% | 47,0% |
| Schweden | 1938/39-1950 | von 21,0% auf 31,3% | 59,9% | 60,2% |
| Schweiz | 1938-1952 | von 19,1% auf 21,2% | 30,2% | - |
| USA | 1913-1957 | von 6,0% auf 26,0% | 36,1% | 32,3% |

*Quelle: Zimmermann, Horst/Henke, Klaus-Dirk (2001): Finanzwissenschaft - eine Einführung in die Lehre von der öffentlichen Finanzwirtschaft, München, Seite 32 (in veränderter Abfolge; siehe dort ausführliche Anmerkungen zur Abgrenzung und Definition in den einzelnen Ländern).*

150 Ohne Stromsteuer.

151 Stadtwerke Düsseldorf AG (2003): Geschäftsbericht 2002, Düsseldorf, Seite 4.

152 Stadtwerke Leipzig GmbH (2003): Geschäftsbericht 2002, Leipzig, Seite 1.

153 Badenova AG & Co KG (2003): Geschäftsbericht 2002, Freiburg, Seite 34.

154 Ebd., Seite 26.

Diese Entwicklung ist unter dem Stichwort des 'Wagnerschen Gesetzes' in der Finanzwissenschaft bekannt.[155] Beispielhaft sind in den beiden folgenden Tabellen dazu die Entwicklung der Beschäftigtenzahl der Gebietskörperschaften in Deutschland als größter Aufwandsanteil im Rahmen der Haushaltsführung sowie gesondert die langfristige Entwicklung der Staatsquote in ausgewählten Ländern dargestellt.

## 2.7. Allgemeine Darstellung der Kameralistik

Die Kameralistik als grundlegende Buchungstechnik zur Dokumentation finanzwirtschaftlicher Vorgänge wird oftmals in drei Ausprägungen diskutiert: Der grundlegenden *Verwaltungskameralistik*, der erweiterten *Betriebskameralistik* sowie der *Erweiterten Kameralistik*.[156] Darüber hinaus existiert eine Vielzahl weiterer Systeme und Vorschläge im Umfeld dieses Basis-Rechnungslegungskonzeptes.[157]

Abbildung 9: Übersicht der Bücher in der kameralen Buchführung

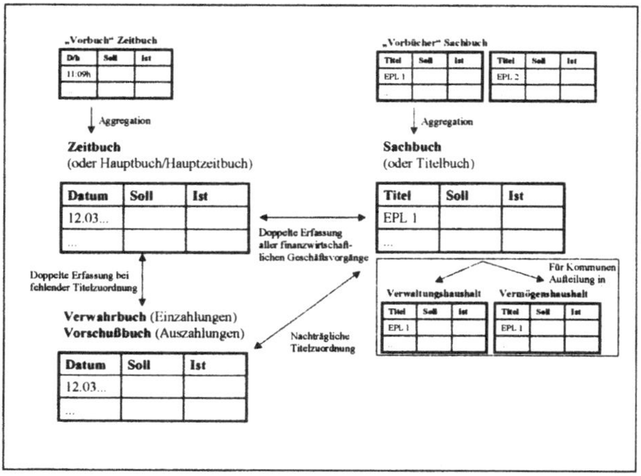


*Quelle: Eigene Darstellung in Anlehnung an: Stadt Kehl (2000): Haushalt 2000, Kehl.*

Zur Verdeutlichung soll hier die einfache Verwaltungskameralistik sowie ein Beispiel für eine Erweiterung, die Betriebskameralistik nachgezeichnet werden. Die Buchungsvorgänge werden in der Kameralistik in *zwei Büchern* erfasst: Einmal dem *Zeitbuch*, das alle Vorgänge *chronologisch* fortlaufend erfasst. Zum anderen das *Sachbuch* (oder auch Titelbuch), in dem die Geschäftsvorfälle in der jeweiligen *sachlichen* Gliederung (z.B. in Einzelplänen EPL) der

155 „Das von Adolph Wagner aufgestellte 'Gesetz' der wachsenden Staatstätigkeit besagt, dass im modernen Rechts- und Wohlfahrtsstaat die Aufgaben des Staates nach Art und Umfang langfristig zunehmen und damit der vom Staat beanspruchte Anteil am Sozialprodukt wächst." (Zimmermann, Horst/Henke, Klaus-Dirk (2001), a.a.O., Seite 486).

156 Vgl. Gornas, Jürgen (1989): Verwaltungskameralistik, in: Chmielewicz, Klaus/Eichhorn, Peter (Hrsg.) (1989), a.a.O., Sp. 1649-1650 und Fuchs, Manfred (1989): Betriebskameralistik, in: Chmielewicz, Klaus/Eichhorn, Peter (Hrsg.) (1989), a.a.O., Sp. 132-140.

157 „Die Kameralistik ist kein einheitliches Buchführungssystem, sondern tritt in unterschiedlicher Gestalt auf. Neben der einfachen Kameralistik als übliche Buchführung der Verwaltung gibt es kompliziertere Systeme, die als *gehobene Kameralistik* oder (...) als Betriebskameralistik bezeichnet werden." (ebd., Sp. 132).

rechnenden Einrichtung erfasst werden. Damit wird jeder Vorgang doppelt erfasst. Das Sachbuch ist im Fall der kommunalen Gebietskörperschaften regelmäßig in ein Buch für den *Verwaltungshaushalt* sowie ein Buch für den *Vermögenshaushalt* aufgeteilt.
Regelmäßig werden auch für Zeitbuch und Sachbuch sogenannte Vorbücher geführt, in denen alle Einzelvorgänge erfasst werden, während in Zeit- und Sachbuch dann nur aggregierte Buchungen eine verbesserte Übersicht schaffen. Für Geschäftsvorfälle, welche noch nicht einer sachlichen Zuordnung unterworfen werden können, werden sogenannte Verwahrbücher (für Einzahlungen) und Vorschussbücher (für Auszahlungen) verwendet.

Tabelle 8: Beispieldarstellung der kameralistischen Buchführungssystematik

| | **Soll** | **Ist** | **Rest** |
|---|---|---|---|
| „Titelbezeichnung" | | | |
| ... | | | |

*Quelle: Eigene Darstellung.*

Wird die sachliche Zuordnung zu einem späteren Zeitpunkt bekannt, so wird sie per Korrekturbuchung in das Sachbuch übertragen. Charakteristisches Merkmal der Kameralistik ist die spaltenmäßige Aufteilung der Eintragungen in Soll, Ist und Rest. In der folgenden Tabelle ist eine Beispieldarstellung verzeichnet. In der Praxis sind verschiedene Ausprägungen zu beobachten, die alle die Darstellung von Ist- und Sollspalten gemeinsam haben. Diese Darstellung entspricht der Form der *einfachen Kameralistik*, in der jeweils Soll- und Ist-Buchungen (bei kassenmäßiger Einnahme oder Ausgabe) sowie am Jahresende eine Saldierung als Restbestand vorgenommen wird.[158]

Abbildung 10: Schematische Darstellung der Unterscheidung rechnungstechnischer Kategorien

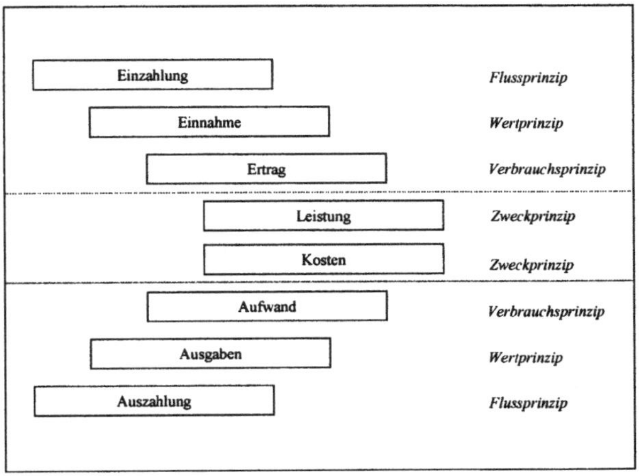


*Quelle: Eigene Darstellung.*

158 Siehe als Beispiel auch: Stadt Kehl (2000): Haushalt 2000, Kehl.

In dieser einfachsten Form der Kameralistik ist es nicht möglich, Nichtgeldvorgänge sowie nicht erfolgswirksame Vorgänge zu dokumentieren. Alle vorgenommenen Buchungen sind ihrer Art nach kassenwirksam (Geldvorgang) und erfolgswirksam. Daraus ergibt sich das finanzwirtschaftliche Ergebnis der einfachen Buchführung, das Abgrenzungsunterschiede zur Gewinn- und Verlustrechnung der kaufmännischen Buchführung aufweist, da diese Erträge und Aufwendungen dokumentiert.

Die obenstehende Darstellung zeigt die grundlegenden rechnungstechnischen Begriffskonstrukte. Dabei entsprechen die Bezeichnungen der Einzahlung und Auszahlung einem kassentechnischen Flussprinzip, bei dem eine Geldzahlung dokumentiert wird. Dies entspricht in der Kameralistik dem Kassenbuch. Unter Beachtung des Wertprinzips werden finanzwirtschaftliche Wertveränderungen (z.B. auch Überweisungszahlungen etc.) als Einnahme und Ausgabe erfasst. Dies entspricht dem grundsätzlichen Buchungsprinzip der Kameralistik. Eine Abgrenzung durch eine Vermögens- und Anlagenbuchführung fordert das Verbrauchsprinzip mit den Begriffen von Ertrag und Aufwand, das nur in der betrachteten Rechnungsperiode tatsächlich verbrauchte bzw. erstellte Werte berücksichtigt und beispielsweise durch Abschreibungsbuchungen für Gegenstände des langfristigen Anlagevermögens realisiert. Dies wird in der Doppik sowie in der erweiterten Kameralistik umgesetzt.
Das Zweckprinzip mit den Begriffen ‚Kosten' und ‚Leistung' wird in der Kosten- und Leistungsrechnung verwendet, die als Sonderrechnung auf der RLK der erweiterten Kameralistik sowie der Doppik aufbaut. Als Beispiel einer *erweiterten Kameralistik* zeigt beispielsweise LORENSEN schon 1949 in seiner Dissertation[159] einen Vorschlag zur kameralistischen Buchführung in Krankenhäusern. Dieses Beispiel arbeitet mit jeweils zwei Soll- und Ist-Spalten und vier Abteilungen, wobei die zweite Abteilung eine Vermögens- oder Anlagenbuchführung dokumentiert. In den folgenden Tabellen ist eine entsprechende Beispielbuchung dargestellt.

Tabelle 9: Buchungsbeispiel in Abteilung I nach LORENSEN

| **Abteilung I** | **Soll** | | **Ist** | | **Rest** |
|---|---|---|---|---|---|
| **‚Abschreibungen'** | **Anordnungssoll** | **Fiktive Sollstellung** | **Barverkehr** | **Umbuchungen** | |
| - Abschreibung | | 54.180,00 | | 54.180,00 | |
| Summe | | 54.180,00 | | 54.180,00 | |

*Quelle: Nach Lorensen, Hans (1949): Etat oder Bilanz?, Ein Beitrag zur Frage der finanzwirtschaftlichen oder privatwirtschaftliche Rechnungsweise bei kommunalen Krankenanstalten, o.O., Dissertation an der rechts- und wirtschaftswissenschaftlichen Fakultät der Universität Tübingen vom 08. Juni 1949, Seite 98-99.*[160]

In Abteilung I der obenstehenden Tabelle wird die sichtbar fiktive Buchung einer Abschreibung auf Anlagengegenstände des medizinischen Bereiches vorgenommen. Durch die doppelte Buchung auf der Ist-Seite (‚Fiktive Sollstellung') und auf der Soll-Seite (‚Umbuchungen') wird deutlich, dass es sich um einen tatsächlich erfolgswirksamen Vorgang in der genannten Höhe handelt. Durch die Buchung in der fiktiven Soll- und Ist-Spalte wird deutlich, dass es

159 Lorensen, Hans (1949): Etat oder Bilanz?, Ein Beitrag zur Frage der finanzwirtschaftlichen oder privatwirtschaftliche Rechnungsweise bei kommunalen Krankenanstalten, o.O., Dissertation an der rechts- und wirtschaftswissenschaftlichen Fakultät der Universität Tübingen vom 08. Juni 1949.

160 Die Währungseinheiten sowie die Datumsangaben wurden aus Gründern der Einfachheit für das Buchungsbeispiel nicht übernommen.

sich um einen Nichtgeldvorgang handelt, ein kassenmäßiger Vorgang (Ausgabe) ist nicht zu verzeichnen.

Tabelle 10: Buchungsbeispiel der Einnahmen in Abteilung II nach LORENSEN

| Abteilung II Einnahmen | Soll | | Ist | | Rest |
|---|---|---|---|---|---|
| ‚Anlagen' | Anordnungssoll | Fiktive Sollstellung | Barverkehr | Umbuchungen | |
| - Abschreibung | | 54.180,00 | | 54.180,00 | |
| - Vortrag | | 307.026,00 | | | 307.026,00 |
| Summe | | 361.206,00 | | 54.180,00 | 307.026,00 |

*Quelle: Nach Lorensen, Hans (1949): Etat oder Bilanz?, Ein Beitrag zur Frage der finanzwirtschaftlichen oder privatwirtschaftliche Rechnungsweise bei kommunalen Krankenanstalten, o.O., Dissertation an der rechts- und wirtschaftswissenschaftlichen Fakultät der Universität Tübingen vom 08. Juni 1949, Seite 98-99.*

In der Anlagenbuchhaltung (nach Lorensen der Abteilung II) wird ebenfalls durch fiktive Buchungen auf der Soll- und Ist-Seite deutlich gemacht, dass es sich bei der Erfassung der Anlagegegenstände (Bestand des Vorjahres, Abschreibung des Rechnungsjahres und Übertrag auf das folgende Rechnungsjahr) um Nichtgeldvorgänge handelt.

Tabelle 11: Buchungsbeispiel der Ausgaben in Abteilung II nach LORENSEN

| Abteilung II Ausgaben | Soll | | Ist | | Rest |
|---|---|---|---|---|---|
| ‚Anlagen' | Anordnungssoll | Fiktive Sollstellung | Barverkehr | Umbuchungen | |
| - Anfangsbestand | | 320.000,00 | | 320.000,00 | |
| - Kauf | 41.206,00 | | 36.206,00 | | 5.000,00 |
| Summe | 41.206,00 | 320.000,00 | 36.206,00 | 320.000,00 | 5.000,00 |

*Quelle: Nach Lorensen, Hans (1949): Etat oder Bilanz?, Ein Beitrag zur Frage der finanzwirtschaftlichen oder privatwirtschaftliche Rechnungsweise bei kommunalen Krankenanstalten, o.O., Dissertation an der rechts- und wirtschaftswissenschaftlichen Fakultät der Universität Tübingen vom 08. Juni 1949, Seite 98-99.*

Allein bei der in der vorstehenden Tabelle der Ausgaben der Abteilung II dokumentierten Buchung einer Anschaffung weiterer Positionen des Anlagevermögens handelt es sich um einen Geldvorgang. Dabei wird eine positive Differenz zwischen der geplanten Anschaffung in Höhe von 41.206,00 Geldeinheiten und der realisierten Zahlung von 36.206,00 Geldeinheiten realisiert. Bei dem Rest von 5.000,00 Geldeinheiten kann es sich um eine noch ausstehende Restzahlung oder um einen vergünstigten Einkauf handeln, so dass der Betrag für andere Verwendungen zur Verfügung steht.

## 2.8. Verwaltungsmodernisierung und Wirtschaftlichkeitsbetrachtung

Im Rahmen der bis zum heutigen Zeitpunkt andauernden Entwicklung der Verwaltungsmodernisierung[161] findet in der administrativen Praxis sowie begleitend und unterstützend in

161 Zu den weiteren Begriffsdefinitionen in diesem Zusammenhang siehe auch das Einführungskapitel.

der wissenschaftlichen Theoriebildung eine Veränderung der konzeptionellen Grundlagen der öffentlichen Rechnungslegung statt. An dieser Stelle sollen in einem kurzen Abriss die *historische Entwicklung*, das *Grundverständnis* sowie einzelne *Methoden* und *Begriffe* im Umfeld der Diskussion um eine verbesserte Wirtschaftlichkeit in Öffentlichen Einrichtungen aufgezeigt werden.

### 2.8.1. Historische Bedeutungsentwicklung der Wirtschaftlichkeit Öffentlicher Einrichtungen

Die Entwicklung einer neuen Bedeutungszuschreibung der Wirtschaftlichkeit in Öffentlichen Einrichtungen setzte nicht sprunghaft sondern in einem langandauernden Prozess ein.[162] Wie BUDÄUS in der folgenden Abbildung in einer Phasendarstellung deutlich macht, lassen sich verschiedene Stufen in diesem Prozess unterscheiden. Zu Beginn steht das Problembewusstsein, in der Regel Finanzprobleme Öffentlicher Einrichtungen. Entsprechend entwickelt sich eine Aufmerksamkeit verschiedener Gruppen und die Suche nach übertragbaren Lösungsansätzen (z.B. in der Theorie privatwirtschaftlicher Unternehmen). Es folgen theoretische Ausarbeitungen und erste Pilotprojekte. Regelmäßig treten dann auch Kritiker in den Diskussionsprozess ein, der im Idealfall zu einer konzeptionellen Klärung führt. In dieser Phase sind oft mehrere Wiederholungsschleifen durch neue Erkenntnisse aus Praxisprojekten oder aus international vergleichenden Studien zu beobachten. Nach einer umfassenden Diskussion in der Praxis entsteht oftmals ein überschießender Reformaktionismus, in dem übermäßig viele Veränderungen und Anpassungen vorgenommen werden.

Abbildung 11: Beispiel für eine Phaseneinteilung der Verwaltungsreform

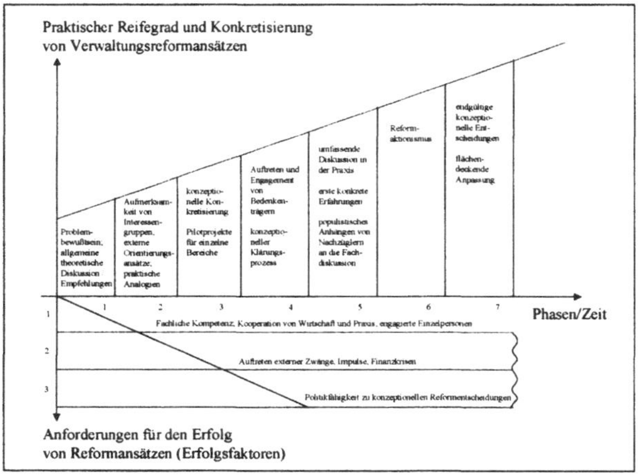


*Quelle: Budäus, Dietrich (1994): Public Management, Konzepte und Verfahren zur Modernisierung öffentlicher Verwaltungen, Reihe Modernisierung des öffentlichen Sektors, Band 2, Berlin, Seite 35.*

162 Böhret, Carl (1996a): Verwaltungsmodernisierung nach dem Vorbild der Wirtschaft, Reform der Landeskulturverwaltung nach den Methoden des Business Reengineering, Schriften zur Verwaltungsmodernisierung in Rheinland-Pfalz Nr. 3, Mainz; Buschor, Ernst (1996): Verwaltungsführung im Paradigmenwechsel: Die Ablösung der 'klassisch-kameralen' Verwaltung durch das New Public Management, in: Dumont du Voitel, Roland (Hrsg.) (1996): New Public Management, Internationale Erfahrungen und Beiträge, Heidelberg, Seite 39-83.

An diesem Punkt scheint die Entwicklung der Reformdiskussion etwa im Jahr 2002 angekommen zu sein. Die letzte Phase einer endgültigen konzeptionellen Entscheidung ist zumindest wissenschaftlich noch nicht in Sicht, auch wenn in einigen Praxisbereichen ein Reformaktionismus beispielsweise in der Umstellung auf die doppische Buchführung zu beobachten ist.[163] Von einer flächendeckenden Anpassung kann aber insbesondere in Hinblick auf die weiterhin gültigen gesetzlichen Grundlagen nicht gesprochen werden. Die in der oben gezeigten Abbildung dargestellten Anforderungen an den Erfolg von Reformansätzen sind zumindest in der genannten Reihenfolge schwierig nachzuvollziehen.

Die externen Zwänge und Finanzkrisen waren in den meisten Fällen der Verwaltungsreform Auslöser und Ursprung der Veränderungen. Eine Kooperation mit der Wirtschaft ist nicht immer zielführend und deren Notwendigkeit nicht zwingend erkennbar. Und die Politikfähigkeit zu konzeptionellen Reformentscheidungen ist bisher nur schwer zu diagnostizieren. Aber möglicherweise ergeben sich diese Faktoren auch in den kommenden Reifejahren der Verwaltungsreform. Die typisierten Elemente der Verwaltungsmodernisierung[164] können mit den Bereichen der Qualitätsorientierung, der (organisatorischen) Dezentralisierung, der Mitarbeiterorientierung, der Steuerung sowie der Adressaten- oder Outputorientierung beschrieben werden. Dies stellt die folgende Abbildung als Gesamtarrangement dar.

Abbildung 12: Elemente des New Public Management

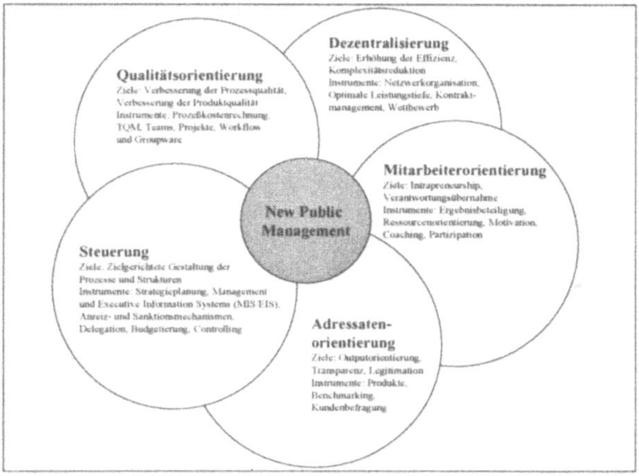


*Quelle: Darstellung in Anlehnung an Schultz-Kult, Franz J. (2001): Kommunales Information Management, Effiziente Organisation und institutionenökonomische Gestaltung, Wiesbaden, Seite 43.*

## 2.8.2. Grundverständnis der Wirtschaftlichkeit als Effektivität und Effizienz

Unter dem Oberbegriff der Wirtschaftlichkeit werden in der Diskussion vielfältige Konzepte und Definitionen zusammenfasst. Als wesentliche Begriffe tauchen wiederholt die Beschreibungen der Effektivität und der Effizienz auf. Diese können anhand der beiden folgenden

163 Vgl. unter anderem Bandemer, Stephan von/Blanke, Bernhard/Nullmeier, Frank/Wewer, Göttrik (Hrsg.) (1998): Handbuch zur Verwaltungsreform, Opladen.

164 Auch als New Public Management (NPM) oder Neues Steuerungsmodell (NSM) bezeichnet.

Abbildungen anschaulich erläutert werden. Definiert man vier Beispielbereiche für einen geplanten (Soll)[165] und tatsächlich erreichten (Ist)[166] Ressourceneinsatz (Input) als messbaren wertmäßigen Ressourcenverzehr sowie einen geplanten (Soll) und tatsächlich erreichten (Ist) Leistungsstand (Output) als messbares Ergebnis der Leistungserstellung innerhalb einer Zeitperiode, so lassen sich die dargestellten Verhältnisse bilden.

Abbildung 13: Übersicht zur Diskussion von Wirtschaftlichkeit unter den Begriffen der Effizienz und Effektivität

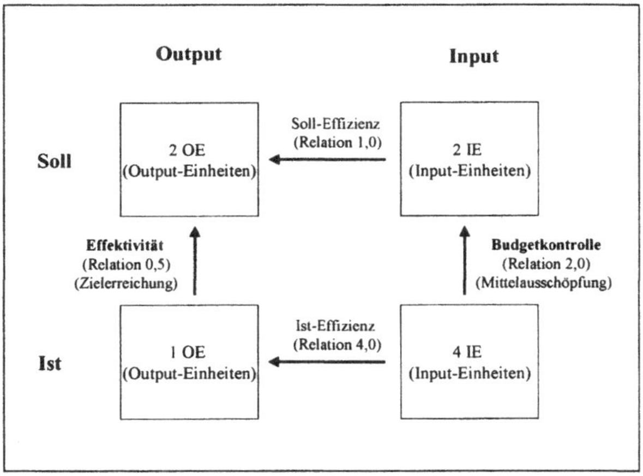


*Quelle: Eigene Darstellung in Anlehnung an Budäus, Dietrich (1994): Public Management, Konzepte und Verfahren zur Modernisierung öffentlicher Verwaltungen, Reihe Modernisierung des öffentlichen Sektors, Band 2, Berlin, Seite 59.*

Eine fiktive Beispielorganisation realisiert in einem definierten Zeitabschnitt die in Abbildung 13 eingetragenen Kennzahlen. Dann lassen sich dazu die folgenden Aussagen in Bezug auf die Teilaspekte der Wirtschaftlichkeit treffen: [167]

(a) Ein Vergleich der Planungszahlen (Soll) für den geplanten Ressourceneinsatz (z.B. 2 Input-Einheiten IE) sowie die damit verfolgte Zielerreichung (z.B. 2 Output-Einheiten OE) ergibt die Soll-Effizienz, d.h. eine Ressourceneinsatzrelation (IE pro OE) von im Beispiel 1,0.

(b) Wird der geplante Ressourceneinsatz (Soll) mit dem tatsächlich realisierten Ressourceneinsatz (Ist) verglichen, so kann die Relation der Mittelausschöpfung (IE Ist pro IE Soll) ermittelt werden: Im Beispiel werden abweichend von der Planung 4 IE verbraucht, so dass eine Mittelausschöpfung von 2,0 oder 200% festzustellen ist.

(c) Die Relation der tatsächlich eingesetzten Ressourcen zu den tatsächlich erstellten Output-Leistungen stellt die Ist-Effizienz dar, im Beispiel bei 4 IE und einer tatsächlich erstellten

---

165 Damit ex ante.

166 Damit ex post. Der gesamte Kenntnisstand ist wie auch bei der öffentlichen Haushaltsführung nach Umsetzung des gesamten geplanten Budgets bekannt. Damit wird definitorisch deutlich, dass eine *umfassende Wirtschaftlichkeitsbetrachtung* nur im *Nachhinein* (ex post) erfolgen kann.

167 Vgl. die Definitionen zur Effizienz als ‚Prozesseffizienz' und zur Effektivität als ‚Ergebniseffizienz' im Handbuch der öffentlichen Betriebswirtschaft (Reding, Kurt (1989): Effizienz, in: Chmielewicz, Klaus/Eichhorn, Peter (Hrsg.) (1989), a.a.O., Sp. 277).

OE ein Verhältnis von 4,0. Für eine OE wurde also im Beispiel ein Ressourceneinsatz von vier IE benötigt.

(d) Die Effektivität bzw. der Grad der Zielerreichung wird durch die Gegenüberstellung der tatsächlich erreichten zu den geplanten Output-Einheiten bestimmt. Im Beispiel also eine Relation von 1 OE zu 2 OE, was einer Effektivität von 0,5 oder 50% entspricht.

Die *Wirtschaftlichkeit* der hier im Beispiel beschriebenen Organisation könnte also dadurch beschrieben werden, dass festgestellt wird, dass innerhalb einer definierten Zeitperiode

- nur 50% der gesetzten *Ziele* im Sinne von Output-Einheiten erreicht wurden (*Effektivität*),
- die Mittelausschöpfung bei 200% lag und damit
- die *Effizienz* statt bei der geplanten Relation 1 bei einer realen Relation von 4 lag.

In einer weiteren Unterscheidungsstufe werden verschiedene Ergebnisgrößen für eine öffentliche Leistungserstellung unterschieden: Auf der Ebene der Leistungserstellung wird zwischen dem *Input* sowie dem *Output* unterschieden[168].
Darüber hinaus ergibt sich aus der politischen Zielgrößenplanung eine Dimension, welche als *Outcome* bezeichnet wird. Merkmal dieser *Outcome*-Größen ist die Tatsache, dass diese nicht unmittelbar produziert werden können, sondern ein indirekter Zusammenhang von produzierten *Output*-Ergebnissen (zum Beispiel akademische Abschlüsse an Hochschulen) und angestrebten politischen *Outcome*-Größen besteht.

Die 'Transmission' von *Output* in *Outcome* ist in der Regel nicht empirisch vollständig bestimmbar, sondern mit vielen unbekannten Einflussgrößen versehen. Eine Effektivitätsbestimmung erfolgt bei Outcome-Größen analog zu den Output-Größen als Relation des Ist-Outcome zum Soll-Outcome. Dies kann auch als Ergebniseffektivität bezeichnet werden. Die oberste Zielebene liegt in der Definition und Umsetzung von individuellen Bedürfnissen und Werten, die auch subjektiv empfunden werden müssen. Beispiel dafür ist die Zielsetzung einer „Verbesserung der Lebensverhältnisse“[169].

Diese Ebene wird als *Impact* bezeichnet und kann meistens nur schwer quantifiziert werden. Auch im Rahmen des politischen Meinungsbildungsprozesses kommen diese Zielgrößen nur selten offen zum Vorschein, sondern werden durch die impliziten Wertvorstellungen der teilnehmenden Akteure in politische Ziele (Outcome-Größen) transferiert. Eine Messung der diesbezüglichen Effektivität würde - wenn bestimmbar - als Verhältnis der realisierten Ist-Impact-Werte zu den geplanten Soll-Impact-Werten vorgenommen werden. Für die weitere Begriffsverwendung wird 'Ziel' als Oberbegriff für Impact, Outcome und/oder Output verwendet; Impact wird mit 'Wirkung', Outcome mit 'Ergebnis' und Output mit 'Leistung' gleichgesetzt.

---

168 Jeweils in der Dimension einer Sollplanung (in der Abbildung links) sowie einer Ist-Ergebnisdokumentation (in der Abbildung rechts).

169 Zum Beispiel auch bestimmter Gruppen wie Alleinerziehender oder Familien mit mehr als zwei Kindern.

Abbildung 14: Übersicht zur Diskussion von Wirtschaftlichkeit unter den Ergebnisbegriffen Output, Outcome und Impact

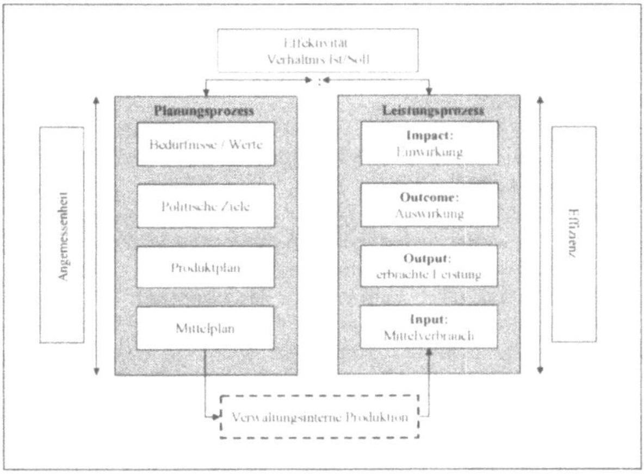


*Quelle: Schenker-Wicki, Andrea (1996): Evaluation von Hochschulleistungen: Leistungsindikatoren und Performance Measurements, Wiesbaden, Seite 12 und Mäder, Hans/Schedler, Kuno (1994): Die Entwicklung des öffentlichen Rechnungswesens in der Schweiz vor dem Hintergrund der spezifischen nationalen Rahmenbedingungen, in: Lüder, Klaus (Hrsg.) (1994): Öffentliches Rechnungswesen 2000, Vorträge und Diskussionsbeiträge einer Wissenschaftlichen Arbeitstagung der Hochschule für Verwaltungswissenschaften Speyer, Schriftenreihe der Hochschule Speyer, Band 117, Berlin, Seite 58.*

Abbildung 15: Wirkungskreise von Politik und Verwaltung im Hinblick auf eine Ziel- und Wirkungsorientierung

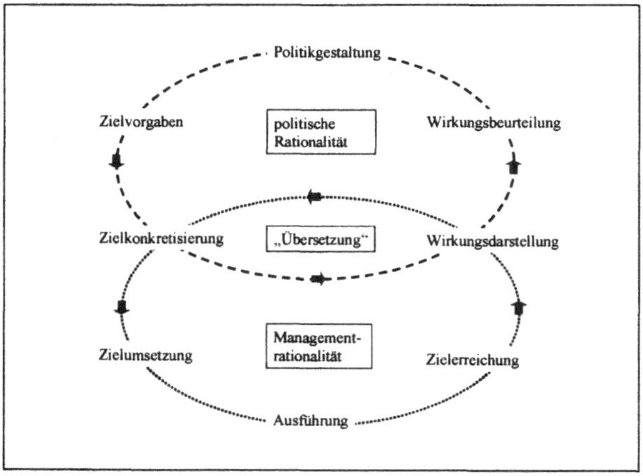


*Quelle: Schedler, Kuno/Proeller, Isabella (2000): New Public Management, Bern/Stuttgart/Wien, Seite 53.*

Die vorstehende Abbildung zeigt schematisch den mit den dargestellten Begriffen inhärent verbundenen Prozess der 'Übersetzung' von politischen Zielgrößen in Leistungsgrößen für die ausführende Verwaltung durch die Vorgabe, Konkretisierung und Umsetzung von Zielen.

Oberhalb dem dargestellten Transmissionsprozess liegt ein vergleichbarer 'Übersetzungsprozess' von individuellen Werten und Zielvorstellungen, die mehrheitlich unbewusst in Form von Zielvorstellungen und vorgeschlagenen Ergebnisgrößen (Outcome) in den politisch rationalen Prozess eingebracht werden.

2.8.3. Wirtschaftlichkeit durch Ergebnisorientierung

Ein Wesenzug – wenn nicht das zentrale Merkmal – der Verwaltungsmodernisierung und der Bemühungen um eine Erhöhung der Wirtschaftlichkeit Öffentlicher Einrichtungen ist die *Betonung der Ergebnisse* der Arbeit dieser Institutionen:

> *„New Public Management (NPM) ist der Oberbegriff der weltweit relativ einheitlichen ‚Gesamt-Bewegung' der Verwaltungsreformen. Charakteristisch für NPM-Reformen ist der Wechsel von der Input- zur Outputorientierung."*[170]

Dabei sind wesentliche Anknüpfungspunkte zum *'Performance Measurement'* im Rahmen betriebswirtschaftlicher Konzepte zu erkennen.[171] Auch dieses Thesenmodell wurde aus bestehenden Konzepten zur Steuerung mit Kennzahlen[172] entwickelt, geht aber über diese Vorläufer hinaus: Insbesondere die Perspektive der Kundenorientierung sowie der Leistung und der Messung des qualitativen und quantitativen Ergebnisoutputs einer Institution werden im Gegensatz zu klassischen Kennzahlen betont bzw. verstärkt.[173] Auch wenn eine einheitliche Definition nicht explizit auszumachen ist, kann nach HOFFMANN der Begriff 'Performance' als „bewerteter Beitrag zur Erreichung der Ziele einer Organisation"[174] verstanden werden. Es existiert in dieser 'Gesamt-Bewegung' kein einheitliches Modell, sondern es werden insbesondere in den verschiedenen Nationalstaaten unterschiedliche Varianten und Modelle der Verwaltungsreform erprobt, erforscht und verbreitet. So wird die Diskussion in der Bundesrepublik Deutschland durch den Begriff des *Neuen Steuerungsmodells (NSM)*[175] geprägt, während in Österreich und der Schweiz der Begriff der *Wirkungsorientierten Verwaltungsführung (WoV)* verwendet wird.[176] Einen grundlegenden praxisbezogenen Beitrag zur Entwicklung hin zu einer verstärkt ergebnisorientierten Steuerung hat die U.S.-Bundesregierung mit dem ‚Go-

170 Schedler, Kuno/Proeller, Isabella (2000), a.a.O., Seite 5.

171 Als Literaturauszug vergleiche: Gillmann, Jan-Philipp (2002): Performance Measurement in Professional Service Firms, Gestaltungsmodell am Beispiel von Wirtschaftsprüfungs- und Beratungsunternehmen, Wiesbaden (in einer speziellen Anwendung auf den hochspezialisierten Dienstleistungssektor); Brunner, Jürgen/Becker, Dieter/Wolfisburg, Stefan (2001): Value Scorecard – Ansatz zur wertorientierten Konzernsteuerung, in: Klingenbiel, Norbert (Hrsg.) (2001): Performance Measurement & Balanced Scorecard, München, Seite 91-109 (in Bezug auf eine wertorientierte Unternehmenssteuerung); Schedler, Kuno/Ösze, Daniel (2001): Performance Measurement in Öffentlichen Verwaltungen, in: Klingenbiel, Norbert (Hrsg.) (2001), a.a.O., Seite 259-275 (in Bezug auf eine Anwendung in öffentlichen Einrichtungen); Klingenbiel, Norbert (2000): Integriertes Performance Measurement, Wiesbaden; Hoffmann, Olaf (1999): Performance Management, Systeme und Implementierungsansätze, Bern/Stuttgart/Wien; Vollmuth, Hilmar (1999): Unternehmenssteuerung mit Kennzahlen: Konzeptionen, Techniken und Instrumente für kleinere und mittlere Unternehmen, München (insbesondere in Bezug auf KMU und als Grenzbeitrag zwischen klassischer Kennzahlenanwendung und 'Performance Measurement'); Templin, Hans-Ulrich (1998): Unternehmensrisiko und Bilanzkennzahlen, Wiesbaden (Anwendung im Bereich der Risikomessung);

172 Insbesondere und nahezu ausschließlich finanzbezogene Kennzahlen.

173 Vergleiche Klingenbiel, Norbert (2001): Impulsgeber des Performance Measurement, in: Klingenbiel, Norbert (2000): Klingenbiel, Norbert (Hrsg.) (2001), a.a.O., Seite 19.

174 Hoffmann, Olaf (1999), a.a.O., Seite 7-8.

175 Der Begriff wurde wesentlich durch die Dokumentation des NSM-Modells unter dieser Bezeichnung für Kommunen durch die KGSt geprägt (Kommunale Gemeinschaftsstelle (KGSt) (Hrsg.) (1993), a.a.O.).

176 Schedler, Kuno/Proeller, Isabella (2000), a.a.O., Seite 5.

vernment Performance and Results Act of 1993' durchgesetzt.[177] Dieser definiert und fordert die Aufstellung eines *Leistungsplanes*, der die folgenden Punkte erfüllt:

- Aufzeigen der Leistungsziele,
- Dokumentation der Leistungsziele in quantifizierbaren Maßstäben,
- Beschreibung der operativen Rahmenbedingungen und Mittel für die Realisierung,
- Festlegung von Indikatoren über Output, Qualität und Outcome jeder Aktivität,
- Vergleich geplanter und erreichter Ziele sowie
- Beschreibung der Maßnahmen zur Verifizierung und Validierung der Ergebnisse.

2.8.4. Wirtschaftlichkeit durch Benchmarking

Hintergrund vieler Ansatzpunkte in der Diskussion um die Verwaltungsmodernisierung und Steigerung der Wirtschaftlichkeit in Öffentlichen Einrichtungen ist das Konzept des *Benchmarking*. Nach der Prägung des Wortes im US-amerikanischen Managementumfeld und der wegweisenden Anwendung bei Xerox setzten immer mehr Unternehmen Methoden unter dieser Bezeichnung ein.[178]

Abbildung 16: Die vier Phasen des Benchmarkingprozesses

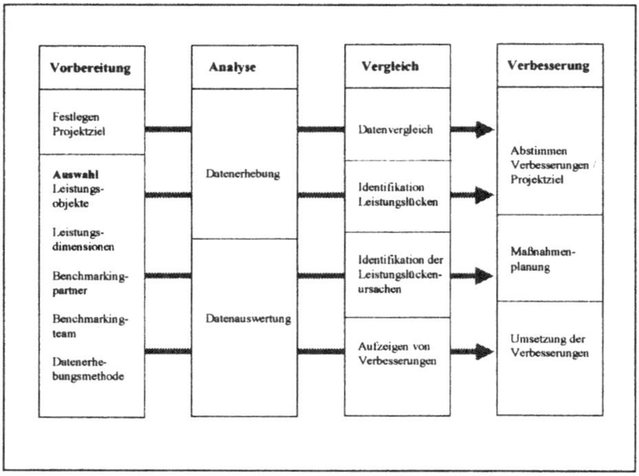


*Quelle: Brokemper, Andreas/Gleich, Ronald (1997): Prozesskostenmanagement mit Prozeß-Benchmarking: In vier Phasen zum Benchmarkingerfolg – dargestellt an einem Beispiel aus dem Maschinenbau, in: Horváth, Péter (Hrsg.) (1997): Das neue Steuerungssystem des Controllers, Von Balanced Scorecard bis US-GAAP, Stuttgart, Seite 207.*

Unter 'Benchmarking' werden dabei durchaus verschiedene Konzepte verstanden: Von einer reinen *Vergleichsmethode*[179] bis zu einem *kontinuierlichen Verbesserungsprozess*[180] sind alle

177 Nach Buschor, Ernst (2000): Das Rechnungswesen im New Public Management, in: Budäus, Dietrich/Küpper, Willi/Streitferdt, Lothar (Hrsg.) (2000), a.a.O., Seite 34.

178 Siehe das Zitat von David T. Kearns von Xerox bei Camp, Robert C. (1994): Benchmarking, München/Wien, Seite 13.

179 „Benchmarking charakterisiert eine Methodik, die aus der Gegenüberstellung betrieblicher Objekte Informationen erzeugt.“ (Schmidt, Frank (2000): Strategisches Benchmarking, Gestaltungskonzeption aus der Markt- und der Ressourcenperspektive, Lohmar/Köln, Seite 3).

*Deutungsnuancen* zu finden. Das Gemeinsame besteht aber in der *Grundauffassung*, dass durch die aus einem *Vergleich mit anderen* Organisationen gewonnen *Informationen* und deren Verwendung eine *wirtschaftliche Besserstellung* nach dem ökonomischen Rationalprinzip möglich ist. Zumindest knüpfen daran die Mehrzahl der Definitionen und Publikationen[181] zu diesem Thema an. Die vorstehende Darstellung zeigt die zentralen Phasen des Benchmarking in Vorbereitung, Analyse, Vergleich und Verbesserung auf. Dies verdeutlicht den Fokus und die Erwartung einer Verbesserung der Ergebnisse und der Wirtschaftlichkeit einer Organisation, welche diese Techniken einsetzt. Diese Erfahrungen sind Grundlage der Annahme, dass für öffentliche Einrichtungen eine *verbesserte Informationslage* durch Vergleiche c.p. zu einer *Verbesserung der Wirtschaftlichkeit* führt.[182] Dies ist die Basis der Verbesserungsvorschläge für die Rechnungslegungskonzepte und Informationssysteme der öffentlichen Einrichtungen, da ein Vergleich systematisch von den Definitionen sowie der Qualität und der Quantität der zur Verfügung gestellten Informationen abhängt. Eine umfangreiche Untersuchung des BRH hat die Potenziale dieser Vergleichstechnik auf Bundesebene aufgezeigt:

> *„Der Bundesrechnungshof hat im Rahmen einer Querschnittsprüfung in ausgewählten Aufgabenbereichen von Bundesbehörden Kennzahlen ermittelt, um durch Benchmarking den Personalaufwand zu beurteilen. Im Vordergrund hat hierbei die Mitarbeiterproduktivität (z. B. die Anzahl Verwaltungsvorgänge pro Mitarbeiter) gestanden. Der Vergleich hat gezeigt, daß die Mitarbeiterproduktivität in den einzelnen Bundesbehörden sehr unterschiedlich ist. Der Bundesrechnungshof hat den Behörden ihre Position im Kennzahlenvergleich mitgeteilt und sie bei erkennbar höherem Personalaufwand zur Ursachenanalyse sowie zur analytischen Personalbedarfsermittlung aufgefordert. Die Ergebnisse dieser ersten vergleichenden Erhebungen zeigen, daß Benchmarking geeignet ist, Schwachstellen aufzuspüren und zur Steigerung der Effizienz in der Bundesverwaltung beizutragen. Die Mehrzahl der in die Erhebungen einbezogenen Behörden hat die Ergebnisse des Kennzahlenvergleichs bereits zum Anlaß genommen, in Aufgabenbereichen mit ungünstigen Kennzahlen überhöhte Personalbestände abzubauen oder Personalbedarfsermittlungen anzuordnen. Aus der Sicht des Bundesrechnungshofes sollte Benchmarking in weiteren Bereichen eingesetzt werden. Mehrere Bundesministerien haben die Untersuchungen des Bundesrechnungshofes zum Anlaß genommen, Benchmarking in den eigenen Ressorts anzuwenden."*[183]

180 „Benchmarking ist ein positiver, wirksamer Prozeß, um betriebliche Prozesse in einer strukturierten Weise so zu verändern, dass Spitzenleistungen erreicht werden." (Camp, Robert C. (1994), a.a.O., Seite 3); oder: „Benchmarking ist eine kontinuierliche Suche nach und die Anwendung von effizienten Praktiken, die die Wettbewerbsfähigkeit wesentlich verbessern." (Watson, Gregory H. (1993): Benchmarking, vom Besten lernen, Landsberg am Lech, Seite 20).

181 Auszugsweise: Komus, Ayelt (2001): Benchmarking als Instrument der Intelligenten Organisation, Ansätze zur Steuerung und Steigerung organisatorischer Intelligenz, Wiesbaden (unter dem Gesichtspunkt des organisationalen Lernens); Schmidt, Frank (2000), a.a.O.; Meyer, Jürgen (1996): Benchmarking, Spitzenleistungen durch Lernen von den Besten, Stuttgart (Praxissammlung zur Anwendung von Benchmarking-Methoden in großen Unternehmen wie Siemens, IBM, Bosch, DaimlerBenz u.a.); Camp, Robert C. (1994), a.a.O. (vor dem Hintergrund US-amerikanischer Managementerfahrungen insbesondere bei Xerox); Watson, Gregory H. (1993), a.a.O.

182 Diese Annahme wird durch die Formulierung in Bezug auf die Vergleichbare Methodik des Betriebsvergleichs bestätigt: „Der Betriebsvergleich dient dazu, das Verhältnis von Mitteleinsatz und erbrachter Leistung zu kontrollieren und ggf. zu verbessern" (Gottschalk, Wolf (1989): Betriebsvergleiche, in: Chmielewicz, Klaus/Eichhorn, Peter (Hrsg.) (1989), a.a.O., Sp. 152-153).

183 BRH (1999a): Ergebnisbericht 1999, Frankfurt am Main, Seite 23.

Dieser konzeptionelle Brückenschlag kann am Beispiel der konstruktiven Elemente des Wissensmanagements illustriert werden: Die Elemente des Wissensmanagements setzten ähnlich wie das Informationsmanagement im Rahmen der Rechnungslegungskonzepte für öffentliche Einrichtungen voraus, dass aus einer gesteigerten Wissens-/ Informationsnutzung und -sammlung ein Vorteil für die betreffende Institution besteht. Dies kann in einer wettbewerblichen oder komparativen Umgebung[184] plausibel angenommen werden. Für die Nutzung von Information können ähnliche Vorgehenspunkte wie in der nachfolgenden Darstellung zum Wissensmanagement abgeleitet werden. Es besteht eine übergeordnete Informationszielsetzung, die im Idealfall durch die Verarbeitungsschritte der Identifikation, des Erwerbs, der Verteilung, der Nutzung und Bewahrung erfüllt wird. Allein der im Wissensmanagement verzeichnete Schritt der Wissensentwicklung ist so nicht auf das Informationsmanagement übertragbar. Am Ende steht in den vergleichbaren Fällen die Bewertung und damit der Abgleich zu den definierten Zielsetzungen.

2.8.5. Wirtschaftlichkeit durch Auslagerung

Die Tendenz der *Auslagerung* öffentlicher Aufgaben und Leistungserstellungen auf *privatrechtliche Einrichtungen*[185] ist ein Ausfluss der Wirtschaftlichkeitsanforderungen im Zuge der Verwaltungsmodernisierung. Dabei treten drei spezifische Problembereiche auf:

- Die *strategische Steuerung* der ausgelagerten Bereiche ist methodisch und praktisch in der Regel nicht sichergestellt.
- Die *ordnungsgemäße Kontrolle* durch den jeweiligen Rechnungshof ist stark behindert.
- Die *wettbewerbspolitischen Implikationen* sind juristisch noch keineswegs geklärt.[186]

2.8.6. Wirtschaftlichkeit und Strategische Steuerung

Vor dem Hintergrund der dargestellten Entwicklungen wird deutlich, dass die strategische Steuerungsebene für Gebietskörperschaften und öffentliche Einrichtungen an Bedeutung gewinnt: Zwischen den Entwicklungen

- einer *Auslagerung* und *Privatisierung* von Aktivitäten und
- einer zunehmenden *Anspruchshaltung* in Bezug auf das *Leistungs-Kosten-Verhältnis* (‚value-for-money') im öffentlichen Bereich

184 Auch wenn für öffentliche Einrichtungen in einigen Fällen kein direkter oder ‚Als-ob-Wettbewerb' vorhanden ist, sind komparative Bezüge beispielsweise zu vergleichbaren Einrichtungen an anderen Orten (evtl. in anderen Staaten oder Kontinenten) in den meisten Fällen anzutreffen. Damit ist zumindest ein Verbesserung im Rahmen eines solchen Vergleichs möglich – auch wenn dieser Vergleich nicht notwendigerweise wettbewerbsähnliche Konsequenzen (wie Abwanderung von Kunden, Marktein- oder austritt etc.) mit sich bringt. Siehe die Darstellung der verschiedenen Wettbewerbsformen weiter unten.

185 So zum Beispiel die rechtliche Privatisierung der kommunalen Stadtwerke sowie der Bundesbetriebe Bundespost und Bundesbahn. In den meisten Fällen folgte wenig später eine teilweise materielle Privatisierung durch Anteilsverkauf oder Börsengang.

186 So zeichnet beispielsweise Püttner das Bild eines 'Sturmes', der auf die Gerichte angesichts der zu Recht geforderten zunehmenden inhaltlichen und geographischen Betätigungsbereiche der ehemaligen öffentlichen Betriebe in der Auseinandersetzung mit privatrechtlichen Betrieben zukomme. Dazu kommt, dass das Gewinnerzielungsmotiv gerade bei gemischtwirtschaftlichen Unternehmen durch beide Anteilseigner forciert wird: Von privater Seite qua definitionem; von öffentlicher Seite, da bei anteiligen Besitzverhältnissen regelmäßig das Gewinnziel zur Auffüllung leerer Kassen der Gebietskörperschaften in den Vordergrund rückt (siehe u.a. Püttner, Günter (2002): Verdrängung der kommunalen Unternehmen auf liberalisierten Märkten durch Örtlichkeitsprinzip und Subsidiaritätsklausel, Zur Notwendigkeit der Reform des Gemeindewirtschaftsrechts, in: GöW (Hrsg.) (2002): Rollenwechsel kommunaler Unternehmen, Referate eines Symposiums der Gesellschaft für öffentliche Wirtschaft am 10. Dezember 2001 in Leipzig, Beiträge zur öffentlichen Wirtschaft, Heft 19, Berlin, Seite 19).

sind gerade die Einrichtungen mit gemeinwohlorientierten Aufgaben oder Aufgabenanteilen einer zunehmenden Diskussion und Herausforderung ausgesetzt. Dies stellt EICHHORN stellvertretend für die Steuerung der im Regelfall als privatwirtschaftliches Unternehmen ausgegliederten kommunalen Stadtwerke fest.[187] Dies gilt auch für die supranationale Ebene: „Da die Ausrichtung auf neue Ziele zu einer zunehmend wichtigen Aufgabe wird, werden die größten Herausforderungen für die Reform der Regierungsmethoden darin bestehen, die Art der zu erreichenden Werte und die Wirksamkeit des dazu erforderlichen Instrumentariums zu verbessern."[188]

Abbildung 17: Elemente und Kernprozesse des Wissensmanagements

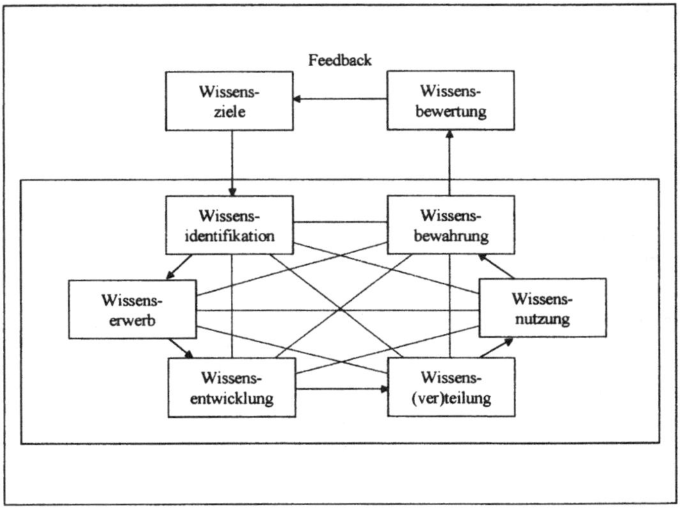


*Quelle: Gillmann, Jan-Philipp (2002): Performance Measurement in Professional Service Firms, Gestaltungsmodell am Beispiel von Wirtschaftsprüfungs- und Beratungsunternehmen, Wiesbaden, Seite 54.*

187 „Da es sich bei Strom-, Fernwärme-, Gas- und Wasserversorgung sowie beim öffentlichen Personennahverkehr (...) um sog. **Dienstleistungen von allgemeinem wirtschaftlichen Interesse handelt, sind nach wie** vor spezifische *Gemeinwohlverpflichtungen* einzuhalten ..." (Hervorhebung im Original; Eichhorn, Peter (2002b): Zum Rollenwechsel kommunaler Unternehmen, in: GöW (Hrsg.) (2002), a.a.O., Seite 7).

188 Dror, Yehezkel (1995): Ist die Erde noch regierbar?, Ein Bericht an den Club of Rome, München, Seite 24.

## 3. Allgemeine Anforderungen an Informations- und Risikomanagementsysteme in Öffentlichen Einrichtungen

### 3.1. Stand der Forschung zu Informations- und Risikomanagementsystemen

Ausgehend von einer grundlegenden Literaturanalyse zur Frage der Informations- und Rechnungslegungssysteme in öffentlichen Einrichtungen werden in einer Detailanalyse einzelne Aspekte und Problembereiche der öffentlichen Rechnungslegung erfasst und gegliedert. Dies geschieht unter einer neutralen Perspektive, eine Argumentation bzw. Parteinahme für ein grundlegendes Rechnungslegungskonzept (Doppik oder Kameralistik) erfolgt *nicht.* Im Schrifttum sind verschiedene Meinungen und Positionen zu dieser Frage der Rechnungslegungskonzepte zur erkennen, ebenso befinden sich beide Bereich in der Praxis im Einsatz bzw. in der Umsetzung. Es werden sowohl Vorteile der Doppik dargestellt also auch positive Aspekte und Wettbewerbsvorteile der Kameralistik dokumentiert.[189]

Abstrahiert man jedoch von der Frage des eingesetzten Rechnungslegungskonzeptes, so kann man mit einer These von BUDÄUS/SROCKE die weitere Ausführungen dieses Kapitels begründen: Viel bedeutender als die Grundsatzdiskussion zur Frage der kameralen oder doppischen Buchung ist die Feststellung, dass insbesondere öffentliche Einrichtungen bei der Auswahl und Implementierung der Rechnungslegungs- und Informationssysteme noch viel zu wenig auf ihre eigenen Belange und Anforderungen Wert legen, sondern bestehende Systeme und Angebote relativ unkritisch übernehmen.[190] Dagegen kann ein Bewertungssystem als normative methodische Unterfütterung insbesondere diese Problematik aufnehmen – denn dadurch wird eine objektive Anforderungsanalyse unterstützt, welche die Gefahr der unspezifischen Übernahme bestehender und nicht problemadäquater Systeme für eine öffentliche Einrichtung minimieren kann.. Daran lässt sich als Gradmesser der Erwartungen und Erwartungsabweichungen ein objektiviertes weil multiperspektivisches Bewertungsmuster aufbauen. Methodisch werden zur Konstruktion des Bewertungssystems im ersten Schritt wesentliche Literaturquellen schwerpunktartig herausgegriffen. Dabei können auf Grund des Umfangs der entsprechenden Literatur nicht alle Publikationen und Autoren zu Wort kommen. In einem zweiten Schritt werden Rechenschaftsberichte von Rechnungshöfen als Quelle von Abweichungen im Kontext der Rechnungslegung erfasst.[191] Drittens werden die ermittelten Problembereiche übersichtlich gegliedert, um den Aufbau eines Bewertungsrasters zu ermöglichen.

Die Literatur zu Informations- und Rechnungslegungssystemen in öffentlichen Einrichtungen ist vielfältig. Grundsätzlich können die Arbeiten in zwei Hauptfelder eingeteilt werden: *Erstens* die grundlegenden Überarbeitungen und Diskussion zur Rechnungslegung und zu Informationssystemen in öffentlichen Einrichtungen im Kontext der Verwaltungsmodernisierung. Hier liegt ein starker internationaler Bezug sowie eine strukturierte deutschsprachige Adaption rund um die herausragenden Autoren BUDÄUS, EICHHORN und LÜDER sowie die KGSt vor. Dieser Bereich wird im ersten Unterabschnitt näher erläutert.

*Zweitens* gibt es eine umfangreiche Diskussion und Arbeiten zur Frage der Übertragung betriebswirtschaftlicher Methoden aus dem Bereich der privaten Unternehmungen in das An-

189 Beispielhaft für kameralistische Rechnungslegungskonzepte stellt ENGELHARDT einen Wettbewerbsvorteil in Bezug auf die „politisch-taktische Rationalität" im Aushandlungsprozess fest (Engelhardt, Gunther (1987), a.a.O., Seite 135).

190 Budäus, Dietrich/Srocke, Isabell (2002): Entwicklungstendenzen des öffentlichen Rechnungswesens und Schlussfolgerungen für Hochschulen, Diskussionsbeiträge des Arbeitsbereichs Public Management der Hamburger Universität für Wirtschaft und Politik Nr. 42, Hamburg, Seite 5.

191 Die beiden Quellenarten werden jeweils mit römischen Ziffern markiert, durch einen Punkt getrennt erfolgt die fortlaufende Angabe der einzelnen Problembereiche innerhalb der beiden Quellenkategorien I und II.

wendungsfeld der öffentlichen Einrichtungen hinein. Wegweisende Beiträge stammen hier von KÜPPER, BREDE oder BOLSENKÖTTER. Dieser Bereich wird im zweiten Unterabschnitt ausgeführt. Damit soll eine Grundlage zum Stand der Literatur im Bereich der Informations- und Steuerungssysteme in öffentlichen Einrichtungen gelegt werden.

### 3.1.1. Literatur im Kontext der internationalen und nationalen Verwaltungsmodernisierung

Die wesentlichen Literaturquellen[192] in diesem Bereich der Verwaltungsmodernisierung lassen sich in ihren Kernaussagen auf die folgenden Punkte zusammenführen:

(a) Ihren Ausgangspunkt findet der Forschungsbereich in der Feststellung, angesichts der sich ändernden Umfeldbedingungen müsse sich die Organisation und die Leistung öffentlicher Einrichtungen stark verändern. Zielrichtung ist dabei eine dezentralere Struktur und Aufgabenerfüllung sowie eine größere Ressourcenverantwortung.[193]

(b) Grundlegend ist die Anerkennung der komplexen Struktur öffentlicher Leistungserstellung, die nicht wie in reinen privatwirtschaftlichen Betrieben auf ein Gewinnziel zu reduzieren ist. Trotz dieser multiplen Zielstruktur erhebt sich mit Recht und zunehmend die Forderung nach einem Nachweis der Leistungserstellung unter den Stichworten ‚accountability' und ‚Performance Measurement' bzw. ‚Performance Management'.[194]

(c) Die öffentlichen Einrichtungen selbst und damit auch die Rechnungslegungs- und Informationssysteme müssen *outputorientierter* werden. Dazu zählen verschiedenste Initiativen von der Produktdefinition in öffentlichen Einrichtungen bis zur Kundenorientierung und zum Qualitätsmanagement. Diese Zielrichtung muss durch entsprechende Instrumente der Kosten- und Leistungsrechnung sowie der quantitativen und qualitativen Bewertung der Leistungen einer öffentlichen Einrichtung unterstützt werden.

---

192 Stellvertretend die folgenden Quellen mit den entsprechenden Fundstellen zu den genannten Kernpunkten der Diskussion bzw. allgemein zur Diskussion der Verwaltungsmodernisierung: Bals, Hansjürgen/Hack, Hans (2002): Verwaltungsreform: Warum und wie, Leitfaden und Lexikon, 2. Auflage, München/Berlin; Bals, Hansjürgen (2004): Neues kommunales Finanz- und Produktmanagement, Erfolgreich steuern und budgetieren, Heidelberg/München/ Berlin; Bolsenkötter, Heinz (2000): Integriertes öffentliches Rechnungswesen, Konzeption einer Neugestaltung der Rechnungslegung und des Rechnungswesens öffentlicher Gebietskörperschaften, Frankfurt am Main; Brede, Helmut (2000): Die Einführung der Kosten- und Leistungsrechnung in der öffentlichen Verwaltung – auch eine Frage des Vorgehens, in: Budäus, Dietrich/Küpper, Willi/Streitferdt, Lothar (Hrsg.) (2000): Neues öffentliches Rechnungswesen, Stand und Perspektiven, Wiesbaden, Seite 349-368; Buchholtz, Klaus (2000): Verwaltungsmodernisierung durch Kosten- und Leistungsmanagement – Konzeptionelle Eckpunkte einer Kosten- und Leistungsrechnung für ein New Public Management, in: Budäus, Dietrich/Küpper, Willi/Streitferdt, Lothar (Hrsg.) (2000): Neues öffentliches Rechnungswesen, Stand und Perspektiven, Wiesbaden, Seite 387-406; Budäus, Dietrich/ Gronbach, Peter (Hrsg.) (1999): Umsetzung neuer Rechnungs- und Informationssysteme in innovativen Verwaltungen, 1. Norddeutsche Fachtagung zum New-Public-Management, Freiburg im Breisgau/Berlin/München.

193 Budäus, Dietrich (1992a): Verwaltungsreformen – Praktische und theoretische Perspektiven, Diskussionsbeiträge des Arbeitsbereichs Public Management der Hamburger Universität für Wirtschaft und Politik Nr. 12, Hamburg, Seite 28.

194 Brüggemeier, Martin (2002): Leistungserfassung und Leistungsmessung in Hochschulen, in: Budäus, Dietrich (Hrsg.) (2002): Leistungserfahrung und Leistungsmessung in öffentlichen Verwaltungen, 2. Norddeutsche Fachtagung zum New Public Management, Wiesbaden, Seite 221-250; de Bruijn, Hans (2002): Managing Performance in the Public Sector, London/New York, grundlegend dazu auf Seite 3 und 4.

(d) Zur Etablierung der Outputorientierung sowie der Leistungserfassung hat sich die Definition von Produktkatalogen und Produkthaushalten als ein brauchbares Instrument erwiesen.[195]

(e) In einigen Fällen führt diese Diskussion auch zu organisatorischen bzw. gesellschaftsrechtlichen Veränderungen in der Form von Privatisierungen oder *Kooperationsformen der Public-Private-Partnership* (PPP). Allerdings ist dabei darauf hinzuweisen, dass die Ausgestaltung von PPP auf Grund der dargestellten Zielkomplexität in Gemeinschaft mit einem privaten Partner (und dessen Gewinnzielsetzung) hohen Anforderungen genügen muss.[196]

(f) Der *Wert- und Ressourcenverbrauch* und damit in der Verbindung mit der Ergebnismessung die *Effizienz* einer öffentlichen Einrichtung müssen stärker in den Fokus der Betrachtung rücken. Anstatt der *Geldverbrauchsorientierung* muss das *Ressourcenverbrauchskonzept* eingesetzt werden. Dazu sind geeignete Instrumente zu entwickeln sowie auch organisatorische und gesellschaftsrechtliche Konzepte zu entwickeln und einzusetzen.

(g) In diesem Zusammenhang spielt auch die Forderung nach einer exakten Erfassung und Steuerung des Vermögens der öffentlichen Einrichtungen eine bedeutende Rolle. Hieran knüpft sich die zunehmende Tendenz zum Einsatz der Doppik in öffentlichen Einrichtungen, da hier aus dem Grundgedanken der kaufmännischen Vermögenserhaltung und Vermögenssteuerung ex definitionem die Instrumente zur Vermögenserfassung vorliegen.

(h) Zunehmend werden internationale Standards nicht nur in privatwirtschaftlichen Unternehmern sondern auch in öffentlichen Einrichtungen übernommen. Beispiel dafür ist die eigenständige Entwicklung internationaler Grundlagen für die Rechnungslegung öffentlicher Einrichtungen als IPSAS.[197]

(i) In der Reformdiskussion sind die beiden Ebenen des Haushalts- und des Rechungswesens zu differenzieren. Diese wirken jedoch in die gleiche Richtung wie in der nachfolgenden Abbildung gezeigt: Das Haushaltswesen orientiert sich mit den Konzepten der Globalbudgetierung und outputorientierten Budgets in Richtung eines Produkthaushaltes während sich das Rechnungswesen mit dem Ressourcenverbrauchskonzept ebenfalls für die Gegenüberstellung von Kosten und die damit erstellen Produkte, was sich spiegelbildlich in den produktorientierten Budgets wiederfindet.

---

195 Feddersen, Heinrich (2002): Der Weg von der Kameralistik über den outputorientierten Produkthaushalt zur Leistungsvereinbarung und -dokumentation, in: Budäus, Dietrich (Hrsg.) (2002): Leistungserfahrung und Leistungsmessung in öffentlichen Verwaltungen, 2. Norddeutsche Fachtagung zum New Public Management, Wiesbaden, Seite 135-150; Hock, Gudrun (2002): Anforderungen an Produkte und Produktkataloge als Grundlage der Leistungserfassung öffentlicher Verwaltungen, in: Budäus, Dietrich (Hrsg.) (2002): Leistungserfahrung und Leistungsmessung in öffentlichen Verwaltungen, 2. Norddeutsche Fachtagung zum New Public Management, Wiesbaden, Seite 119-134.

196 Harms, Jens (2006): Organisations-PPP: Kontrolle, Controlling und Governance, in: Budäus, Dietrich (Hrsg.) (2006): Kooperationsformen zwischen Staat und Markt, Theoretische Grundlagen und praktische Ausprägungen von Public Private Partnership, Schriftenreihe der Gesellschaft für öffentliche Wirtschaft Nr. 54, Baden-Baden, Seite 115-116.

197 Lüder, Klaus/Jones, Rowan (Hrsg.) (2003): Reforming Governmental Accounting and Budgeting in Europe, Frankfurt.

Abbildung 18: Reformschwerpunkte der Verwaltungsreform

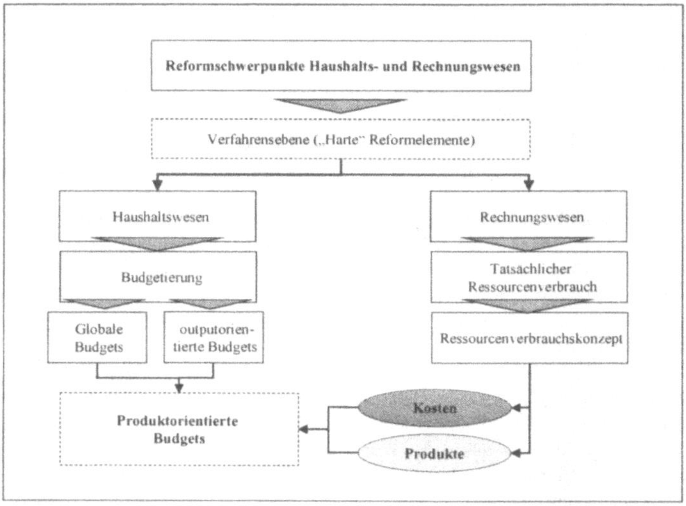


*Quelle: Budäus, Dietrich/Srocke, Isabell (2002): Entwicklungstendenzen des öffentlichen Rechnungswesens und Schlussfolgerungen für Hochschulen, Diskussionsbeiträge des Arbeitsbereichs Public Management der Hamburger Universität für Wirtschaft und Politik Nr. 42, Hamburg, Seite 9.*

(j) Neben der klassischen Steuerung öffentlicher Leistungserstellung über politische Entscheidungen im Rahmen der Haushaltsdefinition etablieren sich für Teilbereich zunehmend alternative oder ergänzende Steuerungssysteme, die eine Budgetfestlegung ohne (einzelfallbezogenen) politischen Entscheid ermöglichen wie beispielsweise Gutscheinsysteme oder indikatorbasierte Budgets.[198]

(k) Zusätzlich zur inhaltlichen Auseinandersetzung mit der Verwaltungsmodernisierung hat sich ebenfalls ein breites Feld der Literatur unter dem Stichwort des Public Change Management der Frage der Umsetzung bzw. Einführung der Neuerungen gewidmet. Daraus ergibt sich im Wesentlichen, dass bei Änderungen im Kontext öffentlicher Einrichtungen verschiedene Widerstände zu überwinden sind, was durch die Berücksichtigung verschiedener Erkenntnisse in diesem Bereich wie beispielsweise der gezielt Einsatz von Fachpromotoren und Machtpromotoren erleichtert werden kann.[199]

198 Siehe bspw. Norekian, Anne (2005): Gutscheinssysteme als alternatives institutionelles Arrangement zur Finanzierung und Steuerung öffentlicher Aufgabenwahrnehmung, in: Budäus, Dietrich/Schauer, Reinbert/ Reichard, Christoph (Hrsg.) (2005): Public und Nonprofit Management, Aktuelle Forschungsergebnisse aus Deutschland und Österreich, 5. Forschungsworkshop Hamburg – Linz – Potsdam, Linz/Potsdam, Seite 153-171; Leszczensky, Michael/Orr, Dominic (2004): Staatliche Hochschulfinanzierung durch indikatorgestützte Mittelverteilung, Dokumentation und Analyse der Verfahren in 11 Bundesländern, HIS Kurzinformation Nr. A2/2004, März 2004, Hannover; Witte, Frank (1999): Wirtschaftlichkeit in Hochschulen, Ein Finanzmittelverteilungsmodell für Hochschulen auf der Grundlage der Lehr- und Forschungsleistung, Aachen.

199 Speier-Werner, Petra (2005): Public Change Management, Implementierung neuer Steuerungsinstrumente im öffentlichen Sektor, in: Budäus, Dietrich/Schauer, Reinbert/Reichard, Christoph (Hrsg.) (2005): Public und Nonprofit Management, Aktuelle Forschungsergebnisse aus Deutschland und Österreich, 5. For-

(l) Schließlich richtet sich der Blick der Forschung und auch der Politik bzw. der öffentlichen Einrichtungen selbst im Rahmen der Verwaltungsmodernisierung zunehmen auf die *Auswirkungen* („Impact“) der Leistungserstellung öffentlicher Einrichtungen. Damit sollen im Rahmen der *Wirkungsanalyse* Konzepte zur Messung und Steuerung der Auswirkungen entwickelt werden, um die Effektivität der Leistungserstellung weiter zu erhöhen.[200]

### 3.1.2. Literaturauswertung zur Diskussion der Übertragung betriebswirtschaftlicher Methoden auf öffentliche Einrichtungen

Ausgehend von der grundlegenden Literatur[201] bzw. den Konzepten der Betriebswirtschaftslehre (insbesondere in den Bereichen Buchhaltung, Kosten- und Leistungsrechnung sowie Controlling) werden in Richtung der Anwendung dieser Konzepte bzw. von Anpassungen im Bereich der öffentlichen Einrichtungen vielfältige Vorschläge gemacht, welche sich zu folgenden Kernaussagen verdichten lassen:

(a) Im Rahmen der betriebswirtschaftlichen Systematik der Kostenarten-, Kostenstellen- und Kostenträgerrechnung kommt den letztgenannten Ergebnissen im Rahmen öffentlicher Einrichtungen regelmäßig eine besondere Bedeutung zu: Die Zuordnung der *Kostenträgerrechnung* kann als Grundlage für die Festlegung von Gebühren für die Leistungen der öffentlichen Einrichtungen dienen.[202]

(b) Als standardisierte Form der doppischen Rechnungslegung in öffentlichen Einrichtungen hat sich nach den Arbeiten von Lüder und verschiedener Reforminstitutionen die *Integrierte Verbundrechnung* herausgebildet. Diese enthält eine Vermögensrechnung, eine Ergebnisrechnung sowie eine Finanzrechnung und ergänzend eine Kosten- und Leistungsrechnung.[203]

---

schungsworkshop Hamburg – Linz – Potsdam, Linz/Potsdam, Seite 173-193 bzw. speziell zum Promotorenkonzept auf Seite 187; an dieser Forschungsrichtung orientiert sich auch das *achte Kapitel* zur Frage des Umsetzungskontextes in Hochschulen.

200 Lantz, Eckart (2002): Leistungs- und Wirkungserfassung in kommunalen Gebietskörperschaften, in: Budäus, Dietrich/ Schauer, Reinbert/Reichard, Christoph (Hrsg.) (2002): Public und Nonprofit Management, Neuere Entwicklungen und aktuelle Problemfelder, 4. Forschungskolloquium Hamburg – Linz – Potsdam, Hamburg, Seite 109-126.

201 Als beispielhafter Auszug sind hier die folgenden Beispielpublikationen genannt: Baum, Heinz-Georg/Coenenberg, Adolf G./Günther, Thomas (2004): Strategisches Controlling, 3. Auflage, Stuttgart; Bolsenkötter, Heinz/Dau, Horst/Zuschlag, Eckhard (2004): Gemeindliche Eigenbetriebe und Anstalten, Länderübergreifende Darstellung, Stuttgart, Seite 319-559; Bruhn, Manfred/Stauss, Bernd (Hrsg.) (2005): Dienstleistungscontrolling, Wiesbaden; Budäus, Dietrich (1982): Betriebswirtschaftliche Instrumente zur Entlastung kommunaler Haushalte, Analyse der Leistungsfähigkeit ausgewählter Steuerungs- und Finanzierungsinstrumente für eine effiziente Erfüllung öffentlicher Aufgaben, Baden-Baden; Coenenberg, Adolf G. (2003): Kostenrechnung und Kostenanalyse, 5. Auflage, Stuttgart; Horváth, Péter (2006): Controlling, München; Kilger, Wolfgang/ Pampel, Jochen/Vikas, Kurt (2002): Flexible Plankostenrechnung und Deckungsbeitragsrechnung, 11. Auflage, Wiesbaden; Küpper, Hans-Ulrich (2005): Controlling – Konzeption, Aufgaben, Instrumente, 4. Auflage, Stuttgart; Remer, Detlef (2005): Einführen der Prozesskostenrechnung, Stuttgart; Schweitzer, Marcell/Küpper, Hans-Ulrich (2003): Systeme der Kosten und Erlösrechnung, 8. Auflage, München; Wilkens, Klaus (2004): Kosten- und Leistungsrechnung, München/Wien.

202 Bolsenkötter, Heinz (2000): Integriertes öffentliches Rechnungswesen, Konzeption einer Neugestaltung der Rechnungslegung und des Rechnungswesens öffentlicher Gebietskörperschaften, Frankfurt am Main, Seite 147.

203 Wissenschaftlicher Arbeitskreis IVR (2005): Eckpunkte für die Grundsätze ordnungsmäßiger Buchführung im öffentlichen Haushalts- und Rechnungswesen auf Basis der Integrierten Verbundrechnung (IVR), in: Budäus, Dietrich/ Schauer, Reinbert/Reichard, Christoph (Hrsg.) (2005): Public und Nonprofit Manage-

(c) Die bisher in immer unterschiedlicheren Einzelformen und Dokumentationskonzepten verfassten Einheiten einer Gebietskörperschaft müssen zukünftig durch Erstellung eines Konzernabschlusses[204] oder über eine Segmentberichterstattung zur exakten Abgrenzung der einzelwirtschaftlichen Ergebnisse überschaubar und vergleichbar gemacht werden.[205]

(d) Es werden zunehmend einzelne Konzepte aus dem Bereich der Betriebswirtschaftslehre und insbesondere des Controllings auf die Übertragbarkeit in Richtung öffentlicher Einrichtungen geprüft und angepasst, beispielsweise das Steuerungskonzept der *Balanced Scorecard*.[206]

(e) Interessante Perspektiven eröffnet die Übertragung des Potenzialmanagements auf öffentliche Einrichtungen, da hiermit die Hoffnung verbunden wird, bedeutende Potentiallücken bzw. Effizienzreserven identifizieren und nutzen zu können.[207]

(f) Auch der Bereich der *Corporate Governance* aus privatwirtschaftlichen Unternahmen wird unter dem Stichwort der Public Corporate Governance in den Bereich der öffentlichen Einrichtungen bzw. öffentlichen Unternehmen übertragen, allerdings mit den dafür notwendigen Anpassungen.[208]

Aus den dargestellten Ergebnissen der Forschungsarbeiten zur Verwaltungsmodernisierung bzw. zur Anwendung betriebswirtschaftlicher Konzepte in öffentlichen Einrichtungen lässt sich herauskristallisieren, dass es grundsätzlich keine Frage des ‚ob' zum Einsatz doppischer Rechnungslegung und anderer Konzepte der Betriebswirtschaftslehre wie zum Beispiel aus dem Bereich des Controllings mehr gibt. Offen in der weiteren Ausgestaltung ist lediglich das ‚wie' der Anpassung und Detailumsetzung der Konzepte in öffentlichen Einrichtungen sowie die notwendigen Erweiterungen und Ergänzungen nach den spezifischen Anforderungen dieses Bereiches. Vor diesem Hintergrund zielt der weitere Verlauf der Arbeit insbesondere auf die weitere Entwicklung zweier hier aus dem aktuellen Forschungshintergrund bereits angesprochenen Themenbereiche:

---

ment, Aktuelle Forschungsergebnisse aus Deutschland und Österreich, 5. Forschungsworkshop Hamburg – Linz – Potsdam, Linz/ Potsdam, Seite 198.

204 Bolsenkötter, Heinz (2000): Integriertes öffentliches Rechnungswesen, Konzeption einer Neugestaltung der Rechnungslegung und des Rechnungswesens öffentlicher Gebietskörperschaften, Frankfurt am Main, Seite 185ff; Srocke, Isabell (2004): Konzernrechnungslegung in Gebietskörperschaften unter Berücksichtigung von HGB, IAS/IFRS und IPSAS, Düsseldorf.

205 Vgl. Srocke, Isabell (2002): Segmentberichterstattung für die interne Steuerung und externe Publizität des öffentlichen Sektors, Diskussionsbeitrag Nr. 44 des Arbeitsbereiches Public Management der Hamburger Universität für Wirtschaft und Politik, herausgegeben von Prof. Dr. D. Budäus, Hamburg, Seite 2-3.

206 Langthaler, Silvia (2002): Mehrdimensionale Steuerung in öffentlichen Sozialeinrichtungen, Theoretische und praktische Überlegungen zur Anwendung der Balanced Scorecard in der öffentlichen Verwaltung, in: Budäus, Dietrich/Schauer, Reinbert/Reichard, Christoph (Hrsg.) (2002): Public und Nonprofit Management, Neuere Entwicklungen und aktuelle Problemfelder, 4. Forschungskolloquium Hamburg – Linz – Potsdam, Hamburg, Seite 151-175.

207 Andeßner, René Clemens (2002): Potentialmanagement in (fremdleistungsorientieren) Nonprofit-Organisationen – unter besonderer Berücksichtigung latenter Potentiallücken, in: Budäus, Dietrich/Schauer, Reinbert/Reichard, Christoph (Hrsg.) (2002): Public und Nonprofit Management, Neuere Entwicklungen und aktuelle Problemfelder, 4. Forschungskolloquium Hamburg – Linz – Potsdam, Hamburg, Seite 51-72.

208 Reichard, Christoph (2002): Governance öffentlicher Dienstleistungen, in: Budäus, Dietrich/Schauer, Reinbert/Reichard, Christoph (Hrsg.) (2002): Public und Nonprofit Management, Neuere Entwicklungen und aktuelle Problemfelder, 4. Forschungskolloquium Hamburg – Linz – Potsdam, Hamburg, Seite 25-42, speziell zum Anpassungsbedarf für öffentliche Einrichtungen Seite 38.

- Entwicklung eines *nachfrageorientierten Kriteriensystems* für den Einsatz in öffentlichen Einrichtungen bzw. Hochschulen zur Frage des einzusetzenden Rechnungslegungssystems bzw. einer einzusetzenden Software. Damit sollen öffentliche Einrichtungen in die Lage versetzt werden, qualifizierten und detaillierter als bisher ihre spezifischen Anforderungen gegenüber den – teilweise externen – Projektpartnern in solchen Reformfragen zu dokumentieren.
- Entwicklung einer theoretischen Grundlage für ein Risikomanagementsystem für öffentliche Einrichtungen und speziell Hochschulen.

Die Punkte werden unabhängig von der Frage der doppischen oder kameralen Buchführung bearbeitet.

## 3.2. Problembeschreibungen ausgewählter Literaturquellen

Die folgende Synopse von Problembeschreibungen zur öffentlichen Haushaltsführung und Rechnungslegung hat die Funktion, wesentliche Anhaltspunkte für eine *Bewertung von Rechnungslegungssystemen* zu liefern. Eine Bewertung der dokumentierten Problembereiche selbst soll in diesem Rahmen *nicht* erfolgen.

(A) Der Autor BUDÄUS unterscheidet mindestens zwei Funktionen oder Anforderungen für ein Rechnungslegungskonzept in Öffentlichen Einrichtungen:

- [I.1] Eine *Informationsfunktion*[209] sowie
- [I.2] eine *Steuerungs- und Anreizfunktion.*[210]

(B) Bei BUSCHOR finden sich in verschiedenen Veröffentlichungen u.a. die folgenden Anmerkungen zur kameralistischen Rechnungslegung im öffentlichen Bereich:

- [I.3] Fehlende Möglichkeit zur strategischen Planung und Steuerung des Outputs,[211]
- [I.4] Reine *Inputorientierung* mit entsprechender *Unmöglichkeit der Planung und Steuerung des Outputs*,
- [I.5] *Unflexibilität* des Haushaltsrechts und der korrespondierenden Rechnungslegung in *zeitlicher* und *sachlicher* Hinsicht,
- [I.6] Distanz und Unwissenheit gegenüber *Leistungsvergleichen* zur Steigerung der Wirtschaftlichkeit,
- [I.7] Übermaß an *Detailfülle*, welche die *strategische Steuerung* wiederum erschwert.[212]

---

209 Diese Funktion verfolgt das Ziel, dass „Informationen über die tatsächliche Lage einer Gebietskörperschaft einschließlich ihrer peripheren Organisationseinheiten (z.B. Eigenbetriebe, Eigengesellschaften etc.) bereitgestellt werden, eine auf die Zeit bezogen richtige, d.h. periodengerechte Zuordnung von Ausgaben und zukünftigen Belastungen erfolgt, insbesondere bezogen auf die zukünftige Altersversorgung der Beamten und kreditfinanzierten Investitionen und Informationen über Kostenwirtschaftlichkeit, Effizienz und Effektivität des Verwaltungshandelns geliefert werden, d.h., daß Kosten und Leistungen sowie Zielerreichungen dokumentiert und beeinflusst werden sollen." (Budäus, Dietrich (1999): Neues öffentliches Rechnungswesen - Notwendigkeiten, Probleme und Perspektiven, in: Budäus, Dietrich/Gronbach, Peter (Hrsg.) (1999), a.a.O., Seite 325).

210 Diese Funktion wird folgendermaßen definiert: „Im Wesentlichen geht es hierbei um Informationen über Kosten und Leistungen/Produkte öffentlicher Verwaltungen und über die damit angestrebten Ziele und tatsächlich realisierten Zielerreichungsgrade." (Budäus, Dietrich (2002a): Operatives und strategisches Verwaltungscontrolling im aktuellen Reformprozess des öffentlichen Sektors (Teil 1), in: Controlling, 14. Jg., Heft 4/5 April/Mai 2002, Seite 205).

211 „Der Haushalt, obwohl er stark zentralisiert ist, enthält eine (Über-)Fülle von Details, die letztlich doch (...) kein integriertes Ganzes bilden, weil vor allem die Komponente der Wirksamkeitsorientierung der Staatstätigkeit nicht systematisch gesteuert werden kann. Durch die Vielzahl zumeist operativer Details wird das ganze unflexibel, ja unübersichtlich und weist letztlich eine ungenügende Flexibilität auf." (Buschor, Ernst (1994): Von der Kameralistik zur Kosten-Leistungsrechnung, in: Morath, Konrad (Hrsg.) (1994), a.a.O., Seite 25).

(C) In einem umfangreichen Sammelband mit vielen Praxisbeiträgen u.a. von DAMKOWSKI[213] sind mehrere Problemkreise aus der Verwaltungspraxis angesprochen. Dabei wird immer wieder auf die hier herausgegriffene Problematik hingewiesen:

- [I.8] Die Problematik der *strategischen Gesamtsteuerung* besteht auch und gerade bei der Verwaltungsmodernisierung unter dem Stichwort des Neuen Steuerungsmodells (NSM).[214]

(D) Im abweichenden Kontext der Rechnungs- und Controllingsysteme privater Finanzinstitute definiert DAVIDSON u.a. die folgenden Anforderungen an solche Systeme und damit indirekt Problembereiche bestehender Systeme. Auch wenn keine direkte Übertragungsmöglichkeit in den Bereich der Öffentlichen Einrichtungen vorliegt, so können doch Anhaltspunkte für ein allgemeines Bewertungsraster abgeleitet werden:

- [I.9] Die Erfassungssystematik sollte die *Beiträge* zu Ergebnis und Risiko *der einzelnen organisatorischen Teilbereiche* aufzeigen können.
- [I.10] Die Ergebnismessung sollte auf Größen basieren, die von den einzelnen zugeordneten Teilbereichen auch tatsächlich beeinflusst werden können (‚Leistungsbezug').
- [I.11] Die Ergebnismessung sollte möglichst wenig von subjektiven Einschätzungen abhängen ('Willkürfreiheit').
- [I.12] Die Systematik sollte für Mitarbeiter verständlich und damit möglichst einfach sein.[215]

(E) Bei EICHHORN lassen sich in der Diskussion um eine Verwaltungsmodernisierung und die damit verbundenen Anforderungen an ein Informations- und Rechnungswesen in Öffentlichen Einrichtungen unter anderem die folgenden Kriterien eruieren:

- [I.13] „Einmalige Kostenanalysen und laufende Kostenüberwachung sowie Plankosten- und Istkostenrechnungen werden (...) benötigt."[216]
- [I.14] Es ist eine Dokumentation der *Wirksamkeit* in Bezug auf *definierte politische Ziele* zu fordern: „Angenommen, man will als gesundheitspolitisches Ziel vorbeugende Gesundheitspflege verfolgen, dann erwachsen daraus öffentliche Aufgaben des Impfschutzes, der Meldepflicht, der röntgenologischen Reihenuntersuchungen usw. Bei der Berichterstattung von Gesundheitsämtern kommt es darauf an, die Verwaltungsziele der Faktorbeschaffung, Leistungserstellung und Produktabgaben sowie die zu ihrer Erreichung zu tätigende Arbeit der Ärzte und des sonstigen Verwaltungspersonals als Mittel zum Zwecke der Aufgabenerfüllung darzulegen und zu untersuchen und auf die Plan- und Ist-Größen zu beziehen. Dabei sind positive und negative Betriebsergebnisse, positive und negative Periodenerfolge, Überschüsse und Fehlbeträge bei den Vermögensänderungen mit den Konsequenzen für die (Rein-) Vermögenserhaltung zu verdeutlichen und über Wirtschaftlichkeit hinaus die Wirksamkeit der Maßnahmen zur Erreichung der politischen Zielsetzung zu analysieren. Bloße Plankosten-Istkosten-Quotienten, Input-Output-Relationen oder Einnahmen-Ausgaben-Salden reichen für Wirksamkeitsanalysen bzw. Zielerreichungsgrade nicht aus. Auf sie kommt es aber an. Der Handlungserfolg

---

212 Buschor, Ernst (2000), a.a.O., Seite 26-29.

213 Damkowski, Wulf/Precht, Klaus (Hrsg.) (1998), a.a.O..

214 „Gerade der Aspekt der (Gesamt-)Steuerung wird oft in der Produktdefinition vernachlässigt." (Boner, Richard/Steiniger, Anton (1998): München: Von der Aufgabe zum Produkt – eine notwendige Neuorientierung der Verwaltung?, in: Damkowski, Wulf/Precht, Klaus (Hrsg.) (1998), a.a.O., Seite 153).

215 Davidson, Ron (2002): Wertorientierte Steuerung im Kredit- und Einlagengeschäft, Frankfurt am Main u.a., Seite 218.

216 Eichhorn, Peter (2002a): Controlling für öffentliche Dienstleistungen, Die Öffentliche BWL bricht sich Bahn, in: Controlling, 14. Jg., Heft 4/5 April/Mai 2002, Seite 215.

schlägt sich in der nachweislich erreichten Zielsetzung und noch allgemeiner im Beitrag zum Gemeinwohl nieder. Eine umfassende Berichterstattung hätte die diesbezüglichen Effekte zu analysieren und zu evaluieren."[217]

(F) In der grundlegenden Broschüre zur kommunalen Finanzreform in Nordrhein-Westfalen beschreibt das Innenministerium eindringlich die nachfolgenden Gründe für die Finanzreform:

- [I.15] „Das kamerale Haushalts- und Rechnungswesen ist überwiegend eine finanzwirtschaftliche Einnahmen- und Ausgabenrechnung. Sie liefert jedoch kein klares Bild über den Gesamtressourcenverbrauch der Verwaltung.
- [I.16] Das derzeitige Haushalts- und Rechnungswesen liefert keine konkreten Informationen über die erwarteten und die realisierten Ergebnisse, Produkte und Leistungen. Es ist wenig geeignet für eine output-orientierte Planung und Steuerung unter Effektivitäts- und Wirtschaftlichkeitsgesichtspunkten. Steuerungsrelevante Informationen sind aus den Rechnungsergebnissen und Rechenschaftsberichten nicht unmittelbar abzulesen, sondern müssen durch weitergehende Berechnungen entwickelt werden.
- [I.17] Die Gliederung des Haushalts ist detailliert vorgeschrieben. Der Aufbau des Haushalts ist anhand des Kataloges der gesetzlich vorgeschriebenen und freiwillig wahrgenommenen Aufgaben festgelegt und bildet den Kontenrahmen der Finanzbuchhaltung. Sie lässt eine organisationsorientierte Zuordnung von Einnahmen und Ausgaben nur eingeschränkt zu.
- [I.18] Viele gesetzliche Detailvorschriften, Haushaltsgrundsätze und Muster sollen die Rechtmäßigkeit und Ordnungsmäßigkeit der Haushaltswirtschaft sichern. Das geht zu Lasten der Flexibilität des Verwaltungshandelns. Der traditionelle Haushalt sichert ein hohes Maß an politischer Steuerung durch den Rat, eröffnet folglich aber nur geringe Möglichkeiten für eine Budgetierung, für die Übertragbarkeit von Ausgaben und für den Mittelaustausch im Rahmen der Deckungsfähigkeit. Das starre Haushaltsgefüge begrenzt die Möglichkeit, Entscheidungen unter Wirtschaftlichkeitsgesichtspunkten zu treffen."[218]

(G) In den zahlreichen Publikationen von KÖNIG sind u.a. die folgenden Anmerkungen zu Problembereichen der Rechnungslegung zu finden:

- [I.19] Es sollte ein größtmöglicher Raum für die Messung und Verfolgung von *Output-Kriterien* anstatt von Input-Kriterien eingeräumt werden.[219]
- [I.20] Die Definition der *öffentlichen Aufgaben* sollte im *politischen Raum* erfolgen, eine Rechnungslegung mithin nicht die Umsetzungswege für die Verwaltung festschreiben, wie es durch die Budgetierung nach Kostenarten mithin in der klassischen Verwaltungsbuchführung vorab getan wird.[220]

(H) Den Schriften von LÜDER (Deutsche Hochschule für Verwaltungswissenschaft DHV, Speyer) sind unter anderem die folgenden Punkte als Ansatzpunkte für eine kritische Beurteilung bestehender öffentlicher Rechnungssysteme zu entnehmen. LÜDER verarbeitet dabei schon wesentlich Literaturquellen mit Ursprung außerhalb Deutschlands, insbesondere den USA und Kanada[221]:

217 Eichhorn, Peter (2000): Budgetierung, Buchführung und Berichterstattung öffentlicher Verwaltungen, in: Budäus, Dietrich/Küpper, Willi/Streitferdt, Lothar (Hrsg.) (2000), a.a.O., Seite 417.

218 Innenministerium des Landes Nordrhein-Westfalen (1998): Neues kommunales Finanzmanagement, Eckpunkte der Reform, Düsseldorf, Seite 10-11 (Die Gliederungspunkte wurden durch die hier verwendete Nummerierungssystematik ersetzt).

219 König, Klaus/Beck, Joachim (1997), a.a.O., Seite 34.

220 „Über die Definition öffentlicher Aufgaben muss politisch entschieden werden." (ebd., Seite 134).

221 Lüder, Klaus (1991), a.a.O., Seite 4.

- [I.21] Fehlender Ausweis *intertemporaler Verteilungsbewegungen* (insbesondere durch Kreditaufnahme),
- [I.22] fehlende *Information zur finanziellen Lage* einer öffentlichen Organisationseinheit,
- [I.23] fehlende *Information zum Ressourcenverbrauch* zur Wahrnehmung laufender Aufgaben,
- [I.24] Ermöglichung einer *willkürlichen Verschiebung von Finanzmitteln* zwischen Haushaltsjahren.

(I) Aus dem Bereich der Hochschulen sind insbesondere die Arbeiten des Direktors des Centrums für Hochschulentwicklung (CHE) in Gütersloh zu nennen. MÜLLER-BÖLING zählt unter anderem vier Schwachpunkte der bestehenden Hochschulverwaltung und Budgetsteuerung an Hochschulen auf:

- [I.25] Inputorientierung mit der Tendenz zu unwirtschaftlichem Verhalten,
- [I.26] Steuerungseingriffe der Länder auf Prozessebene, welche zu Umgehungen der Hochschulen führen,
- [I.27] Ex-ante-Steuerung der Bildungspolitik und Hochschulleitung sowie
- [I.28] Tendenz zur Feinsteuerung mit Verlust des „Gesamtbildes".[222]

(J) Die Ausführungen von NASCHOLD zu den von ihm unterschiedenen *vier Steuerungskonzepten* in der öffentlichen Verwaltung[223] beschreiben u.a. die nachfolgenden Bewertungskriterien der öffentlichen Rechnungslegung:

- [I.29] Die *Systematik* der Rechnungslegung selbst muss eine Orientierung an Zielen und Ergebnissen ermöglichen.
- [I.30] Der *Kontext* der Systematik sollte eine Prozessvereinfachung (anstatt einer Prozessvervielfältigung bzw. Prozess-Destabilisierung) sowie eine Einbettung in demokratische Abläufe und Systeme (anstatt eines befürchteten Demokratie-Abbaus) ermöglichen.[224]

(K) Bei den Ausarbeitungen von OETTLE finden sich die folgenden Zielsetzungen und Problembereiche für die öffentliche Rechnungslegung:

- [I.31] Die Rechnungslegung muss den *wirtschaftlichen Erfolg*, den 'Deckungserfolg' darlegen. Dies soll auch unter Berücksichtigung der langfristigen Leistungsfähigkeit geschehen.[225]
- [I.32] Als gesonderte Angabe hält OETTLE die Frage der zukünftigen Tragfähigkeit der Verschuldung für bedeutend, was nach seiner Aussage durch die 'Standard-Informationen' aus der öffentlichen Rechnungslegung nicht gewonnen werden kann.[226]

---

222 Müller-Böling, Detlef (2000): Die entfesselte Hochschule, Gütersloh, Seite 179-181.

223 Dies sind: Regelsteuerung, Zielsteuerung, Ergebnissteuerung und Kontextsteuerung (Naschold, Frieder (1995), a.a.O., Seite 95).

224 Vgl. ebd., Seite 93-94.

225 „Dieses Ziel ist in einem leistungs- und finanzwirtschaftlicher Natur. Es handelt sich bei ihm um den materiellen Haushaltsausgleich, der darin besteht, die Spannung zwischen Bedarf und Deckungsmöglichkeiten so zu bewältigen, daß alle als dringlich angesehenen Bedürfnisse befriedigt sind, und daß zugleich dadurch die künftige (sachliche und finanzielle) Leistungsfähigkeit des Haushalts nicht beeinträchtigt worden ist." (Oettle, Karl (1991): Betriebswirtschaftliche Beiträge zur öffentlichen Finanzwirtschaft, Ausgewählte Aufsätze zum Haushalts- und Rechnungswesen öffentlicher Verwaltungen, Schriften zur öffentlichen Verwaltung und öffentlichen Wirtschaft, Band 101, Baden-Baden, Seite 205).

226 „In welchem Verhältnis die heutige Verschuldung und die aus ihr erwachsenden Verpflichtungen zu der künftigen finanziellen Leistungsfähigkeit des Gemeinwesens und deren Beanspruchung durch künftige Leistungsaufgaben steht, ist jedoch aus den Ergebnissen von Plan und Rechnung nicht ersichtlich und kann nur zusätzlich angegeben werden." (ebd., Seite 206).

(L) Im Kontext der Publikationen von REICHARD finden sich u.a. die folgenden Anmerkungen zu problematischen Bereichen in der (kommunalen) Verwaltung:

- [I.33] Eine wichtige Fragestellung ist nach der Darstellung von REICHARD die *Zusammenführung der Budget- und Fachverantwortung*, welche in der klassischen Verwaltungsorganisation und Rechnungslegung getrennt ist. Dies wird insbesondere in der Mittelbudgetierung nach Kostenarten deutlich, die eine flexible Verwaltungsexekution regelmäßig verhindert.[227]
- [I.34] Diese Erkenntnis führt nach Reichard im Rahmen des Neuen Steuerungsmodells zur Forderung nach der Ergebnisverantwortung der einzelnen Fachbereiche der Verwaltung, denen entsprechend die Budget- und Fachverantwortung zur Erreichung der Ergebnisse zugeordnet sind.[228]

(M) In einer Untersuchung und Bewertung verschiedener Outsourcing-Optionen für öffentliche Verwaltungseinrichtungen verwendet STÖßEL u.a. die folgenden Kriterien für eine Bewertung der Finanzierungsalternativen[229]:

- [I.35] Einhaltung der *Budgetgrundsätze* der Vollständigkeit, Einheitlichkeit, Öffentlichkeit und Nonaffektation.
- [I.36] Auswirkung auf gesamtwirtschaftliche Entwicklungsindikatoren.
- [I.37] Auswirkungen auf die Budgetstruktur (z.B. Anteil der frei verfügbaren Finanzierungsmitteln gegenüber langfristig fixierten Ausgabepositionen).

(N) Aus der spezifischen Sicht der kommunalen Verwaltung urteilt der ehemalige Leipziger Oberbürgermeister Wolfgang Tiefensee folgendermaßen über die Rechnungslegung:

- [I.38] „Das Haushaltsrecht muss an die aktuellen Erfordernisse angeglichen werden. Das bestehende Haushaltsrecht verhindert zum Teil kosteneffizientes Handeln und bindet den Kommunen bei Versuchen, Neues zu probieren, häufig die Hände. Das Haushaltsgrundsätzegesetz muß dahingehend überarbeitet werden, dass eine kontinuierliche Wirtschaftsführung der Gemeinden ermöglicht wird, die der Wirtschaftsführung von Unternehmen vergleichbar ist.“[230]

## 3.3. Problembeschreibungen aus Prüfungsberichten der Rechnungsprüfungsinstitutionen

### 3.3.1. Rechnungshof der Europäischen Gemeinschaften

Der Rechnungshof der Europäischen Gemeinschaften (RHEG) mit Sitz in Luxemburg berichtet in seinen Dokumenten jeweils über das vergangene Haushaltsjahr und benennt sie auch entsprechend.[231] Aus den Berichten zu den Haushaltsjahren 1998 bis 2000 lassen sich u.a. die folgenden Punkte entnehmen:

- [II.1] Im Bereich der Agrarmittel kritisiert der RHEG, dass im Falle mehrjähriger Förderungen die entsprechende jährliche Haushaltszuordnung nicht adäquat abgebildet wird.[232]

227 Reichard, Christoph (1994): Umdenken im Rathaus: Neue Steuerungsmodelle in der deutschen Kommunalverwaltung, Reihe Modernisierung des öffentlichen Sektors, Band 3, Berlin, Seite 18-19.

228 Ebd., Seite 18-53 und Kommunale Gemeinschaftsstelle (KGSt) (Hrsg.) (1991): Dezentrale Ressourcenverantwortung: Überlegungen zu einem neuen Steuerungsmodell, Köln.

229 Vgl. Stößel, Frank Volker (1998), a.a.O., Seite 236-242.

230 Tiefensee, Wolfgang (2000): Modell Leipzig, in: Töpfer, Armin (Hrsg.) (2000): Die erfolgreiche Steuerung öffentlicher Verwaltungen, Von der Reform zur kontinuierlichen Verbesserung, Wiesbaden, Seite 90.

231 Vgl. RHEG (2001): Jahresbericht zum Haushaltsjahr 2000, Nr. 2001/C 359/01 im Amtsblatt der Europäischen Gemeinschaften, Luxemburg; RHEG (2000): Jahresbericht zum Haushaltsjahr 1999, Nr. 2000/C 342/01 im Amtsblatt der Europäischen Gemeinschaften, Luxemburg; RHEG (1999): Jahresbericht zum Haushaltsjahr 1998, Nr. 1999/C 349/01 im Amtsblatt der Europäischen Gemeinschaften, Luxemburg.

232 „Wie bei den früheren Haushaltsjahren ist daran zu erinnern, daß die in der Rechnungsführung über die Haushaltsvorgänge ausgewiesenen Mittelbindungen für Aktionen, die innerhalb von zwei oder mehr Jahren

Die offenen geplanten Zahlungen bzw. Verbindlichkeiten sind in den vorangehenden Haushalten nicht zu erkennen.

- [II.2] Im Fall der Mittelvergabe an Nichtregierungsorganisationen (NRO) stellt der RHEG fest, dass eine verbesserte und einheitliche, auf die Dokumentationsanforderungen der Finanzmittelgeber der Europäischen Gemeinschaften abgestimmte Methodik zur Ergebnisdokumentation notwendig ist.[233] Gleichzeitig weist die Anmerkung von zukünftig zu erwartenden Verfahren dieser Art auf die laufenden Arbeiten auf dem Gebiet der Ergebnisdokumentation und -darstellung hin.
- [II.3] „Das Internationale Wissenschafts- und Technologiezentrum in Russland (IWTZ) und das Wissenschafts- und Technologiezentrum in der Ukraine (STCU) bieten ehemaligen in der Rüstungsindustrie beschäftigten Wissenschaftlern in den GUS Gelegenheit, ihre Kenntnisse für friedliche Zwecke nutzbar zu machen (Nichtverbreitung). Ein weiteres Ziel besteht darin, einen Beitrag zugunsten des Übergangs zu marktwirtschaftlich orientierten Wirtschaftssystemen zu leisten und die Integration der Wissenschaftler und Techniker aus GUS-Staaten in die internationale Gemeinschaft der Wissenschaftler zu fördern. Die Zentren werden von einer Gebergemeinschaft unterstützt, deren größte Geldgeber die USA, Japan und die EU sind. Die Zentren beschäftigen lokales und internationales Personal und erstellen Jahresberichte einschließlich eines Jahresabschlusses. Der Jahresabschluss wird von einer externen Rechnungsprüfungsgesellschaft geprüft. Vor der Übertragung der Zuständigkeit für die gesamte Programmdurchführung auf die Generaldirektion Forschung im Februar 2001 war innerhalb der Kommission die zwischen dem Amt für Zusammenarbeit EuropeAid (ehemals Gemeinsamer Dienst für Außenbeziehungen) und den Generaldirektionen für Außenbeziehungen und Forschung aufgeteilte Zuständigkeit für die finanzielle Verwaltung der Förderung des IWTZ und des STCU im Hinblick auf die Zahlungskontrollen und finanzielle Überwachung unklar. Die Zahlungen der Kommission an das IWTZ und das STCU stützen sich lediglich auf den geschätzten

durchgeführt werden sollen, nach den geltenden Rechtsvorschriften lediglich den bereits ausgeführten oder in der Ausführung befindlichen Jahrestranchen der verschiedenen genehmigten Programme entsprechen. Für die noch nicht in der Ausführung befindlichen Jahrestranchen der genehmigten Programme ist also keinerlei Mittelbindung verbucht, obwohl es sich bei diesen Tranchen um rechtliche Verpflichtungen handelt. Nach einer Bewertung des Hofes beläuft sich der Gesamtbetrag dieser Jahrestranchen zum 31. Dezember 1998 für sämtliche Strukturfonds einschließlich der Gemeinschaftsinitiativen auf 32.536 Mio. ECU. 3.546 Mio. ECU mußten noch einzelnen Interventionen zugewiesen werden. Der Haushaltsrechnung für das betreffende Haushaltsjahr sind diese beiden Sachverhalte nicht zu entnehmen. Sie enthält als Ergänzung zur Vermögensübersicht zum 31. Dezember 1998 eine globale Aufstellung potentieller Verbindlichkeiten, die der Differenz zwischen den auf dem Gipfel von Edinburgh im Dezember 1992 vereinbarten aktualisierten Mittelzuweisungen und den in der Rechnungsführung verbuchten Mittelbindungen entspricht. Diese potentiellen Verbindlichkeiten werden von der Kommission für sämtliche Strukturfonds zusammengenommen auf 35 744 Mio. ECU und für den Kohäsionsfonds auf 3 118 Mio. ECU beziffert." (RHEG (1999), a.a.O., Seite 66; die Fußnoten und Verweise wurden nicht übernommen).

233 „Die geprüften NRO verfügten über unterschiedlich gut entwickelte interne Kontrollsysteme. Da die NRO einige Projekte nicht fortlaufend überwachten, konnten auch nicht nur durch Belege abgestützte Ausgaben durch die Finanzberichte für die Projekte abgedeckt werden. Auf allen Ebenen fehlen angemessene Systeme, weshalb sich häufig kein Prüfungspfad ermitteln läßt, der Aufschluss gibt über die Art der gemeldeten Ausgaben. Parallel zur allgemeinen Entwicklung im Bereich der Verwaltungs- und Kontrollverfahren der Kommission, bei der es darum geht, den Schwerpunkt mehr auf die Maßnahmenergebnisse zu verlagern, sollte auch die Überwachung und Prüfung der kofinanzierten Ausgaben der NRO wirksamer gestaltet und besser an die spezifischen Bedingungen für diese Art von Ausgaben angepasst werden. Die neuen Management-Instrumente und Durchführungsverfahren für die Kofinanzierung durch die NRO sehen dies vor." (RHEG (2000), a.a.O., Seite 139).

Mittelbedarf, ohne dass die tatsächlich angefallenen Ausgaben verfolgt werden. Die Kommission hat zwischen 1994 und 2000 88 Millionen Euro an das IWTZ und zwischen 1998 und 2000 5 Millionen Euro an das STCU gezahlt, ohne dass sie jemals eine Ex-post-Überprüfung dieser Mittel durchgeführt hätte."[234] Hier wird auf höchster europäischer und internationaler Ebene deutlich, dass die Forderung nach einer kontinuierlichen Ergebnisdokumentation selbst in diesem Kontext nicht trivial ist. Jedes RLK für öffentliche Einrichtungen muss diesen Tendenzen einer nicht adäquaten Ergebnisdokumentation möglichst weitgehend vorbeugen.

### 3.3.2. Bundesrechnungshof

Der Bundesrechnungshof (BRH) der Bundesrepublik Deutschland mit Sitz in Bonn[235] gibt jedes Jahr zwei große Dokumentationen heraus: Einmal den *Jahresbericht*, der über die Prüfungsergebnisse und Bemerkungen zur Haushaltsführung des *vergangenen Budgetjahres* informiert;[236] zweitens den *Ergebnisbericht*, der im Abstand von zwei Jahren[237] nach dem Jahresbericht die Reaktionen und Nachwirkungen zu diesen veröffentlichten Anmerkungen und Prüfungsergebnissen dokumentiert.[238] In diesen Publikationen der Jahre 1999 bis 2001 sind u.a. die folgenden Anmerkungen zur Haushaltsführung und Rechnungslegung zu finden:

- [II.4] Die Frage der *Aktualität* der Dokumentation sowie der Rechnungskontrolle und damit der zeitnahen Analyse äußert sich in der Umstellung der Jahresberichte im Jahr 1997, seit dem über das vergangene Rechnungsjahr berichtet wird. Davor wurde über das vorvergangene Jahr berichtet.[239]
- [II.5] Mehrere Beispiele im Zuständigkeitsbereich des Auswärtigen Amtes zeigen die Schwierigkeit einer Entscheidungsfindung und Entscheidungsdokumentation bei der Frage der Immobiliennutzung durch öffentliche Einrichtungen auf.[240] Dies deutet auf eine fehlende Informationsgrundlage bei der Frage nach der Wirtschaftlichkeit von Kauf- bzw. Neubau- gegenüber Mietlösungen hin. Insbesondere wurden offensichtlich die umfangreichen Aufwendungen für Personal und Planung in Vorbereitung von Kauf- und Neubaulösungen nicht in einer Wirtschaftlichkeitsbetrachtung berücksichtigt. Diese deutet auf die *fehlende Nutzung von Sonderrechnungen wie Kalkulationen* und Make-or-Buy-Vergleichen hin.
- [II.6] In einer ausführlichen Bemerkung zur Postreform und der daraus folgenden Notwendigkeit der *Beteiligungsverwaltung* des Bundesanteils am Aktienbestand der Deutschen Telekom AG weist der BRH auf die Notwendigkeit einer umfangreichen Kontrolle

---

234 RHEG (2001), a.a.O., Seite 271.

235 Vor dem Jahr 2000 mit Sitz in Frankfurt am Main.

236 Siehe beispielsweise BRH (1999b): Jahresbericht 1999, Frankfurt am Main; BRH (2000b): Jahresbericht 2000, Bonn; BRH (2001b), a.a.O..

237 Der Ergebnisbericht 1999 dokumentiert also beispielsweise die Auswirkungen und Reaktionen zum Jahresbericht 1997, der die Prüfungsanmerkungen für das Haushaltsjahr 1996 enthält. Der Ergebnisbericht weist damit einen Abstand von drei Jahren zum zu Grunde liegenden Haushaltsjahr auf.

238 Siehe zum Beispiel BRH (1999a): a.a.O.; BRH (2000a): Ergebnisbericht 2000, Bonn; BRH (2001a): Ergebnisbericht 2001, Bonn.

239 „Der BRH erstreckt seine Feststellungen zur Haushalts- und Vermögensrechnung des Bundes normalerweise auf ein Haushaltsjahr. Die Feststellungen 1997 bezogen sich dagegen auf die Haushaltsjahre 1995 und 1996. Der zeitliche Vorlauf für die Entlastung wurde dadurch um ein Jahr verkürzt. Künftig wird wieder jeweils über ein Haushaltsjahr, aber zeitnäher als früher berichtet." (BRH (1999a), a.a.O., Seite 3).

240 Die Beispiele in Paris und Hongkong sind dokumentiert in: BRH (1999a), a.a.O., Seite 9-12.

von Beteiligungen und den daraus erwachsenden *finanziellen Risiken* durch eine Garantenstellung hin.[241]

- [II.7] Im Rahmen der gesetzlichen Festlegung zur Begrenzung der Neuverschuldung in Höhe der investiven Ausgaben[242] sind nach Darstellung des BRH wesentliche Weiterentwicklungen in der Kalkulation der Investitionsausgaben in Verbindung mit einer ökonomisch orientierten Vermögensverwaltung notwendig.[243]
- [II.8] Die *Flexibilisierung* einzelner Positionen der Haushaltsplanung in sachlicher Hinsicht[244] und in zeitlicher Hinsicht[245] hat nach der Dokumentation des BRH 1998 zu einer

241 Als auszugsweise Darstellung: "Das ehemalige Sondervermögen des Bundes, die Deutsche Bundespost Telekom, wurde im Zuge der Postreform II mit Wirkung vom 1. Januar 1995 in eine Aktiengesellschaft, die Deutsche Telekom AG (Telekom), umgewandelt. Nach der Börseneinführung der Gesellschaft hielt der Bund als Aktionär 74 v. H. der Anteile der Telekom (Bundesanteile). Mit umfangreichen Gewährleistungsverpflichtungen für die „Altschulden" des ehemaligen Sondervermögens sowie weiteren Verpflichtungen (Versorgungs- und Beihilfeleistungen) hat der Bund auch eine Garantenstellung übernommen. Die wirtschaftliche Entwicklung der Telekom hat daher Bedeutung für künftige Bundeshaushalte. Der Bundesrechnungshof hat mehrfach die Betätigung des Bundes bei der Telekom und ihren Tochtergesellschaften geprüft und festgestellt, daß die Beteiligungsverwaltung in der ersten Zeit ihrer Tätigkeit die haushaltsrechtlichen Anforderungen nicht annähernd erfüllte und hierfür auch nicht die Voraussetzungen geschaffen hatte." (ebd., Seite 38).

242 Siehe Artikel 115 Absatz 1 Satz 2 GG („Die Einnahmen aus Krediten dürfen die Summe der im Haushaltsplan veranschlagten Ausgaben für Investitionen nicht überschreiten;").

243 „Bei der Ermittlung der zur Bestimmung der verfassungsrechtlichen Kreditobergrenze herangezogenen Investitionsausgaben werden die Wertminderungen der Investitionsgüter nicht abgesetzt, obwohl Wertverluste an den hergestellten oder beschafften Investitionsgütern ihren gesamtwirtschaftlichen Nutzen mindern und daher bei ökonomischer Betrachtung vom Brutto-Investitionsvolumen abzuziehen wären. Derzeit noch bestehende Schwierigkeiten bei der Kalkulation der Abschreibungen könnten mit einer Verbesserung der Vermögensrechnung auf der Grundlage betriebswirtschaftlicher Bewertungsmaßstäbe überwunden werden (Nr. 2.6.3 der Bemerkungen). Den Investitionsausgaben stehen außerdem erhebliche Einnahmen aus Vermögensverwertungen einschließlich der Veräußerung von beweglichen und unbeweglichen Sachen gegenüber, die bei der Ermittlung der Verschuldungsgrenze nicht abgezogen werden. Dies ist nicht unbedenklich, denn damit bleiben vermögensmindernde Tatbestände, die die Wirkung von Desinvestitionen haben, bei der Festlegung der jährlichen Kreditobergrenze unberücksichtigt. Die Erlöse aus Vermögensverwertungen liegen in den Jahren 1997 bis 1999 zwischen 13 und 26,4 Mrd. DM (Nr. 2.6.4 der Bemerkungen). Ebenfalls als Absetzungen von der Summe der Investitionsausgaben in Betracht kommen Rückflüsse aus Darlehensvergaben und der Inanspruchnahme von Gewährleistungen. Sie betrugen im Zeitraum 1997 bis 1999 jeweils jährlich bei den Darlehen zwischen 4,7 und 6 Mrd. DM und bei den Gewährleistungen rd. 2 Mrd. DM (Nrn. 2.6.5 und 2.6.6 der Bemerkungen). In jedem Fall abzuziehen wären Zuweisungen und Zuschüsse Dritter für Investitionen (rd. 0,25 Mrd. DM/Jahr), da nur eigenfinanzierte Investitionen einer Kreditfinanzierung zugänglich sind (Nr. 2.6.6 der Bemerkungen). Auch Unschärfen bei der Veranschlagung sowie Flexibilisierungsmöglichkeiten im Haushaltsvollzug können dazu führen, daß die Gesamtinvestitionen und damit die Verschuldungsgrenze tendenziell zu hoch ausgewiesen werden. Dies betrifft Veranschlagungen nach dem Schwergewicht, globale Minderausgaben sowie die Zulassung von gegenseitiger Deckungsfähigkeit zwischen konsumtiven und investiven Ausgaben (Nrn. 2.6.8.1 bis 2.6.8.3 der Bemerkungen). Allein die Einbeziehung der den jeweiligen Investitionsausgaben gegenüberstehenden Einnahmen bei der Ermittlung der Kreditobergrenze ergäbe in den Jahren 1997 und 1998 eine deutlich niedrigere Verschuldungsgrenze von 29 bzw. 33 Mrd. DM. Im Haushaltsjahr 1999 läge die entsprechend bereinigte Verschuldungsgrenze (28,6 Mrd. DM) um rd. 25 Mrd. DM unter der geplanten Neuverschuldung von 53,5 Mrd. DM. Die derzeit nicht bezifferbaren Abschreibungen für den Vermögensverbrauch sind hierbei noch nicht berücksichtigt. Durch eine auf diese Weise verringerte Kreditobergrenze könnte das finanzpolitische Ziel einer nachhaltig verminderten Neuverschuldung, das dem Haushaltsentwurf 2000, dem Finanzplan bis 2003 und dem „Zukunftsprogramm 2000" zugrunde liegt, wirksam unterstützt werden (Nr. 2.7 der Bemerkungen)." (BRH (1999b), a.a.O., Seite 21-22).

244 Durch die Möglichkeit der gegenseitigen Deckungsfähigkeiten einzelner Ausgabearten wie Sach- und Personalausgaben.

über die geforderte Einsparung von 453 Mio. DM hinausgehenden Verringerung der getätigten Ausgaben (Ist) um 500 Mio. DM erbracht.[246] Allerdings ist der tatsächliche Nettoeffekt durch die zeitliche Ausgabenverschiebung durch Ausgabereste in Höhe von 977,6 Mio. DM nicht eindeutig zu bewerten, da nicht klar ist, welcher Anteil dieser Ausgabereste im folgenden Haushaltsjahr tatsächlich in Anspruch genommen wird und welcher Anteil durch eine Weiterverschiebung oder Nichtinanspruchnahme nicht ausgabewirksam wird.

- [II.9] Im Fall der Liegenschafts- und Wohnungsverwaltung ausländischer Liegenschaften der BRD stellt der BRH ein wesentliches Defizit in der *Bedarfsermittlung* und der laufenden Umsetzung und Fortschreibung einer Bedarfsermittlung fest.[247] Dies deutet darauf hin, dass keine ‚Top-down-Planung' mit der Bestimmung von Zielen, Maßnahmen und daraus folgenden Bedarfsermittlungen beispielsweise für Geschäfts- und Wohnräume durchgeführt wurde. Insbesondere weist der BRH darauf hin, dass eine *wesentliche Nachverfolgungslücke* besteht, dadurch dass beispielsweise einmal beschlossene Miet- oder Kauflösungen nicht in regelmäßigen oder anlassbezogenen Abständen überprüft und mit Alternativen verglichen werden. Dies führt dazu, dass durch die Veränderung der Wohnungslage selbst zum Entscheidungszeitpunkt wirtschaftliche Entscheidungen mit der Zeit nicht mehr der aktuell wirtschaftlichsten Lösung entsprechen. Solch eine Art ‚decision-drag' muss durch regelgebundene Verfahren und Informationen bzw. Sonderrechnungen verringert werden.
- [II.10] Im Jahresbericht 2000 stellt der BRH fest, dass die Lösung einer Organisationsprivatisierung im Rahmen der Bauverwaltung in Berlin nicht angemessen durch *Leistungs- und Wirtschaftlichkeitskennzahlen überwacht* wird.[248] Insbesondere lässt sich dadurch auch der Erfolg dieser Lösung im *Vergleich* zur bestehenden öffentlichen Bundesbauverwaltung nicht ermitteln. Damit wird deutlich, dass ein *konsistentes System* zur Steuerung von *Zielen, Ressourcen und Leistungen* von Teilbetrieben oder auch privatrechtlichen Institutionen in der Wahrnehmung öffentlicher Aufgaben vorhanden sein sollte.
- [II.11] Am Beispiel des Fernschreibsystems zeigt der BRH im Jahrsbericht 2000 weiterhin auf, dass eine laufende Auslastungsüberwachung der veralteten Geräte nicht erfolgt.[249] Diese verweist auf die Fragestellung einer generellen *dezentralen Ressourcenverantwortung* in Verbindung mit einer laufenden Wirtschaftlichkeits- bzw. Auslastungskontrolle. Gleichzeitig erscheint die Anpassung von *Ziel- und Bedarfsdokumentationen* nicht hinreichend umgesetzt.
- [II.12] Im Fall der Veräußerung der Bundesanteile an den Postaktiengesellschaften wurden diese nach einer Anmerkung des BRH nicht den entgegenstehenden Verpflichtungen an die Pensionszahlungen der ehemaligen Bediensteten gegenübergestellt, sondern zur

245 Durch die Möglichkeit der zeitlichen Übertragung durch Einnahme- und Ausgabereste in den folgenden Haushaltsplan.

246 Vgl. BRH (1999b), a.a.O., Seite 32.

247 „Das Bundesministerium hat für seine etwa 1.180 ausländischen Dienstwohnungen wiederholt nicht ordnungsgemäß ermittelt, ob ein entsprechender Bedarf besteht. Es hat zudem mehrfach den festgestellten Bedarf nach Änderung der Verhältnisse nicht überprüft. Bei der Bedarfsdeckung hat sich das Bundesministerium in einigen Fällen nicht erkennbar bemüht, die kostengünstigste Unterbringungsmöglichkeit zu finden." (BRH (2000a), a.a.O., Seite 15).

248 Vgl. BRH (2000b), a.a.O., Seite 25.

249 Siehe ebd., Seite 264.

allgemeinen Haushaltsdeckung verwendet.[250] Dies zeigt den Bedarf für eine *zielorientierte Zuordnung von Einnahmen und Ausgaben* auf.

- [II.13] Eine unmittelbare *Gegenüberstellung von Aufwendungen und Nutzen* fordert der BRH auch im Fall des Neubaus der U-Bahn-Linie U5 in Berlin, den der Bund mit 250 Mio. DM bezuschusst hat.[251] In diesem Fall fordert der BRH bei bisher nicht erkennbarem Nutzen eine Rückforderung der Finanzmittel durch den Bund.

3.3.3. Landesrechnungshöfe

(A) Der Landesrechnungshof Baden-Württemberg mit Sitz in Karlsruhe merkt unter anderem die folgenden Punkte zur Haushaltsführung im Rahmen seiner Prüfungstätigkeit in den Jahren 2001 bis 2003 an:

- [II.14] Im Rahmen der Prüfung der Landesbeteiligungen Baden-Württemberg GmbH wird kritisch die Spendentätigkeit und damit die Mittelverwendung an den parlamentarischen Budgetverfahren vorbei hervorgehoben: „Die Gewährung einer Spende durch die frühere Landesholding ist im Hinblick auf die Zuständigkeit des Landtags für die Haushaltsgesetzgebung kritisch zu bewerten."[252] Weiterhin generalisiert der Rechnungshof diesen Spezialfall hinführend zur Auffassung, ob über diesen Einzelfall hinaus möglicherweise „durch die Landesholding der Landeshaushalt als die Gesamtdarstellung der Finanzwirtschaft und des finanziellen Gebarens des Landes nicht eine Beeinträchtigung erfahre"[253].
- [II.15] Im Hinblick auf die Gewährung finanzieller Zuschüsse für nichtstaatliche Fachhochschulen in Baden-Württemberg merkt der Rechnungshof kritisch an, dass die Berechnung und Fortführung der Förderung nach Umstellung der Berechnungsgrundlage von Kosten auf Studierendenzahlen standardisiert werden müssen: „Die Landeszuschüsse zur Deckung der laufenden Aufwendungen nichtstaatlicher Fachhochschulen sollten bei allen geförderten Studiengängen pauschaliert werden. Die in einigen Fällen fehlerhaften Förderbescheide sollten zumindest für die Zukunft korrigiert werden. Eine notwendige

---

250 „Das Bundesministerium hat Einnahmen aus Privatisierungserlösen und Gewinnen der Postaktiengesellschaften zur allgemeinen Haushaltsfinanzierung eingesetzt, sodass sie zur Deckung der Versorgungsausgaben der ehemaligen Postbeamten und deren Hinterbliebenen nicht mehr zur Verfügung stehen. Die für diesen Personenkreis verbleibenden Versorgungslasten stellen ein erhebliches Haushaltsrisiko dar, weil die vom Bund langfristig zu leistenden Ausgaben von über 1 Bio. DM durch den Wert seiner Anteile an den Postaktiengesellschaften derzeit nicht gedeckt sind. Das Bundesministerium nutzt ein Treuhandvermögen für die Einnahmen aus den Postnachfolgeunternehmen als Nebenhaushalt; das Treuhandvermögen sollte aufgelöst werden. Die Einnahmen sollten direkt im Bundeshaushalt veranschlagt werden." (BRH (2001b), a.a.O., Seite 18).

251 „Im Jahre 1994 hatten der Bund und das Land Berlin vereinbart, die U-Bahn-Linie U 5 zwischen dem neuen Zentralbahnhof Lehrter Bahnhof und dem Alexanderplatz innerhalb von acht Jahren zu bauen, um den Parlaments- und Regierungsbereich verkehrlich zu erschließen. Der Bund hatte sich verpflichtet, über die gesetzliche Förderung hinaus eine finanzielle Zuwendung von 295 Mio. DM zu gewähren. Der erste, etwa 2 km lange Teilabschnitt dieser U-Bahn ist im Rohbau mit Kosten von etwas über 300 Mio. DM fertig gestellt. Davon hat der Bund rd. 250 Mio. DM getragen. Mit dem Bau des zweiten Teilabschnittes, ohne den die U-Bahn-Linie keine Verkehrsbedeutung erlangen kann, hat das Land Berlin noch nicht begonnen. Vielmehr beschloss es im Juni 2001, das Projekt auf unbestimmte Zeit zu verschieben, sodass den bisher getätigten Investitionen kein Nutzen gegenüber steht. Sollte das Land bei seiner Entscheidung bleiben, entstünde dem Bund ein erheblicher finanzieller Schaden. In diesem Fall wird der Bund die bisher eingesetzten Bundesmittel von insgesamt fast 250 Mio. DM einschließlich der vom Tag der Auszahlung an aufgelaufenen Zinsen zurückzufordern haben." (ebd., Seite 22).

252 RHBW (2003): Denkschrift 2003, Karlsruhe, Seite 136.

253 RHBW (2003), a.a.O., Seite 137.

zahlenmäßige Begrenzung der geförderten Studienplätze ist jeweils rechtzeitig vorzunehmen."[254]

- [II.16] Bei der Prüfung der Ausstattung der FH Pforzheim mit Computerhardware merkt der Rechnungshof an: "Die IuK-Ausstattung der FH Pforzheim erscheint in den untersuchten Organisationseinheiten zur Aufgabenerfüllung im Wesentlichen sachgerecht; es sind allerdings Optimierungen und Verbesserungen möglich. Teilweise wird gegen die Grundsätze der Ordnungsmäßigkeit und der Wirtschaftlichkeit verstoßen. Außerdem ist die informationstechnische Sicherheit nicht ausreichend gewährleistet."[255]

(B) Der Bayerische Oberste Rechnungshof (BOR) gibt als Dokumentation seiner Arbeit jährlich einen Jahresbericht heraus.[256] Dabei ist anzumerken, dass der aktuelle Jahresbericht (z.B. 2001) über das Haushaltsjahr des vorvergangenen Kalenderjahres (z.B. 1999) berichtet. Darin finden sich unter anderem die folgenden Anmerkungen zu Fragen der Haushaltsführung und Anforderung an Budgetierungssysteme:

- [II.17] Mit der Darstellung der „Offensive Zukunft Bayern", die erstmals im Jahr 1995 haushaltsmäßig veranschlagt wurde, zeigt der BOR beispielsweise in den Jahresberichten 1997[257] und 2000[258] die *erfolgreiche projektbezogene Verwendung öffentlicher Gelder* über mehrere Haushaltsjahre hinweg auf. Diese Darstellung weist über das Beispiel hinaus auf die Sinnhaftigkeit einer eigenständigen projektgebundenen Haushaltsdokumentation hin.

Tabelle 12: Finanzmittel der Offensive Zukunft Bayern I (Kap. 1307)

| Zweckbestimmung | Tit. TitGr. | vorgesehen Mio DM | ausgegeben | | | noch nicht ausgegeben Mio DM |
|---|---|---|---|---|---|---|
| | | | 1995 Mio DM | 1996 Mio DM | Summe Mio DM | |
| Außeruniversitäre Forschung | 893 01 | 50,0 | 18,8 | 16,2 | 35,0 | 15,0 |
| Ausbau der Fachhochschulen und Universitäten | 71-73 | 1510,0 | 143,5 | 254,0 | 397,5 | 1112,5 |
| Berufliche Bildung | 74-75 | 260,0 | 162,3 | 22,0 | 184,3 | 75,7 |
| Förderung junger Unternehmer | 76-77 | 225,0 | 84,9 | 65,5 | 150,4 | 74,6 |
| Technologieförderung | 78-79 | 610,0 | 101,7 | 112,4 | 214,1 | 395,9 |
| Markterschließung | 81-85 | 575,0 | 70,0 | 472,0 | 542,0 | 33,0 |
| Soziale und humane Innovation | 86-90 | 325,0 | 29,8 | 92,3 | 122,1 | 202,9 |
| **Insgesamt*** | | **3555,0** | **611,0** (17%) | **1034,5** (29%) | **1645,4** (46%) | **1909,6** (54%) |

Differenzen in den Summen durch Rundungen

*Quelle: BOR (1997): Jahresbericht 1997, München, Seite 42.*

- [II.18] Für Bayern schlägt der BOR im Jahresbericht 1997 vor, Einsparungszielsetzungen im Personalbereich nicht mehr als Stellenvorgaben, sondern als betragsmäßige Sparvorgaben an die Ressourcenverantwortlichen zu kommunizieren. Das fördere nach diesem Gedankengang die Bereitschaft „über ihre Aufgaben und wirtschaftliche Lösungen bei deren Erfüllung innovativ nachzudenken."[259] Dies weist generell auf eine Forderung der

254 RHBW (2002): Denkschrift 2002, Karlsruhe, Seite 232.
255 RHBW (2001): Denkschrift 2001, Karlsruhe, Seite 173.
256 Vgl. beispielsweise BOR (2001), a.a.O.; BOR (2000): Jahresbericht 2000, München; BOR (1999): Jahresbericht 1999, München; BOR (1998): Jahresbericht 1998, München; BOR (1997): Jahresbericht 1997, München.
257 Vgl. die Zahlenübersicht 1 in: BOR (1997), a.a.O., Seite 42.
258 Vgl. die Zahlenübersicht 2 in: BOR (2000), a.a.O., Seite 40.
259 BOR (1997), a.a.O., Seite 49.

Verwaltungsmodernisierung nach der *dezentralen Ressourcenverantwortung* auch in Bezug auf die Verwendung von Haushaltsmitteln als Personal- oder Sachausgaben hin.[260]

- [II.19] Für die Einführung eines elektronischen Mittelbewirtschaftungssystems (MBS) zur Automatisierung von Zahlungs- und Kassenanweisungen stellt der BOR fest, dass wesentliche Informationsdefizite im System dahingehend bestehen, dass beispielsweise für die mittelbewirtschaftende Stelle nicht sofort ersichtlich ist, ob ein Vorgang schon ausgeführt wurde, was zu Doppelbuchungen führt.[261] Dies deutet insgesamt darauf hin, dass eine *Informationsbeschleunigung*, im Idealfall eine *Informationsgleichzeitigkeit* der Kassenstellen sowie der mittelbewirtschaftenden Stellen notwendig ist. Dies stellt erhebliche Anforderungen insbesondere an das IT-System und die verwendete Software.
- [II.20] In der Berichterstattung des Jahresberichtes 1999 stellt der BOR fest, dass eine Terminierung von Projektvorhaben notwendig sein kann.[262] Im dargestellten Beispiel hat die Polizei in Bayern auch nach zehn Jahren der Vorbereitung in Projektgruppen, Ausschreibungen u.ä. kein adäquates Datenverarbeitungssystem zur Materialverwaltung.
- [II.21] Der BOR stellt bemerkenswert fest, dass im Beispiel der Fremdvergabe von Planungs- und Ingenieurleistungen an private Ingenieurbüros eine weitere Erhöhung des Anteils der Fremdvergabe nicht wirtschaftlich wäre.[263] Dies ist auf die begrenzte Kapazität zur wirtschaftlichen Ausschreibung und Steuerung der privaten Leistungserbringer zurückzuführen. Dieser Vorgang zeigt, dass es einen direkten Zusammenhang zwischen der Wirtschaftlichkeit und der Ausschreibungs-, Steuerungs- und Controllingkapazität gibt.
- [II.22] Durch die Einführung einer Altersteilzeitlösung für Lehrkräfte an bayerischen Schulen werden nach Simulationsrechnungen des BOR[264] in einem langfristigen Zeitraum bis 2019 bis zu 484 Mio. DM Mehrausgaben in den entsprechenden öffentlichen Haushalten realisiert. Als bedenklich ist einzustufen, dass es dazu keine Gesamtkonzeption gibt, sondern die Exekutive trotz aller Simulationen von einer allgemeinen Kostenneutralität ausgeht. Dies zeigt auf, dass auch über die mittelfristige Finanzplanung mit einem Zeitraum von fünf Jahren eine Betrachtung vor allem der Kredit- und Haushaltsbelastungen notwendig erscheint.

Die letzte Bemerkung verweist auf die nur bedingt erkennbare Belastung der öffentliche Haushalte durch Finanzverpflichtungen in der Zukunft. Ein weiteres Beispiel sind auch die staatlichen Garantien, welche nach der Darstellung der folgenden Tabelle insbesondere in der Wirtschaftspolitik und in der Wohnungsbauunterstützung eingesetzt werden.

---

260 Siehe beispielsweise Schmidt, Hans-Jürgen (2001): Betriebswirtschaftslehre und Verwaltungsmanagement, 5. Auflage, Heidelberg, Seite 277-279 oder König, Klaus/Beck, Joachim (1997), a.a.O., Seite 50.

261 Vgl. BOR (1998), a.a.O., Seite 45-46.

262 Siehe BOR (1999), a.a.O., Seite 44.

263 Siehe BOR (1999), a.a.O., Seite 63.

264 Vgl. BOR (2000), a.a.O., Seite 60.

Tabelle 13: Staatsbürgschaften und Garantien in Bayern

| Bereich | Bestand am 31. Dezember 2000 | | | |
|---|---|---|---|---|
| | Anzahl | verbürgter Betrag Mio DM | Haftungs-betrag Mio DM | Ermächtigungs-rahmen Mio DM |
| Gewerbliche Wirtschaft | 2421 | 1299,0 | 229,8 | 4500 |
| Sozialer, kultureller und wissenschaftlicher Bereich | 924 | 80,9 | 53,6 | 100 |
| Wohnungsbau | 44926 | 2722,5 | 1472,6 | 3000 |
| Land- und Forstwirtschaft | 2 | 0,5 | 0,4 | 50 |
| Hilfsaktionen bei Naturkatastrophen | 18 | 0,6 | 0,4 | 300 |
| zusammen | 48291 | 4103,5 | 1756,8 | 7950 |

*Quelle: BOR (2001): Jahresbericht 2001, München, Seite 31.*

(C) Der Rechnungshof von Berlin verzeichnet in seinen Jahresberichten 2000 und 2001[265] u.a. die folgenden Problembereiche. Der Jahresbericht dokumentiert im Fall des Rechnungshofes von Berlin jeweils das vergangene Haushaltsjahr.[266]

- [II.23] In der Anwendung der grundgesetzlichen Neuverschuldungsgrenze[267] durch die Höhe der Investitionsausgaben dokumentiert der RHB eindrucksvoll, dass in den Jahren 1997 bis 1999 eigentlich keine Neuverschuldung zulässig gewesen wäre.[268] Denn die Investitionsausgaben sind nach dem Abzug der Erlöse aus Vermögensveräußerungen schon negativ. Dies weist auf die *unvollständige Vermögenserfassung* in Bezug auf die Wertentwicklung und Vermögensbewegungen wie Verkäufe hin. Dadurch ist sowohl die Neuverschuldungsbegrenzung als auch das Gebot der Einheitlichkeit des Haushalts nicht adäquat angewendet, da in Investitions- und Vermögenspositionen ein indirekter Sonderhaushalt entsteht, der ohne wirksame Kontrolle parlamentarischer Institutionen die Deckung des Gesamthaushaltes positiv oder negativ beeinflussen kann.
- [II.24] Am Beispiel eines mit 25 Mio. DM geförderten Geschäftsbesorgers im Bereich der Arbeitsförderungsmaßnahmen macht der RHB deutlich, dass dieser nicht zur notwendigen Berichtspflicht und Ergebniskontrolle für die geförderten Maßnahmen angehalten wurde. Somit wurde erst durch das Konkursverfahren eines leistenden Unternehmens im Auftrag des Geschäftsbesorgers deutlich, dass keinerlei Leistungsnachweise existierten.[269] Dies deutet generell auf ein *Defizit in der Ergebniskontrolle öffentlicher Mittelverwendung* hin. Dies untergräbt damit indirekt auch die Budgethoheit der parlamentarischen Institution, da von einer ordnungsgemäßen und damit wirkungsvollen Verwendung der Mittel gerade im Fall der Auslagerung und Beauftragung nicht in jedem Fall ausgegangen werden kann.

(D) Die Jahresberichte des Landesrechnungshofes Brandenburg (LRHB) stellen die Entlastung der Haushaltes von drei Jahren zuvor dar[270] sowie die Kontrolle des Haushaltes des vorvergangenen Jahres.[271] Aus den Jahresberichten 2000 und 2001 können beispielsweise die folgenden Bemerkungen entnommen werden:

265 Vgl. RHB (2001), a.a.O.; RHB (2000): Jahresbericht 2000, Drucksache 14/345 des Abgeordnetenhauses von Berlin, Berlin.

266 Im Jahresbericht 2000 also das Haushaltsjahr 1999.

267 Vgl. Artikel 115 GG sowie entsprechend Artikel 87 der Verfassung von Berlin.

268 RHB (2000), a.a.O., Seite 18.

269 Siehe RHB (2001), a.a.O., Seite 59-61, Rn. 214-231.

270 Im Jahresbericht 2000 ist damit beispielsweise die Entlastung nach den Beratungen im Rechnungsprüfungsausschuss des Landtages für das Rechnungsjahr 1997 dokumentiert.

271 Im Jahresbericht 2000 also die Kontrolle des Rechnungsjahres 1998, vgl. LRHB (2001), a.a.O.; LRHB (2000): Jahresbericht 2000, Potsdam.

- [II.25] „Die erhöhte Flexibilität in der Mittelbewirtschaftung und die Möglichkeit der Rücklagenbildung in den Einrichtungen hat das Engagement und die Kreativität der Mitarbeiter erhöht und ist insgesamt als positiv zu bewerten.“[272] Damit dokumentiert der LRHB einen zentralen Punkt in den Erfahrungen der Verwaltungsmodernisierung: Eine Aufhebung bzw. Lockerung der Restriktionen der Regulierungen in Bezug beispielsweise auf die Jährlichkeit des Haushaltes durch die Möglichkeit der Rücklagenbildung hat eindeutig positive Effekte auf die Wirtschaftlichkeit. Damit muss für jedes RLK kritisch geprüft werden, inwieweit solche Restriktionen sinnvoll sind.
- [II.26] „Das MdJE (MdJBE) hat ohne ausreichendes und qualifiziertes IT-Personal mehrere umfangreiche IT-Verfahren im Bereich der Justiz eingeführt und wirkte selbst bei der Entwicklung moderner IT-Lösungen mit. Eine unzureichende Projektorganisation und ungenügendes Projektmanagement erschwerten die Koordinierung der Arbeiten. Dies führte zu Mängeln und Verzögerungen bei der Projektrealisierung. In der Einführungsphase des IT-Verfahrens MESTA (Mehrländer-Staatsanwaltschafts-Automation) führte das MdJE keine Erfolgskontrollen durch. Mangels Nachweis bleibt ungewiss, ob die in der Wirtschaftlichkeitsbetrachtung errechnete Entlastung des Personalhaushalts in Höhe von 720 TDM pro Jahr und der vorgesehene Rationalisierungsgrad erreicht sind. Die für ein vollständiges IT-Sicherheitskonzept erforderliche Umsetzung der unverzichtbaren IT-Grundschutzmaßnahmen in den beteiligten Behörden ist nicht nachgewiesen. Bei den vom LRH geprüften IT-Beschaffungen hat das MdJE das Haushalts- und Vergaberecht und die IT-Richtlinien nicht mit der notwendigen Sorgfalt beachtet. Der wirtschaftliche Einsatz der beschafften Informationstechnik wird dadurch in Frage gestellt.“[273] Hier wird ausgehend von der derzeitigen Rechtsgrundlage aber durchaus darüber hinausweisend auf die Notwendigkeit einer qualifizierten *Projektsteuerung* sowie *Ergebniskontrolle* hingewiesen. Insbesondere im inhaltlichen Bereich der *Sicherheit* sind verbesserte Durchführungskontrollen einzufordern.
- [II.27] Am Beispiel des Fuhrparkmanagements der brandenburgischen Polizei zeigt der LRHB eine schwerwiegende Tendenz öffentlicher Haushaltsführung auf:[274] Durch Mitteleinsparungen bei den Haushaltsansätzen zur Neubeschaffung von Fahrzeugen stieg der Reparaturaufwand an.[275] Diese Tendenz ist mit einem 'time-lag' versehen und lässt sich dadurch nicht kurzfristig zurückführen. Damit wurde durch eine kurzfristige Einsparung bei den Neubeschaffungsmitteln der Finanzmittelspielraum in der Zukunft stark eingeschränkt. Dies ist u.a. auf die nicht systemimmanent vorhandene *Wirtschaftlichkeitsrechnung* als Sonderrechnung zurückzuführen bzw. auch auf die zentral angesiedelte Mittelverantwortung, welche die Konsequenzen nicht unmittelbar abschätzen kann. Deshalb empfiehlt der LRHB auch hierbei eine zunehmende Dezentralisierung der Mittelverwaltung.[276]

---

272 Ebd., Seite 20.

273 LRHB (2000), a.a.O., Seite 66.

274 Vgl. LRHB (2001), a.a.O., Seite 81-84.

275 In absoluten Zahlen gingen die Mittel für die Neubeschaffung von 1995 bis 1999 von 10,2 auf 3,2 Mio. DM zurück während die Reparaturaufwendungen im gleichen Zeitraum von 11,7 auf 13,3 Mio. DM stiegen. Die Relation der Reparaturmittel zu den Neubeschaffungsmitteln hat sich damit in diesem Zeitraum von vier Jahren von 114,7 v.H. auf 415,6 v.H. erhöht. In den Reparaturkosten sind dabei noch nicht einmal alle Vollkostenpositionen erfasst (vgl. LRHB (2001), a.a.O., Seite 81 und 82).

276 „Ergänzend wird mit der Erweiterung der Fach- und Finanzverantwortung auf dezentrale Entscheidungsebenen eine Erhöhung des Kostenbewusstseins angestrebt.“ (LRHB (2001), a.a.O., Seite 83).

(E) Die Jahresberichte des Rechnungshofes der Freien Hansestadt Bremen (RFHB) stellen die Bemerkungen zum jeweils vorvergangenen Rechnungsjahr dar.[277] Folgende Bemerkungen lassen sich beispielsweise aus den Jahresberichten 1999 bis 2002 entnehmen:

- [II.28] „Bremen soll sich nach § 65 Abs. 1 Nr. 1 LHO an privatrechtlichen Unternehmen nur beteiligen, wenn hieran ein wichtiges Interesse vorliegt. Hieraus folgt aber nicht der Umkehrschluss, dass jede Tätigkeit eines bremischen Bediensteten bei einer solchen Gesellschaft im dienstlichen Interesse liegt, öffentlichen Belangen dient oder einen wichtigen Grund i. S. d. BremUrlVO darstellt. Hierzu hat die SKP lediglich geäußert, sie halte an ihrer Auffassung fest, dass die im Interesse des Dienstherrn liegende Tätigkeit eines bremischen Bediensteten bei einer Beteiligungsgesellschaft einen solchen wichtigen Grund darstellen könne. Nach Auffassung des Rechnungshofs muss in jedem Einzelfall untersucht und dokumentiert werden, ob ein wichtiger Grund für eine Beurlaubung vorliegt."[278] Dies deutet darauf hin, dass die Ergebniszielsetzung für jeden einzelnen Finanztatbestand wie die hier angeführte Beurlaubung von Beamten gesondert darzustellen und zu dokumentieren ist.
- [II.29] In der Prüfung eines Wirtschaftsförderungsbereiches zum Thema Design stellt der RFHB klar fest: „Der Rechnungshof hat schon im Jahresbericht – Land – 1999 in Tz. 285 ff. hervorgehoben, dass bei Wirtschaftsfördermaßnahmen der Grundsatz der Wirtschaftlichkeit (§ 7 LHO) eine auf Effektivität ausgerichtete Förderungsprogrammgestaltung und damit verbunden die Festlegung eines klaren Zieles gebietet, um eine Erfolgskontrolle zu ermöglichen. Eine Erfolgskontrolle ist nicht durchführbar, wenn das Ziel lediglich allgemein, formelhaft und damit unscharf beschrieben ist. Zudem bedarf es auch der Darstellung des dauerhaften fiskalischen Nutzens, den die Förderer erwarten."[279] Dies stellt im Rahmen der Rechnungsprüfung unmittelbar den Zusammenhang zwischen *Wirtschaftlichkeit* und *Ergebnisdokumentation* dar.
- [II.30] Am Beispiel der Kostenerstattung im Justizwesen stellt der RFHB fest, dass zur Verbesserung der Wirtschaftlichkeit in einigen Fällen eine Gesetzesänderung oder Fortbildungen der Mitarbeiter beitragen können.[280] Dies deutet auf die Bedeutung laufender Wirtschaftlichkeitskontrollen sowie eine möglichst weitgehende Zuständigkeit dezentraler Stellen hin, welche die Optionen zur Verbesserung vorschlagen bzw. einschätzen können.

(F) Die Berichterstattung des Rechnungshofes der Freien und Hansestadt Hamburg (RFHH) dokumentiert jeweils die Rechnungskontrolle des vorvergangenen Haushaltsjahres.[281] Aus den Berichten der Jahre 2000 bis 2002 lassen sich exemplarisch die folgenden Anmerkungen entnehmen:

---

277 Also beispielsweise der Jahresbericht 2001 zur Haushaltsführung des Jahres 1999; vgl. RFHB (2002): Jahresbericht 2002, Bremen; RFHB (2001), a.a.O.; RFHB (1999): Jahresbericht 1999, Bremen.

278 Ebd., Seite 77.

279 RFHB (2001), a.a.O., Seite 69.

280 „Bei der Anwendung des Gesetzes über die Entschädigung von Zeugen und Sachverständigen sind zahlreiche Ermessensentscheidungen zu treffen. Dieses Ermessen wurde von Kostenbeamten und -beamtinnen oft nicht richtig ausgeübt. Eine beabsichtigte Neufassung des Gesetzes befindet sich im Abstimmungsverfahren. Der Entwurf enthält Regelungen, durch die voraussichtlich eine Reihe der festgestellten Fehler vermieden werden. Die zur Festsetzung von Vergütungen eingereichten Rechnungen wurden häufig nicht ausreichend geprüft. Es kam zu vermeidbaren Ausgaben. Das Justizressort wird die Fortbildung der Kostenbeamten und -beamtinnen verstärken." (RFHB (2002), a.a.O., Seite 42).

281 Vgl. zum Beispiel RFHH (2002): Jahresbericht 2002, Hamburg; RFHH (2001), a.a.O.; RFHH (2000): Jahresbericht 2000, Hamburg.

- [II.31] „Die festgestellten Defizite bei der Umsetzung der neuen Verfahrensregelungen in den Bereichen a) Abrechnung von Honorarleistungen (Tzn. 479 bis 490), b) Beurteilungsgrundlagen der Wirtschaftlichkeit (Tzn. 491 bis 502) und c) Controlling (Tzn. 504 bis 507) machen deutlich, dass das zur Verfügung gestellte Instrumentarium zur Erreichung der Ziele zum Teil noch nicht praxisgerecht ist bzw. unvollständig und/oder fehlerhaft angewandt wird. Dies hat zu einer Beeinträchtigung von Qualität und Aussagekraft des betriebswirtschaftlichen Kontrollinstrumentariums sowie zu vermeidbarer Mehrfacharbeit durch Parallelentwicklungen geführt. Dem hätte durch eine ausreichende, das PROBAU-Verfahren begleitende Gesamtsteuerung entgegengewirkt werden können. Der Rechnungshof hält es daher für erforderlich, die parallelen Aktivitäten der Hochbaudienststellen in viel stärkerem Maße als bisher zu koordinieren, um auch Synergieeffekte zu nutzen. Darüber hinaus müssen im Sinne einer Gesamtsteuerung - nach Herstellung einer geeigneten, einheitlichen Datenbasis - von einer zentralen Stelle dienststellenübergreifend Wirtschaftlichkeitsvergleiche angestellt werden und es muss den Ursachen für mögliche Abweichungen nachgegangen werden. Die Finanzbehörde und die Baubehörde haben zugesagt, ihrer Koordinierungsfunktion künftig verstärkt nachzukommen."[282]
- [II.32] Die Aufgaben- und Ergebnisdokumentation lässt nach den Anmerkungen des RFHH im Bereich der Kulturbehörde zu wünschen übrig.[283] Dies ist im Kontext der allgemeinen Forderung nach einer verbesserten Aufgabenbeschreibung (politischer Auftrag) sowie der Definition von Zielsetzungen (verwaltungstechnische Beschreibung von Zielen und Maßnahmen) eine charakteristische Forderung der gesamten Verwaltungsmodernisierung.[284]

(G) Die Jahresberichte des Hessischen Rechnungshofes (HRH) geben jeweils die Bemerkungen und Dokumentationen zum Haushaltjahr des vergangenen Kalenderjahres wieder.[285] Aus den Berichten der Jahre 1999 und 2000 lassen sich u.a. die folgenden Punkte extrahieren:

- [II.33] Der HRH stellt für den Bereich der finanziellen Förderung des öffentlichen Schienenpersonennahverkehrs (ÖPNV) eine mangelnde Transparenz der Nutzen sowie der Berechnung der gezahlten Entgelte für Ausbau und Nutzung der Trassen fest.[286] Dies weist

---

282 RFHH (2001), a.a.O., Seite 215-216.

283 „Aus den festgestellten Mängeln bei der Abwicklung von Zuwendungen muss die Kulturbehörde Konsequenzen ziehen. Insbesondere sollte sie weitere Förderrichtlinien erlassen, das Antragsverfahren stärker vorstrukturieren, Kompetenzen klarer abgrenzen, Anträge zügiger bearbeiten, Entscheidungen besser dokumentieren sowie Verwendungsnachweise zeitnäher und unter Nutzung von Vereinfachungsmöglichkeiten prüfen. Schon 1996 beanstandete Mängel in der Dokumentation der Aufgabenwahrnehmung bestehen nach wie vor. Die für Ende 1999 zugesagte Neufassung aller Stellenbeschreibungen liegt bisher nicht vor. Die Aktenführung entspricht noch nicht den Anforderungen ordnungsgemäßer Verwaltung." (RFHH (2002), a.a.O., Seite 42).

284 Vgl. stellvertretend: Schuppert, Gunnar Folke (2000), a.a.O., Seite 699.

285 Vgl. beispielsweise HRH (2000), a.a.O.; HRH (1999): Bemerkungen 1999, Darmstadt.

286 „Die Förderung der Schieneninfrastruktur erfolgte teilweise ohne Nutzen-Kosten-Untersuchung. Eine Prioritätenliste unter Einbeziehung von Erfordernis und Dringlichkeit der Einzelmaßnahmen besteht nicht. Alternativen zum Ausbau der Schienenwege werden nicht in die Überlegungen mit einbezogen. Die Erfüllung der Zielsetzung der Öffentlichen Personennahverkehrs (ÖPNV)-Förderung, wie z.B. die Reduzierung der Umweltbelastungen oder die Verlagerung von Verkehr von der Straße auf die Schiene wird nicht nachgeprüft. Dennoch fließen 70 v.H. der Verkehrsausgaben in diesen Bereich. Der Ausbaustandard entspricht oft nicht den tatsächlichen Erfordernissen. Gesetzlich garantierte Drittmittel nach § 3 Eisenbahnkreuzungsgesetz werden nicht in vollem Umfang genutzt. In zwei Fällen erfolgte die Auszahlung des Gesamtförderbetrags drei Jahre vor Beginn der Arbeiten. Bei der Förderung der Verkehrsverbünde entfallen jährlich rd. 62 Mio. DM auf die Infrastrukturkostenhilfe zur Unterstützung der lokalen Nahverkehrsgesellschaften. Die Mittel wurden häufig nicht zweckentsprechend verwendet. Die Höhe der

wie in den vorgenannten Fällen auf eine fehlende Ergebnisdokumentation und Ergebnisprüfung hin. Weiterhin wird für eine wirtschaftliche Mittelverwaltung nicht hinreichend auf eine Offenlegung der Berechnungsmethoden der tätigen Bahngesellschaften sowie der erforderlichen Nachweise über die Notwendigkeit infrastruktureller Maßnahmen hingewirkt.

- [II.34] Im Fall des Abschlusses von derivativen Kreditgeschäften des hessischen Ministeriums für Finanzen evaluiert der HRH das Vorgehen mathematisch richtig mit der Feststellung: „Die Prüfung durch den Rechnungshof hat ergeben, dass die Entscheidung des Landes für die derivative Kreditfinanzierung in den sechs untersuchten Fällen eine Zinsersparnis von insgesamt rd. 1 Mio. DM erbracht hat – und somit eindeutig als erfolgreich zu bewerten ist." Dies ist darauf zurückzuführen, dass mit den untersuchten Zinsswaps ein Tausch fester bzw. mittelfristig flexibler gegen kurzfristig flexible[287] Zinszahlungen auf zu Grunde liegende Kredite des Landes verbunden ist *und* die Zinsentwicklung im untersuchten Zeitraum für dieses derivative Geschäft *günstig* verlaufen ist, d.h. der kurzfristige Referenzzins hat sich nach unten bewegt und lag dadurch laufend unter den mittel- und langfristigen Zinssätzen. Wäre der umgekehrte Fall eingetreten und eine Zinswende mit steigenden Zinsen wäre eingetreten, so hätten sich für das Land Verluste in ähnlicher oder höherer Größenordnung ergeben können. Dies macht deutlich, dass selbst die Rechnungsprüfung mit den damit verbundenen Zinsrisiken unreflektiert umgeht. Eine Darstellung solcher Risikoformen ist in die Bewertung öffentlicher RLK dringend mit einzubeziehen, da davon auszugehen ist, dass diese Form der Absicherungsgeschäfte in Zukunft verstärkt genutzt wird.

(H) Der Jahresbericht des Landesrechnungshofes Mecklenburg-Vorpommern berichtet regelmäßig über die Bemerkungen und Untersuchungen zum Haushaltsjahr des vorvergangenen Jahres.[288] Unter anderem lassen sich den Bemerkungen die folgenden Tatbestände entnehmen:

- [II.35] Im Bereich der Landeszuständigkeiten betreffend die Konzeptausarbeitung der Entsorgung von Siedlungsmüll auf Deponien oder thermischen Verwertungsanlagen merkt der LRHMV an, dass vermutlich bei einer landeseigenen privatrechtlichen Betreibergesellschaft für die zentrale Deponie Ihlenberg[289] die gebildeten Rückstellungen für die später notwendige Nachsorge und Rekultivierung zu gering sind, so dass Finanzmittel aus dem Landeshaushalt potenziell in Anspruch genommen werden könnten.[290] Dabei wird verdeutlicht, dass es bei privatrechtlich ausgelagerten Aufgabenbereichen wie der hier angeführten Deponieverwaltung zu einer nicht adäquaten Betrachtung finanzieller Risiken in der Zukunft kommen kann. Eine methodisch gestützte Risikosteuerung findet bis auf die Ausnahme der hier vorliegenden Bemerkung des LRHMV nicht statt.

---

Mittel wurden häufig nicht zweckentsprechend verwendet. Die Höhe der von der Deutschen Bahn (DB) Netz AG verlangten Trassenbenutzungspreise ist nicht nachprüfbar. Der Rechnungshof ist der Auffassung, dass bei Erfüllung seiner Forderungen wesentliche Mittel eingespart werden könnten." (ebd., Seite 96 sowie die weiteren Erläuterungen dazu auf Seite 96-109).

287 Im untersuchten Beispiel der 3-Monats-Libor bzw. der 6-Monats-Libor.

288 Vgl. beispielsweise LRHMV (2001): Jahresbericht 2001, Neubrandenburg; LRHMV (2000), a.a.O.; LRHMV (1999): Jahresbericht 1999, Neubrandenburg; LRHMV (1998): Jahresbericht 1998, Neubrandenburg; LRHMV (1997): Jahresbericht 1997, Neubrandenburg.

289 Die Ihlenberger Abfallentsorgungsgesellschaft mbH (IAG).

290 Vgl. ebd., Seite 230 sowie zur gesamten Darstellung der Thematik Seite 227-236.

- [II.36] Im Bereich der ‚Marktverbesserung' für lebensmittelverarbeitende Betriebe wurden für Investitionen in Gesamthöhe von 102 Mio. DM Beihilfen durch das Land und die EU zwischen 10 v.H. und 35 v.H. geleistet.[291] Dabei merkt der LRHMV an, dass
  - in Einzelfällen keine Notwendigkeit für die Zahlungen nachzuweisen war,
  - in Einzelfällen die bau- und vergaberechtlichen Bestimmungen nicht beachtet wurden,
  - in Einzelfällen die Dokumentation und Verwendungsnachweisprüfung unzureichend war sowie
  - in Einzelfällen sogar eine zweckwidrige Verwendung bzw. eine Nichteinhaltung des Finanzierungsplanes zu konstatieren war.[292]

  Dies zeigt, dass im Sinne eines modernen Qualitätsmanagementgedankens[293] eine systematische Vermeidung dieser Fehlerarten durch ein modernes RLK für öffentliche Einrichtungen unterstützt werden sollte.
- [II.37] Im Bereich des Beschaffungswesens der Universitätsklinik Rostock hat der LRHMV mehrfach Fälle von Unwirtschaftlichkeit in der Lagerhaltung festgestellt.[294] Dies ist u.a. möglicherweise darauf zurückzuführen, dass die Leistungsfähigkeit von Sonderrechnungen wie einer Wirtschaftlichkeitsanalyse des Bestellwesens nicht vorhanden ist bzw. nicht genutzt wird.

(I) Der Niedersächsische Landesrechnungshof (NLRH) in Hildesheim dokumentiert im laufenden Jahresbericht jeweils die Haushaltsdurchführung des vorvergangenen Kalenderjahres.[295] Aus den Jahresberichten 1997 bis 2000 lassen sich u.a. die folgenden Bemerkungen extrahieren:

- [II.38] Im Rahmen der Prüfung des Programms „Arbeit und Qualifizierung für Niedersachsen" stellt der NLRH outputorientierte Effizienzkriterien auf:[296] Ziel ist die Bereitstellung von Arbeitsplätzen für Langzeitarbeitslose. Messbarer Indikator dafür sind die Personalkosten für diesen Personenkreis in den geförderten 'Sozialen Betrieben' von durchschnittlich 45.060 DM. Allerdings stellt der NLRH fest, dass die weiteren Finanzbeihilfen pro Arbeitsplatz in der Summe 77.790 DM betragen.[297] Damit ist ein Maß für die Wirtschaftlichkeit des Programms in Bezug auf den Mitteleinsatz je erreichter Outputeinheit (Arbeitsplätze für Langzeitarbeitslose) definiert. Ziel einer geforderten Verbesserung der Wirtschaftlichkeit dieses speziellen Programms muss die Reduzierung der in Relation zu den eigentlichen Personalkosten anfallenden weiteren Kosten in den betroffenen Einrichtungen sein.

---

291 LRHMV (1999), a.a.O., Seite 210.

292 Vgl. LRHMV (1999), a.a.O., Seite 210-219.

293 Eine Vermeidung der genannten Fehlerarten würde in diesem Beispiel im Wesentlichen durch eine vorbeugende Information im Rahmen der Rechnungslegung beziehungsweise Ziel- und Ergebnisdokumentation erreicht werden. Damit ist dem vorbeugenden Charakter des heutigen Qualitätsmanagementverständnisses entsprochen.

294 Beispielsweise: „Der Landesrechnungshof hat beanstandet, dass durch die mangelhafte Bedarfsprüfung zeitweise liquide Mittel in Höhe von rd. 200.000 DM (rd. 102.258 €) gebunden waren. Das Klinikum hat mitgeteilt: 'Grundsätzlich wird im Rahmen der Beschaffung und Lagerung von medizinischem Bedarf die Zielstellung verfolgt, den Lagerbestand zu optimieren und die damit verbundene Kapitalbindung abzubauen.'" (LRHMV (2001), a.a.O., Seite 144 bzw. für weitere Fälle Seite 142-143).

295 Siehe beispielsweise NLRH (2001), a.a.O.; NLRH (2000): Jahresbericht 2000, Hildesheim; NLRH (1999): Jahresbericht 1999, Hildesheim; NLRH (1998): Jahresbericht 1998, Hildesheim; NLRH (1997): Jahresbericht 1997, Hildesheim.

296 Vgl. ebd., Seite 122-129.

297 Die angegebenen Werte sind zu finden bei: Ebd., Seite 126.

- [II.39] Im Jahresbericht 1999 des NLRH ist u.a. die Prüfung der Finanzabwicklung und Bauausführung zum Neubau des Amtsgerichtes Braunschweig dokumentiert. Dabei trat im Zeitraum 1989 bis 1995 eine ungeplante Kostensteigerung von ca. 51,1 Mio. DM auf ca. 80,7 Mio. DM, also eine Steigerung von 60 v.H. ein.[298] Dabei wurden wesentliche Elemente der Bauausführung durch unnötige Zusatzausführungen stark verteuert. Vor diesem Hintergrund kommt der NLRH zum folgendem Schluss: „Die erheblich über die Preissteigerungen hinausgehenden Mehrkosten führt der LRH neben einer unzureichenden Erstveranschlagung auch darauf zurück, daß, was Materialwahl, Konstruktion und Detailausführung anbelangt, außerordentlich großzügig gebaut und in vielen Punkten unnötiger Aufwand betrieben wurde. Dadurch, daß das Staatshochbauamt den beauftragten Architekten insoweit weitgehend freie Hand ließ, kam es seiner Verpflichtung, die Grundsätze der Wirtschaftlichkeit und Sparsamkeit gemäß § 7 LHO zu beachten, nicht nach."[299] Hier ist eine laufende Budgetkontrolle im Sinne einer fortlaufenden Projektbudgetierung angebracht. Eine laufende Dokumentation ist insbesondere für die Überwachung durch parlamentarische Einrichtungen wie das Landesparlament notwendig.
- [II.40] Im Jahresbericht 2001 stellt der NLRH u.a. „Überlegungen zur Vermeidung gerichtlicher Erzwingungshaftverfahren nach § 96 Abs. 1 des Gesetzes über Ordnungswidrigkeiten" an.[300] Dabei geht es weniger um eine 'Sparsamkeit' im Sinne einer effizienteren Abwicklung der verwendeten Erzwingungshaftverfahren; auch die Wirksamkeit dieser Verfahren steht außer Frage. Allerdings wird zu Bedenken gegeben, dass eine vergleichbare inhaltliche Zielsetzung (Eintreibung einer rechtskräftigen Bußgeldzahlung) möglicherweise mit anderen *Mitteln* oder Methoden wie beispielsweise der „Entziehung der Fahrerlaubnis" erreicht werden könnte.[301] Damit zeigt der NLRH an diesem plastischen Beispiel, dass modernes Verwaltungshandeln sich an einem *umfassenden Wirtschaftlichkeitsbegriff* orientiert und damit zwingend einen *größeren Methodenumfang* zum Einsatz der jeweils erfolgversprechenden und sparsamen Methoden verwenden muss.

(J) Der Landesrechnungshof Nordrhein-Westfalen (LRHNW) legt in seinem Jahresbericht jeweils die Ergebnisse der Prüfung der Haushaltsrechnung des vorangegangenen Kalenderjahres vor.[302] Aus den Jahren 1998 bis 2001 lassen sich u.a. die nachfolgenden Aussagen entnehmen:

- [II.41] Im Jahr 1999 stellt der LRHNW ein großes Einsparpotenzial bei der Berechnung und Abwicklung der Beihilfen für Beschäftigte des Landes Nordrhein-Westfalen fest.[303] Durch die Konzentration der bearbeitenden Stellen, den verstärkten Einsatz eines einheitlichen EDV-Programms (‚Quantum') sowie der Verbesserung der Arbeitsorganisation können nach dieser Einschätzung bis zu 210 Stellen und damit bis zu 22 Mio. DM jährlich eingespart werden.[304]

---

298 Vgl. NLRH (1999), a.a.O., Seite 64.

299 Ebd., Seite 65.

300 Vgl. NLRH (2001), a.a.O., Seite 252-255.

301 Vgl. ebd., Seite 255.

302 Vgl. LRHNW (2001), a.a.O.; LRHNW (2000): Jahresbericht 2000, Düsseldorf; LRHNW (1999): Jahresbericht 1999, Düsseldorf; LRHNW (1998): Jahresbericht 1998, Düsseldorf.

303 Vgl. LRHNW (1999), a.a.O., Seite 207-221.

304 „Als Einflussfaktoren auf die Leistungsfähigkeit einer Beihilfestelle wirken sich nach den Erkenntnissen des LRH die Zahl der bearbeiteten Anträge, die Qualität der eingesetzten EDV-Unterstützung, die Entfernung zum Antragsteller und die Ablauforganisation aus. Beihilfestellen arbeiten umso wirtschaftlicher, je größer sie sind, je umfangreicher und komfortabler die verwendete EDV ist, je weiter sie räumlich von den Antragstellern entfernt sind und je optimaler ihre Ablauforganisation ist." (ebd., Seite 209-210).

- [II.42] „Für die Einstellung von Lehrkräften in ein Dauerbeschäftigungsverhältnis an öffentlichen Schulen des Landes Nordrhein-Westfalen ist zusätzlich zum bisherigen 'landesweiten Auswahlverfahren' erstmals zum Schuljahr 1996/97 das 'schulscharfe Ausschreibungsverfahren' eingeführt worden.. Während beim alten Verfahren der für das Land insgesamt ermittelte Bedarf die maßgebliche Grundlage für die zentral durchgeführte Auswahl der einzustellenden Lehrerinnen und Lehrer ist, stellt das neue Verfahren auf die Bedürfnisse der einzelnen Schule ab und beteiligt diese an der Auswahl. Auf diese Weise wird die bisherige ortsferne Steuerung der Zuweisung von Lehrkräften durch eine auf das konkrete Programm und Profil der jeweiligen Schule abgestimmte Personalauswahl ergänzt. Das neue Verfahren wurde zunächst probeweise mit einem Anteil von 5 % der Neueinstellungen eingeführt. Unterdessen ist es dauerhaft und, nach mehrfacher Erhöhung der jeweiligen Prozentsätze, ohne anteilmäßige Begrenzung installiert.“[305] In seiner Prüfung stellt der LRHNW fest, „dass es sich bei dem schulscharfen Ausschreibungsverfahren, wie die große Zahl der innerhalb sehr knapper Fristen zu bewältigenden Vorgänge zeigt, um ein sowohl für die BR wie die beteiligten Schulen sehr aufwändiges Verfahren handelte. Es war auch unbestritten deutlich aufwändiger als das landesweite Auswahlverfahren, bei dem z.B. überhaupt keine Auswahlgespräche geführt werden und keine Abstimmungen mit den Schulen erforderlich sind.“[306] Gleichzeitig stellt sowohl der Rechnungshof als auch die beteiligten Schulen und amtlichen Stellen fest, dass qualitativ eine deutliche Verbesserung durch dieses aufwändigere Verfahren erreicht wird. Dies zeigt die Notwendigkeit einer gezielt ergebnisorientierten Prüfung und Arbeitsweise auf.

(K) Der Rechnungshof Rheinland-Pfalz (RHRP) mit Sitz in Speyer veröffentlicht seine Arbeitsergebnisse unter anderem in den laufenden Jahresberichten. Daraus lassen sich die folgenden Beispielanmerkungen entnehmen:

- [II.43] Bezüglich der Flächenumnutzung im Rahmen der Konversion militärischer Flächen wurden im Verlauf des Haushaltsjahres 2001 die folgenden Mängel festgestellt: „Für die angestrebte hochwertige Entwicklung und Vermarktung der Liegenschaft ‚Bunker Hill' wählten das Land und die Stadt ein öffentlich-privates Beteiligungsmodell. Mit zwei privaten Investoren wurde am 22. Juni 2001 ein städtebaulicher Vertrag geschlossen. Die Investoren wollen das vom Bund gekaufte Gelände gemeinsam in Form einer Kooperation auf der Grundlage eines Nutzungskonzeptes entwickeln. Die Vereinbarungen mit den Investoren und dem Bund als ehemaliger Eigentümer sind in folgenden Punkten kritisch zu sehen: Der Bund hatte ursprünglich für die Liegenschaft einen Kaufpreis von 4,6 Mio. € verlangt. Um die Veränderung zu einem von der Sanierung unbeeinflussten Wert von 1,64 Mio. € an die privaten Investoren zu ermöglichen, wurde er vom Land von seiner ursprünglichen Zusage entbunden, sich an der Finanzierung der Erschließung mit bis zu 50% der Kosten, höchstens jedoch 3,5 Mio. €, zu beteiligen. Aufgrund des städtebaulichen Vertrags werden die privaten Investoren an den veranschlagten Aufwendungen für die Grunderschließung (z.B. Straßenbau, Gas-, Strom-, Wasserversorgung, Abwasserentsorgung) von 11,2 Mio. € hingegen nur mit 10% (im Höchstfalle 1,12 Mio. €) beteiligt. Das Land und die Stadt übernehmen 90% der Kosten im Verhältnis 9:1. Gegenüber der ursprünglichen Regelung mit dem Bund werden das Land und die Stadt mit 2,4 Mio. € höheren Kosten belastet. Erste Grundstücksveräußerungen lassen erwarten, dass die mit hoher Förderung erzielten Bodenwertsteigerungen den privaten In-

305 LRHNW (2001), a.a.O., Seite 124.
306 Ebd., Seite 128.

vestoren beträchtliche Vorteile bringen werden. Das Risiko der privaten Investoren ist demzufolge als gering anzusehen."[307]

- [II.44] Für die Errichtung und Finanzierung landeseigener Stiftungen merkt der Rechnungshof an: „Parallele Zuständigkeiten von Stiftung und Verwaltung waren insbesondere im Kulturbereich anzutreffen. Den Stiftungszwecken vergleichbare staatliche Programme wurden von denselben Bearbeitern betreut, die auch Fördermaßnahmen der Stiftungen fachlich unterstützten. Auch bei der Stiftung „Natur und Umwelt" umfasst der Stiftungszweck in Teilbereichen Aufgaben, die von der unmittelbaren Staatsverwaltung wahrgenommen werden. Sowohl die oberen Landespflegebehörden als auch die Stiftung erwerben schutzwürdige Grundstücke. Weitere Überschneidungen ergeben sich im Bereich des Umweltschutzes."[308] Weiterhin kritisiert der Rechnungshof auch die fehlende Trennung von Vorstands- und Aufsichtsfunktionen in den errichteten Stiftungen.[309]
- [II.45] Für den Bereich des Universitätsklinikums der Johannes-Gutenberg-Universität Mainz stellt der Rechnungshof exemplarisch zur privaten Vergabe des Wachdienstes fest: „Das Klinikum hatte 1995 ein privates Unternehmen beauftragt, beide Personalwohnheime täglich „rund um die Uhr" zu bewachen. Das Unternehmen war vor allem verpflichtet, die Pforten der Personalwohnheime durchgehend mit jeweils einer Bewachungskraft zu besetzen, die Alarmanlage für die Versorgung mit Strom/Wasser und die Brandmeldung in Notfällen zu betätigen, die Adressaten von Postsendungen alphabetisch aufzulisten, die Post auszuhändigen und für Ruhe und Ordnung zu sorgen. Als Vergütung zahlte das Klinikum im Jahr 1996 insgesamt 371.000 DM, in den beiden Folgejahren jeweils 380.000 DM. Für eine vollständige Bewachung und einen Pfortendienst innerhalb und außerhalb der dienstplanmäßigen Arbeitszeit besteht kein Bedürfnis, weil nicht nur der Haupteingang, sondern auch die Türen zu den einzelnen Etagen der beiden Gebäude und die Unterkünfte jeweils separat abgeschlossen werden können. Auch auf die Entgegennahme der Post und die Auflistung der Postadressaten kann verzichtet werden. Hierzu ist es erforderlich, dass Briefkästen eingerichtet und größere Sendungen bei der hausverwaltenden Angestellten hinterlegt werden. Im Übrigen ist es den Heimbewohnern durchaus zumutbar, den Rufbereitschaftsdienst selbst zu benachrichtigen oder auch bei Notfällen Polizei und Feuerwehr zu alarmieren. Eine Umlage der Kosten des Bewachungsdienstes auf die Bewohner war nicht vorgesehen, obwohl dies tarifvertraglich möglich gewesen wäre. Im Jahr 1998 hätte dann jeder Bewohner neben dem eigentlichen Wohnungsentgelt monatlich 65 DM aufbringen müssen. Der Vertrag mit dem Unternehmen wurde zum 1. April 1999 gekündigt. Die Aufgaben werden seitdem durch insgesamt zehn Bedienstete wahrgenommen, die vorher im Betriebsbereich des Klinikums Pförtnerdienste geleistet hatte. Dieses Personal war dort entbehrlich geworden, weil die Pförtnerleistungen an das zuvor mit der Bewachung der Personalwohnheime beauftragte Unternehmen vergeben worden waren. Die Personalkosten für diese Kräfte betrugen insgesamt 665.000 jährlich."[310]

(L) Der Jahresbericht des Rechnungshofes des Saarlandes (RHS) dokumentiert die Kassen- und Haushaltsführung sowie die Bemerkungen des vorangegangenen Kalenderjahres.[311] Aus den Jahren 1999 und 2000 lassen sich unter anderem die folgenden Bemerkungen herausgreifen:

307 RHRP (2002): Jahresbericht 2002, Speyer, Seite 57.
308 RHRP (2001): Jahresbericht 2001, Speyer, Seite 135.
309 Ebd., Seite 136.
310 RHRP (2000), a.a.O., Seite 114-115.
311 Vgl. RHS (2000), a.a.O.; RHS (1999): Jahresbericht 1999, Saarbrücken.

- [II.46] „Im Rahmen der Prüfung einer privatrechtlichen Stiftung stellte der RH erhebliche Mängel der Aufgabenwahrnehmung durch den Stiftungsvorstand fest, die die Existenz der Stiftung gefährdeten und letztlich dazu führten, dass sie sich in Liquidation befindet. Zudem war eine ausreichende Überwachung des Vorstandes durch den Verwaltungsrat der Stiftung insgesamt gesehen nicht gewährleistet worden. Das Land leistete zur Abdeckung der entstandenen Finanzlücke zusätzlich zu seinen jährlichen Zuwendungen von 200 TDM eine freiwillige Sonderzuführung von 650 TDM. Die Ausgaben in Höhe von rd. 2,2 Mio. DM, bei denen Zuordnungsprobleme bestanden, wurden zur Hälfte von zwei Beteiligungsgesellschaften des Landes im Vergleichswege übernommen."[312] Damit zeigt der RHS an einem Beispiel die Problematik der Aufgabenverlagerung in privatrechtliche Organisationsformen auf, bei denen eine adäquate Risikoüberwachung oft nicht erfolgen kann. Mithin entstehen im Risikofall finanzielle Belastungen für den Haushalt der betroffenen öffentlichen Einrichtung (in diesem Fall des Landes Saarland).[313]
- [II.47] Der RHS untersuchte im Jahresbericht 2000 die Verwaltungspraxis in Bezug auf die Kostenerstattung der ärztlichen Leistungen in Nebentätigkeit. Dabei wurde grob festgestellt, dass die veranschlagten Kostensätze in einer realistischen Nachkalkulation für die genutzten Geräte und Materialien zu gering angesetzt sind.[314] Damit wird die Notwendigkeit einer nachvollziehbaren Kosten- und Leistungsrechnung mit durchgängiger Softwareunterstützung für die Abgrenzungsrechnung aufgezeigt. Weiterhin ist ein *Defizit in der Ergebnisdefinition* und Ergebnismessung dahingehend festzustellen, dass der Umfang der zu beobachtenden Nebentätigkeiten das mit dem eigentlichen Dienstverhältnis zu vereinbarende Maß überschreitet.[315] Damit muss davon ausgegangen werden, dass die *geplanten Ergebnisse der Haupttätigkeit nicht* vollständig *erreicht werden* können.

312 Ebd., Seite 75.

313 Im genannten Beispiel in Höhe von insgesamt mindestens 1,1 Mio. DM: „Die Stiftung erwirtschaftete 1997 statt des geplanten Überschusses von 52 TDM einen Jahresfehlbetrag in Höhe von 929 TDM; die Abweichung vom Wirtschaftsplan betrug 981 TDM. Ferner wurde der 1996 erwirtschaftete Überschuss in Höhe von 373 TDM vollständig verbraucht. Die Stiftereinlagen in Höhe von 300 TDM wurden verausgabt. Bis zum Rücktritt des Vorstandes entstanden rechnerische Zuordnungsprobleme bei den Stiftungsausgaben in Höhe von zumindest 2,2 Mio. DM. Von diesen übernahmen zwei Beteiligungsgesellschaften des Landes rd. 1,1 Mio. DM; keine Einigung konnte über rd. 849 TDM erzielt werden. Am 15.03.98 standen noch Rechnungen in Höhe von 434 TDM offen." (ebd., Seite 75-76).

314 „Der RH ging bei seiner Prüfung vor allem der Frage nach, ob die für die Bemessung des Nutzungsentgelts maßgeblichen Prinzipien der Kostenerstattung und des Vorteilsausgleichs eingehalten worden sind (§§ 14 ff. NtVO). Vor diesem Hintergrund hat er eine Kostenkalkulation für kernspintomographische Untersuchungen erstellt, der die Kosten und Leistungen auf der Basis der Daten des Jahres 1998 zu Grunde liegen. In dem untersuchten Bereich wurde eine Unterdeckung festgestellt. Die Zahlungen des Arztes (Nutzungsentgelt = 25 v.H. der Bruttoliquidationserlöse) reichten nicht aus, eine anteilige Deckung der Betriebskosten für kernspintomographische Untersuchungen sicherzustellen. Damit wird weder dem Gesichtspunkt der Kostenerstattung noch dem des Vorteilsausgleichs Rechnung getragen." (RHS (2000), a.a.O., Seite 55).

315 „Der RH hat festgestellt, dass das Ausmaß der Nebentätigkeitspraxis in ausgewählten Bereichen vom geltenden Recht nicht mehr gedeckt ist. Das betrifft vor allem das Problem der persönlichen Leistungserbringung (§ 21 NtVO) und das Ausmaß der Inanspruchnahme des nachgeordneten ärztlichen Dienstes. Es besteht deshalb Grund zu der Annahme, dass das Ziel des Verordnungsgebers, Professoren die Genehmigung zur persönlichen Beratung und Behandlung von Wahlleistungsnehmern in erster Linie zur Förderung ihrer Lehr- und Forschungsaufgaben zu erteilen, in Einzelfällen in Nachrang getreten ist gegenüber dem Zweck der Erzielung von Nebeneinnahmen. Die Erklärung des Ministeriums, es sei allgemein anerkannt, dass liquidationsberechtigte Ärzte im modernen arbeitsteilig organisierten Krankenhausbetrieb die Behandlung eines Patienten nicht allein, sondern nur im Zusammenwirken mit nachgeordneten Ärzten und Pflegekräften erfüllen können und daher auch nicht jeden Handgriff selbst ausführen müssen, vermag nicht zu überzeugen." (ebd., Seite 56).

(M) Der Rechnungshof des Freistaates Sachsen (RHFS) berichtet in den jeweiligen Jahresberichten detailliert über die Rechnungslegung des Haushalts aus dem vorvergangenen Jahr.[316] Die folgenden Punkte lassen sich u.a. aus den Jahresberichten 2000 und 2001 des RHFS belegen:

- [II.48] Im Jahresbericht 2000 stellt der RHFS am Beispiel der Sächsischen Entwicklungsgesellschaft für Telematik mbH (SET) mit Sitz in Leipzig fest, dass die Aufgabenauslagerung in eine privatrechtliche Gesellschaft nur sinnvoll ist, wenn Zielsetzungen, Finanzierungsformen sowie die Überwachung eindeutig und rechtskonform geregelt sind. Im vorliegenden Fall der SET stellt der RHFS jedoch fest, dass genau diese Punkte nicht zutreffen: (a) „Bereits in der Planungs- und Gründungsphase der Gesellschaft haben SMF und SMWA versäumt, konkrete Ziele zu definieren und festzulegen, wann und in welchem Umfang diese erreicht werden sollen. Die sehr allgemeinen Zielsetzungen im Gesellschaftsvertrag, die bis 1999 zudem nicht auf wirtschaftsfördernde Aktivitäten beschränkt waren, sind nicht überprüfbar und enthalten keine Kriterien, an denen der Erfolg der Maßnahme gemessen werden kann. Eine Kontrolle des Fördererfolgs ist deshalb nicht möglich."[317] (b) „Wenn der Staat Gesellschaften des privaten Rechts ohne Erwerbscharakter gründet, so ist er als Gründer und (mittelbarer oder unmittelbarer) Gesellschafter auch verpflichtet, diese Gesellschaften mit den notwendigen Finanzmitteln zur Aufgabenerfüllung auszustatten. Zuwendungen sind hierfür ungeeignet, da sie grundsätzlich nicht nur freiwillige Leistungen des Staates sind, sondern der Staat der Sache nach im Ergebnis sich selbst Zuwendungen gewährt."[318] (c) „Bis 1999 hatte der Leiter des für die Durchführung des Förderverfahrens zuständigen Referates des SMWA den Vorsitz im Aufsichtsrat inne. Seit 1999 ist das SMWA im Aufsichtsrat der SET durch den Staatssekretär für Wirtschaft mit dem Vorsitz und ohne gesondertes Stimmrecht durch den o. g. Referatsleiter vertreten. 1998 hat dieser Referatsleiter zudem zeitweise kommissarisch die Geschäftsführung der SET wahrgenommen. Im Zuwendungsverfahren ist das SMWA als Zuwendungsgeber ebenfalls durch die o. g. Personen beteiligt, sodass eine Identität der Verantwortlichen auf Seiten des Zuwendungsempfängers und Zuwendungsgebers vorliegt."[319] Damit zeigt der RHFS auf, dass eine reine Auslagerung von öffentlichen Aufgabenbereichen nicht per definitionem zu einer verbesserten Aufgabenerfüllung und Wirtschaftlichkeit führt.
- [II.49] In der Prüfung eines Modellvorhabens zur Finanzmittelbudgetierung bei den Forststellen des Freistaates Sachsen kommt der RHFS zu dem Ergebnis, dass zur Bewertung eines Pilotprojektes zur Verbesserung der Wirtschaftlichkeit allein die Feststellung eines reduzierten Zuschussbedarfes aus dem Landeshaushalt nicht ausreicht.[320] Statt-

316 Vgl. RHFS (2001), a.a.O.; RHFS (2000): Jahresbericht 2000, Leipzig.

317 Ebd., Seite 167.

318 Ebd., Seite 169.

319 Ebd., Seite 166.

320 „Ziel der neuen Steuerungsinstrumente ist es auch, das Kostenbewusstsein und die Kostentransparenz zu erhöhen und die vorhandenen Haushaltsinstrumente flexibler einsetzen zu können, um auch dadurch zu einer effizienteren Haushalts- und Wirtschaftsführung des Freistaates beizutragen. Deshalb ist es im Rahmen des Modellprojekts „Budgetierung der Staatswaldbewirtschaftung" notwendig zu ermitteln, ob und ggf. welche Instrumente in welchem Ausmaß zu einer effizienteren Haushalts- und Wirtschaftsführung geführt haben. Das reine finanzielle Ergebnis - gemessen am jährlichen Zuschussbedarf und seiner Veränderung - ist hierfür kein geeigneter Indikator. Bei der Fortsetzung des Modellprojekts, seiner Ausweitung auf andere Bereiche der Forstverwaltung und/oder seiner Übertragung auf andere Bereiche staatlichen Handelns wird es deshalb notwendig sein, geeignete Kriterien dafür zu entwickeln, anhand derer die „Effizienz der Betriebsführung" und ihrer Veränderungen gemessen werden können. In Frage kommen dürften gerade bei

dessen sind erfolgsorientierte Größen wie die Berechnung von Stückkosten in Bezug auf erstellte Leistungen notwendig.

(N) Der Landesrechnungshof Sachsen-Anhalt (LRHSA) in Dessau gibt seine Ergebnisse in Jahresberichten in jeweils zwei Teilen heraus. Darin sind unter anderem die folgenden Anmerkungen zu finden:

- [II.50] Bezüglich einer Auslagerung aus der Martin-Luther-Universität Halle-Wittenberg stellt der Landesrechnungshof wesentliche Mängel in der Buchführung sowie in der Überschussverwendung fest: „Das in einen privaten landwirtschaftlichen Betrieb integrierte Lehr- und Versuchsgut der Landwirtschaftlichen Fakultät der Martin-Luther-Universität Halle-Wittenberg hat seit dem landwirtschaftlichen Wirtschaftsjahr 1998/1999 Überschüsse erwirtschaftet, die die Universität aber nicht in ihrem Haushalt vereinnahmt hat und aus denen sie Anschaffungen für das Lehr- und Versuchsgut tätigte.“[321]
- [II.51] Im Hinblick auf ein Konsolidierungsprogramm für die mittelständische Wirtschaft in der Form von Darlehen und Beratungsleistungen merkt der Landesrechnungshof folgendes an: „Bei der Förderung von Unternehmen im Rahmen des Konsolidierungsprogramms ‚Impuls 2000' hat das Ministerium keine Zielvorgaben zum Erfolg der Konsolidierungshilfen festgelegt. Eine effektivere Mittelvergabe und ein frühzeitiges Umsteuern hätten dem Land finanzielle Spielräume geschaffen.“[322]
- [II.52] Für die interne Leistungserbringung der Personalverwaltung stellt der Landesrechnungshof Sachsen-Anhalt fest: „Es bestehen erhebliche Leistungsunterschiede in der Personalverwaltung. Das rechnerische Einsparpotential beträgt 162 Vollbeschäftigteneinheiten. Bei tatsächlicher Realisierung könnten damit jährlich ca. 9,3 Mio. DM an Personalverwaltungsausgaben eingespart werden.“[323]
- [II.53] Bezüglich einer adäquaten Risikobetrachtung stellt der Landesrechnungshof in einer Bemerkung fest: „Eine Wohnungsgesellschaft mbH führt Liquiditätsberechnungen durch, die bei ihren Annahmen der zu erwartenden Mieteinnahmen den zwischenzeitlich eingetretenen Leerstand und das damit verbundene Mietausfallwagnis (MAW) sowie eine Mietpreisstagnation nicht angemessen berücksichtigen konnte. Dadurch ist die Rückzahlung von Baudarlehen, die das Land gewährte, gefährdet.“[324]

(O) Der Landesrechnungshof Schleswig-Holstein (LRHSH) prüft neben der Haushaltsführung des Landes auch das Finanzgebaren der Kommunen. Aus den Berichten zum Landeshaushalt aus dem Jahr 2000 und zu den kommunalen Haushalten aus dem Jahr 2001 lassen sich die folgenden Punkte herausnehmen:

- [II.54] „Die Universitätsklinika in Kiel (UKK) und Lübeck (UKL) sind Einrichtungen maximaler Krankenversorgung und Stätten zur Durchführung von Forschung und Lehre. Sie erwirtschaften rd. 70 % ihres Finanzbedarfs aus der Krankenversorgung und erhalten für Forschung und Lehre ergänzend Landesmittel. Sie haben sich damit zu großen Wirtschaftsbetrieben mit einem jährlichen Ausgabevolumen von mehr als 1 Mrd. DM und mit insgesamt über 10.000 Mitarbeitern entwickelt. Seit 1999 sind die Klinika als Anstalten des öffentlichen Rechts der jeweiligen Hochschule rechtlich selbstständig. Sie haben da-

---

produktionsorientierten staatlichen Tätigkeiten z. B. Kriterien wie Stückkosten u. ä. Das SMUL wird hierzu die notwendigen Überlegungen anstellen und mit dem SMF abstimmen müssen.“ (RHFS (2001), a.a.O., Seite 238).

321 LRHSA (2003): Jahresbericht 2003, Teil I, Dessau, Seite 98.

322 LRHSA (2002): Jahresbericht 2002, Teil I, Dessau, Seite 72.

323 LRHSA (2001): Jahresbericht 2001, Teil I, Dessau, Seite 52.

324 LRHSA (2000a): Jahresbericht 2000, Teil I, Dessau, Seite 67.

mit mehr Freiraum für unternehmerische und betriebswirtschaftliche Entscheidungen erhalten. Angesichts der wirtschaftlichen Bedeutung der Klinika hat der LRH wiederholt Prüfungen in verschiedenen Bereichen durchgeführt und Empfehlungen sowohl zur Anwendung von Rechts- und Verwaltungsvorschriften als auch insbesondere zur Verbesserung der Wirtschaftlichkeit geben können. Dabei hat er ab 1996 Einsparpotenziale bzw. Verbesserungen der Einnahmemöglichkeiten in Höhe von insgesamt rd. 17 Mio. DM errechnet und z. T. erhebliche Verluste beim Anlage- und Vorratsvermögen der Klinika festgestellt."[325] Diese Anmerkung des LRH betrifft im Wesentlichen die Erzielung von zusätzlichen Einnahmen sowie das Management von Anlage- und Vorratsvermögen. Dabei sollte ein modernes RLK wesentliche Unterstützung in der Dokumentation und Information betreffend Verbesserungen leisten.

- [II.55] Zum Thema Energieeinsparungen stellt der LRHSH u.a. fest: „Die Personal- und Sachaufwendungen des qualifizierten Energiemanagements sind mithin nicht nur rentierlich, sondern in erheblichem Maße einträglich. Wegen des günstigen Verhältnisses zwischen kommunalen Aufwendungen und erzielten Kosten- (und Energieverbrauchs-) Einsparungen entwickelt sich ein wirksames Energiemanagement zu einem „Profitcenter" sowohl für den kommunalen Haushalt als auch für ökologische Belange. Dieses Kostenbewusstsein hat sich jedoch noch nicht überall durchgesetzt. Einige Kommunen sind bereits dazu übergegangen, die erzielten Einsparungen ganz oder teilweise zur Finanzierung weiterer Energiesparmaßnahmen einzusetzen"[326] Dem Energiemanagement wird dabei eine organisatorisch zentralisierte Stellung zwischen verschiedenen Fachbereichen zugewiesen. Dies macht die Notwendigkeit einer zentralen Aufgabensteuerung augenscheinlich, da einzelne Teilbereiche einer Institution wie hier einer Kommune mit dieser Querschnittsaufgabe überfordert wären und nicht die anvisierten Einsparungen erreichen könnten. Des Weiteren ist dabei auch ein investiver Gedanke ausgeprägt, der eine „Anlage" erwirtschafteter oder eingesparter Ressourcen in weiteren wirtschaftlichen Maßnahmen vorsieht. Dies sollte durch das RLK unterstützt werden, da nur hierdurch der Gedanke der Verwaltungsmodernisierung einer dezentralen Ressourcenverantwortung und der damit verbundenen Motivation der Mitarbeiter realisiert werden kann.

(P) Der Jahresbericht bzw. die Bemerkungen des Thüringer Rechnungshofes (TRH) beziehen sich jeweils auf die Haushaltsführung des vorvergangenen Kalenderjahres.[327] Aus den Publikationen der Jahre 1999 bis 2001 sind u.a. die folgenden Anmerkungen zu entnehmen:

- [II.56] „Die Förderung der Versorgung Behinderter über die Wohnform „Betreutes Wohnen" als wesentlich kostengünstigere Alternative zur Betreuung in Wohnheimen erfolgt – auch mangels einer schlüssigen Konzeption des Thüringer Ministeriums für Soziales und Gesundheit – nicht in ausreichendem Maße. Die Möglichkeit, jährlich Haushaltsmittel von bis zu rd. 5,4 Mio. DM einzusparen, wird daher nicht genutzt."[328] Deutlich wird dabei die fehlende laufende Überwachung verschiedener Alternativen in der Umsetzung definierter Ziele wie hier der Betreuung behinderter Menschen, welche mehr oder weniger zielführend bzw. gleichzeitig mehr oder weniger wirtschaftlich sein können. Wenn - wie hier der Rechnungshof unterstellt - zwei Alternativen qualitativ vergleichbar sind, so ist zu prüfen, welche mit einem geringeren Ressourceneinsatz zu realisieren ist. Dieser ‚Mechanismus' als Teil der Planungs- und Dokumentationssysteme der Rechnungslegung

325 LRHSH (2000b): Ergebnisbericht 2000, Kiel, Seite 52-53.
326 LRHSH (2001b): Kommunalbericht 2001, Kiel, Seite 129.
327 Vgl. TRH (2001), a.a.O.; TRH (2000): Bemerkungen 2000, Rudolstadt; TRH (1999): Bemerkungen 1999, Rudolstadt.
328 Ebd., Seite 136.

würde einen solchen Diskussionspunkt, wie hier nach zwei Kalenderjahren vom Rechnungshof angemerkt, deutlich näher am Entscheidungszeitpunkt anbringen und damit frühzeitigere Handlungsoptionen zumindest theoretisch eröffnen. Die Informationsbereitstellung und Informationsaustauschfunktion kann der Rechnungshof nur mit einem großen zeitlichen Abstand umsetzen.

- [II.57] „Ein Zuwendungsempfänger hat die Verwendung von mindestens 323 TDM Fördermittel, die zur Schaffung von barrierefreien Wohnungen und Kommunikationsstätten für ältere Menschen bestimmt waren, nicht nachgewiesen. Obwohl der entsprechende Träger Auflagen des Bewilligungsbescheides nicht fristgerecht erfüllte, und trotz Kenntnis der finanziellen Schwierigkeiten, die zur Gesamtvollstreckung führten, hat es das Ministerium versäumt, rechtzeitig durch geeignete Maßnahmen die Forderungen des Landes zu sichern. Ein weiterer Träger hat mit Hilfe einer Zuwendung in Höhe von 500 TDM ausschließlich den Standard seines Altenpflegeheimes verbessert, anstatt dieses, wie im entsprechenden Förderbescheid festgelegt, für barrierefreies Wohnen umzuwandeln. Dies war nach der entsprechenden Richtlinie nicht zulässig, so dass diese Landesmittel zweckwidrig verwendet wurden.“[329] Hier wird wiederum deutlich, dass die rechtlich festgelegten Zweckbestimmungen von Fördermitteln in der Praxis durchaus nicht zweckentsprechend verwendet werden. Fraglich ist dabei, ob durch eine geeignete Verknüpfung von Zwecken und Ergebnisgrößen in der Finanzdokumentation als zwingende Angabe bei Finanztransaktionen eine Verbesserung der tatsächlichen Vorgänge im Sinne einer in größerem Umfang zweckentsprechenden Mittelverausgabung zu erreichen ist.
  In jedem Fall ist dies ein Ansatzpunkt für eine Bewertung unterschiedlicher RLK, da unmittelbar ersichtlich ist, dass durch eine über den bestehenden Stand an Einhaltung von Zweckbestimmungen der Finanzmittel hinausgehende Zielstellung direkt die Wirtschaftlichkeit bzw. die Ergebniswirksamkeit der betreffenden Einrichtung und der verwendeten Finanzmittel erhöht wird.

## 3.4. Strukturierung der Problembereiche

### 3.4.1. Strukturkategorien

Zur Bearbeitung der zuvor unstrukturiert dargestellten Problembereiche aus dem Fundus der Literatur sowie aus den dargestellten Ausschnitten der Prüfungsberichte der Rechnungshöfe ist eine Gliederung sinnvoll, welche an inhaltlichen Zusammenhängen orientiert ist. Ein Leitfaden dafür kann die chronologische Gliederung des Rechnungslegungsprozesses sein:

(I) *Erfassung* des grundlegenden Rechnungsstoffes (Geschäftsvorfälle),
(II) *Verarbeitung* des grundlegenden Rechnungsstoffes,
(III) *Darstellung* des grundlegenden Rechnungsstoffes,
(IV) *Weiterverarbeitung* des Rechnungsstoffes in Ergänzungsrechnungen (ER),
(V) *Darstellung* der Ergebnisse aus Ergänzungsrechnungen (ER),
(VI) *Verwendung* der Rechnungslegungsinformationen in der *operativen* Administration,
(VII) *Verwendung* der Rechnungslegungsinformationen in der *strategischen* Steuerung,
(VIII) Erfüllung der *Anforderungen* zur *angemessenen Risikodokumentation*,
(IX) Erfüllung der *Anforderungen ergebnisorientierter Steuerung* und Dokumentation.

329 TRH (2001), a.a.O., Seite 122.

Diese Kategorien lassen sich nach den Kriterien der Unterscheidung von Datenerfassung und Datenverarbeitung gegenüber der Datenverwendung und Steuerung auf der einen Seite sowie durch die Unterscheidung von eindimensionaler Erfassung und Verwendung gegenüber einer ganzheitlichen Verarbeitung und Verwendung auf der anderen Seite in einer Matrix gliedern.[330]

Tabelle 14: Gliederungsübersicht der Problembereiche

| | **Datenerfassung, Datenverarbeitung und Informationsdarstellung** | **Informationsverwendung und ganzheitliche Steuerung** |
|---|---|---|
| Eindimensionale Erfassung oder Verwendung der Daten und Informationen | (I), (II), (III) | (VI), (VII) |
| Ganzheitliche Verarbeitung (mehrere Quellen, Komplexität) und Verwendung (Systematik) | (IV), (V) | (VIII), (IX) |

*Quelle: Eigene Darstellung.*

Dabei stellen die ersten drei Gliederungsbereiche den eigentlichen Gegenstand des Rechnungslegungskonzeptes dar. Diese bilden das Rechnungslegungssystem und bilden die Grundlage der folgenden Stufen durch die Bereitstellung der notwendigen Informationen.

Die Gliederungsbereiche (IV) und (V) stehen für den Bereich des Kalkulationssystems.[331] Die Gliederungsbereiche (VI) bis (VIII) lassen sich dem Informationssystem zuordnen.

Damit sind alle drei Bereiche des Datensystems vertreten. Allein die beiden letzten Gliederungsbereiche nehmen inhaltlich eine *Sonderstellung* ein, da sie nicht chronologisch erklärbar sind. Sie leiten sich aus der Sonderstellung der Themenbereiche *Ergebnissteuerung* und *Risikomessung/-steuerung* in der wissenschaftlichen und politischen Diskussion ab.
Schematisch können sie unzureichend dem *Politischen System* oder dem *Vollzugssystem* als Anforderungen aus diesen Teilbereichen an das Datensystem zugeordnet werden[332].

### 3.4.2. Strukturierung

Mit Hilfe dieses Schemas werden die genannten Einzelfragestellungen übersichtlich in der nachfolgenden Tabelle gegliedert. Dabei wird ersichtlich, welche Themen die Beschreibungen in den Kategorien der Gliederung berühren.

330 Vergleiche die Unterteilung auch bei: Kronthaler, Klaus (2003): Anforderungen an das Hochschulrechnungswesen aus Sicht der deutschen Universitätskanzler, in: Bauhaus-Universität Weimar (Hrsg.) (2003): Hochschulrechnungswesen, Arbeitsgruppe Fortbildung Sprecherkreis der Universitätskanzler, Weimar, Seite 21.

331 Entnommen der schematischen Übersicht im Einführungskapitel.

332 Diese Zuordnung ist insofern im Vergleich zu den zuvor getroffenen Aussagen für die ersten acht Gliederungsbereiche *unzureichend* als die Bereiche Ergebnissteuerung und Risikosteuerung *nicht Gegenstand der Arbeit* und *Betrachtung* in den genannten Bereichen sind, sondern eine *übergreifende formale Anforderung* darstellen.

Tabelle 15: Kategorisierte Problem- und Anforderungsbereiche für Rechnungslegungskonzepte

| | **Problem- und Anforderungszitate (Literatur / Rechnungsprüfungsberichte)** |
|---|---|
| **(I) Erfassung** | [I.5] – Flexibilität der zeitlichen und sachlichen Abgrenzung<br>[I.9] – Erfassung aller Teilbereiche für Steuerung und Risiko<br>[I.11] – Möglichst objektive Ergebnisdefinition und Ergebniserfassung<br>[I.24] – Sicherstellung der zeitlichen Abgrenzung des Ressourcenverbrauchs<br>[I.35] – Budgetgrundsätze der Vollständigkeit, Einheitlichkeit, Öffentlichkeit und Nonaffektation<br>[II.14] – Forderung der Einheitlichkeit des Haushaltes und Aufgabenkontrolle bei Nebenhaushalten<br>[II.17] – Unterstützung einer projektgebundenen Haushaltsdokumentation (für Großprojekte) |
| **(II) Verarbeitung** | [I.10] – Abgrenzung des Ergebnisbeitrags einzelner Organisationseinheiten<br>[I.21] – Anforderung der intertemporalen Ausgabenerfassung und -darstellung<br>[II.4] – Forderung der Aktualität der Dateninformation und damit der schnellen Verarbeitung<br>[II.7] – Unterstützung einer Vermögensrechnung u.a. zur Kalkulation der Investitionsausgaben<br>[II.23] – Ergänzung der Vermögensrechnung bei Investitionsausgaben und Veräußerungen |
| **(III) Darstellung** | [I.1] – Informationsfunktion des RLS<br>[I.17] – Möglichkeit der organisationsorientierten Darstellung der Einnahmen und Ausgaben<br>[I.22] – Anforderung der getrennten Darstellung der Finanzlage einer Organisationseinheit<br>[I.23] – Möglichkeit der Darstellung des laufenden aktuellen Ressourcenverbrauchs<br>[II.1] – Klare Darstellung mehrjähriger Zahlungen und Zahlungsverpflichtungen |
| **(IV) Weiterverarbeitung ER** | [I.6] – Ermöglichung von Leistungsvergleichen<br>[I.13] – Laufende Kostenrechnung / Kostenüberwachung<br>[II.5] – Unterstützung von Kalkulationsrechnungen wie beispielsweise die Immobilienkalkulation<br>[II.15] – Unterstützung einer einheitlichen Fördergeldberechnung (Bsp. nichtstaatliche FH)<br>[II.27] – Unterstützung einer Wirtschaftlichkeitskalkulation bei Neuanschaffungen (Bsp. Fahrzeuge)<br>[II.37] – Anforderung von Wirtschaftlichkeitsanalysen z.B. für das Bestellwesen und die Lagerhaltung<br>[II.41] – Unterstützung einer Vereinheitlichung und Zentralisierung der Datenhaltung (Einsparung)<br>[II.47] – Anforderung einer möglichst realitätsnahen Kalkulation z.B. von internen Kostensätzen<br>[II.52] – Unterstützung von Leistungsvergleichen (Bsp. Personalverwaltung) |
| **(V) Darstellung ER** | [I.15] – Darstellung des Gesamtressourcenverbrauchs<br>[I.31] – Darstellung des wirtschaftlichen Erfolges und der langfristigen Leistungsfähigkeit<br>[I.32] – Darstellung der Tragfähigkeit der Verschuldungssituation öffentlicher Einrichtungen<br>[I.37] – Darstellung der Auswirkungen auf die Finanzierungsstruktur<br>[II.10] – Darstellung von Leistungs- und Wirtschaftlichkeitskennzahlen z.B. zur Auftragsüberwachung<br>[II.16] – Unterstützung einer Vergleichsrechnung in der Beschaffung (Bsp. IuK-Ausstattung)<br>[II.38] – Darstellung von Indikatoren zu Zielen und Wirtschaftlichkeiten der Budgetpositionen<br>[II.55] – Unterstützung einer wirtschaftlichkeitsorientierten Investitionsrechnung (Bsp. Energie) |
| **(VI) Operative Verwendung** | [I.9] – Darstellung des Ergebnisbeitrags einzelner Organisationseinheiten<br>[I.12] – Einfache und verständliche Darstellung (für Mitarbeiterinformation)<br>[I.18] – Anforderung der Ausgabenflexibilität zur Förderung wirtschaftlicher Entscheidungen<br>[I.20] – Anforderung der Planung und Darstellung des politischen Budgets nach Aufgaben<br>[I.25] – Unterstützung einer outputorientierten und wirtschaftlichen Aufgabenerfüllung<br>[I.33] – Unterstützung einer integrierten Fach- und Budgetverantwortung in der Aufgabenerfüllung<br>[I.38] – Unterstützung wirtschaftlichen, kontinuierlichen und innovativen Handelns<br>[II.8] – Unterstützung einer sachlichen und zeitlichen Flexibilisierung aus Wirtschaftlichkeitsgründen<br>[II.11] – Förderung einer möglichst dezentralen Ressourcenverantwortung i.V.m. Zieldokumentationen<br>[II.18] – Dezentrale Ressourcenverantwortung z.B. durch Wert- statt Stellenvorgaben für Einsparungen<br>[II.19] – Anforderung der Informationssynchronität in Kassen- und Leistungsstelle für Vorgänge<br>[II.25] – Unterstützung der Haushaltsflexibilisierung zur Förderung wirtschaftlicher Entscheidungen<br>[II.28] – Dokumentation der Ziele und Ergebnisse zum Nachweis der Rechtfertigung von Ausgaben<br>[II.30] – Unterstützung von Wirtschaftlichkeitskontrollen und Dezentralisierung<br>[II.39] – Unterstützung eines fortlaufenden Projektcontrolling (Bsp. Neubauprojekt)<br>[II.40] – Förderung einer operativen Methodenvielfalt für wirtschaftliche Vorgehensweisen<br>[II.42] – Unterstützung auch aufwändigerer Verfahren zur Qualitätsverbesserung (Bsp. Lehrerauswahl)<br>[II.45] – Anforderung einer Dokumentation der externen Vergaben und Eigenerstellung von Leistungen<br>[II.50] – Dokumentation und automatisierte Verrechnung von Überschüssen in Teilbetrieben<br>[II.54] – Förderung der Einnahmeerzielung und Kosteneinsparung durch Informationsbereitstellung<br>[II.56] – Forderung der vorausschauenden und frühzeitigen Informationsbereitstellung<br>[II.57] – Zwingende Ergebnisdokumentation auch zu Kontrollzwecken in der Mittelverwendung |

| | Problem- und Anforderungszitate (Literatur / Rechnungsprüfungsberichte), *Fortsetzung* |
|---|---|
| **(VII) Strategische Verwendung** | [I.7] – Möglichkeit der Aggregation zur Unterstützung strategischer Entscheidungen<br>[I.26] – Begrenzung politische Eingriffe auf strategische Entscheidungen, nicht Prozesse<br>[I.27] – Unterstützung einer vorausschauenden Planung und Steuerung<br>[I.28] – Unterstützung einer groben Planung auf politischer Ebene und einer operativen Feinplanung<br>[I.30] – Einbettung in politische / strategische Abstimmungen und demokratische Prozesse<br>[I.36] – Darstellung der Auswirkungen auf gesamtwirtschaftliche Kennzahlen<br>[II.9] – Unterstützung einer Bedarfsermittlung und laufenden Nachverfolgung bei Entscheidungen<br>[II.13] – Ermöglichung einer regelmäßigen Kosten-Nutzen-Analyse (KNA) für größere Investitionen<br>[II.20] – Unterstützung einer Terminvorgabe und Terminüberwachung für Projektarbeiten<br>[II.21] – Unterstützung der Vergabesteuerung und Ausschöpfungsinformation der Steuerungskapazität<br>[II.24] – Anforderung der Ergebniskontrolle bei der Fremdvergabe von Leistungen<br>[II.26] – Unterstützung einer optimierten Projektführung (Zeit- und Ergebniskontrolle)<br>[II.33] – Unterstützung einer Nutzendokumentation bei Auftragnehmern (Bsp. Vergabe Bahnverkehr)<br>[II.36] – Anforderung einer zwingenden Abweichungsanalyse und Ergebnisdokumentation (Bsp. EU)<br>[II.44] – Anforderung einer Aufgabenkonsolidierung zur Ermittlung von Überschneidungen<br>[II.46] – Unterstützung einer Finanz- und Ergebnissteuerung vergebener und ausgelagerter Aufgaben<br>[II.48] – Forderung der Steuerung privatrechtlicher Tochtergesellschaften (Personen, Gremien, Ziele) |
| **(VIII) Anforderung Ergebnissteuerung** | [I.2] – Steuerungs- und Anreizfunktion<br>[I.3] – Anforderung der Strategischen Planung<br>[I.4] – Anforderung der Outputsteuerung<br>[I.8] – Zielsetzung einer strategischen Gesamtsteuerung (NPM/NSM)<br>[I.14] – Wirkungsmessung und Wirkungsdokumentation (Impact)<br>[I.16] – Möglichkeit zur Steuerung unter Effektivitäts- und Wirtschaftlichkeitsgesichtspunkten<br>[I.18] – Möglichkeit der Messung von Output-Kriterien<br>[I.29] – Anforderung einer Ziel- und Ergebnisorientierung des RLS<br>[I.34] – Darstellung der Ergebnisverantwortung jeder einzelnen Organisationseinheit<br>[II.2] – Unterstützung bzw. Umsetzung einer Methodik zur einheitlichen Ergebnisdokumentation<br>[II.3] – Forderung der Ex-post-Überprüfung der erreichten Ergebnisse<br>[II.29] – Anforderung der Zieldefinition zur Ermöglichung einer Ergebniskontrolle<br>[II.31] – Unterstützung einer Gesamtsteuerung mit einheitlicher Datenbasis<br>[II.32] – Anforderung zur Aufgabenbeschreibung und Dokumentation der Zielsetzung<br>[II.49] – Forderung einer kriteriengestützten Ergebnismessung, Einsparungen sind dabei kein Ziel<br>[II.51] – Anforderung der Zielvorgabe und Ergebnissteuerung zur zielgenauen Mittelvergabe |
| **(IX) Anforderung Risikosteuerung** | [II.6] – Anforderung einer Erfassung und Darstellung finanzieller Risiken z.B. aus Beteiligungen<br>[II.12] – Unterstützung einer risikoorientierten Zuordnung von Ausgaben und Einnahmen<br>[II.22] - Mittel- und langfristige Risikobetrachtung zur Verschuldungsauswirkung von Maßnahmen<br>[II.34] – Anforderung der Erfassung und Darstellung von Finanzrisiken bei Zinszahlungen (Swaps)<br>[II.35] – Notwendigkeit der Evaluation notwendiger Rückstellungen z.B. bei Nachsorgerisiken (Müll)<br>[II.43] – Unterstützung der Risikoermittlung in der Kooperation mit privaten Partnern<br>[II.53] – Forderung der automatisierten Risikoprüfung und Qualitätssicherung der Finanzprognosen |

*Quelle: Eigene Darstellung.*

Bei der Verteilung der Einzelfälle auf die Strukturkategorien fallen die folgenden Punkte für die weitere Entwicklung der Anforderungen und Bewertungen auf:

a) In den ersten drei Bereichen der Erfassung, Verrechnung und Darstellung der Geschäftsvorfälle als Rechnungsstoff überwiegen die Anforderungen aus der Literatur gegenüber den Anmerkungen der Rechnungshöfe, mithin also ein Übergewicht der theoretischen über die praktischen Anforderungen.

b) In den Anwendungsbereichen der operativen und strategischen Verwendung sowie der Ergebnissteuerung überwiegen umgekehrt eher die Anforderungen aus der Praxis der Rechnungshofberichte.

c) Die Anforderungen zur Risikoerfassung finden sich allein in den Anmerkungen der Rechnungshöfe. Die fehlenden Vermerke in den verwendeten Literaturquellen nähren zumindest die Annahme, dass dieser Kriterienbereich der Risikomessung weitgehend neuartig und deshalb noch nicht adäquat in der Literatur vertreten ist.[333]

Die aus der Fülle der Einzelbeispiele und Zitate herausgefilterten beziehungsweise aggregierten Anforderungen werden im folgenden Abschnitt weiter ausgeführt, um sie einer Weiterverarbeitung in Form eines Kriterienrasters im vierten Kapital zugänglich zu machen.

### 3.4.3. Aggregation

Die Einzelanmerkungen werden im Folgenden für jede Strukturkategorie zu ein bis drei Hauptanforderungen zusammengefasst, um eine Weiterverwendung im Rahmen einer Kriterienbewertung zu ermöglichen.

Tabelle 16: Aggregation der Anforderungen nach Strukturierungsbereichen

| Strukturierungsbereich | Aggregierte Kriterienthese |
|---|---|
| **(I) Erfassung** | a. Umfassende Erfassung aller Geschäftsvorfälle (Datenbasis), *Abbildungsfunktionalität*<br>b. Flexible Erfassung und Abgrenzung der Geschäftsvorfälle, *Veränderungsfunktionalität* |
| **(II) Verarbeitung** | c. Geschwindigkeit und damit Aktualität in der Datenverarbeitung, *Aktualitätsfunktionalität*<br>d. Erfassung der Vermögensverhältnisse für die Einrichtung, *Vermögensfunktionalität* |
| **(III) Darstellung** | e. Laufende Darstellung des Ressourcenverbrauchs, *Inputinformationsfunktionalität*<br>f. Zuordnung des Verbrauchs auf Organisationseinheiten, *Detailfunktionalität* |
| **(IV) Weiterverarbeitung ER** | g. Unterstützung von Kalkulationen und Wirtschaftlichkeitsanalysen, *Kalkulationsfunktionalität*<br>h. Unterstützung von Leistungsvergleichen durch Kennzahlen, *Benchmarkingfunktionalität* |
| **(V) Darstellung ER** | i. Darstellung der Verschuldungs- und Tragfähigkeitssituation, *Ratingfunktionalität*<br>j. Darstellung von Wirtschaftlichkeits- und Investitionsrechnungen, *Entscheidungsunterstützungsfunktionalität* |
| **(VI) Operative Verwendung** | k. Unterstützung einer Dezentralisierung der Budgetverantwortung, *Dezentralisierungsfunktionalität*<br>l. Unterstützung wirtschaftlicher Entscheidungen durch Flexibilität, *Flexibilisierungsfunktionalität* |
| **(VII) Strategische Verwendung** | m. Umsetzung einer langfristigen politischen Aufgabenplanung, *Politische Planungsfunktionalität*<br>n. Durchführung einer Quantifizierung (KNA, Vergabe), *Quantifizierungsfunktionalität* |
| **(VIII) Anforderung Ergebnissteuerung** | o. Dokumentation der geplanten Ergebnisse und Kontrolle, *Ergebniskontrollfunktionalität*<br>p. Wirkungsmessung und Steuerungsanreize für die Umsetzung, *Effektivitätsfunktionalität* |
| **(IX) Anforderung Risikosteuerung** | q. Unterstützung einer Erfassung finanzieller Risiken (Zinsen), *Finanzrisikofunktionalität*<br>r. Unterstützung einer Erfassung weiterer Risiken (Partner, Private), *Sachrisikofunktionalität* |

*Quelle: Eigene Darstellung.*

## 3.5. Erläuterung der aggregierten Problem- und Anforderungsbereiche

Die herausgearbeiteten und systematisierten Problembereiche von Rechnungslegungskonzepten und Rechungslegungssystemen in öffentlichen Einrichtungen werden zur weiteren Diskussion in Richtung eines Bewertungssystems näher erläutert. Dabei stellt die verwendete Abschnittsgliederung keinen sachlichen Zusammenhang[334] fest, sondern gliedert nach der Einschätzung eines gleichwertigen Bedeutungsumfanges[335] der Problembereiche.

333 Die Auswahl und der Umfang der Literaturquellen lassen hier keinesfalls eine generalisierende Aussage zu. Die getroffene Aussage kann nur als Vermutung ohne empirische Validität geäußert werden.

334 So wären nach einer *sachlichen* Gliederung beispielsweise die Bereiche ‚Kostenabbildung' und ‚Vermögensabbildung' erstens inhaltlich *interdependent* und zweitens unter einem *Oberbegriff* ‚Informationsproblematik' zusammenzufassen.

335 Im Sinne eines wahrgenommenen vergleichbaren Diskussionsanteils in der Literatur beispielsweise.

### 3.5.1. Abbildungs- und Abgrenzungskriterium

Die Anforderungen der *Abbildungs-* und *Veränderungsfunktionalität* zielen auf die gesamthafte und flexibilisierbare *Erfassung* aller Rechnungsdaten ab. Dies setzt beispielsweise voraus, dass für Investitionszahlungen von Beginn an auch alle zukünftigen Zahlungen erfasst werden und nicht nur die Zahlungen des laufenden Haushaltsjahres. Weiterhin müssen alle *Zuordnungsinformationen in organisatorischer, zeitlicher und inhaltlicher Sicht* mit erfasst werden. Dies ist insbesondere deshalb von Bedeutung, weil in der aktuellen Reformbewegung der öffentlichen Haushaltsführung beispielsweise die Einführung der *Globalbudgetierung* die Gefahr in sich birgt, dass Rechnungsinformationen wie

a) die *Zuordnung zu Organisationseinheiten* (Kostenstellenrechnung) oder
b) die Aussage zur *sachlichen Verwendung* (Kostenartenrechnung)

nicht erfasst werden.[336]

Dies ist auch wirtschaftlich von Bedeutung, weil diese Informationen ex post nur schwer oder zu unvertretbaren Kosten wieder ergänzt werden können - und damit auf Grund fehlender Informationen wirtschaftlich nachteiligere Entscheidungen die Folge sein können.[337] Diese Kernfunktionalitäten legen also wortwörtlich die 'Basis' für die weitere Verwendung der Rechnungsdaten.

### 3.5.2. Aktualitäts- und Vermögensabbildungskriterium

In der *Verrechnung* der grundlegenden Informationen zu den Geschäftsvorfällen spielen die Forderungen nach der *Aktualität* sowie der *Vermögensabbildung* die zentrale Rolle in der Diskussion. Damit wird die *Voraussetzung für wirtschaftliches Handeln* der Öffentlichen Einrichtung erst geschaffen, da ohne eine zeitnahe und auch in Bezug auf die verbrauchten oder geschaffenen Vermögenspositionen exakte Informationsdarstellung eine Bestimmung des wirtschaftlichen Handelns an sich nicht möglich ist.

### 3.5.3. Darstellung und Wirtschaftlichkeit

In der *Darstellung* der Rechnungsinformationen wird im Wesentlichen auf die Unterstützung der Entscheidungen in Bezug auf die Ressourcenaufwendungen abgestellt. Dies stellt abstrakt die Grundlage der Wirtschaftlichkeit der betreffenden Öffentlichen Einrichtung dar. Diesen Entscheidungen liegen möglichst genaue Informationen in Bezug auf den *aktuellen Ressourcenverbrauch* (Inputinformationsfunktionalität) sowie die *detaillierte Zuordnung* zu möglichst kleinen Einheiten[338] innerhalb der Öffentlichen Einrichtung zu Grunde (Detailfunktio-

---

336 So merken auch verschiedene Rechnungshofberichte an, dass die Gefahr besteht, im Rahmen der Einführung der Globalbudgets zu viele Informationen der bestehenden Haushaltsrechnung zu verlieren, u.a. auch weil keine ergänzenden Informationen zu Zielen und Verwendungen der Globalbudgets bereitgestellt werden. Dies gefährdet möglicherweise auch die politische Kontrolle und Steuerung dieser Budgets auf strategischer Ebene (siehe beispielsweise: RHFS (2002): Prüfungserfahrungen der Rechnungshöfe mit outputorientierter Verwaltungssteuerung bei Sicherung des parlamentarischen Budgetrechts, Gutachten nach § 88 Abs. 3 SäHO, Drucksache 3-0215.3/28, Leipzig).

337 So kann beispielsweise die fehlende Zuordnung der Rechnungsinformation zu Organisationseinheiten als Kostenstellenrechnung eine Offenlegung unwirtschaftlicher Bereiche verhindern und damit eine Fehlsteuerung von Ressourcen unterstützen bzw. verlängern.

338 Soweit dies wirtschaftlich vertretbar ist. Dies trägt ähnliche Züge wie die betriebswirtschaftliche Frage der optimalen Zuordnung von Kostenstellen, für die Ressourcenverbrauchsinformationen ermittelt werden: Auch hier besteht ein Zielkonflikt zwischen einer möglichst genauen und detaillierten Information in Bezug auf damit möglichst viele abgrenzbare Organisationseinheiten auf der einen Seite und dem damit unweigerlich ansteigenden zusätzlichen Aufwand der Ermittlung dieser immer detaillierteren Informationen (vgl. Eisele, Wolfgang (1993): Technik des betrieblichen Rechnungswesens, München, Seite 605).

nalität). Erst mit dieser Informationsgrundlage können Entscheidungen möglichst wirtschaftlich weil zeitnah getroffen werden.

### 3.5.4. Kosten- und Vergleichsrechnung

Für die erweiterte Beurteilung und Steuerung Öffentlicher Einrichtungen ist die Möglichkeit der Ermittlung weiterer *Kostenrechnungsinformationen* sowie *Vergleichsinformationen* in Bezug auf Kosten- und Leistungskennzahlen (Benchmarkingfunktionalität) in einer *Ergänzungsrechnung* notwendig. Dadurch können beispielsweise in der Kostenartenrechnung gezielt Schwachstellen in der Ressourcensteuerung ermittelt werden. Oder im Leistungsvergleich mit ähnlichen Öffentlichen Einrichtungen können Bereiche mit zu niedriger Auslastung identifiziert werden.

### 3.5.5. Tragfähigkeitsanzeige und Entscheidungsorientierung

In der *Darstellung* der verwendeten Ergänzungsrechnungen spielen vor allem die Forderung der *Tragfähigkeitsanzeige* sowie der *Entscheidungsunterstützungsfunktionalität* eine Rolle: Die begleitenden Rechnungsinformationen der Ergänzungsrechnung sollen zumindest die mittel- und langfristigen Folgen einzelner – vor allem größerer – Maßnahmen für die Verschuldung und damit die finanzielle Tragfähigkeit der Öffentlichen Einrichtung vorhalten.

### 3.5.6. Fach- und Budgetkompetenz in autonomen Einheiten

In der *operativen Umsetzung* spielen in Öffentlichen Einrichtungen insbesondere die Anforderungen der Unterstützung einer möglichst *dezentralen Fach- und Budgetkompetenz* sowie eine weitgehende *Flexibilität* in der Haushaltsumsetzung bezüglich der Darstellung und Buchung der Budgetverwendung eine große Rolle. Diese Funktionalitäten werden im allgemeinen mit möglichen zunehmenden Wirtschaftlichkeiten in Verbindung gebracht. Der allgemeine Trend im Rahmen der Verwaltungsmodernisierung unterstützt dieses Anforderung durch die Umsetzung möglichst dezentraler Entscheidungen, da diese näher an den zu lösenden Problemen und Aufgaben sind und damit eine effektivere und effizientere Aufgabenerfüllung wahrscheinlicher machen.

### 3.5.7. Strategische Planung und Steuerung

Im Rahmen der *strategischen Umsetzung* wird die Anforderung einer Unterstützung der langfristigen politischen Planung sowie die Unterstützung der entsprechenden *Quantifizierung* der politischen Zielsetzungen gefordert. Dies geschieht vor dem Hintergrund einer *fehlenden Transmission* oder Kohäsion zwischen einer *sehr detaillierten* Planung im politischen Raum – zum Beispiel in der Form der Haushaltsgesetzgebung – und der dann fehlenden ebenso detaillierten strategischen und operativen Steuerung an Hand von konkreten Zielvorgaben und quantifizierten Aufgabenkriterien. Die folgende Abbildung zeigt diese Lücke in der Abstimmung von politischer Planung und konkreter strategischer Steuerung der Öffentlichen Einrichtungen.

Abbildung 19: Steuerungsdefizite in der öffentlichen Verwaltung

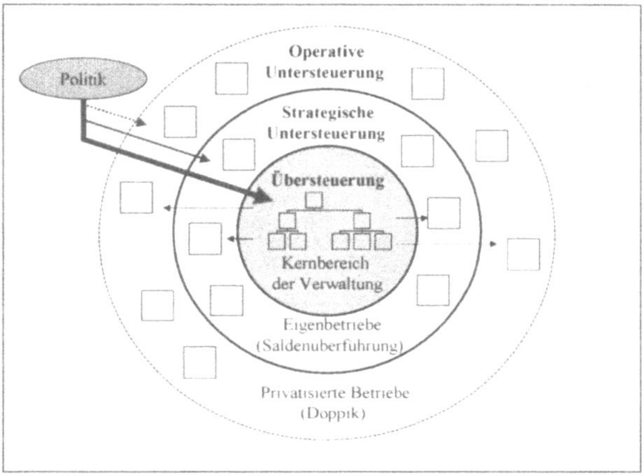


*Quelle: Budäus, Dietrich (1994): Public Management, Konzepte und Verfahren zur Modernisierung öffentlicher Verwaltungen, Reihe Modernisierung des öffentlichen Sektors, Band 2, Berlin, Seite 25.*

## 3.5.8. Ergebnisorientierte Planung und Steuerung

Die eigenständige Forderung nach einer ´outputorientierten´ Erfassung der Aktivitäten Öffentlicher Einrichtungen äußert sich in den beiden Funktionalitäten der ***Ergebniskontrolle*** sowie der *Effektivität*. Ergebniskontrolle stellt dabei auf die Erfassung der quantifizierbaren Ergebnisgrößen ab. Dazu müssen die angestrebten Aufgaben und Zielsetzungen ***bekannt*** und ***quantifizierbar*** sein. Des weiteren muss eine möglichst detaillierte Zuordnung dieser Ergebnisgrößen auf die Teilbereiche der Öffentlichen Einrichtung vorhanden sein. Dies muss für die Unterstützung der tatsächlichen Effektivität durch entsprechende Regelkreise sowie Anreizmechanismen ergänzt werden. So sollte beispielsweise die Koppelung von Ergebnisgrößen und variablen Gehaltsbestandteilen für die Mitarbeiter möglich sein.

## 3.5.9. Abbildung und Steuerung von Risiken

Als letztes Kriterium ist in einigen Rechungshofanmerkungen die Forderung nach einer verbesserten Risikoerfassung und -steuerung zu finden.[339] Grundsätzlich ist dazu anzumerken, dass in der nachfolgend dargestellten Definitionsgliederung der Risiken allein die Form des Risiko ‚A' sinnvoll messbar ist. Demgegenüber sind die Risiken ‚B' und ‚C' nicht messbar und damit nur als ´Unsicherheit´ einzustufen. Weiterhin macht auch die Erfassung der Risiken ‚D' bis ‚F' keinen Sinn, da diese nicht die unmittelbare Zielerreichung beeinflussen und damit keine relevante Auswirkungen im Rahmen der Tätigkeit der Öffentlichen Einrichtung haben.

339 Siehe die Verweise zu den Anmerkungen der Rechnungshöfe in der eingeführten Gliederung unter der Rubrik IX. Anforderung Risikosteuerung.

Tabelle 17: Übersicht zu Risikoarten

| | | **Unsicherheit** | | |
|---|---|---|---|---|
| | | messbare Unsicherheit = statistisches Risiko | nicht messbare Unsicherheit = statistische Unsicherheit | |
| | | objektive Wahrscheinlichkeiten | Subjektive Wahrscheinlichkeiten | Ungewissheit |
| **Wert** | Gefahr einer Fehlentscheidung mit der Folge eines Schadens | Risiko ,A' | Risiko ,B' | Risiko ,C' |
| | unsichere Größen, die die Zielerreichung nicht beeinflussen | Risiko ,D' | Risiko ,E' | Risiko ,F' |

*Quelle: Templin, Hans-Ulrich (1998): Unternehmensrisiko und Bilanzkennzahlen, Wiesbaden, Seite 8.*

Des weiteren unterteilen sich die Risiken, wie in den Anforderungen dargestellt, in ein *Finanz-* sowie ein *Sachrisiko.*

Abbildung 20: Übersicht verschiedener Risikobereiche im öffentlichen Sektor

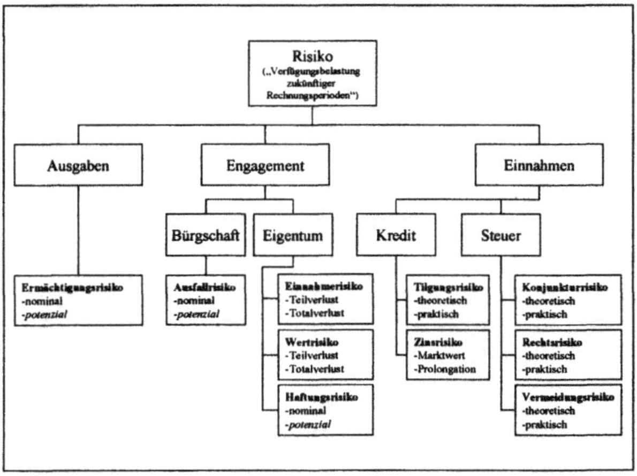


*Quelle: Eigene Darstellung.*

(A) Finanzrisiko
Die vorstehende Übersicht stellt mögliche Risikoarten im Bereich der Finanzrisiken für öffentliche Einrichtungen dar. Dabei wird die Gliederungsebene der Ausgaben, des Engagements und der Einnahmen verwendet. Damit ist eine Übersicht der für öffentliche Einrichtungen einschlägigen Finanzrisiken gegeben, welche der später zu entfaltenden Risikomessung als Grundlage dient.

(B) Sachrisiko
Die Sachrisiken bezeichnen alle weiteren Risiken im Bereich der Tätigkeit der Öffentlichen Einrichtungen, welche *nicht direkt* als Finanzrisiken eminent sind. Sie können zwar auch *indirekt* finanzielle Folgen haben, beziehen sich jedoch nicht in erster Linie auf finanzielle Er-

eignisse als Risikofälle. Darunter fallen beispielsweise die Sachschadensrisiken durch Gebäudebeschädigungen, Risiken der Personalmotivation, der Änderung der Wahrnehmung der Öffentlichen Einrichtung in den Medien und bei den Bürgern oder auch Wetter- und Sturmschäden. Damit wird ersichtlich, dass sich diese Risiken zumeist auf Wertgegenstände (Gebäude) oder Personen beziehen.[340]

## 3.6. Zusammenfassung

Die in der Theorie und Praxis dargestellten Problembereiche für ein Rechnungslegungskonzept in Öffentlichen Einrichtungen stellen gleichzeitig Bewertungsbereiche dar. Zwar kann ein Rechnungslegungskonzept als zentraler Bestandteil des Daten- und Informationssystems einer Institution insbesondere die dargestellten Praxisprobleme aus den Berichten der Rechnungsprüfungsinstitutionen nicht im Einzelnen verhindern: In Einzelfällen werden Personen und andere Einflussfaktoren die Ergebnisse und damit auch die Abweichungen in Form von unwirtschaftlichen Handlungsfolgen bestimmen. Die Bewertung und Auswahl beruht jedoch auf dem Grundgedanken des Qualitätsmanagements: Durch eine optimale Gestaltung und laufende Verbesserung von Prozessen und Abläufen will das Qualitätsmanagement die *Wahrscheinlichkeit* und die *Folgen* von unvermeidlichen Fehlern verringern.[341] Darüber hinaus gilt für die Auswahl und Entwicklung von Rechnungslegungskonzepten das abstrakte Ziel einer möglichst optimalen Informationsverarbeitung und Informationsdarstellung, was *Anzahl* und *Umfang* von als nicht ergebniswirksam bzw. unwirtschaftlich zu bewertenden Entscheidungen und Handlungen zumindest ceteris paribus in ihrer Wahrscheinlichkeit reduziert.

340 Im anderen Falle hätten Sie auch keine weiteren ökonomischen Auswirkungen und damit keine Relevanz für die Risikobetrachtung.

341 Dies drückt sich beispielsweise in der Auffassung der fortlaufenden Verbesserung bestehender Systeme und Prozesse aus (vgl. Frehr, Hans-Ulrich (1994): Total Quality Management, München/Wien, Seite 51 oder auch Pfeifer, Tilo (1996): Qualitätsmanagement, 2. Auflage, München/Wien, Seite 541).

# 4. Spezielle Anforderungen an Informations- und Risikomanagementsysteme in Hochschulen

## 4.1. Literatursynopse zu den Arbeiten zur Rechnungslegung in Hochschulen

Hochschulen stellen einen Spezialfall der bisher betrachteten öffentlichen Einrichtungen dar und werden im weiteren als Betrachtungsgegenstand für eine tiefergehende Analyse genutzt. Die bisher entstandene Literatur zu den Fragen der Rechnungslegung sowie zu Informations- und Steuerungssystemen in Hochschulen ist vielfältig, im deutschsprachigen wie auch im internationalen englischsprachigen Umfeld. Die Entwicklungen lassen sich anhand von drei Entwicklungslinien abzeichnen, welche in unterschiedlicher Gewichtung auch für die praktische Umsetzung an den einzelnen Hochschulen je nach hochschulpolitischer Sachlage eine hohe Bedeutung aufweisen:

*Erstens* gibt es einen deutlich größeren Teil des Schrifttums der von einem grundlegend notwendigen Wechsel auch der Hochschulen hin zum doppischen Buchungssystem ausgeht und versucht die Anpassungen in dieser Richtung an die spezifischen Belange der Hochschulen zu entwickeln bzw. zu unterstützen.

*Zweitens* lässt sich ein sehr kleiner Bereich der Literatur identifizieren, der sich mit der Adaption der internationalen Entwicklungen im Hochschulbereich für den deutschsprachigen Raum beschäftigt. Da aber auch generell der deutschsprachige Hochschuleraum in vielerlei Hinsicht im internationalen Vergleich der Hochschulen eine Sonderrolle einnimmt und Entwicklungslinien teilweise parallele oder völlig unabhängig voneinander verlaufen, ist hier für die praktischen Fragen der Informations- und Managementsysteme in Hochschule bisher wenig fruchtbares hineingetragen worden.

*Drittens* gibt es einen ebenfalls sehr kleinen Teil der Literatur, der sich unabhängig von der Frage der zu Grunde liegenden Rechnungslegungskonzeption mit der Frage der Sinnhaftigkeit und den Anpassungsnotwendigkeiten für die Nutzung von Sonderrechnungen und betriebswirtschaftlichen Informations- und Managementkonzepten für die Hochschulen auseinandersetzen.

Dies alles steht vor dem Hintergrund zweier sich gegenseitig verstärkender Tendenzen: Einmal der Trend zur rückläufigen Finanzierung der Hochschulen – zumindest aus staatlichen Finanzierungsquellen.[342] Dies ist ein internationaler Trend.[343] Zum anderen der zunehmende Wettbewerb unter der Hochschulen selbst, der insbesondere in Deutschland neue Dimensionen annimmt und zum bestimmenden Motivationselement der Hochschulen wird.[344] Zu Recht stellt daher BUDÄUS fest:

> *„Der einzuleitende Umstrukturierungsprozess ist als ein Lernprozess zu begreifen, dessen Zielsetzung die Befähigung zur effizienten Selbststeuerung der einzelnen Hochschulen sein muss.“*[345]

---

342 Hochschulrektorenkonferenz (Hrsg.) (2004): Higher Education Financing, Beiträge zur Hochschulpolitik 3/2004, Bonn; Hochschulrektorenkonferenz (Hrsg.) (2006): Finanzierung der Hochschulen – Finanzierung der Zukunft, Beiträge zur Hochschulpolitik 2/2006, Bonn.

343 Tilak, Jandhyala B.G. (2006): Global Trends in Funding Higher Education, in: International Higher Education, Nr. 42 Winter 2006, Seite 5.

344 Zechlin, Lothar (2006): Im Zeitalter des Wettbewerbs angekommen, Der Differenzierungsprozeß innerhalb der Universitäten läuft, in: Forschung und Lehre, 13. Jahrgang 2006, Nr. 08/06, Seite 446-448

345 Budäus, Dietrich (1992b): Innovative Hochschulentwicklung – Überlegungen zu einer konstruktiven Reformdiskussion und Handlungsorientierung, Diskussionsbeiträge des Arbeitsbereichs Public Management der Hamburger Universität für Wirtschaft und Politik Nr. 13, Hamburg, Seite 3.

### 4.1.1. Übertrag doppischer Buchungskonzepte auf den Hochschulbereich

Die umfangreichen Forschungsdokumentationen zum Einsatz der Doppik in Hochschulen lassen mitunter die folgenden Kernpunkte erkennen:

(a) Mit der Einführung der Doppik und dem zu Grunde liegenden *Wertmessungs- bzw. Ressourcenverbrauchsprinzip* verbindet sich die Hoffnung, dass dadurch sich über alle Differenzen in den Hochschulen hinweg eine gemeinsame Sprache bzw. eine „Diskurseinheit" finden ließe, die eine möglichst rationale Auseinandersetzung und Festlegung im Kontext von Effizienz und Ressourcenknappheit zulässt.[346]

(b) Es besteht weitgehende Einigkeit, dass die Instrumente des doppischen Rechnungswesens auf die *individuellen Belange* der (öffentlichen) Hochschulen angepasst werden müssen.[347]

(c) Als herausragende Feststellung im Bereich des Einsatzes der Doppik in Hochschulen muss das Eckpunktepapier des Wissenschaftlichen Arbeitskreises IVR gelten,[348] der im wesentlichen die *Voraussetzungen und Vorteile des Einsatzes doppischer Rechnungslegung* in Hochschulen darstellt.

(d) Vor dem Hintergrund der insbesondere in den Bereichen der Bildung deutlich multidimensionalen Zielsetzungen gewinnen *Indikatoren für die Leistungserfassung* von Schulen und Hochschulen eine herausragende Bedeutung.[349] Teilweise werden diese dann dem Gedanken der outputorientierten Steuerung in der Form indikatorbasierter Budgetverteilung als Berechnungsgrößen für Budgets einzelner Hochschulen weitergeführt.[350]

(e) Die oftmals mit der Einführung betriebswirtschaftlicher Konzepte wie der doppischen Rechnungslegung verbundenen Warnungen nach einem volkswirtschaftlich suboptimalen Rückgang der Bildungsbeteiligung und Hochschulbildung kann mit guten Argumenten widersprochen werden: Die rationale Frage der Bildungsinvestition scheint auf individueller Entscheidungsebene die Studienentscheidung nicht wesentlich zu bestimmen, anderenfalls wären die steigenden Studierendenzahlen bei gleichzeitigem Absinken der zu erwartenden Einkommensüberschüsse aus einem akademischen Abschluss nicht erklärbar zu sein.[351]

---

346 Heise, Steffen (2001): Hochschulkostenrechnung, Forschung durch Entwicklung ausgehend vom Projekt der Fachhochschule Bochum, Lohmar, Seite 261-262.

347 Beispielweise die spezifische Gliederung bei: Küpper, Hans-Ulrich (2003): Fünfteiliges Rechnungssystem für das Rechnungswesen von Hochschulen – Notwendigkeit, Rechnungszwecke und Bestandteile, in: Bauhaus-Universität Weimar (Hrsg.) (2003): Hochschulrechnungswesen, Arbeitsgruppe Fortbildung Sprecherkreis der Universitätskanzler, Weimar, Seite 51-74.

348 Wissenschaftlicher Arbeitskreis IVR (2005): Eckpunkte für die Grundsätze ordnungsmäßiger Buchführung im öffentlichen Haushalts- und Rechnungswesen auf Basis der Integrierten Verbundrechnung (IVR), in: Budäus, Dietrich/Schauer, Reinbert/Reichard, Christoph (Hrsg.) (2005): Public und Nonprofit Management, Aktuelle Forschungsergebnisse aus Deutschland und Österreich, 5. Forschungsworkshop Hamburg – Linz – Potsdam, Linz/ Potsdam, Seite 197-202.

349 Kienberger, Alexandra (2005): Bildungsindikatoren als Basis für die leistungsorientierte Steuerung im Schulwesen, in: Budäus, Dietrich/Schauer, Reinbert/Reichard, Christoph (Hrsg.) (2005): Public und Nonprofit Management, Aktuelle Forschungsergebnisse aus Deutschland und Österreich, 5. Forschungsworkshop Hamburg – Linz – Potsdam, Linz/ Potsdam, Seite 77-96.

350 Leszczensky, Michael/Orr, Dominic (2004): Staatliche Hochschulfinanzierung durch indikatorgestützte Mittelverteilung, Dokumentation und Analyse der Verfahren in 11 Bundesländern, HIS Kurzinformation Nr. A2/2004, März 2004, Hannover.

351 Mühlenbein, Karen (2005): Expansion des Hochschulwesens – Ein Weg in die Bildungsillusion?, in: Budäus, Dietrich/Schauer, Reinbert/Reichard, Christoph (Hrsg.) (2005): Public und Nonprofit Management,

### 4.1.2. Einfluss des internationalen Hochschuldiskurses

Im internationalen Kontext sind unter dem Stichwort des Higher Education Management vielzählige Diskussionen und vor allem Vergleiche der verschiedenen Hochschulsysteme und Hochschulpolitiken vorhanden. Folgende Entwicklungen zählen zu den wesentlichen aus diesem Diskurs:

(a) Das Verhältnis von Hochschulen und Staat wird in dem meisten Ländern neu definiert. In vielen Fällen ist damit ein *Rückzug des Staates* aus Regulierung, Finanzierung und Verantwortung sowie die Übertragung dieser Bereiche auf private oder selbstverwaltende Bereiche verbunden.[352]

(b) Im Gegenzug ist eine breite Entwicklung hin zu einer größeren *Autonomie der Hochschulen* zu erkennen, wenn auch der Grad der Autonomie umstritten ist.[353]

(c) In der Frage der allgemein für öffentliche Einrichtungen zu beobachtenden *Outputorientierung* trifft dies im Bereich der Hochschulen auf die schon zuvor begonnene und teilweise parallel, teilweise verbunden verlaufende Entwicklung der Evaluation von Hochschulleistungen – insbesondere im Bereich der Lehre. Auch hier finden sich internationale Vergleiche und Beobachtungen.[354]

### 4.1.3. Übertrag von Sonderrechnungen und betriebswirtschaftlichen Konzepten auf die Hochschulen

Neben der grundlegenden Rechnungslegungssystematik stellt die Betriebswirtschaftslehre verschiedenste Ergänzungsrechnungen mit dem Ziel der Wirtschaftlichkeitsanalyse, Steuerung und Optimierung bereit.

(a) Die Hochschulen teilen mit anderen öffentlichen Einrichtungen und auch NGOs die inhärente Spannung zwischen Mission und Ökonomie.[355] Daraus erwächst bei zurückgehender staatlicher Finanzierung unter anderem die Notwendigkeit, in möglichst vielen Bereichen deutlich marktorientierter zu agieren und hierzu auch die entsprechenden Instrumente der Wirtschaftswissenschaften aus dem Bereichen Marktanalyse, Marketing und Kundenorientierung zu übernehmen.

(b) Das grundlegende Paradigma der *Einheit von Forschung und Lehre* muss für eine leistungsfähige Kosten- und Leistungsrechnung - zumindest virtuell - aufgehoben werden. Ansonsten ist eine adäquate Zuordnung von Kosten und Leistungen nicht möglich. Eine Verweigerung dieser Zuordnung führt nach den Ausführungen von HEISE auch in

---

Aktuelle Forschungsergebnisse aus Deutschland und Österreich, 5. Forschungsworkshop Hamburg – Linz – Potsdam, Linz/ Potsdam, Seite 141-152.

352 Bspw. Henkel, Mary/Little, Brenda (Hrsg.) (1999): Changing Relationships between Higher Education and the State, London/Philadelphia.

353 Barnes, John (1999): Funding and University Autonomy, in: Henkel, Mary/Little, Brenda (Hrsg.) (1999): Changing Relationships between Higher Education and the State, London/Philadelphia, Seite 162-190; Smith, Helen/Armstrong, Michael/Brown, Sally (Hrsg.) (1999): Benchmarking and Threshold Standards in Higher Education, London.

354 Brennan, John (1999): Evaluation of Higher Education in Europe, in: Henkel, Mary/Little, Brenda (Hrsg.) (1999): Changing Relationships between Higher Education and the State, London/ Philadelphia, Seite 219-235.

355 Schauer, Reinbert (2002): Neuere Entwicklungen auf dem Gebiet des Nonprofit-Management, Entwicklungstendenzen auf dem Nonprofit-Sektor, in: Budäus, Dietrich/Schauer, Reinbert/Reichard, Christoph (Hrsg.) (2002): Public und Nonprofit Management, Neuere Entwicklungen und aktuelle Problemfelder, 4. Forschungskolloquium Hamburg – Linz – Potsdam, Hamburg, Seite 45.

einem wettbewerblichen Umfeld der Hochschulen zur Aufgabe der Institution selbst.[356]

(c) Vor diesem Hintergrund ist es dennoch oder erst Recht notwendig, die Entwicklung eines *eigenständigen* Hochschulcontrolling voranzutreiben und die grundlegende betriebswirtschaftliche Systematik den Besonderheiten der Hochschulen zugänglich zu machen.[357]

(d) Auch die Übertragung beziehungsweise auch sehr stark eigenständige Entwicklung eines *Qualitätsmanagements* für Hochschulen im Kontext der Evaluation spielt in der Diskussion um die Leistungsmessung eine herausragende Rolle.[358]

(e) Gemeinsam ist den Forschungsergebnissen speziell zu Hochschulen auch, dass neben die in privatwirtschaftlichen Unternehmen üblichen Ausweise von Wertgrößen auch *nichtmonetäre Kennzahlen* treten müssen – spätestens im Bereich der Leistungsvereinbarungen mit öffentlichen Einrichtungen ist dieser Form der Leistungserfassung notwendig.[359]

In einer Gesamtschau zur Frage moderner Informations- und Managementsysteme in Hochschulen ließe sich damit sagen, dass der überwiegende Teil der Literatur zum Einsatz der Doppik als grundlegendem Rechnungslegungskonzept auch für Hochschulen tendiert. Ähnlich wie für öffentlichen Einrichtungen insgesamt lässt sich jedoch auch klar herausstellen, dass die Frage des Rechnungslegungskonzeptes bei weitem nicht mehr als das entscheidende Kriterium für den Erfolg von Hochschulen in einer deutlich marktorientierteren und wettbewerblichen Umwelt angesehen wird. Vielmehr ist der Fokus der wissenschaftlichen und auch praktischen Überlegungen für Hochschulen auf die Ausgestaltung und individuelle Anwendung einer Vielzahl von Informationssystemen und Sonderrechnungen zu richten, da nur hiermit durch die einzelne Hochschule ein Steuerungs- und damit Wettbewerbsvorteil generiert werden kann. Diesem Gedanken entsprechen die weiteren Ausführungen zur Etablierung eines Kriteriensystems und auch eines Risikomanagementkonzeptes für Hochschulen.

## 4.2. Grundlagen und Gliederung

### 4.2.1. Opportunität

Für die Bewertung von alternativen Rechnungslegungssystemen ist eine *Auswahlentscheidung* durch die Existenz von *mindestens zwei* sich in der Anwendung *ausschließenden* Rechnungslegungsverfahren notwendig (Opportunität). Ist eine solche Auswahlmöglichkeit nicht gegeben, so macht ein Bewertungsmodell als Entscheidungsunterstützungssystem für eine Auswahl rational keinen Sinn. Die bestehende Auswahlmöglichkeit kann jedoch sowohl *theoretischer* als auch *praktischer* Natur sein.

356 Heise, Steffen (2001): Hochschulkostenrechnung, Forschung durch Entwicklung ausgehend vom Projekt der Fachhochschule Bochum, Lohmar, Seite 260-261.

357 Dobrindt, Mike (2005): Hochschulkostenrechnung, Konzeptionelle Überlegungen für ein Referenzmodell, Lohmar.

358 Beispielsweise Hochschulrektorenkonferenz (Hrsg.) (2005): Qualität messen - Qualität managen, Beiträge zur Hochschulpolitik 6/2005, Bonn; Hochschulrektorenkonferenz (Hrsg.) (2006): Von der Qualitätssicherung der Lehre zur Qualitätsentwicklung als Prinzip der Hochschulsteuerung, Beiträge zur Hochschulpolitik 1/2006, Bonn.

359 Sorgenfrei, Christiane (1999): Die externe Rechnungslegung im wettbewerbliche gestalteten öffentlichen Hochschulwesen, unter Würdigung kameralistischer und doppischer Reformansätze, München, Seite 249.

(A) Theoretische Opportunität
Im Fall einer oder mehrerer rein theoretischer Opportunität(en) ist auch das Ergebnis einer Bewertung und eine mögliche Entscheidung für ein Rechnungslegungssystem nur theoretisch. Dies kann im Interesse einer rein wissenschaftlich-theoretischen Diskussion erfolgen (*Erkenntniszielsetzung*). Damit werden keine realen Umsetzungsziele verbunden. Allerdings können so in einer Bewertungsdiskussion *neue theoretische Modelle* gefunden werden, welche möglicherweise für einen Praxiseinsatz in Frage kommen. Daraus ist ersichtlich, dass für den Aufbau einer *historisch neuen Rechnungslegungsanforderung* immer sowohl theoretische als auch praktische Opportunität vorliegt. Diese werden in einem interaktiven und evolutorischen Prozess verbunden und führen zu einem ersten Praxissystem.

(B) Praktische Opportunität
Demgegenüber führt eine *praktische* Auswahlsituation in der Regel auch zu einer *realen* Auswahlentscheidung mit anschließender Umsetzung des ausgewählten Verfahrens. Hierbei hat also ein Bewertungssystem auch einen praktischen Nutzwert durch die Dimension der Handlungsanleitung für ein Handlungsproblem in der Praxis (*Handlungszielsetzung*). Grundlage dieses Handlungsproblems ist die *Handlungsmöglichkeit*: Dies erfordert, dass in Bezug auf das verwendete Rechnungslegungssystem eine rechtliche und faktische Handlungsmöglichkeit besteht. Nach der Definition der betrachteten Öffentlichen Einrichtungen können diese unter anderem privatrechtlich verfasste Einrichtungen mit inhaltlicher Selbstdefinition über die Produktion öffentlicher Güter umfassen. Dieser normative Praxisgrundsatz soll als Modell für die folgende Entwicklung eines Bewertungsmodells gelten. Dies bedeutet, dass das auszuarbeitende Bewertungssystem *mindestens für einen Praxisfall anwendbar* sein muss. Eine weitere generelle Anwendbarkeit auf praktischer und auch auf theoretischer Ebene ist erwünscht, aber nicht Bedingung.

### 4.2.2. Pluralität
Wesentliches Merkmal der Diskussion um öffentliche Rechnungssysteme ist die zunehmende Unsicherheit bezüglich eines anzuwendenden Standards: Durch laufend neue Konzeptionen im Rahmen der Verwaltungsmodernisierung werden immer vielfältigere Varianten einer möglichen öffentlichen Rechnungslegung entwickelt.[360] Der Begriff Rechnungslegungsvariante und Modell wird hier gleichgesetzt und verstanden *als allgemein akzeptierter Standard* in Theorie und Praxis. Damit sind *individuelle Anpassungen* einzelner Institutionen und Sonderrechnungen ausgeschlossen. Diese haben schon längere Zeit existiert und werden auch *parallel zu jeder Reformdiskussion* weitergeführt werden. In der Vergangenheit (etwa 1930 bis 1980) konnte ein dominantes Rechnungslegungssystem für öffentliche Einrichtungen, die Kameralistik, beobachtet werden.[361] Mit Beginn der Reformdiskussion ab dem Jahr 1982[362] und insbesondere mit Veröffentlichung des neuen Steuerungsmodells ab 1993[363] hat jedoch die Zahl der verschiedenen Rechnungslegungsvarianten stark zugenommen.

---

360 Vgl. die Entwicklungsaussagen bei: Lüder, Klaus (1994) (Hrsg.), a.a.O., Seite 9.

361 Vgl. beispielsweise die 1987 aktuelle Aussage von Schuster/Steffen zur einheitlichen Verwendung der 'Verwaltungskameralistik' und die nichterfolgte Nutzung der alternativen 'Betriebskameralistik' (Schuster, Falko/Steffen, Dieter (1987): Das Rechnungswesen des kommunalen Verwaltungsbetriebs, Teil 1: Grundbegriffe des Rechnungswesens und Grundzüge der Buchhaltung, Berlin/Heidelberg u.a., Seite 7).

362 Beispielsweise beginnende Literaturquellen ab 1982: Budäus, Dietrich (1982), a.a.O.; Böhret, Carl (1986), a.a.O..

363 Kommunale Gemeinschaftsstelle (KGSt.) (Hrsg.) (1993), a.a.O.

In der aktuellen Situation ist eine Entscheidung bezüglich des weiteren Entwicklungsweges in der Zukunft zu erwarten. Dabei können sich *drei wesentliche Entwicklungspfade* für die Zukunft herausbilden:

- Die Anzahl der praktisch zur Verfügung stehenden und eingesetzten Methoden kann nach einer umfassenden Reformdiskussion und Praxisprojekten in den kommenden Jahren wieder zurückgehen. Dabei kristallisiert sich eines der diskutierten Modelle als überlegen heraus und es kommt zu einer Situation des ‚Modellmonopols'.
- Zweitens kann sich die Zahl der Modelle nach einer Neuentwicklung von Methoden auf einem Niveau einiger für verschiedene Einrichtungen zur Verfügung stehender Methoden einpendeln. Dabei handelt es sich um eine überschaubare Anzahl von Rechnungslegungsmethoden und damit um ein 'Modelloligopol'.
- Und drittens kann sich eine weiter steigende Anzahl von Modellen etablieren; es kommt zu einem 'Modellpolypol' mit einer Vielzahl unüberschaubarer und nebeneinander bestehender Methoden in der öffentlichen Rechnungslegung.

Abbildung 21: Schematische Darstellung zur Entwicklung der Anzahl an Rechnungslegungsvarianten im öffentlichen Bereich

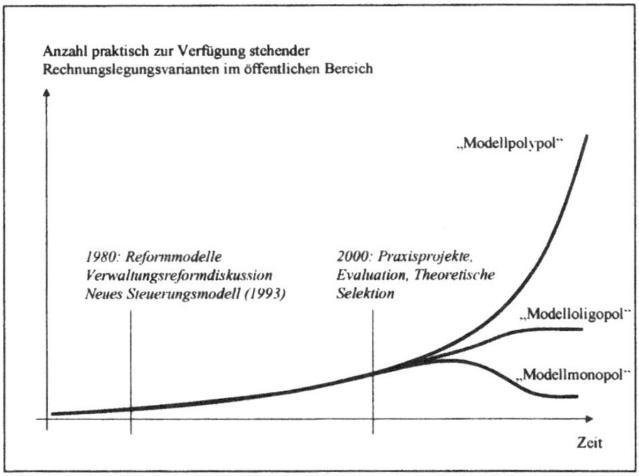


*Quelle. Eigene Darstellung in Anlehnung an Budäus, Dietrich (1994): Public Management, Konzepte und Verfahren zur Modernisierung öffentlicher Verwaltungen, Reihe Modernisierung des öffentlichen Sektors, Band 2, Berlin, Seite 35.*

Für die Verwendung verschiedener Rechnungslegungsmodelle können zwei Nutzenarten durch die verwendende Institution eintreten: Einmal ein *Vergleichsnutzen* durch die Tatsache der Vergleichbarkeit von ähnlichen Tatbeständen oder Informationen aus anderen Institutionen.[364] Dies kann regelmäßig nur bei der Verwendung des gleichen Rechnungslegungsmodells genutzt werden. Auf der anderen Seite können in der Regel bei der Beibehaltung eines bestehenden Rechnungslegungsmodells ein *Vermeidungsnutzen* aus nicht entstehenden Ände-

364 Beziehungsweise bei einer einheitlichen Leistungs- bzw. Produktdefinition: „Das Produkt – eine einheitliche Vorgehensweise bei der Definition bundesweit vorausgesetzt – taugt dann auch zum interkommunalen Leistungsvergleich, der heute meist daran scheitert, dass Äpfel mit Birnen verglichen werden." (Boner, Richard/Steiniger, Anton (1998), a.a.O., Seite 156).

rungs- und Anpassungskosten in Form von Investitions- und Qualifikationskosten realisiert werden. Den Ausschlag zwischen diesen Nutzenbereichen wird der langfristige Nutzen aus einer möglichst an die Institution angepassten Rechnungslegungskonzeption geben. Durch eine möglichst individuelle oder zumindest für Vergleichsgruppen individuelle Konzeption können wesentliche Steuerungsinformationen generiert werden. Diese Tendenz ist beispielsweise für den Hochschulbereich schon zu beobachten, wo sich zwei wesentliche Softwarelösungen mit den damit verbundenen betriebswirtschaftlichen Konzeptionen herauskristallisiert haben.[365] Gestützt wird diese These des erwarteten Modelloligopols durch die derzeit zu beobachtende Gültigkeit und Verwendung von mindestens zwei grundlegenden Basiskonzepten: Dem Modell der Kameralistik und dem Basisansatz der doppelten Buchführung. Dabei existieren in der Praxis viele Abwandlungen und Ausprägungen dieser Grundprinzipien: So hat der Deutsche Fußball-Bund für die in Deutschland im Unterschied zu anderen Ländern in Europa rechtlich als Verein verfassten Bundesligavereine eine *eigene privatrechtliche Erweiterung* der allgemeinen Grundsätze der doppischen Buchführung erarbeitet.[366] Ohne die Beachtung dieses erweiterten eigenständigen Rechnungslegungskonzeptes erhalten die Vereine keine Zulassung zur Liga. Damit wird auch in einem ersten Ansatz die Spezifität der Rechnungslegungskonzepte für gleichartige, homogene und damit vergleichbare Institutionen wie die deutschen Fußballvereine deutlich gemacht. Unmittelbar ersichtlich ist hier auch, dass es in einer ausdifferenzierten Gesellschaft mehrere solcher spezifischer Institutionengruppen gibt.

Abbildung 22: Übersichtsdarstellung der zwei Rechnungslegungsprinzipien und ihrer Varianten

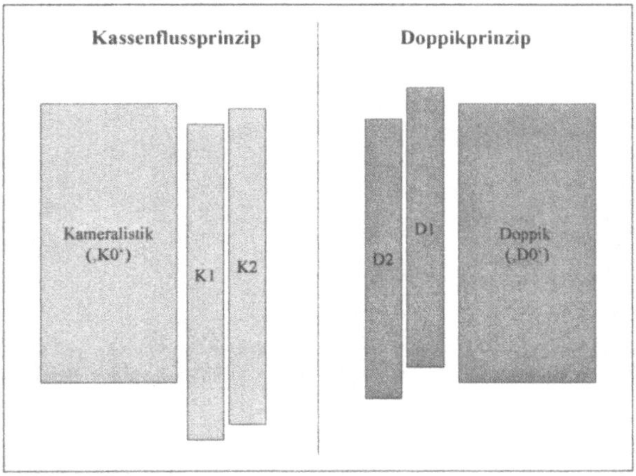


*Quelle: Eigene Darstellung.*[367]

365 Es handelt sich um das Branchentool SAP/R3 der SAP AG Walldorf sowie die Softwarelösung HISCOB-GX (Hochschulinformationssystem Controlling Baustein) der HIS GmbH Hannover (siehe beispielsweise die Beschreibung des RHFS über die Verwendung bei Pilotprojekten an Hochschulen in verschiedenen Bundesländern: RHFS (2002), a.a.O., Seite 15-22).

366 Galli, Albert (1998): Zur Ausgestaltung der Rechnungslegung bei Vereinen – Die Vorgehensweise des Deutschen Fußball-Bundes, in: Die Wirtschaftsprüfung, Heft 2/1998, Seite 56-63.

367 Anhaltspunkte für diese Darstellung finden sich beispielsweise bei Borchers, der in vier Projektphasen mindestens vier Rechnungslegungssysteme unterscheidet: Erstens eine Zuordnung von Produktplänen zu

Mindestens zwei Konzepte – nämlich die Grundsysteme Kameralistik und Doppik – können im praktischen Einsatz beobachtet werden. Dies widerlegt die These einer möglichen Rückkehr zu einem Modellmonopol für öffentliche Einrichtungen. Mit der These des erwarteten Modelloligopols sowie des beobachteten 'Mindest-Duopols' ergibt sich eine im Vergleich zur Vergangenheit steigende Anforderung an Modelle der Methodenauswahl. Diese Selektion wird durch die Pluralität der Rechnungslegungsmodelle notwendig. Im Zuge der Diskussion um steigende Effizienz- und Effektivitätserwartungen an die öffentlichen Einrichtungen wird auch der Legitimationsdruck durch derartige Bewertungsverfahren für oder gegen eine Rechnungslegungsmethode erhöht.

### 4.2.3. Unterscheidung von Gestaltungs- und Bewertungsebene für Kennzahlensysteme

Die wesentlichen Publikationen in der betriebswirtschaftlichen Diskussion zu Kennzahlensystemen beziehen sich auf das Vorgehen bei der *Gestaltung* von Kennzahlensystemen und die Begründung deren Existenz. Auf einer abstrahierten Metaebene muss jedoch bei der dargestellten Auswahl von konkurrierenden Modellen für Bewertungssysteme die *Bewertung* im Vordergrund stehen. Diese beiden Ebenen haben einen inhaltlich wechselseitigen Bezug da

a) die Umsetzungen der Gestaltung die Bewertung eines Kennzahlensystems beeinflusst sowie
b) die Bewertung von alternativen Kennzahlensystemen zumindest langfristig deren Gestaltung beeinflusst (Modellevolution).

Für die folgende Konstruktion eines *Bewertungs*systems werden folgerichtig auch die Eckpunkte aus den bestehenden Untersuchungen zur *Gestaltung* von Kennzahlensystemen bezogen.

## 4.3. Gliederung

Für die Erstellung eines Bewertungsmodells für öffentliche Rechnungslegungssysteme kann man sich im wesentlichen an den *bestehenden Überlegungen zur Gestaltung und Bewertung* betriebswirtschaftlicher Informations- und Kennzahlensysteme orientieren.[368]

- Definitorisch wird dabei *Information* als „Aussage zur Verbesserung des Erkenntnis- oder Wissensstandes über einen Informationsgegenstand in einer gegebenen Umwelt zur Erfüllung einer Aufgabe (Informationszweck)“[369] verstanden.
- Demgegenüber sind *Kennzahlen* (im engeren Sinne) zu verstehen als „willentlich verdichtete Maßgrößen, um (...) in einer konzentrierten Form über einen zahlenmäßig erfassbaren Sachverhalt berichten zu können.“[370]
- Nicht quantitativ erfassbare Informationen werden als *Indikatoren* verstanden.

Damit wird deutlich, dass für die beabsichtigte outputorientierte Dokumentation im Rahmen der öffentlichen Rechnungslegung die Verwendung der Erkenntnisse zu betriebswirtschaftlichen Kennzahlensystemen am nächsten liegt. Denn mit der Outputsteuerung ist die Aggre-

---

Haushaltspositionen, zweitens die Verknüpfung des Produkthaushaltes mit der klassischen Kameralistik, drittens eine ‚erweiterte Kameralistik' mit integrierter Kosten- und Leistungsrechnung sowie viertens ein „Rechnungswesen auf doppischer Basis“ (Borchers, Reinhard (1998), a.a.O., Seite 150).

368 Quellen hierzu sind beispielsweise: Buchner, Robert (1985): Finanzwirtschaftliche Statistik und Kennzahlenrechnung, München; Gladen, Werner (2001): Kennzahlen- und Berichtssysteme, Grundlagen zum Performance Measurement, Wiesbaden; Weber, Jürgen/Sandt, Joachim (2001): Erfolg durch Kennzahlen, Neue empirische Erkenntnisse, Reihe Advanced Controlling, Band 21, Vallendar; Vollmuth, Hilmar (1999), a.a.O.

369 Szyperski, N. (1980): Informationsbedarf: in: Handwörterbuch der Organisation, 2. Aufl., Stuttgart, Sp. 904 ff.

370 In Anlehnung an Gladen, Werner (2001), a.a.O., Seite 12.

gation von Einzelinformationen verbunden, da eine Erfassung von Ergebnissen auf unterstem Aggregationsniveau nicht sinnvoll und wirtschaftlich erscheint. In der Regel werden Konzepte der Outputsteuerung auch generisch von ‚oben nach unten' aufgebaut. Die ersten Schritte fragen nach dem Output auf dem *höchsten* Aggregationsniveau und brechen dieses dann möglicherweise auf weitere Subebenen herunter.

### 4.3.1. Grundanforderungen betriebswirtschaftlicher Kennzahlensysteme

Grundlage für die Erstellung von Kennzahlensystemen ist die Ausrichtung an den drei wesentlichen Schritten

a) Hintergrund,
b) Konstruktion und
c) Umsetzung.[371]

Alle drei Bereiche gehören zu einer Konzeption eines Kennzahlensystems. Dementsprechend muss sich auch die Bewertung eines Kennzahlensystems an diesen Punkten sowie an dem ***vierten Bereich der Anreiz- und Durchführungswirkungen*** orientieren.

Abbildung 23: Bereiche der Gestaltung und Bewertung von Kennzahlensystemen

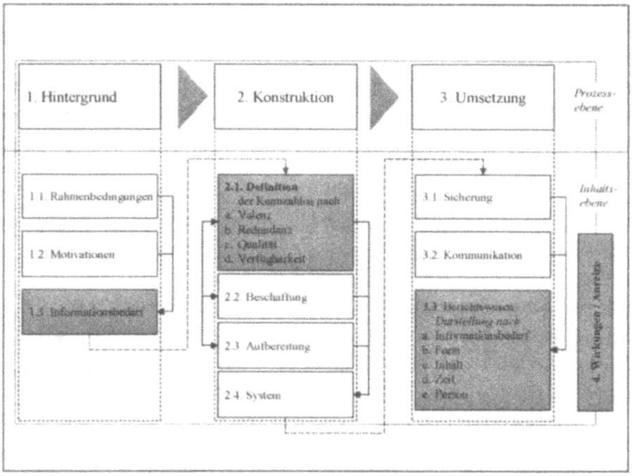


*Quelle: Eigene Darstellung in Anlehnung an die Gliederung bei Gladen, Werner (2001): Kennzahlen- und Berichtssysteme, Grundlagen zum Performance Measurement, Wiesbaden.*

### 4.3.2. Grundanforderungen an Kennzahlen in Öffentlichen Einrichtungen

Für den Bereich der Öffentlichen Einrichtungen stellt beispielsweise die Kommunale Gemeinschaftsstelle zur Verwaltungsvereinfachung (KGSt) die folgenden Kriterien in Form von Fragen für Kennzahlen auf:[372]

a) Ist die Kennzahl steuerungsrelevant für die Aufgabenerfüllung?
b) Wer kann mit der Kennzahl was steuern?
c) Wie schnell wird der Veränderungsbedarf sichtbar?
d) Sind zentrale Steuerungsziele abgedeckt?

371 Beispielsweise nach dem Aufbau bei Gladen, Werner (2001), a.a.O..
372 Nach Buschor, Ernst (2000), a.a.O., Seite 38-39.

e) Ist die Kennzahl verständlich?
f) Ist die Kennzahl hinlänglich genau und mit verhältnismäßigem Aufwand erhebbar?
g) Sind Kennzahlen beschrieben und als ganzes interpretierbar?
h) Sind Wirkungszusammenhänge zweckmäßig abbildbar?
i) Welche Erkenntnisse werden mit der Kennzahl vermittelt?
j) Sind Wirkungszusammenhänge aktuell?
k) Sind die Kosten umfassend und korrekt ermittelt?
l) Sind die Kostenkomponenten analytisch zweckmäßig gegliedert?

Diese Anforderungen für öffentliche Einrichtungen spiegeln im Wesentlichen die dargestellten Anforderungsbereiche der Bereiche 2 (Kennzahlen) und 3 (Prozesse) wider. Damit werden diese in die Detailbewertung des Kriteriensystems mit einbezogen. Der entsprechende Führungskontext muss dafür gesichert sein. Dieser lässt sich beispielsweise nach den folgenden Kriterien dokumentieren:[373]

- Klare, konsistente und sichtbare Führung der obersten Leitungsstufen
- Klarer Konzeptrahmen für die Leistungsmessung
- Wirksame interne und externe Kommunikation
- Klare und verstandene Zuordnung der Resultatverantwortung
- Zielerreichung und nicht (nur) Indikatorenerreichung
- Kontinuierliche Leistungs- und Qualitätsverbesserung
- Positive (nicht bestrafende) Anreize zur Zielerreichung
- Offene, breite und kontinuierliche Diskussion der Zielerreichung

Diese Anforderungen entsprechen also im Wesentlichen den unter dem Gliederungsbereich 4 der Wirkungen und Anreize dargestellten Bewertungsbereich. Dieser sollte zu einer ′Bewertung im weiteren Sinne′ herangezogen werden, da diese Kriterien über die reine Funktionalität des Rechnungslegungssystems hinausweisen und eindeutig organisationsbedingte Einflüsse hat. Als Übergangsbereich dazu hat auch der dritte Bereich der mit der Rechnungslegung verbundenen (Berichts-) Prozesse eine *inhaltliche Abhängigkeit von organisationsinternen Prozessen*, allerdings kann sich eine ‚Bewertung im engeren Sinne' auf die Bewertung des Rechnungslegungskonzeptes bzw. einer zu bewertenden Rechnungslegungssoftware auf die *Unterstützung* dieser Prozesse zurückziehen.

Die tatsächliche Nutzung der entsprechenden Möglichkeiten und Funktionalitäten des RLK oder der Software ist dabei nicht Gegenstand der Prüfung im engeren Sinne. Die Bewertung kann damit unabhängig von der Nutzung und Umsetzung dieser Funktionalitäten geschehen. Aus dem Bereich der betriebswirtschaftlichen Kennzahlensysteme sind die folgenden Anforderungen an Kennzahlen nach OSSOLA-HARING einschlägig:
a) Trotz Aggregation Aufdeckung kleiner Abweichungen,
b) Verbindung jeder Kennzahl mit einer Vorgabe,
c) Verbindung jeder Kennzahl mit einem Ziel,
d) Komprimierte Darstellung,
e) Messbarkeit (‚Harte Daten′; für ‚Weiche Daten′: Erfragbarkeit),
f) Vollständigkeit
g) Vergleichbarkeit (einheitliche Bezeichnung, einheitliche Ermittlung) – intersubjektiv, intertemporal,

373 Buschor, Ernst (2000), a.a.O., Seite 39.

h) Übersichtliche Aufbereitung
i) Verständlichkeit
j) Effektivität / Benutzerfreundlichkeit
k) Effizienz (Wirtschaftlichkeit)
l) Fristenkongruent: lang-, mittel- und kurzfristig
m) Durchgängigkeit (gesamte Organisation),
n) Quantitative Erfassbarkeit,
o) Berücksichtigung von Vergangenheit, Gegenwart und Zukunft.[374]

Neben den Kennzahlenbereichen der Finanzdaten ist auch die Verwendung von Kennzahlen aus den Bereichen Personal, Materialwirtschaft/Logistik, Produktion sowie Marketing/ Verkauf und Führung/ Organisation möglich. Die folgende Übersicht zeigt Beispiele zu betriebswirtschaftlich verwendeten Kennzahlen.

Tabelle 18: Auswahl von Beispielen betriebswirtschaftlicher Kennzahlen (nicht-monetär)

| **Personal** | **Logistik** | **Produktion** | **Marketing** | **Führung/ Organisation** |
|---|---|---|---|---|
| Durchschnittliche Betriebszugehörigkeit | Transportkosten | Fehlerquote je Produkt/Prozess | Produktdeckungsbeitrag | Unternehmenszielerreichungsgrad |
| Durchschnittsalter der Belegschaft | Umweltkosten | Kundenreklamationen je Produkt | Vertriebsstruktur | Kundenzufriedenheit |
| Personalkosten | Reparaturkosten | Produktkontinuität | Auftrags-Besuchs-Verhältnis | Betriebsklima |
| Qualifikationsstruktur | Unfälle (Anzahl) | Innovation | | Zielerreichungsgrad strategische Ziele |
| Weiterbildungszeit | Reisekosten | Ausfallzeiten (Maschinen) | | |
| Personaldeckungsgrad | | Anzahl zertifizierter Lieferanten | | |
| Arbeitszeitvolumen | | Produktionsvolumen | | |
| Krankheitsquote | | | | |
| Fluktuationsrate | | | | |
| Verbesserungsvorschlagsrate | | | | |
| Arbeitsunfallkosten | | | | |

*Quelle: Auszugsweise nach der Kennzahlenbeschreibung bei OSSOLA-HARING, Claudia (Hrsg.) (1999): Das große Handbuch Kennzahlen zur Unternehmensführung, Kennzahlen richtig verstehen, verknüpfen und interpretieren, Landsberg/Lech.*

Übergreifende Haushaltsfunktionen, an denen sich auch eine individuelle Bewertung von einzelnen Rechnungslegungskonzepten und Kennzahlen orientieren kann, sind beispielsweise:[375]
a) Disziplinierungsfunktion (Verschuldungskriterien u.ä.)
b) Koordinierungsfunktion (Abstimmung verschiedener Einrichtungen und Haushalte)
c) Ökonomisierungsfunktion (Darstellung nach der volkswirtschaftlichen Gesamtrechnung)
d) Nachhaltigkeitsfunktion (mittel-/längerfristiger Ausgleich)

374 Ossola-Haring, Claudia (Hrsg.) (1999): Das große Handbuch Kennzahlen zur Unternehmensführung, Kennzahlen richtig verstehen, verknüpfen und interpretieren, Landsberg/Lech, Seite 19.
375 Nach Buschor, Ernst (2000), a.a.O., Seite 49.

e) Transparenzfunktion (international vergleichbare Daten)

Diese Aufzählungen lassen sich unmittelbar mit der Unterteilung in die Phasen der Erstellung von Kennzahlensystemen in Deckung bringen: Während die erstgenannten Kriterien der KGSt sich im Wesentlichen auf den Abschnitt ‚2. Konstruktion' mit den *Eigenschaftsmerkmalen* der Kennzahlen konzentrieren, weist der zweite Bereich der Kontextkriterien eine Überschneidung mit dem Abschnitt ‚3. Umsetzung', mit den *Prozessmerkmalen* eines Systemkontextes auf.

Der dritte Bereich der Funktionen oder Zielsetzungen lässt sich grundlegend mit der Frage „1. Hintergrund" nach den *Zielmerkmalen* in Übereinstimmung bringen. Aus dieser Übereinstimmung zwischen der Systematik der betriebswirtschaftlichen Konstruktion von Steuerungssystemen und den Anforderungen an Kennzahlen in Öffentlichen Einrichtungen soll als Grundmuster eines Bewertungssystems abgeleitet werden.

Abbildung 24: Empirisch belegte Anforderungen an Kennzahlen

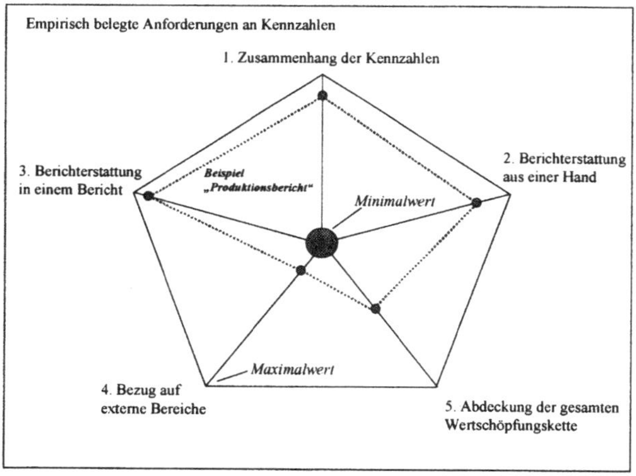


*Quelle: Weber, Jürgen/Sandt, Joachim (2001): Erfolg durch Kennzahlen, Neue empirische Erkenntnisse, Reihe Advanced Controlling, Band 21, Vallendar, Seite 31.*

Ergänzend haben WEBER und SANDT in einer empirischen Studie[376] die wesentlichen Merkmale verwendeter Kennzahlen in betriebswirtschaftlichen Steuerungssystemen herausgearbeitet. Die fünf meistgenannten Kriterien sind in der folgenden Abbildung dargestellt. Die hier vorgestellten Merkmale beziehen sich im Wesentlichen auf den in der vorstehenden Abbildung mit (2.1.) bezeichneten Definitionsbereich. Lediglich Merkmal (2) und (3) sind dem Bereich der Umsetzung (3.3. Berichtswesen) zuzuordnen. Daneben treten spezifisch finanzwissenschaftliche Kriterien aus dem Bereich der Öffentlichen Institutionen wie beispielsweise die nachfolgend Genannten.

376 Weber, Jürgen/Sandt, Joachim (2001), a.a.O.

a) Darstellung intertemporaler Lastverteilung (gesicherte finanzwissenschaftliche Normvorstellung der Reduktion intertemporaler Lastverschiebungen (nach Wagner, Adolf, von Stein, Lorenz u.a.),
b) Darstellung der finanzwirtschaftlichen Überlebensfähigkeit (financial viability),[377]
c) Darstellung der finanzwirtschaftlichen Ordnungsmäßigkeit und Rechtmäßigkeit (Rechtsbindung an verabschiedete Haushaltsgesetze),
d) Möglichkeit der externen Überprüfbarkeit (finanzwirtschaftliche Rechnungskontrolle),
e) Informationsdarstellung zu Effizienz und Effektivität des Verwaltungshandelns,[378]
f) Darstellung der Kosten einzelner Verwaltungsaktivitäten.

Des weiteren muss auch der Aspekt der Abhängigkeit von Herstellern, Beratern und Dienstleistern bei laufendem Betrieb und Änderungsbedarf genannt werden.[379] Als spezifische Zielsetzung gerade in Öffentlichen Einrichtungen verfolgt die *Risikodarstellung* das Ziel der Minimierung von Haushaltsbelastungen und finanziellen Risiken in der Zukunft. Auf eine steigende Belastung dieser Art hat beispielsweise der Bundesrechnungshof im Ergebnisbericht 2000 ausführlich hingewiesen.[380] Für eine Risikodarstellung in Öffentlichen Einrichtungen bestehen grundsätzlich die Fragen
a) der absoluten oder relativen Darstellung,
b) der zentralen und/oder dezentralen Erfassung und Darstellung,
c) des zeitlichen Erfassungs- und Darstellungsintervalls sowie
d) der Definition der zu erfassenden und darzustellenden Risiken.

Diese Eigenschaften der Risikoerfassung und Risikodarstellung sind abzuwägen gegen den mit der Messung und Darstellung verbundenen Aufwand. Grundsätzlich ist normativ festzuhalten, dass eine möglichst breite Darstellung (absolut und relativ anhand mehrerer Bezugsgrößen), eine möglichst dezentrale aggregierbare Erfassung und Darstellung, ein möglichst

---

377 Lüder, Klaus (1991), a.a.O., Seite 8.

378 Eine Darstellung der Effektivität ist per definitionem nur bei einer Erfassung gesetzter und erreichter Outputziele möglich. Dennoch wird dieses Kriterium der Effektivität auch in der rein inputorientierten Diskussion um die Rechnungskonzeption angebracht (siehe ebd., Seite 9)

379 Auf das Kriterium der Abhängigkeit kommt es insbesondere in sicherheitsrelevanten Bereichen wie der Landesverteidigung an, wie beispielsweise Schuster sie für die Bundeswehr beschreibt (Schuster, Bernd (1999), a.a.O., Seite 216).

380 „Künftige Haushalte unterliegen einer erheblichen Vorbelastung durch die bereits in Anspruch genommenen Verpflichtungsermächtigungen sowie durch künftig anfallende Versorgungsausgaben für Bundesbeamte und Ruhestandsbeamte der ehemaligen Sondervermögen Bahn und Post. Aus den vom Bund in wachsendem Maße übernommenen Bürgschaften, Garantien und sonstigen Gewährleistungen sind weitere erhebliche Haushaltsrisiken entstanden. Die Haftungssumme des Bundes betrug nach den Feststellungen des Bundesrechnungshofes zum 30. Juni 1997 rd. 433 Mrd. DM. Bis zum Jahre 1997 waren entsprechende Schäden in Höhe von rd. 12 Mrd. DM eingetreten. Der Bundesrechnungshof hat darauf hingewiesen, dass die bisher eingegangenen Gewährleistungsrisiken im Hinblick auf künftige Bundeshaushalte umfassend bewertet werden müssen, da der Bund bereits in der Vergangenheit verstärkt aus derartigen Verpflichtungen in Anspruch genommen worden ist. Der Bundesrechnungshof hat die Erkenntnis gewonnen, dass der finanzwirtschaftliche Gestaltungs- und Entscheidungsspielraum des Bundes für künftige Haushaltsjahre zunehmend durch Belastungen bestimmt wird, die in früheren Haushaltsjahren verursacht worden sind, aber erst in späteren Haushaltsjahren zu Ausgaben führen werden. Nach Auffassung des Bundesrechnungshofes sollten alle Anstrengungen unternommen werden, um einen weiteren Anstieg des Finanzierungsdefizits und der Verschuldung zu begrenzen und zusätzliche Belastungen und Risiken für künftige Haushalte zu vermeiden.“ (BRH (2000a), a.a.O., Seite 6).

kurzer Erfassungs- und Darstellungszeitraum sowie eine möglichst gestufte und weitgehende Definition der Risiken öffentlicher Einrichtungen als vorteilhafter zu bewerten sind.

*(a) Absolute oder relative Darstellung*

Die Erfassung und Darstellung von finanziellen Risiken muss in jedem Fall als *absolute Erfassung* die Finanzbeträge in den verschiedenen Risikoformen aufnehmen. In der *Darstellung* besteht dann die Möglichkeit, das einzelne oder vor allem aggregierte finanzielle Risiko als *absolute Darstellung*[381] und/oder als *relative Darstellung* in Bezug auf eine Basisgröße anzugeben. In der finanzwissenschaftlichen Entwicklung ist insbesondere durch den Stabilitätspakt im Rahmen der Europäischen Währungsunion[382] eine Tendenz hin zu relativen Risikodarstellungen zu erkennen. Dadurch wird eine bessere Darstellung der Risikoposition erwartet, da allein die absolute Darstellung zwar die Quantifizierung eines zukünftigen Finanzrisikos leistet (*Risikofalldarstellung*), nicht jedoch die Einschätzung, ob dieses Risiko für die entsprechende Institution tragbar ist (*Tragfähigkeitsdarstellung*). Mögliche Basisgrößen für eine in der Regel *zusätzliche* Darstellung in relativer Form können beispielsweise sein:

- *Budgetvolumen*: Der Umfang des aktuellen Haushalts oder auch ein durchschnittlicher Umfang der vergangenen drei, fünf oder zehn Jahre kann als *Maß für die Finanzkraft* der betreffenden Institution gelten. Damit ist die Tragfähigkeit für zukünftige finanzielle Risiken quantifiziert.
- *Wirtschaftsleistung*: Die Höhe der aktuellen Wirtschaftsleistung oder ein entsprechender Durchschnittswert der vergangenen drei, fünf oder zehn Jahre stellt in Abhängigkeit von der geographischen Abgrenzung die *potenzielle Tragfähigkeit* einer Öffentlichen Einrichtung dar. Damit ist ein indirekter Rückschluss[383] auf die tatsächliche Tragfähigkeit der Institution möglich.

*(b) Zentrale und/oder dezentrale Erfassung und Darstellung*

Eine möglichst dezentrale Erfassung der finanzielle Risiken wird bisher kaum durchgeführt. Sie entspräche aber deutlich dem Gedanken der Verwaltungsmodernisierung, der eine dezentrale Ressourcenverantwortung auf der Seite der veranschlagten Input-Budgets befürwortet. In Anlehnung an das betriebswirtschaftliche Konzept eines zu messenden und zu steuernden ‚Risk-Return-Verhältnisses' als Ausdruck einer wirtschaftlichen Leistung zwischen dem Erwirtschaften von Ergebnissen und den damit verbundenen Risiken sollte eine möglichst dezentralisierte Betrachtung auch der Risiken angestrebt werden. Eine vergleichbare Überlegung bahnt sich auf der Ebene der Bundesrepublik in Bezug auf die Risikoverteilung aus den

381 So wird derzeit die Übersicht der Finanzverbindlichkeiten im Rahmen der Verschuldung von Gebietskörperschaften als absolute Angabe in der Jahresschlussrechnung dargestellt. Nur im Fall des Bundeshaushaltes erfolgt eine zusätzliche relative Darstellung auf Grund der Anforderungen des Stabilitätspaktes der Europäischen Währungsunion als Prozentsatz in Bezug auf die Basisgröße der Jahreswirtschaftsleistung.

382 Siehe die Definition der Verhältnisgröße des „geplanten oder tatsächlichen öffentlichen Defizits zum Bruttoinlandsprodukt" in Artikel 104 Absatz 2 Satz 2 lit. a EGV bzw. der Verhältnisgröße des „öffentlichen Schuldenstands zum Bruttoinlandsprodukt" in Artikel 104 Absatz 2 Satz 2 lit. b EGV.

383 Dabei muss angenommen werden, dass die Wirtschaftsleitung je nach Steuerarten durch eine Ausweitung der Steuersätze oder zusätzliche Steuerarten erst in Steueraufkommen „umgesetzt" werden muss. Dies hängt von der Reagibilität des Steueraufkommens von der quantifizierten Wirtschaftsleistung ab. Bei einer hohen Reagibilität kann von einer automatischen Anpassung des Steueraufkommens an die Veränderung der Wirtschaftsleistung ausgegangen werden, so dass keine Veränderungen der Besteuerung notwendig sind. Ist jedoch die Reagibilität im umgekehrten Fall gering, muss evtl. eine Änderung der Besteuerung oder auch der Abgaben- und Gebührenerhebung vorgenommen werden.

Verschuldungskriterien des Stabilitätspaktes[384] der Europäischen Währungsunion an. Wie der BRH bereits im Jahr 2000 angemerkt hat,[385] ist eine Verteilung der Verschuldungsgrenzen sowie der möglichen Sanktionszahlungen auf den Bund, die Länder sowie die Sozialversicherungsträger angebracht.

*(c) Zeitliches Erfassungs- und Darstellungsintervall*
Die in Bezug auf die zeitliche Erfassung und Projektion notwendige Genauigkeit und Bereichnung fordert beispielsweise PÜTTNER im folgenden Zitat:

> *„In die Finanzplanung müssen, damit sie sinnvoll und vollständig ist, die Folgekosten laufender Maßnahmen und Projekte eingehen. Insbesondere handelt es sich dabei um die Kosten der Pflege und Unterhaltung getätigter Investitionen und um die Betriebskosten (bzw. den Zuschussbedarf) geschaffener Einrichtungen."*[386]

*(d) Definition der zu erfassenden und darzustellenden Risiken.*
Die zu erfassenden und darzustellenden Risiken müssen individuell für die Typengruppe der betroffenen Öffentlichen Einrichtungen[387] oder die einzelne Öffentliche Einrichtung bestimmt werden.[388]

4.3.3. Allgemeine und spezifische Gliederungsebene
(A) Allgemeine Kriterien
Die oberste Ebene[389] eines Bewertungssystems für Rechnungslegungskonzepte, welches auf Kennzahlen aufbaut, stellt die Gliederung nach *Zielmerkmalen*, *Eigenschaftsmerkmalen* und *Prozessmerkmalen* dar.
(B) Spezifische Kriterien
In einem weiteren Schritt muss zur näheren Definition eines Kennzahlensystems zwischen *allgemeinen* und *spezifischen* Kennzahlen in diesen drei Bereichen unterschieden werden. Als *Beispiel* kann für den Gesundheitsbereich gezeigt werden, dass die Frage nach der Abbildung outputorientierter Kennzahlen als Informationsanforderung als *allgemeines* Bewertungsmerkmal (Zielmerkmal) gelten kann, da diese Forderung auch gegenüber Rechnungslegungskonzepten für andere Bereiche wie Kommunalhaushalte, Sporteinrichtungen, Eigenbetriebe etc. von Bedeutung sein kann. Andererseits ist beispielsweise die Anforderung an die Abbildung der Informationsanforderungen aller wichtigen Adressaten im Gesundheitsbereich

---

384 Vgl. Artikel 104 Absatz 2 Satz 2 lit. a und b EUV.

385 „Die Teilnehmer an der gemeinsamen Europäischen Währung sind vertraglich verpflichtet, übermäßige Defizite im öffentlichen Bereich zu vermeiden. Nach dem 1. Januar 1999 kann der Rat der EU die Mitgliedstaaten mit erheblichen finanziellen Sanktionen belegen, wenn sie diese Pflicht verletzen und keine erkennbaren Korrekturmaßnahmen ergreifen. Die Sanktionen könnten z.B. für Deutschland bei Überschreitung des Referenzwertes um einen Prozentpunkt bereits zweistellige Milliardenbeträge erreichen. Bund, Länder, Kommunen und Sozialversicherungen sind daher gleichermaßen aufgefordert, ihre Verschuldung zu begrenzen. Der Bundesrechnungshof hat darauf hingewiesen, dass es dringend wirksamer Verfahren zur Koordinierung der Finanzpolitik von Bund und Ländern und zur innerstaatlichen Haftung für mögliche finanzielle Sanktionen der EU bedarf. Solange solche Regelungen ausstehen, trifft den Bund das Risiko finanzieller Sanktionen durch die EU allein." (BRH (2000a), a.a.O., Seite 9).

386 Püttner, Günter (2000): Verwaltungslehre, 3. Auflage, München, Seite 246.

387 Beispielsweise Hochschulen.

388 Mit einer ähnlichen Unterteilung arbeitet: Eberhardt, Tim (2003): Informationssysteme für Hochschulen, Wettbewerbsvorteile durch interne und externe Rechnungslegung, Wiesbaden, Seite 230.

389 Dabei handelt es sich *nicht* um eine *Bedeutungsgliederung*, sondern um eine konstruktivistische *Ordnungsgliederung*. Mit der Zuordnung auf verschiedenen Ebenen und Teilbereichen sind noch *keine Wertungen* oder *Gewichtungen* unterschiedlicher Bewertungskriterien verbunden.

(Krankenkassen, Gesundheitspolitik auf kommunaler, landespolitischer und bundespolitischer Ebene, Ärzte und Klinische Einrichtungen) im Bereich der Zielmerkmale eine *spezifische* Anforderung, welche *nicht* auf andere Bereiche und Institutionen übertragen werden kann. Für diese Festlegung der *allgemeinen* und *spezifischen Gültigkeit*[390] der Bewertungsmerkmale spielt per definitionem die *Abgrenzung* des betrachteten Bereiches eine wesentliche Rolle.[391] Dabei soll nach den Anforderungen der statistischen Clusteranalyse[392] davon ausgegangen werden, dass eine *sinnvolle Abwägung* zwischen der *Anzahl* der vertretenen Institutionen und der *Homogenität*[393] der vertretenen Institutionen in einer *Gruppenabgrenzung* vorgenommen wird. Es kann dabei unterstellt werden, dass zwischen (steigendem) Vergleichsnutzen durch eine möglichst hohe Homogenität und einem (fallenden) quantitativen Vergleichsnutzen bei einer abnehmenden Anzahl von Institutionen ein rationales Nutzenoptimum zu definieren ist.

Abbildung 25: Optimum der Vergleichsgruppengröße nach Informationsnutzen

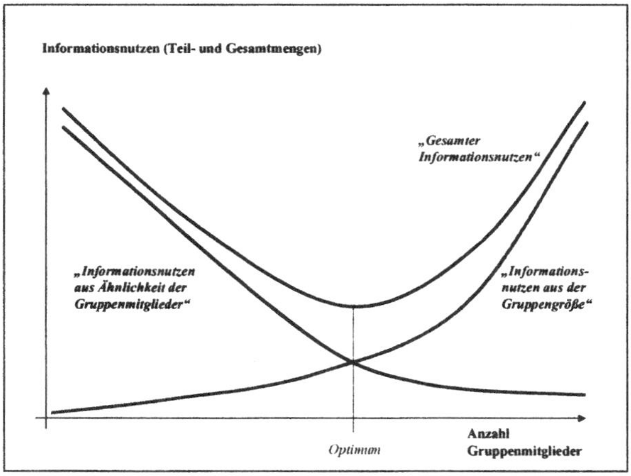


*Quelle: Eigene Darstellung.*

Zu beachten ist dabei nach oben stehender Abbildung, dass zwei gegenläufige Komponenten eines gesamten Informationsnutzens im Vergleich verschiedener öffentlicher Einrichtungen mit der gleichen RLK in Abhängigkeit von der Anzahl der Gruppenmitglieder in einer Gruppe homogener Institutionen zu beobachten ist: Zum einen steigt der Informationsnutzen aus dem Vergleich für jede Öffentliche Gruppe, je größer diese Gruppe ist (Validität der Vergleichsaussagen). Zum anderen sinkt tendenziell der Informationsnutzen, der sich aus der dem

390 Vergleichbare Aussagen zu diesen unterscheidbaren Bewertungsebenen trifft beispielsweise Reinermann in Bezug auf die 'Vererbung' von Aussagen von der allgemeinen auf eine spezifische Ebene (Reinermann, Heinrich (2000a), a.a.O., Seite 19).

391 Würde man beispielsweise jede einzelne Öffentliche Einrichtung als eine eigene Gruppe zur Definition von allgemeinen und spezifischen Bewertungskriterien heranziehen, so gäbe es genau *n* verschiedene Beschreibungen der spezifischen Bewertungsmerkmale bei *n* verschiedenen Öffentlichen Einrichtungen.

392 Die Clusteranalyse als Oberbegriff beschäftigt sich mit der Gruppenbildung, während Varianz- und Diskriminanzanalysen diese bestehenden Gruppen weiter analysieren und in der genauen Zuordnung verfeinern können (vgl. beispielsweise bei Hippmann, Hans-Dieter (2003): Statistik, 3. Auflage, Stuttgart, Seite 224-227).

393 Als eine möglichst hohe Eigenschaftsgleichheit der Gruppeninstitutionen.

Vergleich zugrunde liegenden Ähnlichkeit ableitet, mit zunehmender Zahl der Gruppenmitglieder und damit auch abnehmender Homogenität dieser Gruppen. Somit ist zu erwarten, dass sich jeweils für einzelne Arten Öffentlicher Einrichtungen eine individuell optimale Gruppengröße im Hinblick auf den gesamten Informationsnutzen herausbildet. Diese wird vermutlich durch eine geringe Zahl von verwendeten RLK geprägt sein. Typischerweise können Modelloligopole mit einer relativ geringen Zahl von Modellen verwendet werden. Dieses Beispiel ist schon im Bereich der Hochschulen mit nur zwei Softwareangeboten und dahinter liegenden RLK zu beobachten[394]. Zusätzlich muss für den Bereich der spezifischen Kennzahlen noch der nur für eine einzelne Öffentliche Einrichtung fassbare Bewertungsbereich der Wirkungs- und Wirtschaftlichkeitskriterien hinzukommen. Dieser stellt wie oben angeführt einen Bewertungsbereich „im weiteren Sinne“ dar, der auf spezifische Eigenschaften der einzelnen Öffentlichen Einrichtung abstellt und nicht nur das RLK selbst beurteilt.

(C) Ableitung der sieben Gliederungsfelder

Durch die Kombination der Merkmalsbereiche und der Unterscheidung zwischen allgemein oder spezifisch ergibt sich eine Einteilung von sieben Bewertungsgruppen im Rahmen des verwendeten Gliederungsschemas wie die folgende Tabellenübersicht verdeutlicht.

Tabelle 19: Gruppen von Bewertungskriterien nach dem verwendeten Gliederungsschema

| | **Allgemein** | **Spezifisch** |
|---|---|---|
| **Zielmerkmale** | 1. Allgemeine Bewertungskriterien in Bezug auf Zielmerkmale (AZ) | 4. Spezifische Bewertungskriterien in Bezug auf Zielmerkmale (SZ) |
| **Eigenschaftsmerkmale** | 2. Allgemeine Bewertungskriterien in Bezug auf Eigenschaftsmerkmale (AE) | 5. Spezifische Bewertungskriterien in Bezug auf Eigenschaftsmerkmale (SE) |
| **Prozessmerkmale** | 3. Allgemeine Bewertungskriterien in Bezug auf Prozessmerkmale (AP) | 6. Spezifische Bewertungskriterien in Bezug auf Prozessmerkmale (SP) |
| **Wirkungsmerkmale** | | 7. Spezifische Bewertungskriterien in Bezug auf Wirkungs- und Wirtschaftlichkeitsmerkmale (SW) |

*Quelle: Eigene Darstellung.*

### 4.3.4. Gewichtung von Bewertungskriterien

Neben der Definition von Bewertungskriterien nach der verwendeten Gliederung spielt die Frage der unterschiedlichen Gewichtung bei der Bewertung mit Hilfe von Kennzahlen eine relevante Rolle. Die Frage der Bedeutung einzelner Bewertungskriterien für einzelne öffentliche Einrichtungen ist

a) eine *individuelle* und
b) eine *politische*

Entscheidung. Aus diesen Gründen ist eine *allgemeine* – und damit für mehrere Institutionen gültige – Gewichtung für die Bewertung von Rechnungslegungskonzepten für einzelne öffentliche Einrichtungen *nicht* möglich. Aus Vergleichsgründen ist es möglicherweise vorteilhaft, einen Gewichtungs-Kriteriensatz als allgemeinen vorzuschlagen und zu verwenden. Jedoch wird in der operativen Diskussion in jeder öffentlichen Einrichtung bei wichtigen Entscheidungen in der Regel die Forderung aufkommen, die allgemeinen Gewichtungen an die individuelle Situation der Öffentlichen Einrichtung anzupassen. In der Konzeption des Bewertungssystems wird eine Gewichtung nur auf der obersten Ebene der Bewertungsbereiche vorgeschlagen. Die Kriterien in den Bewertungsbereichen werden jeweils gleich gewichtet.

394 Vergleiche die Analyse der Softwareangebote für Hochschulen weiter unten.

### 4.3.5. Vergleichsebenen oder Skalierbarkeit der Bewertung

Das Bewertungssystem sollte es ermöglichen, in verschiedenen Varianten einmal die Bewertung eines Rechnungslegungskonzeptes für eine individuelle Öffentliche Einrichtung durchzuführen – und gleichzeitig auf der anderen Seite einen übergreifenden Vergleich beispielsweise für eine homogene Gruppe Öffentlicher Einrichtungen[395] realisieren zu können.

Tabelle 20: Gliederungs- und Baukastenschema des Bewertungssystems nach Auswertungsebenen

| **Personal** | **A. Bewertungsebene öffentliche Einrichtungen** | **B. Bewertungsebene Spezifische Gruppe öffentlicher Einrichtungen (z.B. Hochschulen)** | **C. Bewertungsebene einer individuellen öffentlichen Einrichtung** |
|---|---|---|---|
| 1. Bewertungsbereich Allgemeine Zielkriterien (AZ) | X | X | X |
| 2. Bewertungsbereich Allgemeine Eigenschaftskriterien (AE) | X | X | X |
| 3. Bewertungsbereich Allgemeine Prozesskriterien (AP) | X | X | X |
| 4. Bewertungsbereich Spezifische Zielkriterien (SZ) | | X | X |
| 5. Bewertungsbereich Spezifische Eigenschaftskriterien (SE) | | X | X |
| 6. Bewertungsbereich Spezifische Prozesskriterien (SP) | | X | X |
| 7. Bewertungsbereich Spezifische Wirkungskriterien (SW) | | | X |
| (a) Gewichtung der Bewertungsbereiche 1.-3. | X | X | X |
| (b) Gewichtung der Bewertungsbereiche 1.-6. | | X | X |
| (c) Gewichtung der Bewertungsbereiche 1.-7. | | | X |
| (d) Gewichtung nach Einzelkriterien | | | X |

*Quelle: Eigene Darstellung.*

Auf einer dritten Bewertungsebene können allgemeine Bewertungskriterien für alle Öffentlichen Einrichtungen verwendet werden. Diese drei Bewertungsebenen sollten möglichst ohne größere Umstände überführbar sein. Daher wird im vorgeschlagenen System nach dem Prinzip eines 'Baukastensystems' für die jeweils weitere Detailebene ein Bewertungsbereich oder eine Bewertungsgewichtung der Kriterien hinzugefügt, ohne dass die Werte und Aussagen der Auswertung einer höheren Vergleichsebene verändert werden. Dieser Zusammenhang ist in der dargestellten Tabelle dargestellt.

## 4.4. Konstruktion

### 4.4.1. Basismodell

Die einfachste Kennzahlendefinition kann eine einzige Inputgröße in Verbindung mit einer einzigen Outputgröße sein. Eine solche hoch aggregierte duale Kennzahlenkonstruktion stellt zum Beispiel KLÜTER in der Form „Finanzieller Aufwand für die öffentliche Verwaltung einer Gebietskörperschaft" (Inputgröße) gegenüber „Bruttoinlandsprodukt je Einwohner in dieser Gebietskörperschaft" (Outputgröße) vor, verwirft diese jedoch sofort wieder mit der Aus-

395 Dies können beispielsweise Öffentliche Einrichtungen für medizinische Leistungen (Krankenhäuser) oder für akademische Forschung und Lehre (Hochschulen) sein.

sage, komplexe Ziele der öffentlichen Hand ließen sich nicht auf die reine Outputgröße BIP pro Einwohner reduzieren.[396] Als theoretisches Gedankenmodell kann dieses einfachste Kennzahlensystem für die Bewertung öffentlicher Aktivitäten jedoch bestehen bleiben.
Daran anschließen lässt sich die Fragestellung, inwieweit sich Kennzahlensysteme als Ableitung dieser einfachen dualen Version entwickeln lassen. Beispielsweise dadurch, dass das Globalziel der Wirtschaftsleistung pro Kopf weiter differenziert wird in verschiedene, zusammenhängende Kennzahlen zu Bildungsstand, Beschäftigung und Branchenverteilung (Profil, Kernkompetenzen). Damit wird jedoch, wie bei KLÜTER angeführt, mindestens der Zielbereich des distributorischen Politikbereiches ausgeblendet. Eine Berücksichtigung von Einkommens- und Regionsdisparitäten findet nicht statt. Sobald solche Zielbereich aber nicht in Steuerungsinformationen in Form von Kennzahlensystemen abgebildet sind, können diese auch nicht sinnvoll angestrebt werden und es erfolgen die 'falschen' Maßnahmen.[397]

### 4.4.2. Weitere Anforderungen

Weiterhin muss für die Kennzahlendefinition auch die Unterscheidung zwischen Informationsquantität und Informationsqualität beachtet werden. Ebenso unterscheidet BUCHNER für den Aufbau von Kennzahlen nach Datenbeschaffung und Datenauswertung. [398] Die Bewertung eines Kennzahlensystems führt von der Frage des 'Was?' (Inhalt: Redundanz, Eindeutigkeit, Distanzreduzierung, Verdichtung, Kommentar, Vergleichsinformation) hinweg über das 'Wie?' (Form: Übersichtlichkeit), das 'Wann?' (Zeit: Schema, Aktualität/ Genauigkeit) zur Frage des 'Wer?' (Person: Einheitlichkeit). Dies ist entsprechend eng mit den Fragen der Gestaltung des Berichtswesens verknüpft.[399]

> *„Voraussetzung für eine funktionsfähige finanzanalytische Kennzahlenrechnung sind Kenntnisse der bewertungsrelevanten Daten. Die Datenbeschaffung (...) hat von den jeweiligen der Analyse zugrunde liegenden Kennzahlenmodellen und deren Parametern auszugehen, denn durch diese wird der Sachbereich der zu beschaffenden Daten vorgegeben.“*[400]

### 4.4.3. Formen der Input-Output-Relation im Budget und in der Budgetabbildung

Letztlich stellt sich die Frage, wie outputorientierte Kennzahlen im politischen Umfeld in Bezug auf die Finanzmittelausstattung verwendet werden. Hier bestehen mehrere Möglichkeiten:

a) Einmal können Mittel von zuvor definiertem Umfang auf Leistungskennzahlen oder Aufgaben auf verschiedene Leistungsträger verteilt werden. Dies wird beispielsweise bei den 'Kreisschulbaukassen' nach der Anzahl der Schüler praktiziert[401]. Dabei erfolgt eine lineare Verteilung eines festen Budgets (Wert) auf ein festgelegtes Outputkriterium (Lineare Outputzuordnung eines fixen Inputs).

396 Klüter, Helmut (1998): Regionalentwicklung und Verwaltungsräume in Mecklenburg-Vorpommern, in: Wallerath, Maximilian (Hrsg.) (1998): Administrative Strukturen und Verwaltungseffizienz, Verwaltungsstrukturreform in Mecklenburg-Vorpommern, Baden-Baden, Seite 15.

397 Ebd., Seite 19-20.

398 Buchner, Robert (1985), a.a.O., Seite 370.

399 Gladen, Werner (2001), a.a.O., Seite 208 ff.

400 Buchner, Robert (1985), a.a.O., Seite 369.

401 Voß, Wolfgang (1991): Nutzenspillover-Effekte als Problem des kommunalen Finanzausgleichs, Ein Beitrag zur ökonomischen Rationalität des Ausgleichs zentralitätsbedingten Finanzbedarfs, Frankfurt am Main u.a., Seite 93.

b) Zweitens können Mittel von zuvor definiertem Umfang nach einem definierten Leistungsranking verschiedener Leistungsträger verteilt werden (Beispiel: Forschungsmittelvergabe der DFG, Nichtlineare Outputvergabe fixer Inputmittel).
c) Drittens kann ein variables Mittelbudget nach der Maßgabe einer linearen Relation zu Plan- oder Ist-Outputgrößen determiniert werden.
d) Viertens kann ein variables Mittelbudget nach definierten Outputkriterien vergeben werden (Beispiel: Fördermittelvergabe, Nichtlineare Outputvergabe variabler Inputmittel).

Diese vier Fälle sind in der Kombination der beiden Kriterien der Definition des Inputs (Budgets) und der Linearität der Verteilung auf feste Outputkennzahlen in der folgenden Abbildung dargestellt.

Tabelle 21: Modelle der Mittelverteilung im Rahmen einer outputorientierten Steuerung

| | | **Outputrelation (Mittelinput zu Outputeinheiten)** | |
|---|---|---|---|
| | | Fix (linear) | Variabel (fallweise) |
| **Input** | Fix | (a) Lineare Outputzuordnung eines fixen Inputs, Bsp. Kreisschulbaukasse | (b) Nichtlineare Outputzuordnung eines fixen Inputs, Bsp. DFG-Fördermittelvergabe |
| | Variabel | (c) Lineare Outputzuordnung eines variablen Inputs, Bsp. DRG-Abrechnung der Krankenkassen | (d) Nichtlineare Outputzuordnung eines variablen Inputs, Bsp. Fördermittelvergabe in der Wirtschaftsförderung |

*Quelle: Eigene Darstellung.*

Diese dargestellten Mittelverteilungsmodelle können jeweils im vorhinein (ex ante) und im nachhinein (ex post) in Bezug auf den Zeitpunkt der Leistungserstellung umgesetzt werden. Meist ist sowohl eine vorauslaufende Planung als auch der Abgleich der Mittelverteilung mit den Ist-Zahlen nach Beendigung der Leistungserstellung zum Beispiel am Ende des Kalender- oder Haushaltsjahres realisiert.

### 4.4.4. Konstruktion der Bewertungskriterien

#### (A) Allgemeine Zielmerkmale

Der Bereich der allgemeinen Zielmerkmale, der die übergreifenden und generell gültigen Anforderungen Öffentlicher Einrichtungen an die Zielerfüllung in Bezug auf die verwendeten Rechnungslegungssysteme darstellt, ist gleichzusetzen mit einem Teil der in Kapitel 3 entwickelten Anforderungen an Rechnungslegungssysteme.

Für die Konstruktion des Kennzahlensystems wird eine neue Nummerngliederung verwendet, welche für den Bereich der Allgemeinen Zielmerkmale mit der Ordnungsnummer 1 beginnt und darunter hierarchisch einen Teil der im dritten Kapitel herausgearbeiteten Kriterien anordnet.

Ergänzend werden die im vorigen Abschnitt angeführten allgemeinen Anforderungen an Kennzahlensysteme in privatwirtschaftlichen Unternehmen und Öffentlichen Einrichtungen für die Kriteriensammlung verwendet.

Tabelle 22: Kriterienübersicht allgemeine Zielmerkmale

| **Bewertungsbereich** | **Kriterien**[402] | **Beschreibung** |
|---|---|---|
| 1. Allgemeine Zielmerkmale | 1.1. Erfassungsumfang | Umfassende Erfassung aller Geschäftsvorfälle (Datenbasis), *Abbildungsfunktionalität* |
| | 1.2. Erfassungsflexibilität | Flexible Erfassung und Abgrenzung der Geschäftsvorfälle, *Veränderungsfunktionalität* |
| | 1.3. Vermögensabbildung | Erfassung der Vermögensverhältnisse für die Einrichtung, *Vermögensfunktionalität* |
| | 1.4. Inputabbildung | Laufende Darstellung des Ressourcenverbrauchs, *Inputinformationsfunktionalität* |
| | 1.5. Tragfähigkeitsabbildung | Darstellung der Verschuldungs- und Tragfähigkeitssituation, *Ratingfunktionalität* |
| | 1.6. Dezentralisierungsoption | Unterstützung einer Dezentralisierung der Budgetverantwortung, *Dezentralisierungsfunktionalität* |
| | 1.7. Planungsabbildung | Umsetzung einer langfristigen politischen Aufgabenplanung, *Politische Planungsfunktionalität* |
| | 1.8. Ergebniskontrolle | Dokumentation der geplanten Ergebnisse und Kontrolle, *Ergebniskontrollfunktionalität* |
| | 1.9. Risikodarstellung | Unterstützung einer Risikoerfassung, *Risikofunktionalität* |

*Quelle: Eigene Darstellung.*

## (B) Allgemeine Eigenschaftsmerkmale

Die allgemeinen Eigenschaftsmerkmale in der Bewertung der RLK sind ebenfalls zu großen Teilen aus der Herleitung in Kapitel 3 übernommen. Weitere Kriterien sind ergänzend aus den vorstehenden Ausführungen entnommen.

Tabelle 23: Kriterienübersicht allgemeine Eigenschaftsmerkmale

| Bewertungsbereich | Kriterien[403] | Aggregierte Kriterienthese |
|---|---|---|
| 2. Allgemeine Eigenschaftsmerkmale | 2.1. Detailinformation | Zuordnung des Verbrauchs auf Organisationseinheiten, *Detailfunktionalität* |
| | 2.2. Analysefunktion | Unterstützung von Kalkulationen und Wirtschaftlichkeitsanalysen, *Kalkulationsfunktionalität* |
| | 2.3. Vergleichsfunktion | Unterstützung von Leistungsvergleichen durch Kennzahlen, *Benchmarkingfunktionalität* |
| | 2.4. Entscheidungsinformation | Darstellung von Wirtschaftlichkeits- und Investitionsrechnungen, *Entscheidungsunterstützungsfunktionalität* |
| | 2.5. Flexibilisierung / Abbildung Globalbudgets | Unterstützung wirtschaftlicher Entscheidungen durch Flexibilität, *Flexibilisierungsfunktionalität* |
| | 2.6. Zielquantifizierung | Durchführung einer Quantifizierung (KNA, Vergabe), *Quantifizierungsfunktionalität* |
| | 2.7. Wirkungsmessung | Wirkungsmessung und Steuerungsanreize für die Umsetzung, *Effektivitätsfunktionalität* |
| | 2.8. Finanzrisikoabbildung | Unterstützung einer Erfassung finanzieller Risiken (Zinsen), *Finanzrisikofunktionalität* |
| | 2.9. Sachrisikoabbildung | Unterstützung einer Erfassung weiterer Risiken (Partner, Private), *Sachrisikofunktionalität* |

*Quelle: Eigene Darstellung.*

## (C) Allgemeine Prozessmerkmale

Die nachfolgenden allgemeinen Prozessmerkmale wurden zumeist aus der Zusammenführung der zuvor genannten Anforderungen gewonnen.

---

402 Die Kriterien 1.1. bis 1.9. entstammen der Ableitung in Kapitel 3, alle weiteren aus der Zusammenführung der in den vorigen Abschnitten genannten Anforderungen.

403 Die Kriterien 2.1. bis 2.9. entstammen der Ableitung in Kapitel 3, alle weiteren aus der Zusammenführung der in den vorigen Abschnitten genannten Anforderungen.

Tabelle 24: Kriterienübersicht allgemeine Prozessmerkmale

| Bewertungsbereich | Kriterien[404] | Beschreibung |
|---|---|---|
| 3. Allgemeine Prozess-merkmale | 3.1. Aktualität | Geschwindigkeit und damit Aktualität in der Datenverarbeitung, *Aktualitätsfunktionalität* |

*Quelle: Eigene Darstellung.*

## (D) Spezifische Zielmerkmale

Die spezifischen Zielmerkmale sind nach der Definition jeweils für eine spezielle Gruppe Öffentlicher Einrichtungen zu entwickeln und können nicht übergreifend für alle Öffentlichen Einrichtungen dargestellt werden. Eine exemplarische Anwendung dieses Kriterienbereichs wird im sechsten Kapitel für den Bereich der Hochschulen als Beispiel für öffentliche Einrichtungen umgesetzt. Diese Kriterien sind hier stellvertretend angeführt, müssten jedoch für die Analyse einer anderen Gruppe Öffentlicher Einrichtungen entsprechend angepasst werden.

Tabelle 25: Kriterienübersicht spezifische Zielmerkmale

| Bewertungsbereich | Kriterien | Beschreibung |
|---|---|---|
| 4. Spezifische Zielmerkmale | 4.1. Budgetabbildung nach Arbeitsbereichen | Unterscheidung der *Mittelverwendungen* für die Bereiche Forschung, Lehre und evtl. Weiterbildung als drei Grundaufgabenbereiche der Hochschulen |
| | 4.2. Leistungsabbildung nach Arbeitsbereichen | Unterscheidung der *Ergebnisse* für die Bereiche Forschung, Lehre und evtl. Weiterbildung als drei Grundaufgabenbereiche der Hochschulen |

*Quelle: Eigene Darstellung.*

## (E) Spezifische Eigenschaftsmerkmale

Die spezifischen Eigenschaftsmerkmale sind wie im vorigen Abschnitt auf spezielle Gruppen von Öffentlichen Einrichtungen zugeschnitten. Die nachfolgend aufgeführten Kriterien sind beispielhaft für Hochschulen zur Verdeutlichung der Bewertungssystematik angeführt.

Tabelle 26: Kriterienübersicht spezifische Eigenschaftsmerkmale

| Bewertungsbereich | Kriterien | Beschreibung |
|---|---|---|
| 5. Spezifische Eigenschaftsmerkmale | 5.1. Gewichtung der Forschungsleistungen | Hierarchische und gewichtete Verknüpfung der verschiedenen Forschungsleistungen (z.B. Publikationsgewichtung nach Punkten für verschiedene Veröffentlichungsmedien) |
| | 5.2. Gewichtung der Lehrleistungen | Gewichtung der Lehrleistungen z.B. nach verschiedenen Veranstaltungsformen oder nach Ergebnissen (Teilabschlüsse/Credit Points, Gesamtabschluss) |

*Quelle: Eigene Darstellung.*

404 Das Kriterium 3.1. entstammt der Ableitung in Kapitel 3, alle weiteren aus der Zusammenführung der in den vorigen Abschnitten genannten Anforderungen.

(F) Spezifische Prozessmerkmale
Die spezifischen Prozessmerkmale sind wie im vorigen Abschnitt auf eine spezielle Gruppe von Öffentlichen Einrichtungen zugeschnitten. Die nachfolgend aufgeführten Kriterien sind beispielhaft für Hochschulen zur Verdeutlichung der Bewertungssystematik angeführt.

Tabelle 27: Kriterienübersicht spezifische Prozessmerkmale

| Bewertungsbereich | Kriterien | Beschreibung |
|---|---|---|
| 6. Spezifische Prozess-merkmale | | |

*Quelle: Eigene Darstellung.*

(G) Spezifische Wirkungs- und Wirtschaftlichkeitsmerkmale
Die spezifischen Wirkungs- und Wirtschaftlichkeitsmerkmale sind nur für eine einzige öffentliche Einrichtung gültig, das heißt sie können nur unter Berücksichtigung von spezifischen Informationen für eine spezielle Einrichtung beurteilt werden. Daher wird dieser Bewertungsbereich auch als ‚Bewertung im weiteren Sinne' bezeichnet, da er über die Bewertung des RLK selbst hinausgeht.

Tabelle 28: Kriterienübersicht spezifische Wirkungsmerkmale

| Bewertungsbereich | Kriterien | Beschreibung |
|---|---|---|
| 7. Spezifische Wirkungs- und Wirtschaftlichkeits-merkmale | 7.1. Wirkungs- und Anreizsysteme | Gesamte Anpassung der RLK in Bezug auf die möglichen Anreizwirkungen des Systems und die Abbildung der tatsächlichen Entscheidungsstrukturen der einzelnen öffentlichen Einrichtung (z.B. einer Hochschule) |
| | 7.2. Wirtschaftlichkeit | Verhältnis von notwendigem Ressourcenaufwand (monetär/zeitlich) zu den Möglichkeiten der einzelnen öffentlichen Einrichtung (z.B. einer Hochschule) |

*Quelle: Eigene Darstellung.*

### 4.4.5. Zusammenfassung als Bewertungsleitfaden
Die vorgenannten Kriterien werden in der nachfolgenden Übersicht in der Form der zu verwendenden Bewertungssystematik mit der Ergänzung von Bewertungsfragen zusammengeführt. Für die Bewertung wird eine Punkteskala von 0 bis 10 Punkten vorgeschlagen, wobei 10 Punkte den höchsten erreichbaren Wert für jedes Kriterium darstellen.

Durch die erläuterte Konstruktion nach dem Baukastenprinzip sind die Bewertungsebenen farblich markiert: Die nicht gefärbten Flächen kennzeichnen das allgemeine Bewertungsschema für RLK in Öffentlichen Einrichtungen, die grau hinterlegten Flächen zeigen die zusätzlichen Bewertungsbereiche für RLK einer bestimmten Gruppe Öffentlicher Einrichtungen (z.B. Hochschulen) an; die gelb hinterlegten Flächen markieren die zusätzlichen Bewertungsbereiche für RLK für eine einzelne öffentliche Einrichtung (z.B. Universität Leipzig). Die Prozentangaben sind nur Beispiele einer Gewichtung.

Tabelle 29: Übersicht Vorlage Bewertungsleitfaden

| Nr. | Kriterien | Bewertungsfragestellung | Bewertung | Gew. 1 | Gew. 2 |
|---|---|---|---|---|---|
| | **1. Allgemeine Zielmerkmale** | | **Maximal 90 Punkte** | **50,00 %** | |
| 1 | 1.1. Erfassungsumfang | Ist die umfassende Erfassung aller Geschäftsvorfälle als Datenbasis sichergestellt? | 5 | | 10,00 % |
| 2 | 1.2. Erfassungsflexibilität | Ist die flexible Erfassung und Abgrenzung der Geschäftsvorfälle möglich? | 6 | | 03,00 % |
| 3 | 1.3. Vermögensabbildung | | 7 | | 05,00 % |
| 4 | 1.4. Inputabbildung | | 8 | | 03,00 % |
| 5 | 1.5. Tragfähigkeitsabbildung | | 9 | | 03,00 % |
| 6 | 1.6. Dezentralisierungsoption | | 4 | | 03,00 % |
| 7 | 1.7. Planungsabbildung | | 3 | | 05,00 % |
| 8 | 1.8. Ergebniskontrolle | | 5 | | 03,00 % |
| 9 | 1.9. Risikodarstellung | | 6 | | 05,00 % |
| | **Summe 1** | | **45** | **25,00 %** | |
| | **2. Allgemeine Eigenschaftsmerkmale** | | **Maximal 90 Punkte** | **30,00 %** | |
| 10 | 2.1. Detailinformation | | 6 | | |
| 11 | 2.2. Analysefunktion | | 4 | | |
| 12 | 2.3. Vergleichsfunktion | | 6 | | |
| 13 | 2.4. Entscheidungsinformation | | 7 | | |
| 14 | 2.5. Flexibilisierung / Abbildung Globalbudgets | | 5 | | |
| 15 | 2.6. Zielquantifizierung | | 3 | | |
| 16 | 2.7. Wirkungsmessung | | 6 | | |
| 17 | 2.8. Finanzrisikoabbildung | | 3 | | |
| 18 | 2.9. Sachrisikoabbildung | | 5 | | |
| | **Summe 2** | | **45** | **15,00 %** | |
| | **3. Allgemeine Prozessmerkmale** | | **Max. 10 P.** | **20,00 %** | |
| 19 | 3.1. Aktualität | | 4 | | |
| | **Summe 3** | | **4** | **08,00 %** | |
| | **Summe allg. Bewertung** | | | **48,00 %** | |
| | **4. Spezifische Zielmerkmale** | | | | |
| 20 | 4.1. Budgetabbildung nach Arbeitsbereichen | | | | |
| 21 | 4.2. Leistungsabbildung nach Arbeitsbereichen | | | | |
| | **Summe 4** | | | | |
| | **5. Spezifische Eigenschaftsmerkmale** | | | | |
| 22 | 5.1. Gewichtung der Forschungsleistungen | | | | |
| 23 | 5.2. Gewichtung der Lehrleistungen | | | | |
| | **Summe 5** | | | | |
| | **6. Spezifische Prozessmerkmale** | | | | |
| | **Summe 6** | | | | |
| | **7. Spezifische Wirkungsmerkmale** | | | | |

*Quelle: Eigene Darstellung.*

### 4.4.6. Informationsdarstellung

(A) Konsistenz

Für die Umsetzung müssen die verwendeten Daten in Ihrer Struktur konsistent sein. Dies bedeutet, dass zu jedem Berechnungszeitpunkt immer die gleichen Berechnungsergebnisse vorhanden sein müssen.

(B) Omnivalenz und komparative Äquivalenz

Unter dem Gesichtspunkt der allgemeinen Gültigkeit (Omnivalenz) in zeitlicher und örtlicher Hinsicht müssen Kennzahlen betrachtet werden, da hierdurch eine *Vergleichbarkeit* ermöglicht wird. Dies ermöglicht Leistungs- und Betriebsvergleiche zur Verbesserung der Wirtschaftlichkeit in einzelnen Organisationseinheiten. Die Bedeutung dieser Anforderung zeigt beispielsweise BUSCHOR in der Beschreibung der Schweizer Rechnungslegungsreform von 1978 (Kantone) und 1981 (Gemeinden), in der dieses Argument zentraler Motivationspunkt für einheitliche Änderungen der Abgrenzungsdefinitionen war.[405] MÄDING und SCHEDLER betonen allerdings nachträglich die Problematik in der Umsetzung, die bis heute eine Vergleichbarkeit insbesondere zwischen den einzelnen schweizerischen Kantonen verhindert.[406] In Anlehnung an das Konzept der *fiskalischen Äquivalenz*[407] kann dabei die neue Beschreibung einer *'komparativen Äquivalenz'*[408] definiert werden: Danach kann ein *Nutzenmaximum* aller betrachteten Öffentlichen Einrichtungen[409] in Bezug auf die *Quantität* und die *Qualität* der *Vergleichsinformationen*[410] erreicht werden, wenn der *Kreis der Nutzer* einer einheitlichen Rechnungslegungskonzeption mit dem *Kreis der vergleichbaren Einrichtungen* nach ihrer spezifischen Aufgabe möglichst weitgehend übereinstimmt.

---

405 Buschor, Ernst (1994), a.a.O., Seite 26.

406 „Heute, über zehn Jahre später, haben alle Kantone (bis auf eine Ausnahme) das Modell wenigstens für ihre Gemeinden eingeführt, wobei den regionalen Besonderheiten derart stark Rechnung getragen wurde, daß interkantonale Kennzahlen-Vergleiche praktisch ausgeschlossen sind." (Mäder, Hans/Schedler, Kuno (1994), a.a.O., Seite 53.

407 Das Äquivalenzprinzip wird in vielfältigen Ausprägungen verwendet: Beispielsweise im Vergleich und der Bewertung von Steuern und Abgaben sowie der Verteilung von Steuerlasten, siehe: Kerber, Markus C. (2001): Das Prinzip ökonomischer Äquivalenz und der Primat der Politik, Zur Reform der Rüstungsbeschaffung aus finanzwissenschaftlich-staatsrechtlicher Sicht, Diskussionspapier Nr. 2001/13 der Technischen Universität Berlin, Fakultät Wirtschaft und Management (VIII), Berlin, Seite 15-16). Im vorliegenden Kontext soll als Vergleichspunkt das Verständnis nach Mancur Olson als fiskalische Autonomie durch die *Übereinstimmung* von (regionalem) *Nutzerkreis* und dem *Kreis der Kostenträger* verwendet werden (Siehe Zimmermann, Horst/Henke, Klaus-Dirk (2001), a.a.O., Seite 179; oder auch Hansjürgens, Bernd (1999): Die Sicht des Äquivalenzprinzips in der Finanzwissenschaft, Stuttgart sowie Hansjürgens, Bernd (2001): Äquivalenzprinzip und Staatsfinanzierung, Finanzwissenschaftliche Forschungsarbeiten, Neue Folge, Band 72, Berlin, Seite 32-34).

408 Es handelt sich um einen neuen Ausdruck, der sich in Anlehnung an den finanzwissenschaftlichen Begriff der 'fiskalischen Äquivalenz' an den Elementen 'Vergleich' (komparativ) und 'Übereinstimmung von Nutzerkreis und Eigenschaftskreis' (Äquivalenz) orientiert.

409 Die Betrachtung erfolgt hier im Rahmen des Untersuchungskonzeptes für die definierten Betrachtungsobjekte der öffentlichen Einrichtungen. Eine Übertragung auf *privatwirtschaftliche Einrichtungen* mit einer *vergleichbaren Problemstellung* (Auswahl des Rechnungslegungskonzeptes und Optimierung eines interorganisationalen Vergleichsnutzens) ist jedoch denkbar.

410 Diese Vorstellung geht davon aus, dass den betrachteten Einrichtungen durch die zur Verfügung stehende Information eine *Verbesserung* bzw. eine Optimierung der allokativen Disposition und damit der *Wirtschaftlichkeit* ermöglicht wird. Dieser *allokative Informationsnutzen* gilt sowohl *qualitativ* (je mehr Information durch mehr teilnehmende Einrichtungen, desto besser die Information) als auch *quantitativ* (je besser die Übereinstimmung in Bezug auf die Spezifität der Einrichtung im Vergleich zu anderen, desto besser die Information).

(C) Externe Informationsanforderung
Neben dem internen Nutzen einer Vergleichbarkeit der Informationen besteht auch ein Nutzen in der externen Informationspolitik. Als ein grundlegendes Ziel der Rechnungslegung kann die Information externer Adressaten angesehen werden. Im politischen Bereich kann diese Forderung in der Diskussion um den Begriff der 'accountability' wahrgenommen weden. Da nun durch die spezifischen Eigenschaften bestimmter homogener Institutionengruppen ein größerer Informationsnutzen für externe Adressaten bei einer Verwendung eines spezifisch angepassten Rechnungslegungskonzeptes besteht,[411] kann von einer Vorteilhaftigkeit der Anwendung eines spezifischen Rechungslegungskonzeptes ausgegangen werden.

## 4.5. Umsetzung

Die im folgenden beschriebenen Kriterien können für ein Bewertungssystem von RLK für den Einsatz in Öffentlichen Einrichtungen genutzt werden. Die Kriterien werden nach der Zuordnung anhand der wesentlichen Merkmale des RLK, der Verarbeitung des Rechnungsstoffes, der Leistungsfähigkeit von Sonderrechnungen, der Ergebnisdarstellung und Unterstützung der Outputsteuerung, der Risikodarstellung sowie der Unterstützung von (Grenz-) Entscheidungen in öffentlichen Einrichtungen gegliedert.

### 4.5.1. Verarbeitung des Rechnungsstoffes

Darstellung einer Vermögensrechnung: Zur Erfassung von Nichtgeldvorgängen wird eine Führung von Vermögensrechnung und eine Erfassung von Abschreibungsaufwendungen gefordert. Nur dies ermöglicht die korrekte wertmäßige Zuordnung des Verbrauchs von Ressourcen in einer Rechnungsperiode. Allerdings muss dabei darauf verwiesen werden, dass Teile der Literatur eine Vermögensrechnung mit dem Argument ablehnen, dies wäre für eine Öffentliche Einrichtung vor dem Hintergrund ihrer Ziele nicht sinnvoll, mitunter stellten die Positionen einer Vermögensbuchführung für öffentliche Einrichtungen eher Zahlungsverpflichtungen in der Zukunft denn tatsächliche wirtschaftliche Werte dar:

> *„Vor allem öffentliche Sachanlagen wie Straßen, Brücken, Kanäle, Verwaltungsgebäude, Friedhöfe, Grünanlagen usw. seien kein Reichtum ihres Trägers, sondern vielmehr „zehrendes Vermögen" und damit eine Last. Investitionen in solche Anlagen bildeten demnach kein Vermögen im Sinne eines werbenden, das heißt zwecks Gewinnerzielung angelegten Kapitalbetrages, der sich aus dem Ertrag 'amortisiert', indem er sein Anschaffungs- und Herstellungskosten und eine angemessene Kapitalverzinsung erwirtschaftet."*[412]

Dieser Darstellung ist in Bezug auf die beispielhaft genannten Infrastrukturpositionen zuzustimmen. Aber im Hinblick auf eindeutige wirtschaftliche Aktivposten wie die Beteiligungen an Unternehmen ist diese Argumentation nicht durchzuhalten. Diese stellen je nach ihrer Werthaltigkeit und Wertentwicklung ein Belastungs- oder Deckungspotenzial für zukünftige Haushalte dar. Damit wird ersichtlich, dass ein unmittelbares Interesse auch der finanzwirtschaftlichen Zielsetzung öffentlicher Haushaltsführung an der Messung dieser Werte besteht. Werden diese Positionen nicht adäquat erfasst, ist weiterhin die Einheitlichkeit der Haushaltsrechnung gefährdet, da durch die freie Verfügbarkeit von Vermögenstiteln zur zusätzlichen Deckung der Haushalte durch Verkauf indirekt eine Art Sonderhaushalt entsteht. Eine parlamentarische Kontrolle dieser Vermögensbewegungen ist nicht in vollem Umfang gewährleistet. Beispielhaft zeigt auch die Diskussion um die genaue Bestimmung der Neuverschul-

411 Siehe die Darstellung bei Galli, Albert (1998), a.a.O., Seite 58.
412 Mühlhaupt, Ludwig/Eisele, Eugen (1994), a.a.O., Seite 20.

dungsgrenze des GG, dass eine Integration von Vermögensveränderungen dringend zur korrekten Bewertung notwendig ist.[413]

### 4.5.2. Ergebnisdarstellung und Unterstützung der Outputsteuerung

Für die Fragestellung der Wirtschaftlichkeit bzw. insbesondere der Ergebnisdarstellung als Grundlage für wirtschaftliche Zieldefinitionen in der Politik sowie wirtschaftliches Handeln in der Verwaltung müssen folgende Teilaspekte berücksichtigt werden:

a) *Zentrale, dezentrale* oder *übergreifende* Darstellung von Ergebnissen und Wirtschaftlichkeiten[414],
b) *Qualitative* und/oder *qualitative* Darstellung von Zielen und Ergebnissen,
c) *Zeitlicher Horizont* der Darstellung von Zielen und Ergebnissen sowie
d) Betrachtung der *organisationsbezogenen*[415] Wirtschaftlichkeit und Ergebnisse versus einer *gesamtwirtschaftlichen* oder *gesamtgesellschaftlichen* Darstellung der Wirtschaftlichkeit und der Ergebnisse.

## 4.6. Wirkungen und Anreize

Die Wirkungen und Anreize eines Rechnungslegungssystems sind zentraler Bestandteil einer bewertenden Betrachtung und können an den beeinflussenden und beobachtenden Akteuren im Rahmen politischer Entscheidungen beschrieben werden: Sowohl die direkt betroffenen Institutionen *Legislative*, *Exekutive*, *Verwaltung* und *Rechnungskontrolle* als auch die peripher beteiligten *Medien* und *Dienstleister* haben Interessen und Anreize in der Frage der Ausgestaltung der Rechnungslegungskonzepte.

### 4.6.1. Anreizwirkungen nach Adressatengruppen

Die Betrachtung der Anreizwirkungen wird nach der folgenden Einteilung in Adressatengruppen vorgenommen, um eine spezifische und vollständige Verteilung der Interessen und Anreize darzustellen.

(A) Legislative

Die legislativen Institutionen im Umfeld einer Öffentlichen Einrichtung haben grundlegende Interessen in der Gestaltung des Informationsflusses über die budgetwirksamen Handlungen im Bereich dieser Einrichtungen. Diese Informationen sind im Wesentlichen als Argumentationshilfe oder sachliche Begründung für die Auseinandersetzung mit den Angaben und Leistungen der Exekutive sowie der Verwaltung zu sehen. Ohne verlässliche Aussagen der Rechnungslegung müssten die Mitglieder der Legislative den Aussagen der Exekutive und der Verwaltung blind vertrauen. Aus der politischen Sicht der Legislative ist dabei insbesondere ein zweigeteiltes inhaltliches Informationsinteresse zu vermuten: Einmal die Frage nach der planmäßigen Verwendung, d.h. die Kontrolle der Ausführung im Rahmen der Budgetverhandlungen erreichter Kompromisse zur Budgetverteilung auf bestimmte Politikbereiche und Maßnahmen. Und zum Zweiten die Aussage zur Wirkung dieser Budgetverteilung in der Form möglicher Ergebnismessungen, welche der politischen Interpretation und Erfolgszuordnung offen stehen.

---

413 Vgl. beispielsweise: „Der Rechnungshof hat in seinem vorigen Jahresbericht auf die Notwendigkeit eines einheitlichen Berechnungsschemas beim Bund und in den Ländern hingewiesen, gleichzeitig aber auch darauf, dass er die Einnahmen aus den Verkaufserlösen als höchstgrenzenmindernd ansieht (...). Der Rechnungsprüfungsausschuss ist dem bei der Beratung des Berichtes beigetreten. Die Bremische Bürgerschaft – Landtag – hat in ihrer Sitzung am 20. Mai 1999 entsprechend beschlossen." (RFHB (1999), a.a.O., Seite 11).

414 Vgl. beispielsweise Püttner, Günter (2000), a.a.O., Seite 239.

415 Püttner spricht dabei vom Begriff der „eigenwirtschaftlichen Wirtschaftlichkeit" (vgl. ebd., Seite 240).

(B) Exekutive

Die Exekutive hat neben der erwähnten Kontrollzielsetzung – in Richtung der Verwaltung – auch die erweiterte Zielsetzung der Sicherstellung von Budgetreserven. Dies bedeutet, dass die Mitglieder der Exekutive an einer frühzeitigen und fortlaufenden Information über mögliche Reste oder Spielräume in der Budgetumsetzung interessiert sind, denn diese könnten möglicherweise für zusätzliche Aktivitäten und Maßnahmen eingesetzt werden.

(C) Verwaltung

Die Verwaltung wiederum hat den strategischen Anreiz, eine möglichst geringe Kontrolldichte in Bezug auf das Budget und die Budgetumsetzung entstehen zu lassen. Dies manifestiert sich in der Zielrichtung möglichst allgemeiner Budgetpositionen und globaler Haushaltsansätze. Diese Haltung ist wie weiter oben erläutert durchaus gemeinwohlorientiert, da unterstellt werden muss, dass nur auf der untersten Ausführungsebene jeweils die beste Einschätzung zur konkreten Verwendung von Budgetmitteln für eine bestimmte Zielerreichung vorgenommen werden kann. Mit dieser Zielrichtung erhöhen die Verwaltungsmitglieder tendenziell ihren Entscheidungsspielraum und damit die Möglichkeit der positiven Zielbeeinflussung, welche wiederum gegenüber den anderen Beteiligten positiv hervorgehoben werden kann (‚Signalling-Interesse').

(D) Rechnungskontrolle

Die Rechnungskontrolle ist als Arbeitsgrundlage auf die Vollständigkeit und möglichst breite Informationsfunktion der Rechnungslegung angewiesen, um die Handlungen der Exekutive auf der Grundlage der durch die Legislative bereitgestellten Haushaltsvorgaben prüfen zu können. Ähnlich wie die Interessen der Legislative ist für die Rechnungskontrolle dabei die Information über die Planabweichung der Budgetdurchführung sowie die Dokumentation der erreichten Ziele von Interesse.

> *„Budgets serve as yardsticks to measure accountability. Public budgets are action plans, containing authorizations for government agencies to spend public funds for approved purposes. They represent commitments. Not only elected representatives but also interest groups, the media, and individual citizens can subsequently compare the budget as implemented with the approved budgetary plan. Also consistent with the principle of accountability is the idea that implementation must be controlled to ensure that spending does not exceed authorized levels, that funds are used for approved purposes, and that spending is consistent with legislative intend."*[416]

Darüber hinaus werden aber regelmäßig im Bereich der Rechnungsprüfung noch die Kriterien der Wirtschaftlichkeit und Sparsamkeit der Ausgaben der öffentlichen Budgets als einschlägige Prüfungsmuster verwendet, welche die entsprechende Informationsbasis benötigen.[417]

(E) Medien

Es kann nur berichtet werden, was auch bekannt ist. An dieser trivialen Aussage wird deutlich, dass ganz natürlich das Interesse der Medien in Richtung bestehender Informationen und Sachverhalte gelenkt wird. Im Falle einer inputorientierten Rechnungslegung sind auch die entsprechenden Ressourcenangaben und Veränderungen in den monetären Haushaltsgrößen Zentrum der Medienberichterstattung. Eine Betrachtung von Ergebnissen im Sinne der Outputsteuerung findet nur sehr selten statt. Bei einer angenommenen Veränderung der Rechnungsgrundlage in Richtung einer verstärkt ergebnisorientierten Steuerung würden für eine Berichterstattung auch Ergebnisgrößen zur Verfügung stehen, welche je nach Komplexität

---

416 Gosling, James J. (2002): Budgetary Politics in American Governments, Third Edition, New York/London, Seite 11.

417 Vgl. beispielsweise die einleitend dargestellten Prüfbereiche des Landesrechnungshofes Baden-Württemberg: RHBW (2003), a.a.O., Seite 8-11.

und Verständlichkeit mehr Aufmerksamkeit der Medien und Mediennutzer erlangen könnten. Damit würde eine Zielorientierung auf das Ergebnis der politischen Arbeit auch für die politischen Akteure selbst wieder interessanter werden.

(F) Dienstleister

Auch externe Dienstleister in Form privatwirtschaftlicher Unternehmen oder gemeinnütziger Organisationen haben ein Interesse und Einflussdimensionen in Abhängigkeit von den (extern) zu Verfügung stehenden Informationen über die Aktionen und Ressourcen öffentlicher Einrichtungen. Entsprechend einer inputorientierten Rechnungslegung arbeiten viele Dienstleister in Ausrichtung auf damit zusammenhängende Prinzipien wie der Dokumentation der Ressourcen*verwendung*[418], der Ausrichtung der Angebote und Leistungen auf die *rechnungslegungstechnischen* Anforderungen oder der zeitlichen oder sachlichen Verteilung der Leistungsbestandteile nach der Maßgabe budgettechnischer Restriktionen.

### 4.6.2. Anreizhintergrund Wettbewerbskonzepte

Hinter der Frage der Wirkungen und Anreize steht wesentlich die Betrachtung der vorherrschenden Wettbewerbsform im Umfeld einer Öffentlichen Einrichtung, die zu großen Teilen die Anreizsysteme und Motivationen der Akteure erklären kann.

(A) Wettbewerbsformen

Für die Darstellung von Anreizen und Änderungsvorgängen im Sinn einer kontinuierlichen Verbesserung ist die Vorstellung von Wettbewerbsmechanismen grundlegend. Dabei können nach den Kriterien

a) *Existenz* einer *vergleichbaren* Einrichtung sowie
b) *Möglichkeit* der *Substitution* der betroffenen Einrichtung

vier unterschiedliche Wettbewerbsformen unterschieden werden.[419] Im Fall des klassischen Wettbewerbs zwischen privatwirtschaftlichen Unternehmen[420] handelt es sich um einen 'Substitutiven Wettbewerb', da sowohl mehrere Vergleichbare Einrichtungen (Unternehmen) existieren, die vergleichbare Leistungen anbieten als auch die rechtliche und praktische Möglichkeit besteht, dass ein Unternehmen durch andere ersetzt wird.

Tabelle 30: Unterscheidung von vier Wettbewerbsformen für öffentliche Einrichtungen

| | Existenz (mindestens) einer vergleichbaren Einrichtung *nicht vorhanden* | Existenz (mindestens) einer vergleichbaren Einrichtung *vorhanden* |
|---|---|---|
| Möglichkeit der Substitution durch eine vergleichbare Einrichtung *vorhanden* | Optionaler Wettbewerb | Substitutiver Wettbewerb |
| Möglichkeit der Substitution durch eine vergleichbare Einrichtung *nicht vorhanden* | Evolutorischer Wettbewerb | Komparativer Wettbewerb |

*Quelle: Eigene Darstellung.*

Ist jedoch nicht mindestens eine weitere Einrichtung mit vergleichbarer Leistung vorhanden, so kann bei gegebener Möglichkeit einer Substitution von einem 'Optionalen Wettbewerb' gesprochen werden. Der Wettbewerbsaspekt besteht als Option für andere Einrichtungen, möglicherweise vergleichbare Leistungen anzubieten (Markteintritt). Im Rahmen öffentlicher Vergabesysteme kann dies einen zeitlich beschränkten und/oder definierten Optionalen Wett-

418 Anstatt einer umfassenderen Dokumentation der Leistungs*ergebnisse*.

419 Die Darstellung ist *eine* Form der Einteilung in unterschiedliche Wettbewerbsformen. Eine *vergleichbare* Darstellung ('Markt-Wettbewerb', 'Vergleiche kommunaler Leistungen', 'Interkommunale Leistungsvergleiche' und 'Behördeninterne 'Quasi-Märkte'') ist zu finden bei: Reichard, Christoph (1994), a.a.O., Seite 47-48.

420 Der beschriebene Fall unterstellt ein zweiseitiges Polypol nach dem Idealbild der mikroökonomischen Theorie.

bewerb einschließen, d.h. es wird nur zu einem bestimmten Zeitpunkt und/oder für eine bestimmte Zeitdauer eine Vergabe an eine andere Einrichtung zugelassen.[421] Ist umgekehrt zwar die Existenz vergleichbarer Einrichtungen[422] gegeben, aus rechtlichen, geographischen, politischen oder anderen Gründen aber keine Möglichkeit der Substitution vorhanden, kann von einem „Komparativen Wettbewerb" gesprochen werden. So können beispielsweise Gebietskörperschaften, welche, wie Bund, Länder und Gemeinden, per definitionem nicht durch andere Einrichtungen ersetzt werden können, durch einen Leistungsvergleich sehr wohl wettbewerbliche Elemente realisieren.[423] Dies ist auch ein wesentliches Element des NSM, das in den Bereichen eines fehlenden privaten bzw. direkten Wettbewerbs (durch fehlende Substitutionsmöglichkeit) auf diese Instrumente des Benchmarking und des Vergleichs als Leistungs- und Verbesserungsanreiz setzt.[424] Der Fall einer fehlenden Substitutionsmöglichkeit und fehlender vergleichbarer Einrichtungen kann als ‚Evolutorischer Wettbewerb' bezeichnet werden. Dabei kann eine Einrichtung in dieser Situation nur auf *extern* vorgegebene Einflussfaktoren wie einer technologischen Verbesserung oder *interne* Einflussfaktoren wie die (freiwillige) Motivation zur Leistungsverbesserung der Mitarbeiter vertrauen.[425] Systemische Wettbewerbselemente sind außerhalb eines psychologischen Anreizes oder in jedem Fall auftretender Verbesserungen nicht vorhanden. Deshalb sind bei dieser schwächsten Form des Wettbewerbs auch regelmäßig wie im Fall des NSM Bestrebungen anzutreffen, möglichst vergleichbare Leistungen zu ermitteln, um wenigstens die Form des Komparativen Wettbewerbs zu erreichen.[426]

(B) Anreizwirkungen der Wettbewerbsformen

Die vier dargestellten Wettbewerbsformen gehen einher mit unterschiedlichen Leistungsmotivationen der betroffenen Einrichtungen. Dabei kann unterschieden werden zwischen dem Motivationshintergrund und der Motivationsintensität, welche jeweils mit den identifizierten Wettbewerbsformen zusammenhängen.

Der *Motivationshintergrund* im Fall des Evolutorischen Wettbewerbs ist ein psychologischer Anreiz zur Verbesserung im Zeitablauf. Dieser ist wie dargestellt vergleichsweise schwach. Die oben stehende Tabelle zeigt weiter, dass für den Komparativen Wettbewerb mit mittlerer Motivationsintensität der Motivationshintergrund des Vergleichs, der Positionierung in Relation zu anderen Einrichtungen hinzukommt. Dieser Hintergrund beziehungsweise dessen Vermeidung ist bei der umfassenden Diskussion um Vergleiche zu Leistungen von Hoch-

421 Vgl. ebd., Seite 43-50 oder Naschold, Frieder/Jann, Werner/Reichard, Christoph (1999), a.a.O., Seite 23-29.

422 Im Sinne der Existenz vergleichbarer Leistungen.

423 Vgl. beispielsweise Plamper, Harald (1998): Interkommunale Leistungsvergleiche, in: Damkowski, Wulf/Precht, Klaus (Hrsg.) (1998), a.a.O., Seite 200-204.

424 Vgl. Auch die Formulierung bei Gottschalk zum Betriebsvergleich: „Die Notwendigkeit, den rationellen Mitteleinsatz mit Hilfe des Betriebsvergleichs zu überwachen und durch entsprechende Maßnahmen zu verbessern, besteht insb. in den öffentlichen Betrieben und Einrichtungen, die nicht dem Marktwettbewerb ausgesetzt sind. Für sie ist der Betriebsvergleich ein unverzichtbares Instrument, ihre technische und wirtschaftliche Leistungsfähigkeit an der anderer Betriebe zu messen und ggf. Verbesserungen vorzunehmen." (Gottschalk, Wolf (1989), a.a.O., Sp. 153).

425 Diese Motivation sollte keinesfalls unterschätzt werden. Insbesondere erfolgreiche Einrichtungen im Bereich der Non-Governmental-Organisationen (NGO) oder Non-Profit-Organisationen (NPO) zeigen die damit verbundenen Möglichkeiten auf.

426 Zum Beispiel der „Vergleich kommunaler Leistungen mit analogen privatwirtschaftlichen respektive gemeinnützigen Leistungen (z.B. bei Gewährleistungsaufgaben wie ÖPNV oder Abfallentsorgung)" (Reichard, Christoph (1994), a.a.O., Seite 47).

schulen in der Lehre in der Bundesrepublik neben allen sachlichen und wissenschaftlichen Argumenten zur Methodik deutlich zu erkennen.[427]

Tabelle 31: Unterscheidung von vier Wettbewerbsformen nach Motivationshintergrund und Motivationsintensität

| Wettbewerbsform | Motivationshintergrund | Motivationsintensität |
|---|---|---|
| Substitutiver Wettbewerb | Selbsterhaltung (kurzfristig) | Sehr hoch |
| Optionaler Wettbewerb | Selbsterhaltung (langfristig) | Hoch |
| Komparativer Wettbewerb | Vergleichspositionierung | Mittel |
| Evolutorischer Wettbewerb | Verbesserung im Zeitablauf | Niedrig |

*Quelle: Eigene Darstellung.*

Die *Motivationsintensität* steigt bei einem Optionalen Wettbewerb mit der Möglichkeit einer Substitution der anbietenden Einrichtung weiter an, da die (langfristige) Selbsterhaltung der Einrichtung beziehungsweise ihrer Mitglieder den Motivationshintergrund bilden. Dies stellt deshalb nur einen langfristigen Motivationshintergrund dar, da durch eine fehlende vergleichbare Einrichtung respektive durch die Definition von festen Ausschreibungszeitpunkten im Falle der öffentlichen Kontraktausschreibung (subjektiv) keine direkte und zeitlich nahe liegende Substitutionsgefahr besteht. Ist diese Existenz vergleichbarer Einrichtungen wie im Fall des Substitutiven Wettbewerbs jedoch gegeben, so ist die Motivationsintensität sehr hoch, da eine unmittelbare Substitutionsgefahr besteht und damit der Motivationshintergrund der kurzfristigen Selbsterhaltung zum Tragen kommt.

## 4.7. Wettbewerb der Rechnungslegungssysteme

In den Erklärungsansätzen der neo-institutionellen Theoriebereiche findet sich der Ansatz eines Marktes für Organisationsformen.[428] Dieser dient dazu, ausgehend von einer Situation ohne konkrete und komplexe Institutionen[429] eine ökonomisch verbesserte Situation mit komplexen Institutionen abzuleiten. Insbesondere hat dieser Markt der Organisationsformen die

427 Vgl. u.a.: Alrichter, Herbert/Schratz, Michael/Pechar, Hans (1997): Hochschulen auf dem Prüfstand, Was bringt Evaluation für die Entwicklung von Universitäten und Fachhochschulen?, Innsbruck; Baecker, Dirk (2000): Die Universität als Algorithmus, Formen des Umgangs mit der Paradoxie der Erziehung, in: Laske, Stephan u.a. (Hrsg.) (2000): Universität im 21. Jahrhundert, Zur Interdependenz von Begriff und Organisation der Wissenschaft, Universität und Gesellschaft – Schriftenreihe zur Universitätsentwicklung, Band 1, München/Mering, Seite 47-75; Berghoff, Sonja u.a. (2002): Das Hochschulranking, Vorgehensweise und Indikatoren, CHE Arbeitspapier Nr. 36, Gütersloh; CHE (1997): Lehr- und Evaluationsberichte als Instrument zur Qualitätsförderung, Bestandsaufnahme der aktuellen Praxis, CHE Arbeitspapier Nr. 13, Gütersloh; Daxner, Michael (1998), a.a.O., Seite 356-370; de Boer, Harry (1998): Vom partizipatorischen System zum Managerialismus? Internationale Trends in der Leitung von Hochschulen, in: Müller-Böling, Detlef/Fedrowitz, Jutta (Hrsg.) (1998): Leitungsstrukturen für autonome Hochschulen, Verantwortung – Rechenschaft – Entscheidungsfähigkeit, Gütersloh, Seite 59-84; Hochschulrektorenkonferenz (1999): Qualität an Hochschulen, Beiträge zur Hochschulpolitik 1/1999, Bonn; Kern, Horst (2000): Rückgekoppelte Autonomie, Steuerungselemente in lose gekoppelten Systemen, in: Hanft, Anke (2000): Hochschulen managen?, Neuwied/Kriftel/Berlin, Seite 25-38; Müller-Böling, Detlef (1994): Leistungsbemessung – Leistungstransparenz – Leistungsfolgen, 7 Thesen, CHE Arbeitspapier Nr. 2, Gütersloh; Müller-Böling, Detlef (1996): Evaluation zur Rechenschaftslegung oder Qualitätsverbesserung? Eine Bestandsaufnahme der Evaluation an deutschen Hochschulen, CHE Arbeitspapier Nr. 12, Gütersloh.

428 Ordelheide, Dieter (1988): Zu einer neoinstitutionalistischen Theorie der Rechnungslegung, in: Budäus, Dietrich/Gerum, Elmar/Zimmermann, Gebhard (Hrsg.) (1988): Betriebswirtschaftslehre und Theorie der Verfügungsrechte, Wiesbaden, Seite 263.

429 Eine Umgebung ohne definierte komplexere Institutionen ist eine der Grundannahmen der neoklassischen Theorie. Vergleiche beispielsweise Fisher, Irvin (1930): The Teory of Interest, New York.

Kompetenz der ökonomischen Selektion, der Auswahl der wohlfahrtstheoretisch besten Institutionen. FAMA und JENSEN bezeichnen dieses Konzept als ‚survival'.[430] Dieser Ansatz lässt sich unter bestimmten Annahmen auf die *Frage der Auswahl und Implementierung von Rechnungslegungssystemen* im Allgemeinen und öffentlichen Rechnungslegungssystemen im Besonderen übertragen.[431]

a) *Zeitliche Stabilität*: Ähnlich wie bei Institutionenregimes kann von einer begrenzten aber stabilen zeitlichen Dauerhaftigkeit des Methodenregimes bei der Rechnungslegung ausgegangen werden. Durch die in der Regel hohen Kosten einer Methodenumstellung in Form von Systemkosten (Hard-/Software) und Qualifikationskosten (personenbezogene Schulungs- und Erfahrungskosten) wird ein häufiger Wechsel verhindert. Verstärkt wird dieser Effekt noch durch die Opportunitätskosten der fehlenden zeitlichen Vergleichbarkeit im Fall eines Methodenwechsels. Durch neue Mess- und Dokumentationsregeln verlieren bestehende Vergleichsdaten, Erfahrungswerte und Benchmarks an Wert. Dies kann möglicherweise teilweise durch den Hinzugewinn externer Vergleichswerte kompensiert werden.[432]
b) *Definierte Einheitlichkeit:* Ein adäquater Vergleich kann allein für eine *definierte* Gruppe von Einrichtungen mit *vergleichbaren Eigenschaften* gelten. Dies basiert auf der Annahme, dass eine wirksame Selektion eines ökonomisch optimalen Methodenregimes nur in einer homogenen Anwendergruppe funktionsfähig ist. Für eine *inhomogene* und damit nicht vergleichbare Gruppe von Anwendern besteht vermutlich das ökonomische Optimum in der Anwendung *unterschiedlicher Methoden*, so dass keine Vergleichbarkeit mit einem *einheitlichen Institutionenregime* gegeben ist.
c) *Öffentliche Einrichtungen:* Auf Grund der weit höheren Divergenz von Zielsetzungen und Organisationsformen im öffentlichen Bereich ist für eine Anwendbarkeit eines selektiven Methodenmarktes eine Gliederung in kleinere Teilmärkte vorzunehmen. Im Bereich privater Unternehmen besteht durch die einheitliche Gewinnzielsetzung eine weitgehende Homogenität, so dass eine einfache Dreiteilung in Kleine Unternehmen (KU), Mittlere und Große Unternehmen (MGU) und Internationale Unternehmen (IU) ausreicht. Tatsächlich sind im wesentlichen drei privatwirtschaftliche Rechnungslegungskonzeptionen zu beobachten: KU verwenden, soweit steuerrechtlich möglich, die Einnahme-Überschuss-Rechnung (EÜR), welche an das kameralistische Kassenflussprinzip angelehnt ist. MGU verwenden die doppische Buchführung nach den Regelungen des nationalen Handels- und Steuerrechts. Und IU verwenden internationale Rechnungslegungsstandards wie US-GAAP oder IAS.[433]

Auf der Grundlage dieser Parallelen sind die folgenden Thesenansätze möglicherweise auch auf die Situation der RLS in Öffentlichen Einrichtungen übertragbar:

430 Fama, E. F./Jensen, M. C. (1983): Agency Problems and Residual Claims, in: Journal of Law and Economics, 26, S. 327-349.

431 Beispielsweise die Konkurrenz von Doppik und Kameralistik: Diemer, Rolf (1996): Neukonzeption des kommunalen Rechnungswesens, Vergleich des betriebswirtschaftlichen Gestaltungspotenzials von Doppik und Kameralistik, zugleich Dissertation an der Universität Gesamthochschule Essen 1996, Wiesbaden.

432 Beispielsweise im Fall einer Umstellung auf ein auch in vergleichbaren Institutionen verwendetes Rechnungslegungsmodell, womit Vergleichszahlen auch für die Vergangenheit aus diesen Vergleichsinstitutionen zur Verfügung stehen.

433 Steuerrechtlich wird dabei in der Regel eine gesonderte Steuerbilanz nach nationalem Steuerrecht notwendig. Dieser zusätzliche Aufwand wird jedoch durch die Vorteile des internationalen Kapitalmarktzugangs übertroffen.

I. Es liegt eine asymmetrische Informationsverteilung dergestalt vor, dass in der Regel dezentralere Ebenen mit größerem Bezug zu den Detailentscheidungen über bessere Informationen verfügen, als diese auf einer aggregierten Führungsebene vorliegen.
II. Ebenso ist der Principal-Agent-Ansatz übertragbar, der beispielsweise die Legislative in der Frage der Information über die Budgetplanung und Budgetexekution in der Rolle des Principals sieht. Dabei stehen der Legislative nicht alle Informationen zur Verfügung. Dadurch ist sie auf die Agenten angewiesen, welche operativ über einen höheren Informationsumfang verfügen (Administration) bzw. einen größeren Handlungsbezug und Entscheidungshoheit haben (Exekutive). Damit wird deutlich, wie sehr die Legislative zur Überwachung ihrer 'Agenten' ein umfassendes Planungs- und Berichtssystem benötigt. Und daraus leitet sich weiter die Bedeutung einer umfassenden Bewertung dieses RLS aus der Sicht der Legislative ab.[434]

Dies ist insbesondere vor dem Hintergrund zu sehen, dass eine übergreifende Standardisierung als sehr unrealistisch erscheint:

> *„Bei der Konzeption einer KLR für öffentliche Verwaltungen ist die Frage nach dem anzustrebenden Standardisierungsgrad bedeutsam. Eine Standardisierung würde bedeuten, dass die Spezifika von Gebietskörperschaften nicht beziehungsweise nicht in adäquater Weise abgebildet werden könnten. Da selbst horizontal, das heißt zwischen Kommunen oder zwischen Bundesländern, in Struktur und Rahmenbedingungen zum Teil große Unterschiede vorliegen können, kann eine Standardisierung nicht sinnvoll vorgegeben werden. Vielmehr kann ein Konzept für eine KLR in öffentlichen Verwaltungen nur den Rahmen abstecken, der dann konkret, nämlich verwaltungsindividuell, ausgefüllt werden muss.“*[435]

Insgesamt ist davon auszugehen, dass die Abwägungsentscheidung bei der Auswahl einer RLK nach den beiden Kriterien der *inhaltlichen oder qualitativen Bewertung* auf der einen Seite und den *ressourcenorientierten Überlegungen* zur Einführung beziehungsweise Nutzung des RLK als individuelles Rechnungslegungssystem auf der anderen Seite getroffen werden. Die nachfolgend beschriebene Qualitätsdimension setzt sich aus den inhaltlichen Kriterien sowie den ergänzenden 'Ergonomiefaktoren' zusammen. Der zweite Abschnitt der ressourcenorientierten Betrachtung bezieht möglichst alle Aufwandspositionen in Verbindung mit der Nutzung eines RLK als institutionelles Rechnungslegungssystem mit ein.

### 4.7.1. Qualitätsdimension durch kriteriengestützte Anforderungsorientierung

Neben den genannten inhaltlichen Kriterien werden noch die in der folgenden Übersicht erläuterten Kriterien in die Bewertung mit einbezogen.[436]

Tabelle 32: Übersicht ergänzende inhaltliche Kriterien

| Kriterien | Bewertungsfragestellung |
|---|---|
| Bedienungsergonomie | Ist die Bedienung der Softwareumsetzung für die laufende Anwendung ergonomisch gestaltet? |
| Datenergonomie | Sind die Daten wirtschaftlich, wenig redundant und hochverfügbar für diverse Zugriffsstationen gespeichert? |
| Flexibilität | Ist eine flexible Anpassung an neue Bedieneranforderungen beispielsweise in der Datenhaltung oder der Nutzeroberfläche einfach und kostengünstig machbar? |
| Sicherheitsbewertung | Ist die interne Sicherheit (Schutz gegen Bedienungsfehler und absichtliche Schädigung) sowie die externe Sicherheit (Schutz gegen Eindringen von außen) ausreichend gegeben? |

*Quelle: Eigene Darstellung*

434 Ordelheide, Dieter (1988): Zu einer neoinstitutionalistischen Theorie der Rechnungslegung, in: Budäus, Dietrich/Gerum, Elmar/Zimmermann, Gebhard (Hrsg.) (1988): Betriebswirtschaftslehre und Theorie der Verfügungsrechte, Wiesbaden, Seite 255-260.

435 Gerhards, Ralf (2001), a.a.O., Seite 172.

436 Vgl. zum Beispiel die Bewertung bei: Eberhardt, Tim (2003): Informationssysteme für Hochschulen, Wettbewerbsvorteile durch interne und externe Rechnungslegung, Wiesbaden, Seite 230.

Diese werden ebenfalls mit der generell verwendeten Skala (0-10) bewertet. In der Gewichtung macht eine Zusammenführung der Werte keinen Sinn, da die inhaltlichen Bewertungen nicht mit den oben genannten Ergonomie-Werten aggregierbar sind. Daher werden sinnvollerweise drei Bewertungen ausgewiesen, die inhaltliche, die ergonomische und die kostentechnische Bewertung.

### 4.7.2. Preisdimension durch Gesamtkostenbestimmung der Rechnungslegung

Gegenüber der inhaltlichen Nutzendarstellung tritt die Dokumentation der Preisdimension in der Form der Gesamtkosten in der Bewertung auf. Dabei sind zumindest die folgenden Kostenpositionen individuell zu berücksichtigen. Diese Darstellung kann jedoch nicht vollständig sein, sondern nur die Basis für eine Gesamtkostenbestimmung bilden.

(A) Einmalige Einführungskosten

Die Einführung eines RLS[437] ist regelmäßig mit einmaligen Kosten der Implementierung verbunden. Diese können beispielsweise die folgenden Unterpositionen enthalten:

- Personalkosten für Beratung und Schulung sowie IT-Anbindung / Schnittstellen,
- Lizenzkosten für notwendige Software,
- Interne Personalkosten durch die Mitarbeiterzeiten der Schulung und Pilotanwendung,
- Aufwendungen für eventuellen Parallelbetrieb von Alt- und Neusystemen.

(B) Laufende Durchführungskosten

In der laufenden Durchführung entstehen Kosten unter anderem für die folgenden Positionen:

- Personalkosten für externe Beratung und laufende Schulung,
- Lizenzkosten bzw. Wartungskosten für die notwendige Software,
- Interne Personalkosten für die Mitarbeiteranwendungszeiten,
- Eventuelle Kosten für Verbrauchsmaterialien (beispielsweise Datenträger).

(C) Kosten für Wartung, Aktualisierung und Entwicklungsmöglichkeiten

Neben dem alltäglichen Routinebetrieb werden fallweise auch weitere Kosten für Umstellungen etc. anfallen. Diese lassen sich grob unterteilen in die folgenden Positionen:

- Personalkosten für Beratung und Schulung neuer Anwendungsmodule,
- Lizenzkosten für notwendige Software-Erweiterungen,
- Interne Personalkosten durch die Mitarbeiterzeiten der Schulung und Pilotanwendung,
- Aufwendungen für eventuellen Parallelbetrieb von Alt- und Neusystemen oder Testbetriebe.

### 4.7.3. Gesamtbewertung

Die Gesamtbewertung eines RLS wird regelmäßig durch die Abwägungsentscheidung zwischen dem Nutzen (Qualitätsdimension) sowie den Kosten (Preisdimension) getroffen werden. Dies kann allerdings in mehreren Untervarianten erfolgen. Nachfolgende Restriktionen sind unter anderem neben der zuerst erwähnten reinen Abwägungsentscheidung denkbar.

#### 4.7.3.1. Abwägungsentscheidung ohne Restriktionen

Im Fall einer völlig freien Abwägungsentscheidung wird eine individuelle Gegenüberstellung des erwarteten Nutzens sowie der erwarteten oder planbaren Gesamtkosten für ein RLS erstellt. Diese Entscheidung kann nur ungenügend beispielsweise in einem Scoring-Modell (für den erwarteten Nutzen oder die Leistungen des RLS) sowie in Verbindung mit den geschätzten Gesamtkosten als *Quotient* aus Punktwert pro Euro quantifiziert werden. Die durchschnittlichen Quotienten je RLS würden in diesem Fall eine eindeutige Rangfolge in der Bewertung abgeben. Allerdings sind solche quantitativen Verfahren in den realen Auswahl-

437 Unabhängig von der Frage einer Neueinführung oder eines Wechsels der Rechnungslegungssysteme.

wertung abgeben. Allerdings sind solche quantitativen Verfahren in den realen Auswahlentscheidungen zumindest auf der Seite der inhaltlichen Bewertung eher selten.

4.7.3.2. Abwägungsentscheidung mit Restriktionen

Die dargestellte freie Abwägungsentscheidung kann durch *Restriktionen* erweitert bzw. ergänzt werden, was in der Regel im Praxiseinsatz auch häufiger auftritt als die reine restriktionsfreie Abwägungsentscheidung.

(A) Restriktion Mindeststandards

Eine – in vielen Fällen implizite – häufige Restriktion ist die Erfüllung bestimmter inhaltlicher Mindeststandards durch das geprüfte RLS. Werden diese inhaltlichen Mindestanforderungen in einem oder mehreren Punkten nicht erfüllt, ist aus Sicht der bewertenden Institution in der Regel der erwartete Nutzen nicht gegeben und die Option scheidet vollkommen aus der Vergleichsbewertung aus (‚K.O.-Kriterium').

(B) Restriktion Maximalstandards

Eher theoretischer Natur ist die Möglichkeit einer inhaltlichen Maximalrestriktion, in der beispielsweise eine Obergrenze für den Funktionsumfang angegeben wird. Dies wird in dieser Argumentation in der Praxis selten anzutreffen sein. Allerdings wird diese Restriktion indirekt durch eine Budgetüberschreitung oder Unwirtschaftlichkeit realisiert, sollte ein RLS einen für die individuelle Anwendung übermäßigen Funktionsumfang aufweisen. Sowohl inhaltlich als auch aus wirtschaftlicher Sicht liegt dies darin begründet, dass auch ein 'zuviel' an Funktionen durch damit verbundene ‚Ablenkung' und auch Schulungsaufwendungen keinen Sinn ergibt. Dies trifft nur für den Fall zu, dass die weiterführenden Funktionalitäten keinen praktischen Nutzen schaffen, der diese 'Größennachteile' ausgleichen oder übertreffen kann.

(C) Restriktion Mindestbudget

Ebenso theoretisch ist die Möglichkeit einer Existenz einer minimalen Preisbereitschaft. Dies lässt sich am ehesten durch die subjektiv empfundene Qualitätsimplikation von Preisen erklären: Unterhalb einer gewissen individuellen Preisgrenze werden Angebote regelmäßig als ‚nicht seriös', d.h. vermutlich inhaltlich nicht zufriedenstellend bewertet. Damit findet zumindest implizit wie im Fall der Maximalstandards ein indirekter Verweis auf die jeweils andere Bewertungsdimension statt.[438]

(D) Restriktion Maximalbudget

Wiederum in vielen realen Fällen anzutreffen ist die Restriktion eines fixierten Maximalbudgets für die gesamten Kosten eines RLS (Gesamtkostenansatz[439]). Selbst wenn das Budget nur in wenigen Fällen tatsächlich als eine Wertangabe spezifiziert sein mag[440], so wird doch regelmäßig von einer zumindest impliziten Preisbereitschaft für die Einführung oder Änderung eines RLS für eine Institution existieren.

---

438 Also im Fall der Maximalstandards auf die (*vermuteten*) zu hohen Kosten und im Fall des Minimalbudgets auf die *vermutete* nicht ausreichende inhaltliche Leistung.

439 Dies umfasst wie weiter oben dargestellt die gesamten Kosten eines Wechsels bzw. einer Einführung und Nutzung eines RLS.

440 Beispielsweise bei Ausschreibungen.

## 5. Bewertung von Softwareanwendungen zu Informations- und Risikomanagementsystemen für Hochschulen

In der Regel fassen bestehende Reformvorschläge und durchgeführte Praxisumsetzungen zur Verwaltungsmodernisierung *mehrere Handlungsbereiche* zusammen. Die in der nachfolgenden Übersicht am Beispiel Niedersachsens dargestellten Teilbereiche sind möglicherweise je nach Einzelsituation vertreten bzw. kombiniert. Dabei wird ersichtlich, dass ein bedeutender Teil[441] der Elemente einer typischen Verwaltungsmodernisierung aus dem *Bereich der Rechnungslegung beziehungsweise der Informationssysteme* in der entsprechenden öffentlichen Einrichtung stammt.

Abbildung 26: Verwaltungsmodernisierung am Beispiel Niedersachsen

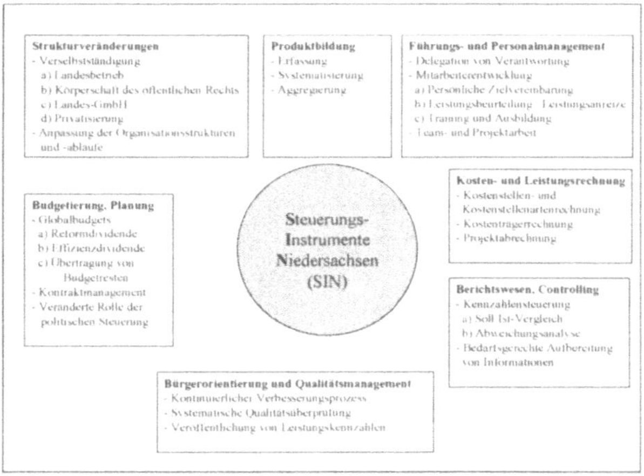


*Quelle: Eigene Darstellung in Anlehnung an Homann, Walter (1998): Niedersachsen: Verstärkte Nutzung betriebswirtschaftlicher Elemente bei der Steuerung und Bewirtschaftung des Hauhalts, in: Damkowski, Wulf/Precht, Klaus (Hrsg.) (1998): Moderne Verwaltung in Deutschland, Public Management in der Praxis, Stuttgart u.a., Seite 65.*

### 5.1. Theoretische Konzepte zu Rechnungslegungs- und Informationssystemen

#### 5.1.1. Die Doppische Buchführung

Als Alternative zur kameralen Buchführung in Öffentlichen Einrichtungen wird an erster Stelle die doppische Buchführung genannt und in vielen Fällen auch eingesetzt. So hat die Stadt Tilburg in den Niederlanden als Modellfall auch für die Verwaltungsmodernisierung in Deutschland im Rahmen des gesamten Reformkonzeptes für alle Organisationseinheiten der Kommunalverwaltung die doppische Buchführung eingeführt.[442] Ähnliche Tendenzen sind in vielen Öffentlichen Einrichtungen zu beobachten, beispielsweise auch in den Hochschulen. Da die Umstellung auf eine vollständig doppische Rechnungslegung zwar auf der einen Seite

441 Hier drei von insgesamt sieben Teilelementen der Verwaltungsmodernisierung, also 42,9 v.H..

442 Vergleiche u.a. Brüggemeier, Martin (1998): Controlling in der öffentlichen Verwaltung: Ansätze, Probleme und Entwicklungstendenzen eines betriebswirtschaftlichen Steuerungskonzeptes, München/Mering, Seite 143.

viele Vorteile in der Datenerfassung und der weiteren Verrechnung beispielsweise im Controlling bringt, auf der anderen Seite aber auch einen enormen Aufwand in der Umstellung sowie der fortlaufenden Datenerfassung und Datenhaltung inklusive der Bewertung der Vermögenspositionen mit sich bringt, sind auch viele öffentliche Einrichtungen und staatliche Organisationen auf der Suche nach anderen Alternativen zur bestehenden kameralen Rechnungslegung.

### 5.1.2. Die Grundlagen der Kosten- und Leistungsrechnung

Die Produkt- und Leistungsorientierung in den Konzepten der Verwaltungsmodernisierung wird in den Vorschlägen zur *Erweiterung* der kameralen Rechnungslegung um die Erfassung der Leistungen einer Organisation als Leistungsrechnung abgebildet. Damit verbunden sind zwei wichtige Steuerungsgedanken, wie auch in der nachfolgenden Abbildung dargestellt:

- Zum einen der *fortlaufende Zeitvergleich* und die damit verbundene *Ursachenforschung* und Planungsanpassung innerhalb der Kosten- und Leistungsrechnungen.
- Zum anderen die *fortlaufende Überprüfung der Kosten-/Leistungsrelation* als Wirtschaftlichkeit der Organisation.

Abbildung 27: Konzept der Kosten- und Leistungsrechnung mit Abweichungsanalyse für Abrechnungszeiträume

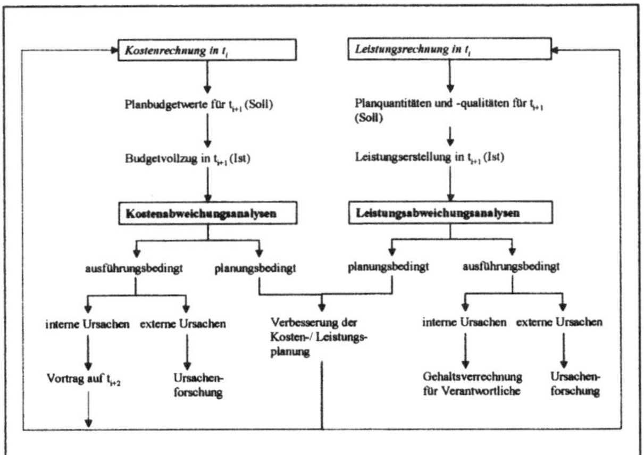


*Quelle: Nach Gerhards, Ralf (2001): Konzeption für eine Kosten- und Leistungsrechnung öffentlicher Verwaltungen, Frankfurt am Main u.a., Seite 170.*

Der damit entstehende Controllinggedanke einer fortlaufenden Überprüfung kann, wie in der Tabelle von SCHENKER-WICKI vorgeschlagen, in Richtung der Begriffe Revision und Evaluation als bekannte Konzepte gerade im Hochschulbereich abgegrenzt werden.

Tabelle 33: Abgrenzungsprinzipien zwischen Revision, Controlling und Evaluation

| **Geprüft wird ...** | **Revision** | **Controlling** | **Evaluation** |
|---|---|---|---|
| **... die Ordnungsmäßigkeit** | Ja | Nein | Möglich |
| **... permanent** | Nein | Ja | Nein |
| **... extern** | Ja | Nein | Ja |
| **... prozessabhängig** | Nein | Ja | Zeitweise |
| **... ex post** | Ja | Nein | Ja/Nein |
| **... ex ante** | Nein | Ja | Ja/Nein |

*Quelle: Schenker-Wicki, Andrea (1996): Evaluation von Hochschulleistungen: Leistungsindikatoren und Performance Measurements, Wiesbaden, Seite 15.*

Ausfluss der dargestellten Leistungsorientierung mit der damit verbundenen Leistungsmessung im Rahmen des Controlling ist gerade für öffentliche Einrichtungen die Definition von Produkten. Dies kann wiederum am Beispiel Tilburgs verdeutlicht werden, da im Vordergrund des Reformkonzeptes von Tilburg, welches für die Vorlage des Neuen Steuerungsmodells (NSM) der KGSt in Deutschland Vorbild war, die Definition von Produkten steht.[443] Diese geforderte Fokussierung auf messbare Leistungen (Outputs) in Form von Produkten zeigt sich in der verwendeten Produktdefinition:

> *„Als 'Produkt' wird in Tilburg das verstanden, was ein Produktzentrum an einen anderen außerhalb der eigenen Organisationseinheit liefert, womit ein Bedarf des anderen gedeckt wird, unabhängig davon, ob der Bedarf freiwillig oder aufgrund einer gesetzlichen Vorgabe oder einer anderen Regelung entstanden ist, und wofür der andere im Prinzip einen Preis bezahlen müsste, ungeachtet dessen, ob dies tatsächlich geschieht.“*[444]

Damit ist allerdings langfristig die folgende *Problematik* verbunden: Die Steuerungsanreize innerhalb dieser Leistungserfassung und Leistungsverrechnung leisten einer Fokussierung auf die „operative oder taktische Ebene“ der Produkterstellung Vorschub, womit weniger die *strategische (gesamthafte) Zielerreichung* der gesamten Kommune beispielsweise in den Mittelpunkt der einzelnen Planungen rückt. Dies führt möglicherweise zu ‚Überproduktionserscheinungen’ in den betreffenden dezentralen öffentlichen Einrichtungen, die ihren eigenen Output als Zielgröße vor Augen haben, obwohl eventuell auf einer strategischen Ebene durch eine *zentrale Vorgabe* oder eine Gesetzgebung die gleichen oder bessere Ergebnisse erreichbar wären.[445]

### 5.1.3. Erweiterte Controllingkonzepte und Kennzahlensteuerung

Weiter elaborierte Konzepte des Controlling fassen verschiedenste Instrumente und Methoden zur *strategischen Steuerung von Organisationen* zusammen wie beispielsweise das Konzept der Unternehmenswertsteuerung (nachfolgende Abbildung). Zwei bedeutende Entwicklungsrichtungen werden im Folgenden herausgestellt, da sie insbesondere auch für die Steuerung öffentlicher Einrichtungen *wegweisenden Charakter* haben: Einmal der integrierte Controllinggedanke, der als roter Faden in allen Entscheidungs- und Steuerungsprozessen einer Organisation umgesetzt werden sollte, und zum anderen das Konzept der Balanced Scorecard,

443 Ebd., Seite 143.

444 Ebd., Seite 143 nach KGSt.

445 Oder auch die Verlagerung der Leistungserstellung in den privaten Bereich als 'Outsourcing' oder 'Contracting', was nicht im (Selbsterhaltungs-)Interesse der entsprechenden Öffentlichen Einrichtung ist.

das als Methodik zur Abbildung finanzieller und auch nicht finanzieller Zielgrößen einen besonderen Wert für öffentliche Einrichtungen haben kann.

Abbildung 28: Skizze zum Konzept der Unternehmenswertsteigerung

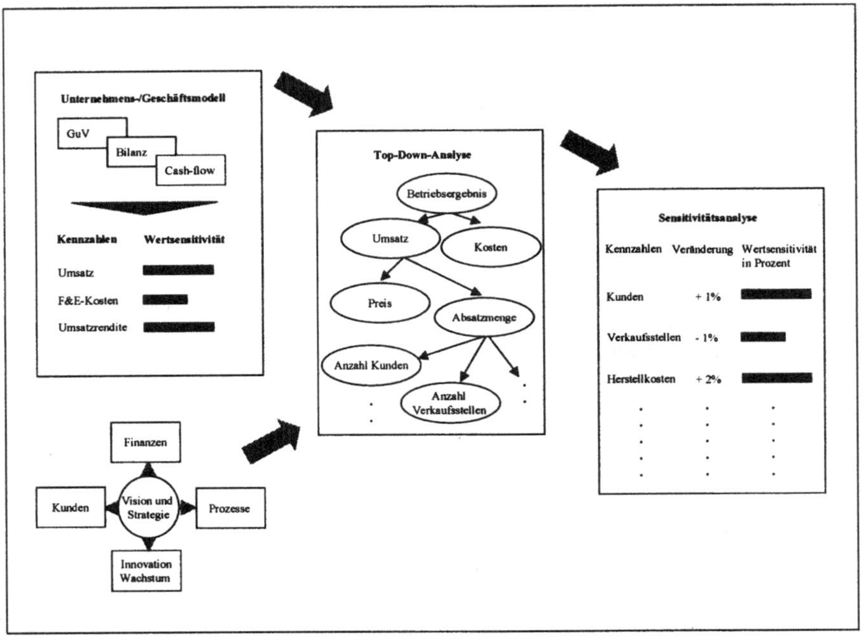


*Quelle: Michel, Uwe (1997): Strategien zur Wertsteigerung erfolgreich umsetzen – Wie die Balanced Scorecard ein wirkungsvolles Shareholder Value Management unterstützt, in: Horváth, Péter (Hrsg.) (1997): Das neue Steuerungssystem des Controllers, Von Balanced Scorecard bis US-GAAP, Stuttgart, Seite 281.*

Die übergreifende Definition des Controlling als durchgängige, entscheidungsorientierte Konzeption in einer Organisation kann beispielsweise mit folgenden Worten von BRÜGGEMEIER formuliert werden:

> *„Als ein eigenständiges Steuerungskonzept ist Controlling im Grunde nur dann zu verstehen, wenn man es als eine organisatorisch institutionalisierte, zielorientierte Führungskoordination durch Führungsinformation interpretiert.“*[446]

Es existieren aber auch kritische Stimmen in Bezug auf diese ´Aufgabenausweitung´ des Controlling bzw. seiner Institutionalisierung im gesamten Kontext der Organisation:

> *„Ein großer Controlling-Bereich gilt inzwischen weniger als Indikator für ein durchrationalisiertes, gut geführtes Unternehmen, sondern eher als Indikator für eine Fehlentwicklung in der Aufgabenverteilung.“*[447]

446 Brüggemeier, Martin (1998), a.a.O., Seite 303.
447 Ebd., Seite 303.

Dieser Kritik ist in vielen Punkten dadurch zu begegnen, dass konzeptspezifische Controlling-Methoden nach Verwaltungstypen und -bereichen einzusetzen sind. Nach BRÜGGEMEIER sind verschiedene Bedingungen für ein spezifisches *Verwaltungscontrolling* zu erfüllen, um die gewünschten Zielsetzungen zu erreichen:[448]

- Es müssen Zielvorgabe bzw. ein messbarer Output existieren.
- Es muss ein nach kaufmännischen Grundsätzen orientiertes Rechnungswesen als Informationslieferant vorhanden sein.
- Es muss die Fähigkeit und Bereitschaft gegeben sein, in wirtschaftlichen Kategorien zu denken.
- Handlungsspielräume und Kompetenzen zur Umsetzung von Entscheidungen müssen gegeben sein.
- All dies muss im Kontext einer übergreifenden Implementationsstrategie stehen.

Abbildung 29: Schematischer Aufbau der Balanced Scorecard

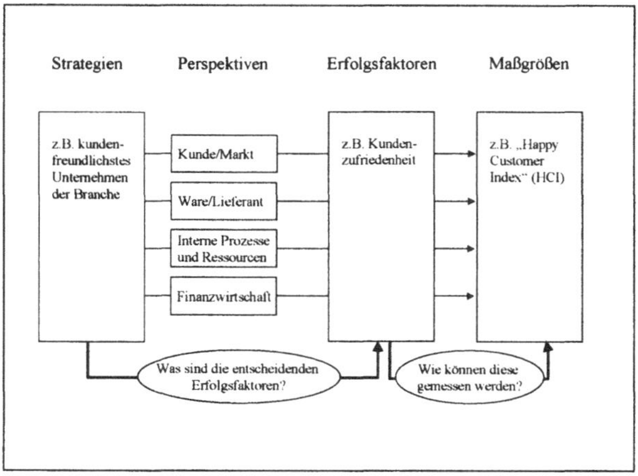


*Quelle: Guldin, Andreas (1997): Kundenorientierte Unternehmenssteuerung durch die Balanced Scorecard, in: Horváth, Péter (Hrsg.) (1997): Das neue Steuerungssystem des Controllers, Von Balanced Scorecard bis US-GAAP, Stuttgart, Seite 293.*

Nach der ersten Veröffentlichung der amerikanischen Autoren KAPLAN und NORTON[449] ist eine ganze Reihe von Publikationen[450] erschienen, welche sich mit der Konstruktion, Um-

448 Ebd., Seite 304-305.

449 Deutsche Ausgabe: Kaplan, Robert S./Norton, David P. (Hrsg.) (1997): Balanced Scorecard, Strategien erfolgreich umsetzen, aus dem Amerikanischen von Péter Horváth, Titel der Originalausgabe 1996: The Balanced Scorecard, Translating Strategy into Action, Stuttgart.

450 Siehe als (deutschsprachigen) Literaturausschnitt: Baschim, Anja (2001): Die Balanced Scorecard für ihren IT-Bereich, Ein Leitfaden für Aufbau und Einführung, Frankfurt am Main; Bernhard, Martin G./Hoffschröer, Stefan (2001): Report Balanced Scorecard, Strategien umsetzen, Prozesse steuern, Kennzahlensysteme entwickeln, Düsseldorf; Georg, Stefan (1999): Die Balanced Scorecard als Controlling- bzw. Managementinstrument, Aachen; Horváth & Partner (Hrsg.) (2001): Balanced Scorecard umsetzen, 2.

setzung und Bewertung von Kennzahlenmodellen unter dem Schlagwort ‚Balanced Scorecard' beschäftigen. Dies steht gleichzeitig stellvertretend für den hohen Verbreitungsgrad in der Praxis privatwirtschaftlicher Unternehmen,[451] der Anregungen zur Übertragung in den Bereich der öffentlichen Einrichtungen geradezu herausfordert.[452] Wesentliche Inhalte dieser Konzeption(en) sollen für eine Diskussion zur Verwendung im Bereich öffentlicher Einrichtungen kurz skizziert werden:

- Es wird eine Vision und Mission als langfristiger qualitativer Zielpunkt der Organisationseinheit erarbeitet/verwendet (*Strategiedimension*).
- Die übergreifende qualitative Zielsetzung (Vision/Mission) wird durch die Ableitung von *quantifizierbaren Zielgrößen* in greifbare Dimensionen gebracht und damit für eine Planung und Kontrolle geöffnet (*Planungs- und Kontrolldimension*).[453]
- Die messbaren Zielgrößen werden mit konkreten Aktionen in Verbindung gebracht (*Handlungsdimension*).

## 5.2. Zusammenführung und Entwicklungstendenzen

Die Entwicklung der Rechnungslegungskonzepte für den Bereich der Öffentlichen Einrichtungen ist durch die Parallelität von konvergenten und divergenten inhaltlichen Tendenzen gekennzeichnet.[454] Welche dieser Tendenzen schließlich den Ausschlag gibt, kann nur vermutet werden und ist entwicklungsoffen. Spekuliert werden kann, dass sich zumindest in einzelnen Bereichen der Tätigkeit Öffentlicher Einrichtungen wie beispielsweise der Bereich der Hochschulen eine geringe Anzahl von Standardkonzepten herausbilden wird, welche die Rechnungslegung und das Controlling in diesen Anwendungsbereichen auf Grund z.B. der Vergleichbarkeit dominieren werden.

### 5.2.1. Konvergente Entwicklungen

Es können mindestens zwei konvergente Entwicklungsrichtungen für Rechnungslegungskonzepte in Bezug auf öffentliche Einrichtungen aufgezeigt werden:

- Einmal existiert eine zunehmende *gleichgerichtete Entwicklung* zwischen Rechnungslegungskonzepten öffentlicher Einrichtungen und privatwirtschaftlicher Unternehmen. Dies ist unter anderem daran ersichtlich, dass unter anderem Anbieter von Standardsoftware für Unternehmen[455] auch im öffentlichen Bereich ihre Lösungen installieren können.

---

Auflage, Stuttgart; Kudernatsch, Daniela (2001): Operationalisierung und empirische Überprüfung der Balanced Scorecard, Wiesbaden; Scheibeler, Alexander A. W. (2001): Balanced Scorecard für KMU: Kennzahlenermittlung mit ISO 9001:2000 leicht gemacht, Berlin/Heidelberg; Schlag, Sabine/Runzheimer, Bodo (2001): Balanced Scorecard im Produktionssystemcontrolling, Anwendbarkeit und Ausgestaltung für den operativen Bereich, Wiesbaden; Weber, Jürgen/Schäfer, Utz (2000): Balanced Scorecard & Controlling, Implementierung – Nutzen für Manager und Controller – Erfahrungen in deutschen Unternehmen, 3. Auflage, Wiesbaden.

451 Siehe u.a. Weber, Jürgen/Sandt, Joachim (2001), a.a.O..

452 Dazu zählen beispielsweise diskutierte Einsatzmöglichkeiten in Krankenhäusern, Verwaltungseinrichtungen und anderen Öffentlichen Einrichtungen.

453 Siehe u.a. Kaplan, Robert S./Norton, David P. (Hrsg.) (1997), a.a.O., Seite 23.

454 Beispielsweise Budäus, Dietrich (2000): Weiterentwicklung der integrierten Verbundrechnung (Speyerer Verfahren) - Aktuelle Reformprobleme und Entwicklungsperspektiven des öffentlichen Rechnungswesens, in: Budäus, Dietrich/Küpper, Willi/Streitferdt, Lothar (Hrsg.) (2000): Neues öffentliches Rechnungswesen, Stand und Perspektiven, Wiesbaden, Seite 301-321.

455 Und damit verbunden die basale Rechnungslegungskonzeption der doppischen Buchführung als inhärenter Bestandteil der Unternehmensrechnungen und Softwareanwendungen im Unternehmensrechnungswesen bzw. -controlling.

- Zweitens die Beobachtung zunehmender *internationaler Kommunikation und Angleichung* in der Beschäftigung mit Rechnungslegungskonzepten in Öffentlichen Einrichtungen. Hier ist eine ähnliche Entwicklung zu vermuten wie im Bereich der privatwirtschaftlichen Unternehmen, bei denen auf Grund der Vergleichbarkeit international einheitliche Rechnungslegungsstandards zunehmend angestrebt werden. Diese Tendenz wird sich in den einzelnen Anwendungsbereichen der Öffentlichen Einrichtungen vermutlich ähnlich durchsetzen und einzelne Sonderwege in Bezug auf die Rechnungslegung bzw. das Controlling nivellieren.

### 5.2.2. Divergente Entwicklungen

Es können mindestens *drei divergente Entwicklungsrichtungen* für Rechnungslegungskonzepte aufgezeigt werden: Einmal die zunehmende Entwicklung von immer mehr verschiedenen Rechnungslegungskonzepten speziell für öffentliche Einrichtungen. Zweitens die zunehmende Entwicklung und Verwendung von Nebenrechnungen, welche in Art und Umfang immer vielfältiger und umfangreicher werden. Drittens die Ausdifferenzierung der wissenschaftlichen Untersuchung und praktischen Anwendung von Steuerungssystemen in verschiedenen Branchen je nach Betrachtungsgegenstand der Öffentlichen Einrichtungen.

- Divergenz einer zunehmenden *Anzahl von Rechnungslegungskonzepten*: Im Rahmen der Reformdiskussion wird eine zunehmende Anzahl von Rechnungslegungskonzepten entwickelt und veröffentlicht.
- Divergenz der steigenden *Anzahl und Einsatzbereichen von Nebenrechnungen*: Für eine zunehmende Anzahl von Detailfragen werden Nebenrechnungen geführt, welche über die eigentlichen Anwendungsfelder des Rechnungswesens hinausweisen und immer spezifischere Berechnungsmethoden erfordern.
- Divergenz durch die Ausrichtung der *Betrachtungsgegenstände und Spezifika*: Die Anwendungsfälle werden in den verschiedenen Anwendungsbereichen der Öffentlichen Einrichtungen immer spezifischer und damit zugleich immer weniger vergleichbar als übergreifende Einheit. Schlussendlich werden Hochschulen nur noch mit Hochschulen vergleichbar sein und in keiner Weise mehr mit anderen Öffentlichen Einrichtungen wie zum Beispiel Stadtwerken oder anderen Öffentlichen Unternehmen.

Da die aufgezeigten möglichen Konzepte und Entwicklungstendenzen für öffentliche Einrichtungen – speziell Hochschulen – nicht in einen einfachen Vergleich zur Anwendung des entwickelten Bewertungsrasters eingebunden werden können, wird an dieser Stelle ein *substituierender Vergleich* zweier Softwareanwendungen für die Rechnungslegung und das Controlling an Hochschulen durchgeführt. Diesen beiden Softwareprodukten liegen im Kern die beiden *Basistypen der kameralen und doppischen Buchführung* zu Grunde, so dass indirekt auch ein Vergleich der Rechnungslegungskonzepte damit verbunden ist.

## 5.3. Bewertung der Rechnungslegungskonzepte bestehender Softwarelösungen für Hochschulen

Im Rahmen der Anwendungssoftware für das Rechnungswesen an Hochschulen haben sich in Deutschland im wesentlichen zwei Anbieter mit ihren Softwaresystemen profiliert: Diese beiden Systeme der Hersteller *SAP Walldorf* und *HIS Hannover* werden daher beispielhaft mit dem entwickelten Bewertungssystem für die Rechnungslegung an Öffentlichen Einrichtungen (hier für den Spezialfall der Hochschulen) bewertet.[456]

---

456 Vgl. unter anderem: Rupp, Thomas (2001): Referenzmodellgestützte SAP R/3 Einführung an niedersächsischen Hochschulen – Erfahrungen aus einem Jahr Kompetenzzentrum, in: Appelrath, Hans-Jürgen u.a. (Hrsg.) (2001): Unternehmen Hochschule, Lecture Notes Informatics Volume P-6, Bonn, Seite 43-53; Ha-

### 5.3.1. Bewertungsraster für die Evaluation von Softwarelösungen

Für die Bewertung einer Softwarelösung spielen neben den funktionalen Kriterien (wie in den vorangegangenen Kapiteln beschrieben) auch übergreifende Kriterien eine Rolle. Dies zeigt beispielhaft die nachfolgende Übersicht der verwendeten Kriterien bei der Softwarebewertung (als Zertifizierung) durch den Verband der Alumni-Organisationen für Softwarelösungen zum Alumni-Management in Vereinen und Hochschulen. Die nachfolgende dargestellte Bewertung erfolgte mit Hilfe einer Punktbewertung von 0 bis 10 Punkten pro Bewertungskriterium.

Tabelle 34: Beispielhafte Übersicht einer Softwarebewertung mit Kriterien und Gewichtung

| Nr | Anbieter | Ort | Summe Punkte 100,00% | Punkte Funktionalitäten Frontoffice 30,00% | Punkte Funktionalitäten Backoffice 30,00% | Punkte Erweiterung / Modul 15,00% | Punkte Ergonomie 10,00% | Punkte Anbindung / Softwarebasis 5,00% | Punkte Anbieter 10,00% |
|---|---|---|---|---|---|---|---|---|---|
| 1 | Absolventenforum FH | Mannheim | | | | | | | |
| 2 | Alumni Lüneburg | Lüneburg | | | | | | | |
| 3 | CAS | Karlsruhe | | | | | | | |
| 4 | Cobra | Konstanz | | | | | | | |
| 5 | Dexter elumni | Bad Homburg | | | | | | | |
| 6 | FU Berlin | Berlin | | | | | | | |
| 7 | GSOAG | Limburg | | | | | | | |
| 8 | HIS TU Darmstadt | Darmstadt | | | | | | | |
| 9 | IDEE | Delmenhorst | | | | | | | |
| 10 | IM Strategies | Zürich | | | | | | | |
| 11 | Implemens | Vallendar | | | | | | | |
| 12 | Internet Netzwerk | Passau | | | | | | | |
| 13 | MIS | Hamburg | | | | | | | |
| 14 | Umantis | St. Gallen | | | | | | | |
| 15 | Uni Mannheim | Mannheim | | | | | | | |
| 16 | Uni Ulm | Ulm | | | | | | | |
| 17 | Webtac | Münster | | | | | | | |

*Quelle: Klumpp, Matthias (2005b): Datenbanklösungen für die Alumni-Arbeit, in: Leitfaden Alumni-Arbeit an Hochschulen Nr. 2, Klumpp, Matthias/Langer, Markus (Hrsg.), Mannheim/Gütersloh, Seite 7-9 und 13.*

In der Gewichtung der Kriterien ist zu erkennen, dass in der Regel die funktionalen Kriterien ein deutliches Übergewicht erhalten. Daneben spielen die übergreifenden Kriterien mit insgesamt 40 v.H. der Gewichtungsanteile ebenso eine wichtige Rolle. Folgende Punkte wurden dabei als übergreifende Kriterien verwendet:

- *Erweiterung/Modularisierung*: Hiermit ist die Erweiterbarkeit der Software in Bezug auf die Funktionalitäten gemeint. Dies wird insbesondere mit einer weitgehenden Modularisierung der Anwendungen erreicht, die beispielsweise ermöglicht, dass die Verwaltungs-

neke, Uwe (2001): Die Nutzung integrierter Standardsoftware an deutschen Hochschulen: Entwicklungen, Effekte und Erwartungen, in: Appelrath, Hans-Jürgen u.a. (Hrsg.) (2001), a.a.O., Seite 33-41; Floß, Bettina (2001): HISCOB-GX – Instrument für das Hochschulcontrolling, in: Appelrath, Hans-Jürgen u.a. (Hrsg.) (2001), a.a.O., Seite 77-99.

funktionen wie Schnittstellen und Benutzerverwaltung zentral und einmal in einer Lösungsumgebung implementiert sind und darin mehrere Teilmodule funktionsfähig sind.

- *Ergonomie*: Hier wird die gesamte Benutzerfreundlichkeit (intuitive Nutzerführung, Unterstützungsangebote durch Hilfefunktionen), unter anderem die Nutzung üblicher Bedienungselemente bewertet.
- *Anbindung/Softwarebasis*: In der Regel greifen Anwendungslösungen auf bestehende Betriebssysteme oder Datenbanksoftware zurück, wobei hier die Qualität und Verbreitung der verwendeten Basislösungen der Anwendung bewertet wird. Gleichzeitig spielen für den erzielten Gesamtnutzen im Rahmen der Softwareanwendung regelmäßig die Anbindungen an andere Systeme beispielsweise zum Datenaustausch eine große Rolle, was hier ebenfalls bewertet wird.
- *Anbieter*: Unter diesem Kriterium ist die Größe und damit langfristige Existenz und Seriosität des Softwareanbieter zusammengefasst. Dies geht davon aus, dass der Anwender ein hohes Interesse daran hat, langfristig mit dem Anbieter der eingesetzten Lösung zusammenzuarbeiten und Wartung bzw. Schulungs- und Entwicklungsunterstützung durch den Anbieter zu beziehen.

In Abwandlung bzw. Weiterführung dieses Schemas wird in der hier durchzuführenden Untersuchung ein Bewertungsschema mit den gleichen Grobkategorien unter Verwendung der bereits zuvor erarbeiteten Funktionalitätskriterien verwendet. Dieses ist übersichtsartig in der nachfolgenden Tabelle dargestellt.
Hier wurden drei *neue spezifische Kriterien für den Bereich der Hochschulen* eingefügt und damit die Flexibilität des Bewertungssystems beispielhaft herausgestellt:

Erstens der Punkt 1.12. Leistungsabbildung nach den drei Bereichen Forschung, Lehre und Weiterbildung/ Transfer: Dies sind in der Regel auch die Leistungsbereiche für Zielvereinbarungen beispielsweise mit dem Land als 'Hauptgeldgeber' für den Hochschulhaushalt. Damit sollten diese Bereiche auch in der Erfassung der Informationssysteme enthalten sein, um eine direkte Leistungskontrolle und -dokumentation der Zielvereinbarung aus dem RLK heraus zu ermöglichen.

Zweitens der Punkt 2.12. Gewichtung der Teilbereiche nach Fakultäten / Fachbereichen / Instituten: Diese Möglichkeit soll zur individuellen Anpassung an die Gegebenheiten in einer Hochschule und zum Ausgleich individueller Strukturmerkmale bestehen.

Und drittens das Kriterium 3.4. Geringe Anfangsinvestition: Hier ist speziell für den Bereich der öffentlichen Hochschulen zu vermerken, dass in der Regel die haushaltstechnische Schwierigkeit für die Hochschulen besteht, (hohe) Anfangsinvestitionen aufzubringen bzw. Einmalinvestitionen zu tätigen. Leichter fällt dagegen meist die Zahlung laufender Teilsummen als Miet- und/oder Wartungsaufwendungen. Daher sollte eine Softwarelösung zumindest als eine Zahlungsoption unter mehreren die Möglichkeit einer sehr geringen Einmalzahlung verbunden mit einer Verteilung der Zahlungslast auf zukünftige Raten erlauben. Für die Erhebung der Angaben zu den Softwareprodukten wurde ein ausformulierter Fragebogen ausgearbeitet, der eine möglichst hohe Verständlichkeit durch den Kommunikationsempfänger sicherstellen soll. Dazu sind die genannten Kriterien alle in einer ausführlichen Satzformulierung codiert und als Frage erstellt, um eine möglichst konkrete und inhaltlich passende Antwort hervorzurufen.

Tabelle 35: Verwendetes Bewertungsraster zur Softwarebewertung

| Anbieter | Summe 100,00% | 1. Punkte Zielmerkmale 30,00% | 2. Punkte Eigenschaftsmerkmale 20,00% | 3. Punkte Prozessmerkmale 10,00% | 4. Punkte Erweiterung / Modul 15,00% | 5. Punkte Ergonomie 10,00% | 6. Punkte Anbindung / Softwarebasis 5,00% | 7. Punkte Anbieter 10,00% |
|---|---|---|---|---|---|---|---|---|
| | | 1.1. Erfassungsumfang | 2.1. Detailinformation | 3.1. Aktualität | | | | |
| | | 1.2. Erfassungsflexibilität | 2.2. Analysefunktion | 3.2. Wirkungs- und Anreizsysteme | | | | |
| | | 1.3. Vermögensabbildung | 2.3. Vergleichsfunktion | 3.3. Wirtschaftlichkeit | | | | |
| | | 1.4. Inputabbildung | 2.4. Entscheidungsinformation | 3.4. Geringe Anfangsinvestition | | | | |
| | | 1.5. Tragfähigkeitsabbildung | 2.5. Flexibilisierung / Abbildung Globalbudgets | | | | | |
| | | 1.6. Dezentralisierungsoption | 2.6. Zielquantifizierung | | | | | |
| | | 1.7. Planungsabbildung | 2.7. Wirkungsmessung | | | | | |
| | | 1.8. Ergebniskontrolle | 2.8. Finanzrisikoabbildung | | | | | |
| | | 1.9. Risikodarstellung | 2.9. Sachrisikoabbildung | | | | | |
| | | 1.10. Budgetabbildung nach Arbeitsbereichen | 2.10. Gewichtung der Forschungsleistungen | | | | | |
| | | 1.11. Leistungsabbildung nach Arbeitsbereichen | 2.11. Gewichtung der Lehrleistungen | | | | | |
| | | 1.12. Leistungsabbildung Forschung, Lehre, Weiterbildung | 2.12. Gewichtung der Teilbereiche (Fak./FB/Inst.) | | | | | |
| Summe Punkte | | | | | | | | |
| Summe | | | | | | | | |

*Quelle: Klumpp, Matthias (2005b): Datenbanklösungen für die Alumni-Arbeit, in: Leitfaden Alumni-Arbeit an Hochschulen Nr. 2, Klumpp, Matthias/Langer, Markus (Hrsg.), Mannheim/Gütersloh, Seite 11 und 12 (4. bis 7.) und eigene Darstellung (1. bis 3.).*

## 5.3.2. Anwendung des Bewertungsrasters für SAP

Die spezifische Anwendung SAP Higher Education bzw. SAP Campus Management wird derzeit in verschiedenen Bildungs- und Forschungseinrichtungen weltweit eingesetzt.

Zur Erhebung der Daten zum Softwaretool 'SAP Higher Education' (SAP HE) wurde eine Terminanfrage am 18.12.2004 an den der zuständigen Ansprechpartner, Herrn Joachim Plumbaum, versandt.

Daraufhin wurde ein Termin für den 28.01.2005 vereinbart und wahrgenommen. Die ausgewerteten Interviewinhalte sind im Interviewleitfaden direkt abgetragen und anschließend als Punktbewertung in der nachfolgenden Tabelle nach Maßgabe des Bewertungsschemas verzeichnet.

Im Rahmen des Interviewgesprächs stellte sich heraus, dass neben den individuellen Auskünften (markiert jeweils als „1.") auch eine allgemeine Bewertung nach Maßgabe der Produktinformationen von SAP notwendig ist, da das spezifische Wissen zu allen Fragen nicht bei einer Person liegen kann.
Die im Internet publizierten Informationen wurden jeweils im Fragenbogen zu den gleichen Fragen notiert (unter der Anmerkung „2.").[457]

Die SAP Softwarelösung ist dadurch gekennzeichnet, dass insbesondere in den Bereichen Rechnungswesen und Controlling auf die Standardanwendungen und Module zurückgegriffen wird, die als Standardanwendungen auch in anderen Branchen Anwendung finden. Allein die spezifischen Funktionen z.B. der Studienverwaltung werden im Rahmen des Moduls SAP Campus Management dargestellt.
Wie in der Erhebungstabelle dargestellt, wurden für SAP neben dem Interviewgespräch weitere Informationen aus im Internet bereitgestellten Dokumenten verwendet. Insbesondere handelt es sich dabei um ´Solution Maps´, in denen die Funktionalitäten und Architekturen von Anwendungslösungen dargestellt werden. Ein Beispiel zeigt die folgende Abbildung.

Abbildung 30: SAP Higher Education Solution Map

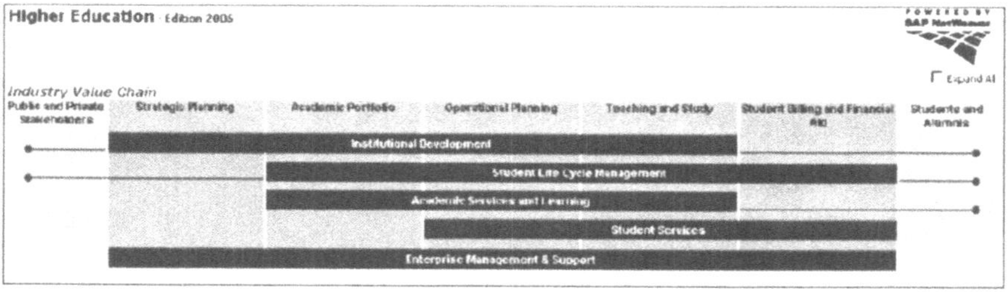


*Quelle: Abruf unter http://www.sap.com am 06.03.2005.*

457 Unter http://www.sap.com angegebene Information (Abruf am 06.02.2005) wie auch die Produktinformation (SAP AG (2005): SAP Campus Management, Walldorf).

Tabelle 36: Interviewleitfaden und Dokumentation für die Softwarebewertung SAP

| |
|---|
| Bewertung Higher Education Software → *SAP* |
| **1. Zielmerkmale** |
| 1.1. Erfassungsumfang<br>In welchem Umfang werden die Finanz-, Vermögens- und Leistungsvorgänge in der Hochschule erfasst? |
| 1. Vollständig (Finanzen, Vermögen, Leistungsvorgänge über Business Information Warehouse).<br>2. Verwendung im Wesentlichen der Standardanwendungen, daher wie in privatwirtschaftlichen Unternehmen vollständige Erfassung möglich. |
| 1.2. Erfassungsflexibilität<br>In welchem Umfang können zusätzliche Finanz-, Vermögens- und Leistungsvorgänge in der Hochschule erfasst werden? |
| 1. Alles ist möglich.<br>2. Entsprechend der großen Verschiedenheit der Unternehmen, die außer den Hochschulen SAP einsetzen, kann davon ausgegangen werden, dass eine größtmögliche Flexibilität vorliegt. |
| 1.3. Vermögensabbildung<br>In welchem Umfang bzw. mit welcher Methodik wird die Vermögensentwicklung in der Hochschule erfasst? |
| 1. Ja.<br>2. Ebenfalls wie in der Anwendung bei privatwirtschaftlichen Unternehmen in jedem Fall gegeben. |
| 1.4. Inputabbildung<br>In welchem Umfang bzw. mit welcher Methodik werden die Ressourcenbereitstellungen für die Hochschule erfasst (Bereitstellung Landesmittel, Spenden, Fundraising etc.)? |
| 1. Ja (Haushaltsrechnung, Moduls Funds Management, Grants Management).<br>2. Vollständig. |
| 1.5. Tragfähigkeitsabbildung<br>Wie kann die finanzielle Tragfähigkeit (Liquiditätsmanagement, „Sustainability") berechnet / angezeigt / gesteuert werden? |
| 1. Ja.<br>2. Darstellung im Rahmen des Standardmoduls SAP CO, welches von Unternehmen aller Branchen eingesetzt wird. |
| 1.6. Dezentralisierungsoption<br>In welchem Umfang können Erfassungs-, Analyse- und Anzeigefunktionen dezentralisiert werden (Zugriffsrechte etc.)? |
| 1. In vollem Umfang.<br>2. Frei definierbare Zugriffssteuerung. |
| 1.7. Planungsabbildung<br>Wie bzw. in welchem Umfang werden Finanz- und Leistungsplanungen abgebildet? |
| 1. Ja.<br>2. Finanzplanungen vollständig, Leistungsplanungen mehrheitlich im Lehrbereich (SAP Campus Management). |
| 1.8. Ergebniskontrolle<br>Wie bzw. in welchem Umfang werden Finanz- und Leistungsdaten (Ist) abgebildet bzw. ein Controlling unterstützt? |
| 1. Vollständig im Rahmen der SAP Module FI und CO.<br>2. Leistungsdaten für Hochschulen nur im Rahmen von SAP Campus Management (mehrheitlich Leistungsdaten im Lehrbereich). |
| 1.9. Risikodarstellung<br>Wie bzw. in welchem Umfang können Risiken (Sachrisiken, Finanzrisiken) erfasst werden? |
| 1. Enthalten im Modul Riskmanagement.<br>2. Sachrisiken nur eingeschränkt erfasst, Finanzrisiken mehrheitlich in der Darstellung erfasst. |
| 1.10. Budgetabbildung nach Arbeitsbereichen<br>Inwieweit können Budgetangaben (Soll/Ist) auf typische Arbeitsbereiche (Fakultät, Institut) abgebildet werden? |
| 1. Ja, vollständig. |

| |
|---|
| 1.11. Leistungsabbildung nach Arbeitsbereichen<br>Inwieweit können Leistungsangaben (Soll/Ist) auf typische Arbeitsbereiche (Fakultät, Institut) abgebildet werden? |
| 1. Ja, vollständig. |
| 1.12. Leistungsabbildung Forschung/Lehre/Weiterbildung<br>In welchem Umfang können Leistungsdokumentationen zu den drei Tätigkeitsbereichen aggregiert werden? |
| 1. In der Lehre durch die Module „Campus Management" und Business Information Warehouse oder das Modul HR / Personalverwaltung, in der Forschung ebenfalls. |

| **2. Eigenschaftsmerkmale** |
|---|
| 2.1. Detailinformation<br>In welcher Tiefe sind Detailinformationen in der Auswertung / Anzeige verfügbar? |
| 1. Flexibel.<br>2. Auf der Ebene der definierten Nutzerebenen (wie bei anderen Unternehmen/Branchen üblich). |
| 2.2. Analysefunktionen<br>In welchem Umfang sind Analysen der Finanz- und Leistungsdaten möglich (Benennung)? |
| 1. Durch das Modul Controlling (CO) sowie das Business Information Warehouse (BIW).<br>2. Freie Definition verschiedenster Kennzahlen wie in anderen Unternehmen/Branchen. |
| 2.3. Vergleichsfunktionen<br>In welchem Umfang sind Vergleiche (Zeit, Institution, Durchschnitte o.ä.) der Finanz- und Leistungsdaten möglich? |
| 1. Durch das Modul Controlling (CO) sowie das Business Information Warehouse (BIW).<br>2. Zeitvergleiche frei definierbar, Institutionenvergleich intern möglich, externe Daten werden jedoch nicht bereitgestellt. |
| 2.4. Entscheidungsinformation<br>Welche Entscheidungsinformationen werden abgebildet bzw. berechnet (z.B. Investitionsrechnung, Szenariorechnung)? |
| 1. Siehe Detail-/Produktinformationen.<br>2. Investitionsrechnung möglich, Szenarien nur im Finanzbereich. |
| 2.5. Flexibilisierung / Globalbudgets<br>Inwieweit können flexible Budgets / Globalbudgets abgebildet werden? |
| 1. Ja.<br>2. Vollständig (Referenzen USA). |
| 2.6. Zielquantifizierung<br>In welchem Umfang wird die Quantifizierung von Zielen (Leistungskennzahlen o.ä.) unterstützt? |
| 1. Siehe Detail-/Produktinformationen.<br>2. Speziell im Bereich der Lehre und „Third Leg" (USA). |
| 2.7. Wirkungsmessung<br>Existiert eine Form der Wirkungsmessung (Impact z.B. Graduiertenbeschäftigung, Evaluation etc.)? |
| 1. Kann mit Hilfe der Tools (BIW, VRM) aufgebaut werden.<br>2. Nicht als Standardanalyse enthalten. |
| 2.8. Sachrisikoanalyse<br>Welche Funktionen stehen zur Bewertung, Darstellung und Steuerung von Sachrisiken zur Verfügung? |
| 1. Im Modul Risikomanagement.<br>2. Keine vordefinierten Inhalte. |
| 2.9. Finanzrisikoanalyse<br>Welche Funktionen stehen zur Bewertung, Darstellung und Steuerung von Finanzrisiken zur Verfügung? |
| 1. Im Modul Risikomanagement.<br>2. Keine vordefinierten Kennzahlen und/oder Methoden. |
| 2.10. Gewichtung Forschung |

| |
|---|
| Welche Möglichkeiten stehen zur Bewertung bzw. Gewichtung der Forschungsleistungen zur Verfügung? |
| 1. Wie 1.12.<br>2. Vollständig da freie Definition der Nutzer. |
| 2.11. Gewichtung Lehre<br>Welche Möglichkeiten stehen zur Bewertung bzw. Gewichtung der Lehrleistungen zur Verfügung? |
| 1. Wie 1.12.<br>2. Vollständig da freie Definition der Nutzer. |
| 2.12. Gewichtung Arbeitseinheiten<br>Welche Möglichkeiten stehen zur Bewertung bzw. Gewichtung der Arbeitsebenen / Arbeitseinheiten zur Verfügung? |
| 1. Wie 1.12.<br>2. Vollständig da freie Definition der Nutzer. |

| |
|---|
| **3. Prozessmerkmale** |
| 3.1. Aktualität<br>Mit welcher Aktualität sind Erfassung-, Analyse- und Anzeigefunktionen möglich? |
| 1. In Realtime (außer BIW stichtagsbezogen). |
| 3.2. Wirkungs- und Anreizsysteme<br>Wie werden Anreiz-/Handlungsmöglichkeiten in Bezug auf die verschiedenen Adressaten in der Hochschule dargestellt? |
| 1. Im Modul Personalentwicklung / HR.<br>2. Mögliche Verbindung über das Modul HR, allerdings bei wenigen Hochschulen in der Kombination bereits im Einsatz. |
| 3.3. Wirtschaftlichkeit |
| 1. k.A.<br>2. Durch in der Regel realisierte Einsparungen (Papier, Personal) sehr hoch (siehe angegebene Fallstudien), jedoch abhängig von der organisatorischen Implementierung. |
| 3.4. Höhe der Anfangsinvestitionen (Lizenzen, Einrichtung, Schulung) |
| 1. Evtl. Aussage von Seiten des Vertriebs.<br>2. Lizenzerwerb und Einführungsschulung notwendig. |

| |
|---|
| **4. Erweiterungs-/Moduleigenschaften** |
| Qualitative Beurteilung der Moduleigenschaften / Erweiterbarkeiten der Softwareanwendung. |
| 1. SAP stellt Entwicklungsplattform zur Verfügung. |
| **5. Ergonomie** |
| Qualitative Bewertung der Arbeitsergonomie der Softwareanwendung. |
| 1. Zertifizierung zur Ergonomie vorhanden, rollenbezogenes User Interface Konzept. |
| **6. Anbindung / Softwarebasis** |
| Qualitative Bewertung der Arbeitsumgebung sowie der Schnittstellenmöglichkeiten. |
| 1. Exchange Infrastructure; BAPIs.<br>2. Durch die Schnittstellenerfahrungen bei vielfältigen privatwirtschaftlichen Unternehmen dürfte eine größtmögliche Auswahl an Möglichkeiten bestehen. |
| **7. Anbieter** |
| Qualitative Bewertung des Anbieters (Support, Zukunftsfähigkeit, Stabilität, wirtschaftliche Situation). |
| 1. Support 24/7 inkl. Support Level Agreements, SAP als Nr. 1 für Business Software, gute Stabilität und Wirtschaftlichkeit.<br>2. Qualität und Verfügbarkeit der Produktunterlagen sprechen für eine sehr hohe Anbieterqualität. |

*Quelle: Eigene Darstellung.*

Die ergänzenden Angaben aus der Produktbroschüre von SAP zeigen die Funktionsmodule des SAP Campus Management nach den Stationen und Anforderungen des Studierendenzyklus.

Abbildung 31: SAP Campus Management Module

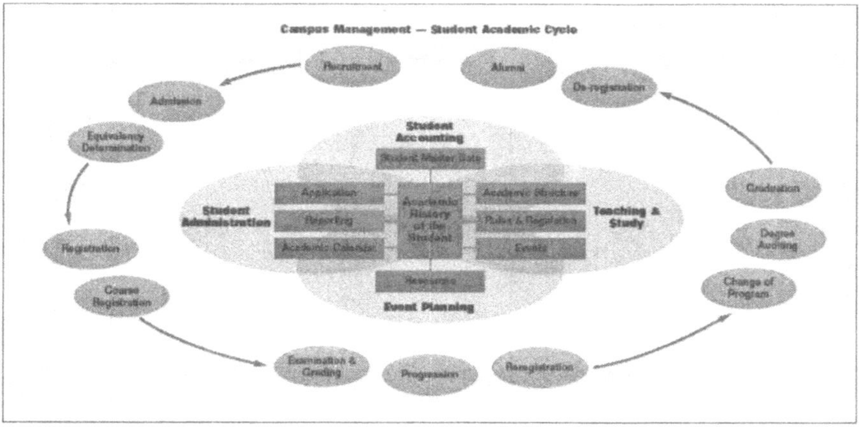


*Quelle: SAP AG (2005): SAP Campus Management. Walldorf 2005, Seite 7.*

Abbildung 32: SAP Campus Management Funktionszusammenhang

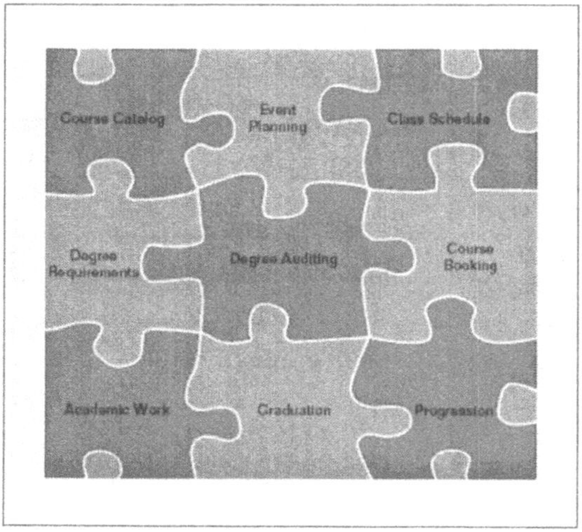


*Quelle: SAP AG (2005): SAP Campus Management. Walldorf 2005, Seite 10.*

Abbildung 33: SAP Campus Management zur Unterstützung der vier Arbeitsbereiche an Hochschulen

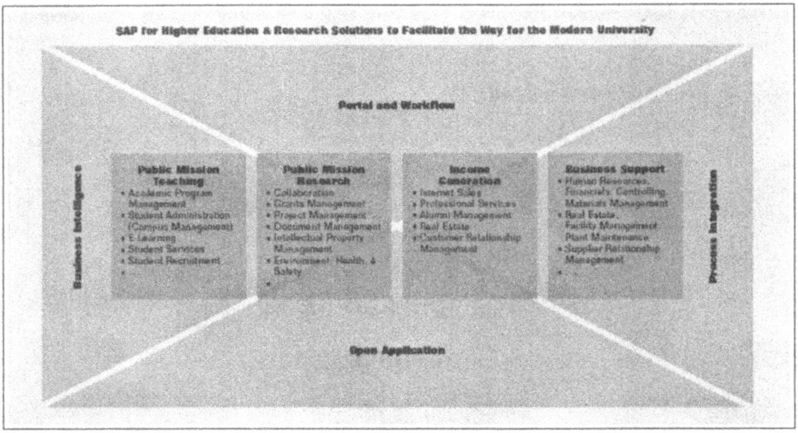


*Quelle: SAP AG (2005): SAP Campus Management, Walldorf 2005, Seite 17.*

Tabelle 37: Verwendetes Bewertungsraster zur Softwarebewertung SAP

| Summe 100,00% | 1. Punkte Zielmerkmale 30,00% | 2. Punkte Eigenschaftsmerkmale 20,00% | 3. Punkte Prozessmerkmale 10,00% | 4. Punkte Erweiterung / Modul 15,00% | 5. Punkte Ergonomie 10,00% | 6. Punkte Anbindung / Softwarebasis 5,00% | 7. Punkte Anbieter 10,00% |
|---|---|---|---|---|---|---|---|
| | 1.1. Erfassungsumfang **10** | 2.1. Detailinformation **10** | 3.1. Aktualität **10** | **8** | **10** | **10** | **10** |
| | 1.2. Erfassungsflexibilität **10** | 2.2. Analysefunktion **10** | 3.2. Wirkungs- und Anreizsysteme **8** | | | | |
| | 1.3. Vermögensabbildung **10** | 2.3. Vergleichsfunktion **8** | 3.3. Wirtschaftlichkeit **9** | | | | |
| | 1.4. Inputabbildung **10** | 2.4. Entscheidungsinformation **9** | 3.4. Geringe Anfangsinvestition **4** | | | | |
| | 1.5. Tragfähigkeitsabbildung **10** | 2.5. Flexibilisierung / Abbildung Globalbudgets **10** | | | | | |
| | 1.6. Dezentralisierungsoption **10** | 2.6. Zielquantifizierung **7** | | | | | |
| | 1.7. Planungsabbildung **9** | 2.7. Wirkungsmessung **5** | | | | | |
| | 1.8. Ergebniskontrolle **9** | 2.8. Finanzrisikoabbildung **5** | | | | | |
| | 1.9. Risikodarstellung **8** | 2.9. Sachrisikoabbildung **5** | | | | | |
| | 1.10. Budgetabbildung nach Arbeitsbereichen **9** | 2.10. Gewichtung der Forschungsleistungen **8** | | | | | |
| | 1.11. Leistungsabbildung nach Arbeitsbereichen **9** | 2.11. Gewichtung der Lehrleistungen **10** | | | | | |
| | 1.12. Leistungsabbildung Forschung, Lehre, Weiterbildung **9** | 2.12. Gewichtung der Teilbereiche (Fak./FB/Inst.) **9** | | | | | |
| | | | | | | | |

*Quelle: Klumpp, Matthias (2005b): Datenbanklösungen für die Alumni-Arbeit, in: Leitfaden Alumni-Arbeit an Hochschulen Nr. 2, Klumpp, Matthias/Langer, Markus (Hrsg.), Mannheim/Gütersloh und eigene Darstellung.*

### 5.3.3. Anwendung des Bewertungsrasters für HIS

Zur Erhebung der Daten zum Softwaretool der HIS GmbH Hannover wurde eine Terminanfrage am 18.12.2004 an einen der zuständigen Ansprechpartner, Frau Floss, für den Bereich der Kostenrechnung als eigenständiges Softwaremodul, versandt. Daraufhin wurde ein Termin mit dem zuständigen Vertreter, Herrn Dr. Gutow, für den 18.02.2005 vereinbart und wahrgenommen. Diese ausgewerteten Interviewinhalte sind im verwendeten Interviewleitfaden direkt notiert und anschließend als Punktbewertung in der nachfolgenden Tabelle nach Maßgabe des zuvor vorgestellten Bewertungsschemas dokumentiert. Die Softwareangebote der HIS GmbH sind in Leistungsmodule unterteilt. Für die vorgenommene Bewertung sind unterschiedliche Module einschlägig und werden mit ihren Kürzeln in der Dokumentation verwendet, daher ist nachfolgend eine kurze Übersicht der vorhandenen bzw. einschlägigen Module abgebildet.

Tabelle 38: Modulübersicht HIS GmbH

| Modul | Funktionsbereich |
|---|---|
| FSV | Rechnungswesen und Buchhaltung; Erfassung der Finanzvorgänge auf kameraler Basis, mögliche Abbildung auch doppisch (Bilanz sowie Gewinn- und Verlustrechnung); Teilmodule Mittelverwaltung, Inventar, Materialverwaltung und Einkauf |
| SVA | Personalverwaltung und Lohn- bzw. Gehaltsabrechnung |
| BAU | Gebäudeverwaltung und Flächenbewirtschaftung |
| SOS | Studien- und Prüfungsverwaltung |
| COB | Controlling, Kosten- und Leistungsrechnung; Berechnung und Zuteilung nach Kostenarten, Kostenstellen und Kostenträgern |

*Quelle: Angaben unter http://www.his.de und Interview wie unten dokumentiert.*

Tabelle 39: Interviewleitfaden und Dokumentation für die Softwarebewertung HIS

| Bewertung Higher Education Software → *HIS* |
|---|
| **1. Zielmerkmale** |
| 1.1. Erfassungsumfang<br>In welchem Umfang werden die Finanz-, Vermögens- und Leistungsvorgänge in der Hochschule erfasst? |
| Vollumfängliche Erfassung der Finanzdaten (FSV); Weitgehende Erfassung der Vermögensdaten über die Module BAU und FSV/Intentar; Grundsätzliche Erfassung der Leistungsdaten Lehre in SOS, Möglichkeit der manuellen Anlage bzw. Eingabe für Leistungsdaten Forschung u.a. in COB |
| 1.2. Erfassungsflexibilität<br>In welchem Umfang können zusätzliche/weitere/neue Finanz-, Vermögens- und Leistungsvorgänge in der Hochschule erfasst werden? |
| Umfangreiche Erfassungsflexibilität (die Hochschulen können eigene Konten/Kennzahlen und Auswertungen definieren); einfache Formatanforderung beispielsweise für Importe |
| 1.3. Vermögensabbildung<br>In welchem Umfang bzw. mit welcher Methodik wird die Vermögensentwicklung in der Hochschule erfasst? |
| Vermögenserfassung real und kalkulatorisch in den Modulen BAU und FSV/Inventar mit allerdings nur linearer Abschreibung abzubilden |
| 1.4. Inputabbildung<br>In welchem Umfang bzw. mit welcher Methodik werden die Ressourcenbereitstellungen für die Hochschule erfasst (Bereitstellung Landesmittel, Spenden, Fundraising etc.)? |
| Landesmittel bspw. in der FSV/Mittelverwaltung, weitere Inputs als Erlöskategorien abbildbar und auch den Einheiten als |

| |
|---|
| Kostenstelle zuzuordnen (Spende an eine Teileinrichtung) |
| 1.5. Tragfähigkeitsabbildung<br>Wie kann die finanzielle Tragfähigkeit (Liquiditätsmanagement, „Sustainability") berechnet / angezeigt / gesteuert werden? |
| Nein, nur Soll/Ist-Abgleich der kameralen Konten |
| 1.6. Dezentralisierungsoption<br>In welchem Umfang können Erfassungs-, Analyse- und Anzeigefunktionen dezentralisiert werden (Zugriffsrechte etc.)? |
| Vollständig möglich, sowohl über Direktzugriff als auch mit Internet/Intranetlösung (Browser) |
| 1.7. Planungsabbildung<br>Wie bzw. in welchem Umfang werden Finanz- und Leistungsplanungen abgebildet? |
| Nein, nur Ist-Daten bzw. aktuelle Periode |
| 1.8. Ergebniskontrolle<br>Wie bzw. in welchem Umfang werden Finanz- und Leistungsdaten (Ist) abgebildet bzw. ein Controlling unterstützt? |
| Vollständig durch COB |
| 1.9. Risikodarstellung<br>Wie bzw. in welchem Umfang können Risiken (Sachrisiken, Finanzrisiken) erfasst werden? |
| Nein |
| 1.10. Budgetabbildung nach Arbeitsbereichen<br>Inwieweit können Budgetangaben (Soll/Ist) auf typische Arbeitsbereiche (Fakultät, Institut) abgebildet werden? |
| Vorhanden |
| 1.11. Leistungsabbildung nach Arbeitsbereichen<br>Inwieweit können Leistungsangaben (Soll/Ist) auf typische Arbeitsbereiche (Fakultät, Institut) abgebildet werden? |
| Vorhanden |
| 1.12. Leistungsabbildung Forschung/Lehre/Weiterbildung<br>In welchem Umfang können Leistungsdokumentationen zu den drei Tätigkeitsbereichen aggregiert werden? |
| Vorhanden (Umsetzung als „Modell Baden-Württemberg" mit Reporting in diesen drei Bereichen) |

| |
|---|
| **2. Eigenschaftsmerkmale** |
| 2.1. Detailinformation<br>In welcher Tiefe sind Detailinformationen in der Auswertung / Anzeige verfügbar? |
| Vollständig |
| 2.2. Analysefunktionen<br>In welchem Umfang sind Analysen der Finanz- und Leistungsdaten möglich (Benennung)? |
| Umfangreich, beispielsweise jeweils Kosten pro Studierende, Stud. in Regelstudienzeit, Stud. in ersten 4 Fachsemestern, pro Vollzeitstudierende oder pro Kopf Studierende, pro Professoren, wiss. Mitarbeiter, nichtwiss. Mitarbeiter; Relationen Studierende-Professoren, Studierende-wiss. Mitarbeiter |
| 2.3. Vergleichsfunktionen<br>In welchem Umfang sind Vergleiche (Zeit, Institution, Durchschnitte o.ä.) der Finanz- und Leistungsdaten möglich? |
| Segmentberichterstattung (durch flexibel hinterlegte Organisations-/Hierarchiemuster indirekt Bereichsvergleich möglich; Periodenvergleich mit zwei Zeiträumen möglich (nicht mehr); Vergleich Dritt- und Haushaltsmittel möglich |
| 2.4. Entscheidungsinformation<br>Welche Entscheidungsinformationen werden abgebildet bzw. berechnet (z.B. Investitionsrechnung, Szenariorechnung)? |
| Direkt nicht, nur via Export in z.B. Excel (--> Beispiel selbstprogrammierte Erweiterung HS Zittau („COB KIT")) |
| 2.5. Flexibilisierung / Globalbudgets<br>Inwieweit können flexible Budgets / Globalbudgets abgebildet werden? |
| Ja (in COB, COB Reaktion auf fehlende Kontrolle / Detailangabe in FSV) |
| 2.6. Zielquantifizierung<br>In welchem Umfang wird die Quantifizierung von Zielen (Leistungskennzahlen o.ä.) unterstützt? |

| |
|---|
| Nur Angabe von Ist-Kennzahlen möglich |
| 2.7. Wirkungsmessung<br>Existiert eine Form der Wirkungsmessung (Impact z.B. Graduiertenbeschäftigung, Evaluation etc.)? |
| Nur Verbleibanalyse der Absolventen |
| 2.8. Sachrisikoanalyse<br>Welche Funktionen stehen zur Bewertung, Darstellung und Steuerung von Sachrisiken zur Verfügung? |
| Nein |
| 2.9. Finanzrisikoanalyse<br>Welche Funktionen stehen zur Bewertung, Darstellung und Steuerung von Finanzrisiken zur Verfügung? |
| Nein |
| 2.10. Gewichtung Forschung<br>Welche Möglichkeiten stehen zur Bewertung bzw. Gewichtung der Forschungsleistungen zur Verfügung? |
| Ja |
| 2.11. Gewichtung Lehre<br>Welche Möglichkeiten stehen zur Bewertung bzw. Gewichtung der Lehrleistungen zur Verfügung? |
| Ja |
| 2.12. Gewichtung Arbeitseinheiten<br>Welche Möglichkeiten stehen zur Bewertung bzw. Gewichtung der Arbeitsebenen / Arbeitseinheiten zur Verfügung? |
| Ja |
| **3. Prozessmerkmale** |
| 3.1. Aktualität<br>Mit welcher Aktualität sind Erfassung-, Analyse- und Anzeigefunktionen möglich? |
| Alle Angaben der „Lieferanten-Module“ in „Realtime“, Übergabe COB-Modul diskretionär zu einem Zeitpunkt, monatlich |
| 3.2. Wirkungs- und Anreizsysteme<br>Wie werden Anreiz-/Handlungsmöglichkeiten in Bezug auf die verschiedenen Adressaten in der Hochschule dargestellt? |
| Umsetzung bspw. der W-Besoldung in Arbeit (Plan März 2005), weitere Möglichkeiten bestehen noch nicht |
| 3.3. Wirtschaftlichkeit |
| Insgesamt als direkte Aufwendungen sehr gering (3.4.), durch wenig standardisierte Vorgaben und Anpassungsaufwand eher mittel; Verluste durch langsamere Anpassung und nicht aktuelle Systeme / Analyse nicht abschätzbar aber vorhanden |
| 3.4. Höhe der Anfangsinvestitionen (Lizenzen, Einrichtung, Schulung) |
| Auf Grund der institutionellen Förderung durch Bund und Länder keine direkten Lizenz- und Update-Kosten für staatliche Hochschulen in Deutschland; geringe Kosten für Schulung (180 Euro für 3 Tage) und Support |
| **4. Erweiterungs-/Moduleigenschaften** |
| Qualitative Beurteilung der Moduleigenschaften / Erweiterbarkeiten der Softwareanwendung. |
| Sehr gut bis gut, sehr offenes Tool mit aber auch teilweise schwierigen Schnittstellen zwischen den Modulen |
| **5. Ergonomie** |
| Qualitative Bewertung der Arbeitsergonomie der Softwareanwendung. |
| Sehr gut in Masseneingabebereiche, ausreichend in Spezialanwendungen wie COB |
| **6. Anbindung / Softwarebasis** |
| Qualitative Bewertung der Arbeitsumgebung sowie der Schnittstellenmöglichkeiten. |
| Gut bis befriedigend |
| **7. Anbieter** |
| Qualitative Bewertung des Anbieters (Support, Zukunftsfähigkeit, Stabilität, wirtschaftliche Situation). |
| Gut durch staatliche Förderung, schwierig zu beurteilen durch 'politischen Vorbehalt' der Finanzierung/Existenz (staatliche Einrichtungen sind Gesellschafter und können damit über Existenz bestimmen, weniger die Hochschulen durch Nutzung |

*Quelle: Eigene Darstellung.*

Tabelle 40: Verwendetes Bewertungsraster zur Softwarebewertung HIS

| Summe 100,00% | 1. Punkte Zielmerkmale 30,00% | 2. Punkte Eigenschaftsmerkmale 20,00% | 3. Punkte Prozessmerkmale 10,00% | 4. Punkte Erweiterung / Modul 15,00% | 5. Punkte Ergonomie 10,00% | 6. Punkte Anbindung / Softwarebasis 5,00% | 7. Punkte Anbieter 10,00% |
|---|---|---|---|---|---|---|---|
| | 1.1. Erfassungsumfang **9** | 2.1. Detailinformation **10** | 3.1. Aktualität **8** | **9** | **8** | **8** | **9** |
| | 1.2. Erfassungsflexibilität **10** | 2.2. Analysefunktion **9** | 3.2. Wirkungs- und Anreizsysteme **6** | | | | |
| | 1.3. Vermögensabbildung **8** | 2.3. Vergleichsfunktion **6** | 3.3. Wirtschaft-lichkeit **8** | | | | |
| | 1.4. Inputabbildung **9** | 2.4. Entscheidungsinformation **5** | 3.4. Geringe Investition **10** | | | | |
| | 1.5. Tragfähigkeitsabbildung **5** | 2.5. Flexibilisierung / Abbildung Globalbudgets **9** | | | | | |
| | 1.6. Dezentralisierungsoption **10** | 2.6. Zielquantifizierung **5** | | | | | |
| | 1.7. Planungsabbildung **5** | 2.7. Wirkungsmessung **5** | | | | | |
| | 1.8. Ergebniskontrolle **9** | 2.8. Finanzrisikoabbildung **4** | | | | | |
| | 1.9. Risikodarstellung **4** | 2.9. Sachrisikoabbildung **4** | | | | | |
| | 1.10. Budgetabbildung nach Arbeitsbereichen **9** | 2.10. Gewichtung der Forschungsleistungen **9** | | | | | |
| | 1.11. Leistungsabbildung nach Arbeitsbereichen **9** | 2.11. Gewichtung der Lehrleistungen **10** | | | | | |
| | 1.12. Leistungsabbildung Forschung, Lehre, Weiterbildung **10** | 2.12. Gewichtung der Teilbereiche (Fak./FB/Inst.) **10** | | | | | |
| | | | | | | | |

*Quelle: Klumpp, Matthias (2005b): Datenbanklösungen für die Alumni-Arbeit, in: Leitfaden Alumni-Arbeit an Hochschulen Nr. 2, Klumpp, Matthias/Langer, Markus (Hrsg.), Mannheim/Gütersloh und eigene Darstellung.*

### 5.3.4. Zusammenfassung des Softwarevergleichs

Die vorgenommene Bewertung der beiden einzelnen Softwareanwendungen zur Rechnungslegung bzw. zum Controlling in Hochschulen als ein Beispiel für die Anwendung in öffentlichen Einrichtungen wird abschließend in einer Vergleichsübersicht mit zwei Methoden zusammengeführt: Einmal wird ein Vergleich der beiden Anwendungen nach der Kriterienbewertung in *Tabellenform* angestellt. Zum Zweiten wird dieser quantitative Vergleich in der Form einer *Profildarstellung* graphisch dargestellt. Beide Verfahren haben Vor- und Nachteile: Während die Tabellendarstellung einfacher aber aufwändiger zu erfassen ist[458], zeigt die graphische Darstellung einen schnellen Überblick über die Kriterienbewertung und auch die Stärken und Schwächen der beiden Lösungen im Vergleich. Zweitens ist auf der einen Seite eine Stärke der quantitativen Tabellendarstellung die Zusammenfassung der Bewertungen in einem einfachen Gesamtwert auf der verwendeten Zehn-Punkte-Skala. Auf der anderen Seite ist dies in manchen Punkten auch durch die hohe Aggregation der Informationen irreführend,

458 Zumindest bei der Bewertung der einzelnen Kriterien, die Gesamtbewertung ist in der Tabelle als berechneter Gesamtwert einfacher abzulesen.

da beide Lösungen in manchen Kriterienbereichen stärker und auch schwächer sind, was in der Profildarstellung besser zum Ausdruck kommt.

Tabelle 41: Gesamtauswertung des Softwarevergleichs

| Kriterien | SAP | HIS | Dif | Wertung SAP | Wertung HIS |
|---|---|---|---|---|---|
| 1. Punkte Zielmerkmale (30%) | | | | 2,83 | 2,43 |
| 1.1. Erfassungsumfang | 10 | 9 | 1 | 10 | 9 |
| 1.2. Erfassungsflexibilität | 10 | 10 | 0 | 10 | 10 |
| 1.3. Vermögensabbildung | 10 | 8 | 2 | 10 | 8 |
| 1.4. Inputabbildung | 10 | 9 | 1 | 10 | 9 |
| 1.5. Tragfähigkeitsabbildung | 10 | 5 | 5 | 10 | 5 |
| 1.6. Dezentralisierungsoption | 10 | 10 | 0 | 10 | 10 |
| 1.7. Planungsabbildung | 9 | 5 | 4 | 9 | 5 |
| 1.8. Ergebniskontrolle | 9 | 9 | 0 | 9 | 9 |
| 1.9. Risikodarstellung | 8 | 4 | 4 | 8 | 4 |
| 1.10. Budgetabbildung nach Arbeitsbereichen | 9 | 9 | 0 | 9 | 9 |
| 1.11. Leistungsabbildung nach Arbeitsbereichen | 9 | 9 | 0 | 9 | 9 |
| 1.12. Leistungsabbildung Forschung, Lehre, Weiterbildung | 9 | 10 | -1 | 9 | 10 |
| 2. Punkte Eigenschaftsmerkmale (20%) | | | | 1,60 | 1,43 |
| 2.1. Detailinformation | 10 | 10 | 0 | 10 | 10 |
| 2.2. Analysefunktion | 10 | 9 | 1 | 10 | 9 |
| 2.3. Vergleichsfunktion | 8 | 6 | 2 | 8 | 6 |
| 2.4. Entscheidungsinformation | 9 | 5 | 4 | 9 | 5 |
| 2.5. Flexibilisierung / Abbildung Globalbudgets | 10 | 9 | 1 | 10 | 9 |
| 2.6. Zielquantifizierung | 7 | 5 | 2 | 7 | 5 |
| 2.7. Wirkungsmessung | 5 | 5 | 0 | 5 | 5 |
| 2.8. Finanzrisikoabbildung | 5 | 4 | 1 | 5 | 4 |
| 2.9. Sachrisikoabbildung | 5 | 4 | 1 | 5 | 4 |
| 2.10. Gewichtung der Forschungsleistungen | 8 | 9 | -1 | 8 | 9 |
| 2.11. Gewichtung der Lehrleistungen | 10 | 10 | 0 | 10 | 10 |
| 2.12. Gewichtung der Teilbereiche (Fak./FB/Inst.) | 9 | 10 | -1 | 9 | 10 |
| 3. Punkte Prozessmerkmale (10%) | | | | 0,78 | 0,80 |
| 3.1. Aktualität | 10 | 8 | 2 | 10 | 8 |
| 3.2. Wirkungs- und Anreizsysteme | 8 | 6 | 2 | 8 | 6 |
| 3.3. Wirtschaftlichkeit | 9 | 8 | 1 | 9 | 8 |
| 3.4. Geringe Anfangsinvestition | 4 | 10 | -6 | 4 | 10 |
| 4. Punkte Erweiterung / Modul (15%) | 8 | 9 | -1 | 1,2 | 1,35 |
| 5. Punkte Ergonomie (10%) | 10 | 8 | 2 | 1 | 0,8 |
| 6. Punkte Anbindung / Softwarebasis (5%) | 10 | 8 | 2 | 0,5 | 0,4 |
| 7. Punkte Anbieter (10%) | 10 | 9 | 1 | 1 | 0,9 |
| **Summe** | | | | **8,90** | **8,11** |

*Quelle: Eigene Berechnungen.*

In der *Tabellenübersicht* werden in den ersten beiden Spalten die einzelnen Bewertungspunkte der beiden Softwarelösungen SAP und HIS angegeben. In der zweiten Spalte ist eine *Diffe-*

*renzberechnung* zwischen den Punktwerten der beiden bewerteten Lösungen angegeben.[459] Die beiden letzten Spalten zeigen die Bewertungen der beiden Softwarelösungen mit den *vorgeschlagenen Gewichtungen* der sieben Kriterienbereiche.[460]

Damit wird eine *Gesamtbewertung* möglich, welche für SAP einen Wert von 8,90 und für HIS einen Wert von 8,11 ausweist.[461] Dies darf jedoch in keinem Fall die Aussage überdecken, dass beide Lösungen Stärken und Schwächen haben – und es für den jeweiligen Anwender wichtiger sein kann, in welchen Bereichen diese Stärken und Schwächen liegen, als zwingend auf die numerische Gesamtbewertung der Tabelle Rücksicht zu nehmen. Die graphische *Profildarstellung* zeigt von links nach rechts die Bewertung der einzelnen Kriterien für die beiden bewerteten Lösungen. Dabei stellen die Quadrate beziehungsweise die rote Linie die Werte für die Softwarelösung von HIS sowie die Rauten beziehungsweise die blaue Linie die Bewertung für SAP dar.

Abbildung 34: Vergleichsdarstellung als Profil der Bewertungskriterien

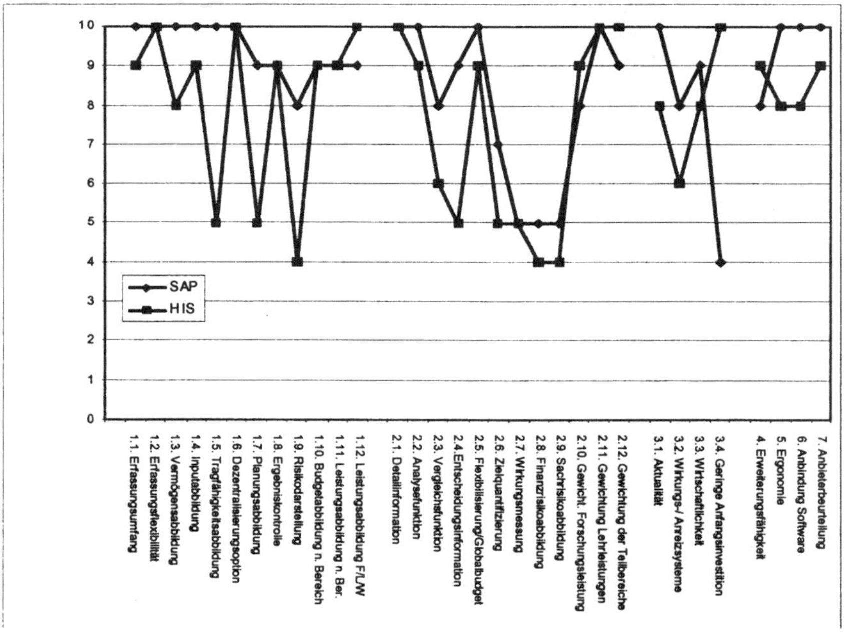


*Quelle: Eigene Berechnungen.*

459 Dabei wurde der Punktwert für HIS vom Punktwert für SAP abgezogen, so dass positive Differenzwerte einen Vorteil für SAP ausweisen und negative Differenzwerte einen Vorteil für HIS; eine Differenz von Null zeigt an, dass beide Lösungen in Bezug auf dieses Kriterium als gleichwertig eingestuft wurden.

460 Vor der Multiplikation mit der vorgeschlagenen Gewichtung wurde innerhalb der Kriterienbereiche mit mehreren Unterkriterien eine Normalisierung durchgeführt (Addition aller Punktwerte und Division durch die Anzahl der Unterkriterien).

461 Jeweils von zehn möglichen Punkten.

Sichtbar ist hierbei, dass HIS vor allem in den ersten Unterkriterien für die Erfassungs- und Auswertungsbereiche zurückfällt. Dies ist dadurch erklärt, dass SAP auf bestehende Standardanwendungen zurückgreift, die durch die Vielzahl der Anwender eine deutlich höhere Mächtigkeit aufweisen.

Demgegenüber kann HIS insbesondere in den hochschulspezifischen Bereichen der Prozess- und Wirtschaftlichkeitsbewertung punkten, da hier das spezifische Modell der HIS als Gesellschaft des Bundes und der Länder mit einer institutionellen Förderung speziell für die Softwareentwicklung für Hochschulen zum Tragen kommt.

Allerdings ist hier die Frage offen, wie zukunftsfähig dieses Modell ist, da im Zuge der Hochschulautonomie diese indirekte Mittelvergabe an die Hochschulen über die Softwareprodukte der HIS möglicherweise nicht mehr politisch opportun erscheint bzw. die Hochschulen hier eine Mitbestimmung bei der Mittelverwendung einfordern könnten. Diese Bewertung ist so nicht im Kriterienraster abgebildet.

### 5.4. Evaluation des Bewertungstools

Die Durchführung der Bewertung in den beiden vorgestellten Fällen hat neben vielen interessanten Diskussionen insbesondere zur Entwicklung sowie den strategischen Aussichten im Hochschulbereich vor allem die folgenden Anmerkungen und eigenen Reflektionen in Bezug auf das Bewertungssystem hervorgerufen:

a) Der *gesamthafte Überblick* der verschiedenen Kriterien wurde in beiden Gesprächen positiv hervorgehoben. Damit kann die Forderung einer Gesamtschau als Bewertung der Rechnungslegungskonzepte bzw. die hier bewerteten Softwarelösungen als erfüllt gelten.
b) Ebenso angesprochen wurde die *Detailtiefe der Fragen*, so dass in den geführten Interviews der Verweis auf weitere Personen bzw. Quellen in Form von Produktunterlagen und Internetangaben notwendig wurde. Dies deutet darauf hin, dass dieser Umfang bzw. die realisierte Detailtiefe für die hierbei realisierte Arbeitskapazität die Grenze des Möglichen erreicht hat. Tiefergehende Analysen würden nur mit einem deutlich höheren Aufwand möglich. Diese können aber in der einzelnen Entscheidungssituation einer Organisation angebracht sein, da hier Investitions- und Strukturentscheidungen für mehrere Dekaden getroffen werden.
c) Die *verwendete Zehn-Punkte-Skala* hat sich in der Praxis als etwas zu differenziert herausgestellt.[462] Vermutlich würde eine Bewertung insbesondere der Funktionalitäten in einer fünfstufigen Skala ausreichen.
d) Die oben genannte Frage der zukünftigen Tragfähigkeit des HIS-Lizenzmodells könnte als Anregung dahingehend aufgegriffen werden, dass entweder ein zusätzliches Kriterium der zukünftigen Tragfähigkeit aufgenommen wird und/oder eine Möglichkeit für eine qualitative zusätzliche Anmerkung für solche Entwicklungen im Rahmen der Bewertung gegeben wird.[463]

462 Dies war einerseits daran zu erkennen, dass in der Beantwortung der Fragen häufig ‚Bewertungssprünge' in der Form einer Häufung gerader vergebener Punktzahlen vorzufinden war; andererseits wurde dieser Punkt durch die interviewten Personen selbst angesprochen, die der Einfachheit halber eine einfachere Abstufung vorgezogen hätten.

463 Dies würde allerdings den Vorteil der Gesamtbewertung durch die quantitative Punktbewertung aller bisher im Kriterienraster eingeführten Punkte zunichte machen, kann aber dennoch eine sinnvolle *Ergänzungsinformation* sein.

Damit kann die Entwicklung und Durchführung des Bewertungsrasters als vielversprechender Anfang gewertet werden, wobei sicher noch weitere Verfeinerungen und insbesondere Anpassungen an die spezifischen Anforderungen einzelner Öffentlicher Einrichtungen notwendig sind.

# 6. Konzept einer Risk-Return-Steuerung für Hochschulen

## 6.1. Anforderungen und Grundüberlegungen

Zur Umsetzung und Praxisüberprüfung der zuvor ermittelten und strukturierten Bewertungskriterien für eine Bewertungssystematik zu Informations- und Risikomanagementsystemen wird in diesem Kapital ein konkretes Steuerungssystem in Bezug auf das Risikomanagement im Hinblick auf diese Kriterien entworfen. Dies erscheint insbesondere als besonders dringlich, da in der vorangegangenen beispielhaften Softwarebewertung – unabhängig vom zu Grunde liegenden Rechnungslegungssystem – ein deutlicher Schwachpunkt in der Risikodarstellung aufgezeigt wurde. Es wird ein Übergang von objektiv *bewertenden* Aussagen zu *bewertenden* Konzeptvorschlägen vollzogen. Das entwickelte Rechnungs- und Steuerungssystem ist als ein theoretischer Vorschlag zur Weiterführung der Diskussion zu werten. Ohne diese Überführung wäre die Aussagekraft des Bewertungssystems insofern geschmälert, als es sich nicht zur Ableitung eines praxisfähigen Konzeptes verwenden ließe, es würde also an normativer Kraft verlieren. Diese Anforderung aus der Praxis an die Theorie ist in folgendem Zitat dargestellt:

> *„Zur Lösung existenzieller Zukunftsaufgaben und zur Überwindung chronischer Finanzkrisen im sozialen Wohlfahrtsstaat erscheint die Suche nach neuen Ansätzen integrierter Aufgaben- und Finanzplanung und -kontrolle und ihrer Verschränkung mit der kurzfristigen Budgetierung gleichwohl unerlässlich."*[464]

Der *Bereich der Hochschulen* wird hier herausgegriffen, weil in der Diskussion um die notwendige und fortlaufende Hochschulreform immer wieder zwei zentrale Begriffe auftauchen: Ein eingeforderter und teilweise schon existierender *Wettbewerb* zwischen den Hochschulen sowie die damit eng verbundene *Autonomie* der Hochschule in rechtlicher und finanzieller Hinsicht.[465]

Zwar ist dieser Wettbewerb nicht neu und hat in Teilbereichen schon länger bestanden[466] – aber der gesamte Umfang der Wettbewerbsreichweite und Wettbewerbsintensität für die Gesamtinstitution Hochschule steigt merklich an. Dies ist unter anderem Ausdruck der weit verbreiteten Forderung, die Hochschulen müssten „unternehmerischer ausgestaltet werden."[467] Daher rührt auch die Konzeption einer reflektierten Übernahme[468] von Konzepten aus dem

464 Engelhardt, Gunther (1987), a.a.O., Seite 133.

465 Eine Auswahl umfasst die folgenden Nennungen: Lange, Josef (1997): Transparenz und Effizienz – veränderte Rahmenbedingungen für die Hochschulen, in: Hollerith, Josef (Hrsg.) (1997): Leistungsfähige Hochschulen – aber wie?, Beiträge zur Hochschulstrukturreform, Neuwied/Kriftel/Berlin, Seite 10; Späth, Lothar (1997): Ende der Reformen – Ein Vorschlag für einen hochschulpolitischen Neuansatz, in: Hollerith, Josef (Hrsg.) (1997), a.a.O., Seite 55; Kreklau, Carsten (1997): Sind unsere Hochschulen noch zu retten? – Reform durch Autonomie und Wettbewerb, in: Hollerith, Josef (Hrsg.) (1997), a.a.O., Seite 64; Ministerium für Wissenschaft, Forschung und Kunst des Landes Baden-Württemberg (Hrsg.) (2000): Ein Jahrzehnt im Blick: Die Baden-Württembergische Hochschulpolitik 1990 bis 2000, Stuttgart, Seite 68.

466 Lange führt beispielsweise die Bereiche öffentlicher und privater Forschungsmittel sowie den Wettbewerb der Hochschulen um angestellte Wissenschaftler und wissenschaftlichen Nachwuchs sowie die wissenschaftliche Reputation an (Lange, Josef (1991): Wettbewerb in der Hochschullehre, in: Institut der deutschen Wirtschaft (Hrsg.) (1991): Wettbewerbsstrategien für die Hochschullehre, Köln, Seite 85).

467 Scheidegger, Urs M. (2001): Management des Strategieprozesses an Universitäten, Bern/Stuttgart/Wien, Seite 3.

468 Unter der Annahme, dass Gemeinsamkeiten und gleichzeitig auch Unterschiede zwischen privaten gewinnorientierten Unternehmen und Hochschulen existieren, die eine Anlehnung mit notwendigen Anpassungen rechtfertigen.

Bereich der privaten Unternehmen, speziell der Professional Service Firms – beschrieben als wissensintensive Dienstleister.[469]
Diese Gemeinsamkeiten können sich auch auf den Bereich der Risikodokumentation erstrecken. Dabei wird in den wenigsten Fällen gesehen, dass dies immanent auch zu einem starken *Ansteigen des Risikos* für die Hochschulen führt. Insbesondere das *finanzielle Risiko* bei der Umsetzung der immer weiter verbreiteten Wettbewerbselemente wie Studiengebühren[470] und indikatorbasierte Mittelverteilung der Länder[471] wird beträchtlich und kann im ‚worst case' auch zu einem *Existenzrisiko der Hochschule* werden. Durch die Abhängigkeit des Einkommens der Hochschule von Leistungsindikatoren wird der Finanzierungsinput einer *Variabilität in einem ganz neuen Ausmaß* unterworfen. Dieses Ausmaß der damit verbundenen *finanziellen Unsicherheit* macht wiederum die Betrachtung im Rahmen von Risikodokumentations- und -managementsystemen notwendig und sinnvoll.

Neben den finanziellen Einflussfaktoren gibt es weiterhin eine Vielzahl von Einflussfaktoren, welche sich für den Bereich der Hochschulen als zunehmend variabel erweisen und damit eine deutlich höhere Flexibilisierung der Hochschulen und des Hochschulmanagements erfordern. So ist die Notwendigkeit beispielsweise auch einer laufenden Wettbewerbsanalyse, wie von WAGNER[472] eingeführt, als Grundlage der fortlaufenden Strategieentwicklung von hoher Bedeutung.
Zu diesem gesamten Bereich der Risikodokumentation in Hochschulen existieren noch sehr wenig theoretische Vorüberlegungen, weshalb es für diese Ausarbeitung als opportun erscheint, ein Dokumentationssystem für eine risiko- und ergebnisabhängige Darstellung der Situation einer Organisation für den Bereich der Hochschulen als einen speziellen Anwendungsfall der Öffentlichen Einrichtung vorzuschlagen. Denn es ergeben sich mit den darge-

469 Scheidegger, Urs M. (2001), a.a.O., Seite 286-287.

470 Die ordnungstheoretische Analyse z.B. bei Stuchtey lässt das Argument externer Effekte für eine staatliche Finanzierung der Hochschulbildung und damit eine Vermeidung von Studiengebühren nicht gelten, da die externen Nutzeneffekte keine rechtfertigende Größenordnung erreichen. Damit ist neben der praktischen Situation Verbesserung der Finanzlage der Hochschulen auch das theoretische Argument der Beteiligung der Studierenden an dem ihnen in Form höherer Einkommen zukommenden Nutzen durch Studiengebühren oder Studienbeiträge einschlägig. Daher bleibt mittelfristig nur die politische und rechtliche Bewertung dieser Ausgangssituation abzuwarten, langfristig ist jedoch z.B. im Rahmen des Europäischen Hochschulraums von einer einheitlichen Existenz unterschiedlich hoher und differenzierter Modelle zur Studiengebührenerhebung zu rechnen (Stuchtey, Tim H. (2000): Die Finanzierung von Hochschulbildung, Eine finanzwissenschaftliche Analyse und ihre ordnungspolitischen Konsequenzen, Europäische Schriften zu Staat und Wirtschaft, Band 6, Baden-Baden, Seite 133-134).

471 Siehe z.B. Ministerium für Wissenschaft, Forschung und Kunst des Landes Baden-Württemberg (Hrsg.) (2000), a.a.O., Seite 78 oder die Gesamtübersicht in: Leszczensky, Michael/Orr, Dominic (2004): Staatliche Hochschulfinanzierung durch indikatorgestützte Mittelverteilung, Dokumentation und Analyse der Verfahren in 11 Bundesländern, HIS Kurzinformation Nr. A2/2004, März 2004, Hannover. Dies wird im Rahmen der Dokumentation finanzieller Risiken auch auf langfristige Sicht der Hauptschwerpunkt sein, da selbst in den USA die staatlichen Mittel den größten Finanzierungsanteil der Hochschulen ausmachen (Rothfuss, Andreas M. (1997): Hochschulen in den USA und in Deutschland, Ein Vergleich aus ökonomischer Sicht, Baden-Baden, Seite 258-259). Für die Risikobetrachtung kommt es allerdings hierbei auf die Indikatorbasierung und die Art der Budgetdefinition an – liegt eine vollständige indikatorbasierte Mittelverteilung zu 100 Prozent ohne Kappungsgrenzen vor, so ist die Situation risikotheoretisch mit der einer freien Preisbildung am Markt vergleichbar, da die Hochschule als Leistungsanbieter weder Preis noch Abnahme- bzw. Leistungsmenge vollständig autonom festlegen kann.

472 Wagner, Eckhard (2001): Universitäten im Wettbewerb - Strategisches Management von Qualifizierungsdienstleistungen, Wiesbaden, insbesondere Seite 37ff.

stellten Entwicklungen für die Hochschulen grundsätzlich neue Anforderungen an die zur Verfügung stehenden Methoden:

> *„Mit steigender äußerer und innerer Autonomie benötigen Hochschulen neue Instrumente, um sich selbst steuern [zu] können.“*[473]

Bei EBERS findet sich auch der am ehesten in Richtung eines Risikomanagements für Hochschulen interpretierbare Begriff eines notwendigen Frühwarnsystems im Rahmen des Hochschulcontrolling.[474] Aktuell fordern immerhin 9 von 19 befragten Hochschulen eine Risikobetrachtung zum Beispiel in der Form einer Chancen-Risiken-Analyse.[475] Allerdings wurden in diese Befragung nur Hochschulen einbezogen, die Softwarelösungen von SAP einsetzen und damit generell als zumindest als sensibilisiert in Richtung neuer Steuerungs- und Überwachungssysteme gelten müssen.
Nach ENGELHARDT muss ein modernes Rechnungslegungskonzept für ein Budgetsystem die Elemente

- der ökonomischen Zweck-Mittel-Rationalität (Programmaspekt) sowie
- der dezentralen Detailentscheidung (administrativer Flexibilitätsaspekt)

vereinen.[476] Die Autoren der Hochschul-Informations-Systeme GmbH (HIS) zählen speziell für Hochschulen die *drei Funktionen*

- Wirtschaftlichkeitskontrolle,
- Informationsbereitstellung für die interne Steuerung und
- Kalkulation (z.B. Selbstkostenermittlung für Leistungen)

auf.[477] In Reflektion der Diskussion um eine durchgängige Ergebnisorientierung und Risikodokumentation sind die genannten fünf *teilweise deckungsgleichen* Zielsetzungen in eine umfassende Formulierung zu bringen:

| |
|---|
| Eine moderne Rechnungslegung beispielsweise für Hochschulen muss eine ergebnis- und risikoorientierte *strategische Programmplanung* unter Berücksichtigung von Wirtschaftlichkeitsaspekten mit einer ergebnis- und risikoorientierten *Informations- und Kalkulationsfunktion auf Detailebene* effizient verbinden. |

Diese zentrale Anforderung wird flankiert von den *Nebenbedingungen*

- der effizienten Umsetzung der Rechnungslegung und des Controlling selbst,
- der Akzeptanz bzw. des Akzeptanz fördernden Aufbaus sowie
- der Vermeidung von Fehlsteuerungseffekten.[478]

---

473 Ebers, Nicola (2003): Aufbau eines Universitären Berichts- und Controllingsystems, in: Lüthje, Jürgen/Nickel, Sigrun (Hrsg.) (2003): Universitätsentwicklung – Strategien, Erfahrungen, Reflexionen, Frankfurt am Main u.a., Seite 131.

474 „Controlling soll notwendige Führungs- und Steuerungsinformationen bereitstellen, interaktive Ergebniskontrolle ermöglichen und als Frühwarnsystem rechtzeitig steuernde Maßnahmen ermöglichen.“ (ebd., Seite 144.)

475 Haneke, Uwe/Dwornicke, Tim (2006): Gradmesser für den Reformprozess, Aktuelle Umfrage zu Controlling und KLR an SAP-einsetzenden Hochschulen in Deutschland, in: Wissenschaftsmanagement, 12. Jahrgang 2006, Nr. 02/06, Seite 33.

476 Engelhardt, Gunther (1987), a.a.O., Seite 140.

477 HIS (Hrsg.) (1998): Kostenrechnung an Hochschulen – Erfassung und Bewertung hochschulinterner Kostenstrukturen, Modellversuch an der Universität Bonn und der Universität Gesamthochschule Wuppertal, Reihe Hochschulplanung, Band 135, Hannover, Seite 7.

478 Ebd., Seite 7.

Dabei ist der Kerngedanke einer gemeinsamen Messung und Steuerung der Kategorien eines zu erzielenden *Ergebnisses* sowie eines zur Ergebniserreichung einzugehenden *Risikos* aus den Thesen und Methoden des modernen Controllingkonzeptes der wertorientierten Steuerung[479] zu übernehmen. Dabei werden die Kategorien Ergebnis (‚Return') und Risiko (‚Risk') auf die Zinsrisikopositionen eines Bankinstitutes angewendet.[480] Die Ergebniskategorie wird dabei in erwerbswirtschaftlichen Unternehmen möglich und üblich als reine Geldgröße in Form des Betriebsergebnisses bzw. relativ als relative Verzinsung des eingesetzten Kapitals (Return on Investment, ROI) verwendet. Aus einem geplanten Cash-Flow wird dabei anhand von erwarteten Zinsveränderungen mittels Volatilitätskennziffern das idealisierte Risk-Return-Verhältnis gebildet. Die Messung des Ergebnisses erfolgt in Kombination mit dem erfassten Risiko. Dazu existieren viele Definitionen, die unter dem Sammelbegriff der RAPM-Kennzahlen gefasst werden.[481]

### 6.2. Voraussetzungen, Probleme und Konzepte der Ergebnissteuerung

#### 6.2.1. Voraussetzungen und Grundlagen

Bei der strategischen Steuerung ist zu berücksichtigen, dass in der Regel in modernen Verwaltungen von zwei Steuerungsebenen ausgegangen werden kann:

- eine zentrale Steuerungsebene mit entsprechender politischer Verantwortung (beispielsweise der Verwaltungsleiter oder der Stadtrat in der Kommunalverwaltung) sowie
- eine dezentrale Steuerungsebene mit der Umsetzungsverantwortung und der entsprechenden Ressourcenausstattung in Form eines (Global-)Budgets.[482]

Damit werden im Vergleich von Ziel- und Aktivitätsbereichen auch Prioritätsentscheidungen getroffen:

> *„At a minimum, public budgeting sets spending priorities for the year or biennium to come. In setting spending levels, budget makers place relative values on the many purposes of government spending: certain programs are created and funded for the first time, some programs are allowed to grow faster than others, and other programs are reduced or eliminated. In this sense, budget participants decide that at a given time certain policy areas are more important than others and therefore deserve more financial support.'*[483]

Die erste Ebene der politischen Zielvorgabe orientiert sich an den Begriffen des Impact und des Outcome. Man muss diese Zielebene aber zur quantitativen Messbarkeit und damit auch der operativen Umsetzbarkeit in Outputgrößen überführen bzw. diese jeweils zuordnen. Dabei sind die jeweiligen kulturellen und gesellschaftlichen Hintergründe zu berücksichtigen, wie die Darstellung von BÖHRET von 1970 schon aufzeigt. Diese Entscheidungsebene verbindet sich mit der Notwendigkeit der Zuordnung von Budgets und möglicherweise auch Maßnahmen.[484] Als Programmplanung ist dieser Tätigkeitsbereich auch aus der Entwicklung der

479 Siehe beispielsweise Schröder, Ernst F. (2001): Wertorientiertes Controlling, in: Freidank, Carl-Christian (Hrsg.) (2001): Controlling-Konzepte, Neue Strategien und Werkzeuge für die Unternehmenspraxis, Wiesbaden, Seite 185-224.

480 Diese bilden gemeinsam als simultan zu betrachtende Kernbereiche den Begriff der ‚Risk-Return-Steuerung'.

481 Risk Adjusted Performance Measurement (Davidson, Ron (2002), a.a.O., Seite 194).

482 Siehe beispielsweise die Beschreibung bei Boner, Richard/Steiniger, Anton (1998), a.a.O., Seite 157.

483 Gosling, James J. (2002), a.a.O., Seite 5.

484 Die Zuordnung von Maßnahmen ist abhängig von der Selbstständigkeit der ausführenden Institution. So können beispielsweise Hochschulen auf einen sehr hohen Grad der institutionellen Autonomie verweisen, d.h. Maßnahmenentscheidungen werden inhaltlich weitgehend von den Hochschulen selbst getroffen, z.B.

PPBS-Systeme bekannt. Die ‚Übersetzung' der anvisierten Ziele in quantitativ messbare Output-Kennzahlen ermöglicht die operative Kontroll- und Steuerungsfortführung auf der Detailebene. Dort kann mit diesen Kennzahlen eine Messung und Steuerung der Wirtschaftlichkeit als Inputrelation der definierten Kennzahlen ermittelt und umgesetzt werden.

Abbildung 35: Entscheidungsschema vor dem Hintergrund politischer Prozesse und Zielbestimmungen

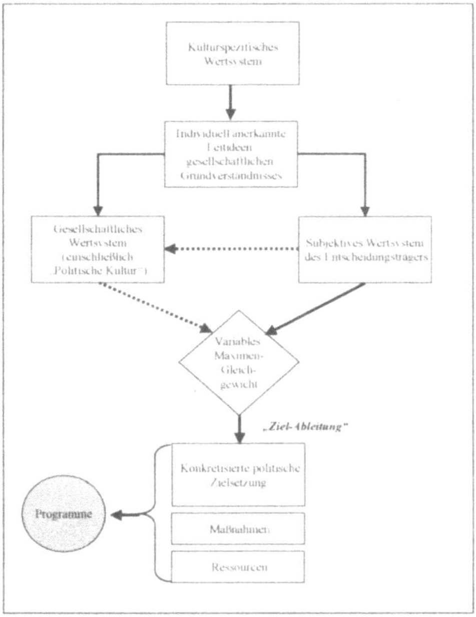


*Quelle: Böhret, Carl (1970): Entscheidungshilfen für die Regierung, Modelle – Instrumente – Probleme, Opladen, Seite 52.*

Sehr anschaulich wird die Bedeutung und Umsetzung von Zielvorgaben aus dem politischen Kontext heraus durch die Darstellung des Bundesumweltministeriums und des Umweltbundesamtes zum Umweltcontrolling verdeutlicht, die in der Form einer Balanced Scorecard für verschiedene strategische Zielsetzungen jeweils Kennzahlen und Kennzahlenwerte als Planzahlen für ein Controlling in Öffentlichen Einrichtungen propagieren.[485] Nach PÜTTNER muss insbesondere die *Zielhierarchie* beispielsweise für Prinzipien wie die Wirtschaftlichkeit, die Rechtsstaatlichkeit, die Sozialstaatlichkeit etc. für die einzelnen Aufgabenbereiche und Aufgaben festgelegt werden.[486]

bei der Entwicklung und Einrichtung von Studien- und Forschungsprogrammen. Ausgenommen sind davon derzeit noch verwaltungstechnische Vorgaben wie die Genehmigung von Studiengängen sowie die Einstellung der Hochschullehrer. Diese regulierenden Bereiche werden jedoch absehbar weiter zurückgehen.

485 Bundesumweltministerium und Umweltbundesamt (2001): Handbuch Umweltcontrolling für die öffentliche Hand, München, Seite 40.

486 Vgl. Püttner, Günter (2000), a.a.O., Seite 238.

Abbildung 36: Zielstruktur öffentlicher Verwaltungen

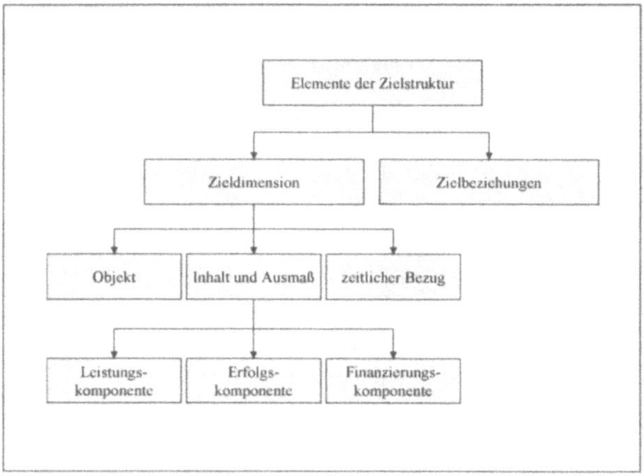


*Quelle: Schenker-Wicki, Andrea (1996): Evaluation von Hochschulleistungen: Leistungsindikatoren und Performance Measurements, Wiesbaden, Seite 52.*

Für die Hochschulen unterscheidet auch WITTE die Ebene der Zielbestimmungen und entsprechende Messmethoden zur Kontrolle der Zielerreichung von der Ebene der Prozessumsetzung und der damit verbundenen Effizienz oder anderer Maßstäbe wie Kosteneffizienz oder Leistungsquotienten.[487]

### 6.2.2. Ergebnismessung als Grundlage der Berechnung und Aggregation

Grundlage der Ergebnismessung ist wie dargestellt die Definition von eindeutigen Zielen und Zielhierarchien, welche durch passende strategische Planungs- und Kontrollinstrumente in die operative Umsetzung heruntergebrochen werden müssen. Damit wird ein ganzheitlicher Planungsansatz verfolgt, der neben den finanziellen Fragen auch andere Bereiche einschließt, wie folgendes Zitat verdeutlicht:

> *„Aus dem Controlling ging auch hervor, dass - ähnlich wie im privaten Bereich - strategische Planung und Steuerung mehr als nur die finanzielle Sphäre umfassen muss. Strategische Planung ist ganzheitlich orientierte Steuerung, die alle wichtigen Dimensionen des Unternehmens- und Verwaltungsgeschehens einbeziehen muss.“*[488]

Ein Weg in diese Richtung kann die Anpassung des Rechnungslegungssystems sein. So fordert SCHRÖDER beispielsweise die Umstellung in Richtung eines projektbezogenen Haushaltswesens:

> *„Die verstärkte Bildung von projektbezogenen Titelgruppen scheint mir deshalb ein richtiger Weg zu sein, um in größerem Maße vom Titelhaushalt weg zu einem Projekthaushalt zu kommen.“*[489]

---

487 Witte, Frank (1999): Wirtschaftlichkeit in Hochschulen, Ein Finanzmittelverteilungsmodell für Hochschulen auf der Grundlage der Lehr- und Forschungsleistung, Aachen, Seite 10.

488 Buschor, Ernst (1994), a.a.O., Seite 26.

489 Schröder, Horst, a.a.O., Seite 44.

Durch die Definition und Ausgestaltung einer produktorientierten Struktur kommt es in der Regel zwangsläufig zu Fragen oder Konflikten im Kontrast zur bestehenden Linienorganisation dadurch, dass beispielsweise Produkte nicht eindeutig einzelnen Verwaltungseinheiten zugeordnet werden können.[490] In der Rechnungsprüfung ist in der Planung der vorzunehmenden Prüfungen der Teilbereich ‚Projektprüfung' beispielsweise durch SANDL beschrieben worden.[491] Daraus kann eine eigenständige, weil mit besonderen Eigenarten versehene Führung der Projekte betreffenden Haushaltsmittel und Zielsetzungen gerechtfertigt werden. Die Ziel- oder Outputorientierung ist auf *kommunaler Ebene* am weitesten fortgeschritten und auf Grund der relativen örtlichen Nähe und Überschaubarkeit der Nutzer auch relativ ‚einfacher' als bei komplexeren Zielgruppen in räumlicher und inhaltlicher Perspektive.[492] So müssen für jede Verwaltungsorganisationseinheit *übergreifende Ziele* oder Leitlinien definiert werden. Auf kommunaler Ebene kann beispielsweise das Ziel vorgeschlagen werden, „die Attraktivität des Lebensraums Stadt zu verbessern."[493]

Eine generelle Neuausrichtung der Rechnungslegung hin zu einer Ergebnismessung fordert beispielsweise auch BUSCHOR:

> *„Die öffentlichen Budgets und Rechnungen bleiben zumeist mehrhundertseitige, strategisch schwer steuerbare 'Zahlenwerke', die zwar eine formale finanzielle Steuerung des Geldstroms (Inputsteuerung) erlauben. Die formale Steuerungsfähigkeit ist aber beim heutigen Niveau und der Vielfalt der leistungs- und sozialstaatlichen Dienste und aufgrund drastischer finanzieller Verknappungen immer weniger gegeben. Dies gilt sowohl für kamerale Rechnungssysteme als auch solche auf der Grundlage der kaufmännischen Buchführung (Schweizer Modell): Der Mangel liegt nicht primär im Buchführungssystem (kameral oder kaufmännisch), sondern in der einseitigen und zu detaillierten Ausrichtung auf die Ressourcenverwendung."*[494]

Die Ergebnismessung ist auch strategisch von besonderer Bedeutung, da unter Bedingungen eines eher wettbewerbsorientierten Umfeldes die Frage nach der *Ergebniseffektivität* eine neue Bedeutung gewinnt. Wenn beispielsweise die Hochschulen im Umfeld eines verstärkten Wettbewerbs auch immanent mehr Autonomie und Selbstständigkeit in ihren Entscheidungen genießen, so wird die Kontrolle der strategischen Zielverfolgung von steigender Bedeutung.[495] So zeigen KLEIN/KRAEMER, dass für Corporate Universities eine Zunahme der

---

490 Vergleiche beispielsweise Boner, Richard/Steiniger, Anton (1998), a.a.O., Seite 153.

491 Sandl, Erich (1987): Kontrolle durch den Rechnungshof – Entwicklung, Stand, in: Mäding, Heinrich (1987): Öffentlicher Haushalt und Verwaltungswissenschaft, Ein Überblick, in: Mäding, Heinrich (Hrsg.) (1987): Haushaltsplanung – Haushaltsvollzug – Haushaltskontrolle, XI. Konstanzer Verwaltungsseminar 1986, Schriften zur öffentlichen Verwaltung und öffentlichen Wirtschaft, Band 109, Baden-Baden, Seite 211.

492 Zum Beispiel: „ Die Kommunalverwaltung ist also primär ein Dienstleister, der ziel- und ergebnisorientiert handeln muß." (Boner, Richard/Steiniger, Anton (1998), a.a.O., Seite 151).

493 Ebd., Seite 151.

494 Buschor, Ernst (2000), a.a.O., Seite 29.

495 So beispielsweise die Überlegungen und Berechnungen bei Fandel, Günter (2003): Zur Leistung nordrhein-westfälischer Universitäten, Gegenüberstellung einer Verteilungslösung und der Effizienzmaße einer Date Evelopment Analysis, in: Backes-Gellner, Uschi/Schmidtke, Corinna (Hrsg.) (2003): Hochschulökonomie - Analysen Interner Steuerungsprobleme und gesamtwirtschaftliche Effekte, Schriften des Vereins für Socialpolitik, Neue Folge, Band 296, Berlin, Seite 33-50; oder zur Evaluation siehe Daniel, Hans-Dieter (1998): Beiträge der empirischen Hochschulforschung zur Evaluierung von Forschung und Lehre: Hochschul-Ranking – Studentische Beurteilung von Lehrveranstaltungen – Selbststeuerung der Wissenschaft durch Peer-Review, in: Teichler, Ulrich/Daniel, Hans-Dieter/Enders, Jürgen (Hrsg.) (1998): Brenn-

Schwierigkeit in der strategischen Kontrolle zu beobachten ist, wenn diese rechtlich verselbstständigt werden.[496]

### 6.2.3. Vergleichbarkeit von Ergebnismessungen

Das Scheitern der PPBS ist zu einem nicht geringen Anteil auf die Schwierigkeit oder Unmöglichkeit eines Zielvergleichs bzw. einer *strengen Zielhierarchisierung* in Richtung eines Oberziels in vielen Bereichen öffentlicher Arbeit zurückzuführen. Die friktionsfreie Definition stringenter Zielsysteme von der politischen Ebene über mehrere Zwischenziele und Leitungsebenen bis hin zur operativen Umsetzung ist auch weiterhin die größte Herausforderung. WILDAVSKY hat eindrucksvoll beschrieben, dass dies nur unter sehr strengen Annahmen oder Voraussetzungen gelingen kann, wie beispielsweise der Erfolg der erstmaligen Einführung des PPBS im amerikanischen Verteidigungswesen zeigt.[497] Nach der folgenden Formulierung von OETTLE kann die weiterhin bestehende Herausforderung einer konzeptionellen Lösung der Frage nach dem rationalen Vergleich verschiedener Ziele und Maßnahmen angenommen werden:

> *„Den Erfüllungsgraden der disparaten öffentlichen Leistungsaufgaben fehlt der gemeinsame geldliche Nenner, über den Erwerbsbetriebe dank der durchgängigen Entgeltlichkeit der Leistungsabgabe auch bei größerer Verschiedenartigkeit ihrer Leistungen verfügen. Der gemeinsam geldliche Nenner ist bei öffentlichen Haushalten nur über die Leistungserstellung vorhanden. Die Erfüllungsgrade müssen deshalb für jede Aufgabe einzeln angegeben werden, wobei mit naturalen Größen zu rechnen ist, die sich nicht ineinander überführen lassen."*[498]

In einer als wertfrei zu bezeichnenden Entscheidungssituation ist es nicht möglich, auf aggregierter Ebene, d.h. zwischen verschiedenen Zielen oder Impact-Vorstellungen ein als ökonomisch rational zu bezeichnendes Ranking zu erstellen. Durch die enttäuschte Erwartung in Bezug auf solch eine Vorstellung sind u.a. auch die bisher erprobten Steuerungssysteme wie das PPBS gescheitert. Diese Unmöglichkeit der rationalen Planung wird durch ein beachtetes Zitat aus der Aussage der erfahrenen Verwaltungsführungskraft WILLIAM GROHAM vor dem Joint Economic Committee des U.S. Kongresses vom September 1967 eindrucksvoll dokumentiert:

> *„Die Nutzen von Gesundheits-, Bildungs- und Wohlfahrtsprogrammen sind vielfältig und oft nicht greifbar. Sie betreffen verschiedene Altersgruppen und regionale Gruppen der Bevölkerung über verschiedene Zeitperioden. Keine noch so große Anzahl von Analysen kann uns sagen, ob die Nation mehr davon profitiert, ein Slumkind zur*

---

punkt Hochschule – Neuere Analysen zu Hochschule, Beruf und Gesellschaft, Frankfurt/New York, Seite 11-53.

496 Klein, Stefanie/Kraemer, Wolfgang (2001): Klassifikationsmodell für Corporate Universities, in: Kraemer, Wolfgang/Müller, Michael (Hrsg.) (2001): Corporate Universities und E-Learning, Personalentwicklung und lebenslanges Lernen, Strategien - Lösungen - Perspektiven, Wiesbaden, Seite 31; vergleichbar auch: Deiser, R. (1998): Corporate Universities - Modeerscheinung oder Strategischer Erfolgsfaktor?, in: Organisationsentwicklung, Jg. 5/1998 Nr. 1, Seite 48.

497 Wildavsky, Aaron (1973), a.a.O., Seite 117; neben den genannten Voraussetzungen (bestehender Planungsstab mit Planungspersonal, vorhandene einheitliche Terminologie und Theorierahmen, planungsaffine Führungskräfte bis zur politischen Spitze sowie möglicher Rückgriff auf Vorarbeiten) werden hier spezifische Faktoren genannt, welche den Erfolg gerade im Verteidigungsbereich beförderten: Leichte Zieldefinition, hohe Fehlertoleranz, hohe Kosten in Verbindung mit der Akzeptanz hoher Planungsausgaben sowie bereits bestehende Zielplanung (Militärplanung) und Kostenplanung.

498 Oettle, Karl (1991), a.a.O., Seite 213.

*Vorschule zu schicken, medizinische Betreuung für einen alten Mann bereitzustellen oder es einer behinderten Hausfrau zu ermöglichen, ihre normale Tätigkeit wieder aufzunehmen. Die 'großen Entscheidungen' - wieviel Gesundheit, wieviel Bildung, wieviel Wohlfahrt wir brauchen und welche Gruppen der Bevölkerung davon profitieren sollen - sind Wertfragen, das heißt politische Fragen. Der Analytiker kann nicht viel zu ihrer Lösung beitragen."*[499]

Die Frage nach der *Verteilung* eines Budgets und der damit repräsentierten Ressourcen auf verschiedene Teilaufgaben[500] wird in der finanzwissenschaftlichen Theorie durch die Forderung danach beantwortet, dass „der Grenzertrag jeder öffentlichen Ausgabenkategorie gleich sein solle"[501]. Dabei wird die Frage der Bestimmung dieses Grenzertrages je Ausgabenkategorie nicht beantwortet – es wird mehr oder weniger implizit davon ausgegangen, dass eine gesamtwirtschaftliche Nutzenfunktion als Aggregation der individuellen Nutzenfunktionen bekannt ist und zur Bestimmung des jeweils realisierten Grenznutzens eingesetzt werden kann.
In der Praxis ist jedoch eine *unvollkommene Informationsausstattung* zu beobachten. Eine Annäherung an diese Vorstellung wird durch die Abstimmungen im Rahmen einer repräsentativen Demokratie angestrebt.[502] Dabei sind die Abgeordneten nur in der Lage, Inputgrößen in Form der öffentlichen Mittelausstattung festzulegen. Würde man dazu übergehen, im Rahmen der Budgetabstimmung auch Ergebnisziele festzulegen, so wären die Abgeordneten auch nur in der Lage, eine *statische* Zielbestimmung und die gültigen Zielrelationen für einen Zeitpunkt oder einen Zeitraum[503] festzulegen. Diese *Informationsunvollkommenheit* liegt für Hochschulen insbesondere im Bereich der *Outputs* vor – die Inputgrößen wie Finanzausstattung, Personalausstattung und der Zustrom der Studierenden (Quantität und Qualität) können in der Regel sehr genau ermittelt werden. Die Ergebnismessung ist also wie vielfach ausgeführt das Hauptproblem der Betrachtung der Hochschulen.[504]
Diese offene Fragestellung könnte damit überwunden werden, dass eine Ergebnisdefinition als Ziel für einen vorgegebenen Zeitraum festgelegt wird. Diese Ergebnisdefinition wird für jeden Aufgabenbereich quantifiziert und als ‚vollständige Zielerfüllung' definiert. In der Folge können Istwerte als relative Angaben in Bezug auf die Erfüllung dieser Ergebnisdefinition (‚100%') ausgedrückt werden. Erreicht ein Aufgabenbereich beispielsweise nur 80% der Ergebnisdefinition, so kann in einem ersten Schritt die *Abweichung* von der Zielvorgabe als *Differenz* ermittelt werden (in diesem Fall 20%). Diese Abweichung kann als Bedeutungsangabe interpretiert werden: Geht es um die Verwendung weiterer Mittel, sind diese rational zuerst dort einzusetzen, wo die Zielabweichung zu diesem Zeitpunkt am größten ist.

499 Nach Wildavsky, Aaron (1973), a.a.O., Seite 126.
500 Unabhängig vom betrachteten Budget, also der Frage welcher betroffenen Öffentlichen Einrichtung, ob Bundeshaushalt, Landeshaushalt oder Budget eines Krankenhauses.
501 Mackscheidt, Klaus (1971), a.a.O., Seite 26.
502 Vergleiche beispielsweise auch: Ebd., Seite 29.
503 Als Zeitraum ist hier und im Folgenden jeweils beispielsweise in einer demokratischen Regierungsform eine Legislaturperiode oder ein Haushaltszeitraum (ein oder zwei Jahre) vorstellbar.
504 Siehe die Ausführungen zu Beginn des sechsten Kapitels.

Allerdings gibt es hier bereits auch umfangreiche Konzepte und Studien im Kontext von Evaluation und indikatorbasierter Mittelverteilung: So werden beispielsweise in den fortlaufenden Kennzahlenvergleichen von HIS die folgenden Outputparameter genutzt:[505]

- Studienplatzzahlen,
- Studierendenzahlen,[506]
- Absolventenzahlen,
- Drittmittelsummen,[507]
- Publikationen (z.B. nach Indizes),
- Zitationen (z.B. nach Indizes).

Hier ist generell als Zusammenfassung der dazu bestehenden Literatur festzustellen, dass im Grunde ausreichend Vorschläge und Konzepte für *einzelne Indikatoren* zur Leistungsmessung vorliegen. Die Problematik liegt allerdings darin, für eine einzelne Hochschule bzw. deren Teilinstitutionen wie Fakultäten oder auch zentrale Einrichtungen die richtige *Auswahl* und *Gewichtung* dieser Parameter zu definieren. Insbesondere auch die Berücksichtigung interner Leistungsbeziehungen bereitet große Umsetzungsschwierigkeiten.[508]

Weitere Fragestellungen für die Bestimmungen eines Ergebnisses könnte die umfassende Ermittlung des *Unternehmenswertes* bzw. im Fall der Hochschulen des *Hochschulwertes*[509] sein. Dabei kommt neben den realisierten finanziellen Erträgen und Ergebnissen unter anderem den Wachstumspotenzialen und der Fähigkeit zur Realisierung dieser Wachstumspotenziale eine besondere Bedeutung zu. Fasst man diese unter dem Begriff der *strategischen Flexibilität* zusammen, so zeigt BURMANN am Beispiel der Unternehmen des Neuen Marktes in Deutschland 1998 bis 2001 deutlich den Einfluss dieser Größe auf den - in diesem Fall an der Börse bewerteten - Unternehmenswert.[510] Überträge man dies auf die Hochschule, müsste der Hochschulwert wesentlich durch die strategische Flexibilität, d.h. die Fähigkeit der Hochschule zur Erkennung und Realisierung von Wachstumspotenzialen, bestimmt sein. Dies wiederum speist sich im wesentlichen aus dem *Wissen und Lernen der Mitarbeiter*, insbesondere der leitenden Mitarbeiter. Perspektivisch sollte die Ermittlung dieser Größen in die gesamte

505 HIS (2005a): Ausstattungs-, Kosten- und Leistungsvergleich Universitäten 2002, Hochschulplanung Band 175, Hannover, Seite 18-20; HIS (2005b): Ausstattungs-, Kosten- und Leistungsvergleich Fachhochschulen 2002, Hochschulplanung Band 172, Hannover.

506 Hier hat es sich als Standard etabliert, nur die Studierenden in der vorgesehenen Regelstudienzeit je Studiengang zu verwenden (HIS (2005a): Ausstattungs-, Kosten- und Leistungsvergleich Universitäten 2002, Hochschulplanung Band 175, Hannover, Seite 19).

507 Teilweise – wie z.B. bei HIS – gewichtet nach lehrbezogenen und forschungsbezogenen Drittmitteln, wobei die forschungsbezogenen Drittmittel regelmäßig höher bewertet werden (HIS (2005a): Ausstattungs-, Kosten- und Leistungsvergleich Universitäten 2002, Hochschulplanung Band 175, Hannover, Seite 20).

508 HIS (2005a), a.a.O.

509 Hier sind für den Begriff des *Hochschulwertes* analog zum Begriff des Unternehmenswertes vielfältige Definitionsmöglichkeiten denkbar. Eine vereinfachte erste Herangehensweise könnte den Hochschulwert als möglichen Preis bei einem Verkauf der Hochschule definieren, komplexere Verfahren müssten einen Barwert der zukünftigen Erträge der Hochschule selbst und auch der gesamten Volkswirtschaft aus der Tätigkeit der Hochschule ermitteln. Beispielhaft können die im Rahmen eins Pilotprojektes für die Carl von Ossietzky-Universität Oldenburg ermittelten Werte aus dem Jahre 1995 angeführt werden: Zum 31.12.2995 betrug der doppisch ausgewiesene (jährliche) Bilanzgewinn 5,041 Mio. DM, die Bilanzsumme als Wert aller Vermögenspositionen betrug 545,779 Mio. DM (Sorgenfrei, Christiane (1999): Die externe Rechnungslegung im wettbewerbliche gestalteten öffentlichen Hochschulwesen, unter Würdigung kameralistischer und doppischer Reformansätze, München, Seite 91).

510 Burmann, Christoph (2002): Strategische Flexibilität und Strategiewechsel als Determinanten des Unternehmenswertes, Wiesbaden.

Hochschulsteuerung mit einfließen. Zumindest für eine *strategische Bewertung der Hochschulsteuerung* sollte solch eine Betrachtung zeitpunktbezogen dargestellt werden.

Die besondere Fragestellung im Rahmen eines Hochschulwertes besteht in der *Bewertung der Leistungsergebnisse* einer Hochschule in den Bereichen Forschung und Lehre. Unzweifelhaft erbringt die Hochschule in diesen Bereichen Leistungen, die entweder direkt durch Gebühren oder Verkaufspreise wie im Bereich der Studiengebühren (Lehre) oder Patentgebühren (Forschung) bewertet werden können. Diese Bewertung ist zumindest *theoretisch* möglich, ob sie im Einzelfall als Gebühren- oder Verwertungsertrag bei der einzelnen Hochschule auch anfällt, ist eine hochschulpolitische und keine theoretische Frage. Probleme bereitet in diesem Zusammenhang die Bewertung der nicht durch diese direkte Preisermittlung bewertbaren Leistungen der Hochschule für die Allgemeinheit wie Erhöhung des allgemeinen Bildungsniveaus oder nicht direkt wirtschaftlich verwertbare Forschungsergebnisse. Allerdings kann auch hier – zumindest theoretisch – eine Bewertung vollzogen werden, zumindest in der Form der Inputbewertung, d.h. der für die Erstellung dieser Leistungen notwendigen Ressourcenwerte.
Dieser Wert wird regelmäßig unter dem eigentlichen volkswirtschaftlichen Wert dieser Leistungen liegen, stellt jedoch einen ersten Anhaltspunkt für eine Bewertung dar. Damit wird deutlich, dass eine Bewertung der Leistungen der Hochschule – so problematisch sie im Einzelfall und insbesondere in der hochschulpolitischen Praxis sein mag – theoretisch in jedem Fall möglich ist und konsistent zur Ermittlung eines gesamten Hochschulwertes führen kann. Dass sich dieser Wert dann wie bei privaten Unternehmen in Abhängigkeit von der Leistungsentwicklung und der dargestellten strategischen Flexibilität der Hochschule verändern kann, ist offensichtlich. Damit wäre eine Grundlage für eine Anwendung einer Risk-Return-Steuerung gegeben.

Eine nicht unwesentliche Bedeutung für die Fragestellung der Ergebnismessung hat die Tendenz der Zusammenführung von Ergebnismessung ('Performance Measurement') und Evaluation der Lehre im Bereich der Hochschulen.[511] Damit wird insbesondere im Bereich Lehre für die Hochschulen eine große Aufwandssynergie geschaffen, da in der Regel Evaluationen aus externen Vorschriften oder internen Anforderungen in jedem Fall erstellt werden müssen. Hier bietet es sich effizient an, die Methoden und Messkennzahlen anzugleichen und damit auch akzeptierte Standards zu schaffen. Allerdings gibt es gerade im Kontext der Evaluation der Lehre im Bereich der Hochschulen Stimmen, die teilweise zu Recht argumentieren, dass eine „richtige" Evaluation eigentlich nicht standardisierbar ist, sondern individuell auf die einzelne Hochschule, das spezifische Studienfach, ja sogar auf die einzelne Lehrveranstaltung angepasst sein muss und damit per definitionem nicht vergleichbar sei.[512]
Dem stehen zwei Argumente gegenüber: Einmal ist auch in dieser spezifischen Konstellation eine Überprüfung der Zielerreichung in bezug auf die verwendeten Parameter möglich; dies setzt allerdings voraus, dass diese Zielgrößen im Vorhinein geplant und bekannt sind. Zweitens sind für bestimmte Zielsetzungen zum Beispiel des institutionenübergreifenden Hochschulvergleichs gerade im Interesse der Studierenden bzw. der Schulabgänger eine gewisse Vergleichbarkeit auch der Evaluationsergebnisse notwendig und sinnvoll. Hier findet sich

511 Witte, Frank (1999), a.a.O., Seite 43.

512 Vgl. zum Beispiel Kromrey, Helmut (2001): Studierendenbefragung als Evaluation der Lehre? Anforderungen an Methodik und Design, in: Engel, Uwe (Hrsg.) (2001): Hochschulranking, Zur Qualitätsbewertung von Studium und Lehre, Frankfurt am Main, Seite 30-31.

damit wieder ein Einfallstor für standardisierte Vergleiche bis hin zu Effizienz- und Effektivitätsvergleichen.

Weiterhin ist einer großen Anzahl von Einwänden bezüglich der Aggregation und Simplifizierung von Evaluationen und Rankings entgegenzuhalten, dass die Aussagequalität direkt von der Sorgfalt und Komplexität der verwendeten Evaluationssysteme und Kriterien-Sets abhängt.[513] Man kann begründet davon ausgehen, dass für jedes qualitative Anspruchsniveau die Möglichkeit einer Evaluation und eines Rankingvergleichs gegeben ist, was eo ipso mit dem notwendigen Ressourcenaufwand positiv korreliert. Gleiches gilt auch für die ähnliche Ergebnismessung für Hochschulen, auf der ja auch zunehmend Finanzmittelverteilungsmodelle der einzelnen Bundesländer aufbauen.[514]

## 6.3. Konzepte und Instrumente des Risikomanagements

Die Dokumentation von Risiken hat sich ausgehend von den Finanzmärkten und den damit verbundenen Unternehmen in den vergangenen Jahrzehnten sprunghaft entwickelt. Grundlegend waren die theoretischen Vorarbeiten zur Portfoliotheorie[515] und Optionspreisbewertung[516]. Als zweiter wichtiger Faktor kam die technische Entwicklung des Anstiegs der Rechenverarbeitungskapazitäten durch Computer hinzu.[517] Gemeinsam ermöglichten sie die *quantitative* Beurteilung verschiedener Finanzpositionen durch statistische Rechenoperationen auf der Basis historischer Daten.

### 6.3.1. Theorie und Praxis der Risikomessung

Risiko ist nach betriebswirtschaftlicher Auffassung zurückgehend auf KNIGHT[518] zu unterteilen in ein

- *Risiko im engeren Sinne*, welches statistisch erfassbar ist und wofür objektivierbare Wahrscheinlichkeiten vorliegen, sowie ein
- *Risiko im weiteren Sinne*, welches nicht statistisch beschreibbar ist und auch als 'Ungewissheit' bezeichnet wird.

Die weiteren Untersuchungen im Bereich der Wirtschaftswissenschaften[519] beschäftigen sich in der Regel mit dem *Risiko im engeren Sinne*, da nur dieses in einer methodischen Form dar-

513 Hornbostel, Stefan (2001): Der Studienführer des CHE - ein multidimensionales Ranking, in: Engel, Uwe (Hrsg.) (2001), a.a.O., Seite 114.

514 Leszczensky, Michael/Orr, Dominic (2004), a.a.O., Seite 49.

515 Markowitz, H. (1952): Portfolio Selection, Efficient Diversification of Investments, in: Journal of Finance, 5, Nr. 31, Seite 369-382; hier wird schon die Varianz als Maßzahl für das Risiko einer einzelnen Finanzposition sowie eines gesamten Portfolios verwendet.

516 Black, F./Scholes, M. (1973): The Pricing of Options and Corporate Liabilities, in: Journal of Political Economy, Nr. 81 (1973), Seite 637-659.

517 Gleason, James T. (2001): Risikomanagement – Wie Unternehmen finanzielle Risiken messen, steuern und optimieren, Frankfurt am Main, Seite 28; Dörner, Dietrich/Horváth, Péter/Kagermann, Henning (Hrsg.) (2000): Praxis des Risikomanagements – Grundlagen, Kategorien, branchenspezifische und strukturelle Aspekte, Stuttgart; Elfgen, Ralph/Hölscher, Reinhold (Hrsg.) (2002): Herausforderung Risikomanagement, Identifikation, Bewertung und Steuerung industrieller Risiken, Wiesbaden; Freidank, Carl-Christian (2001): Risikomanagement und Risikocontrolling in Industrieunternehmen, in: Freidank, Carl-Christian (Hrsg.) (2001): Controlling-Konzepte, Neue Strategien und Werkzeuge für die Unternehmenspraxis, Wiesbaden, Seite 595-631.

518 Knight, F. H. (1957): Risk, Uncertainty and Profit, Boston/New York.

519 Zum Beispiel Döhring, Jens (1996): Gesamtrisiko-Management von Banken, München u.a..

stellbar ist. Ungewissheit steht als undefiniertes „Restrisiko“[520] eher am Rande. Darüber hinaus wird unterschieden zwischen einem *formalen Risiko* (in der Regel als Existenzrisiko), das nur einmal eintreten kann und im Schadensfall zum Existenzverlust führt, sowie einem *materiellen Risiko*, welches in einer Vielzahl von Fällen und Schadenshöhen eintreten kann und daher nur graduell zu einer Existenzbedrohung führt.[521] Die übliche Risikomanagementbetrachtung legt hierbei eine getrennte Betrachtung dieser Risikoarten nahe.[522]
Die *Risikomessung* erfolgt zum Beispiel im Bereich der Banken[523] nach dem Konzept des Value at Risk (VaR), das allgemein als „maximaler Verlust einer Risikoposition, der mit einer bestimmten Wahrscheinlichkeit innerhalb eines Zeitraums (Risikohorizont) nicht überschritten wird“[524], bezeichnet wird. Dieses Methodenset findet zunehmend auch außerhalb der klassischen Anwendungsbereiche Zuspruch. So stellen NEUBÜRGER und BROCKMANN die Anwendung im Bereich der Immobilienbewertung vor.[525] Sie unterscheiden dort die relevanten Risikobereiche der

- Vermietungsrisiken,
- Developmentrisiken und
- Platzierungsrisiken.[526]

Eine ähnliche Betrachung stellen PFNÜR und EBERHARDT für die Bewertung von Risiken in Public Private Partnerships vor, die sich mit Immobilien der öffentlichen Einrichtungen befassen.[527]
Daneben sind auch die Rechnungslegungskonzepte bei privatwirtschaftlichen Unternehmen Gegenstand eines ständigen Verbesserungsprozesses, der die Emergenz und Evolution verschiedenster Verfahren und Überlegungen befördert.[528] Damit kann von einer Anwendungs-

520 Der Begriff ist aus der politischen Diskussion um die atomare Elektrizitätsproduktion stark emotional besetzt, beschreibt aber auch in diesem Fall zutreffend die mehr oder weniger bewusste Vernachlässigung eines Risikobereiches.

521 Allerdings ist hervorzuheben, dass eine schleichende Risikozunahme im Bereich der materiellen Risiken sehr wohl zu einer Existenzgefährdung führen kann, weshalb die üblichen Risikomanagementsysteme zum Beispiel in Banken auch die Darstellung der materiellen Risiken aus der Sicht der Risikotragfähigkeit, also der existenziellen Grenze, vorschreiben.

522 Döhring, Jens (1996), a.a.O., Seite 23-32.

523 Verwendung insbesondere für die dort vorliegenden Marktrisiken wie z.B. des Zinsänderungsrisikos oder des Kreditausfallrisikos; vgl. u.a. Davidson, Ron (2002), a.a.O., Seite 36; Schierenbeck, Henner (1999): Ertragsorientiertes Bankmanagement, Band 2: Risiko-Controlling und Bilanzstruktur-Management, 6. Auflage, Wiesbaden, Seite 509-514; Arnsfeld, Torsten (1999): Der marginale Value-at-Risk, in: Die Bank, Heft 5/99, Seite 353; Bremke, Kirsten/Bußmann, Johannes (2000): Ansätze zur risikobasierten Gesamtbanksteuerung, in: Die Bank 2/2000, Seite 128-133.

524 Davidson, Ron (2002), a.a.O., Seite 138; Duch, Jan (2006): Risikoberichterstattung mit Cash-Flow at Risk-Modellen, Ökonomische Analyse einer Risikoquantifizierung im Risikobericht, Frankfurt am Main u.a..; Jendruschewitz, Boris (2003): Value at Risk, Ein Ansatz zum Management von Marktrisiken in Banken, Frankfurt am Main; Jokusch, Arne (2002): Value-at-Risk-Modelle für Aktienportfolios auf der Basis der Varianz-Kovarianz-Methode, Frankfurt am Main u.a.; Meyer, Christoph (1999): Value at Risk für Kreditinstitute, Erfassung einer aggregierten Marktrisikoposition, Wiesbaden.

525 Neubürger, Michael/Brockmann, Michael (2000): Der Value-at-Risk-Ansatz für Immobilienprojekte, in: Die Bank, Heft 7/2000, Seite 480-483.

526 Ebd., Seite 481-482.

527 Pfnür, Andreas/Eberhardt, Tim (2006): Allokation und Bewertung von Risiken in immobilienwirtschaftlichen Public Private Partnerships, in: Budäus, Dietrich (Hrsg.) (2006): Kooperationsformen zwischen Staat und Markt, Theoretische Grundlagen und praktische Ausprägungen von Public Private Partnership, Schriftenreihe der Gesellschaft für öffentliche Wirtschaft Nr. 54, Baden-Baden, Seite 168.

528 Siehe bspw. Baetge, Jörg/Siefke, Michael (1999): Läßt sich die offenzulegende Rechnungslegung so gestalten, daß sie eine zielkonforme Konzernsteuerung ermöglicht?, in: Altenburger, Otto A./Janschek, Ot-

möglichkeit dieser Methodik für andere Bereiche ausgegangen werden. Fraglich bleibt, ob dies auch für den Hochschulbereich gelten kann. Eine systematische Erfassung des Themas Risiko unter dem Stichwort *Risikomanagement* umfasst regelmäßig ein Set aus verschiedenen Einzelinstrumenten bzw. Teilen, welche in der zusammenhängenden Nutzung ein Risikomanagementsystem als Grundlage zum planvollen Umgang mit institutionellen Risiken ergeben. Beispielhaft können dabei folgende Elemente enthalten sein:

- Risikopolitische Ziele und Grundsätze,
- Risikomanagement-Organisation,
- Risikomanagement-Prozess,
- Risiko-Reporting und -Dialog,
- Evaluation und
- Risikokultur.[529]

Hier wird ersichtlich, dass zwischen einer *strategischen* Rahmenebene[530] des Risikomanagements mit Zielen und Grundsätzen, Risikokultur und Dialog der beteiligten Personen und Einrichtungen sowie einer eher *operativen* Methodenebene des Risikomanagements mit Organisation, Prozessen, Risiko-Reports und Evaluation unterschieden werden kann. Dabei sind jedoch die Grenzen der Unterscheidung fließend. Die dargestellte Reihenfolge stellt sich teilweise in der Reihenfolge des *Aufbaus* eines Risikomanagementsystems dar. So kann der Punkt der Risikokultur nur durch die erfolgreiche Implementierung und laufenden Durchführung der genannten Bausteine erreicht werden. In Unternehmen liegt eine Tendenz zu einem strukturierten Risikomanagement vor, was durch die Faktoren (a) der *Rahmensetzung* der Gesetzgebung und (b) der *zunehmenden Risikoorientierung* innerhalb der Unternehmen durch eine Ausweitung der Betrachtung im Rahmen des Controlling wie des Qualitätsmanagements angetrieben wird.[531]

### 6.3.2. Risiken in Hochschulen

Im Hochschulbereich gibt es im Regelfall eine einfache Beschreibung des *formalen Risikos*: Die Existenz einer Hochschule ist dann in einem Risikofall gefährdet, wenn die Unterstützung des Trägers der Hochschule nicht mehr gegeben ist. Im Fall der öffentlichen Hochschulen ist dieser Träger in der Regel das Land, im Fall privater Hochschulen können dies beliebige Gesellschafterkombinationen sein. In beiden Fällen gilt, dass mit der fehlenden Unterstützung des Trägers die Existenz der Hochschule beendet werden kann. Ein Beispiel dafür ist die im Jahr 2003 erfolgte Zusammenführung der Universitäten in Duisburg und Essen des Landes Nordrhein-Westfalen. Hier ist deutlich ein Risikofall formaler Art eingetreten, da die Auflösung der bestehenden Hochschulen teilweise ohne Zustimmung der beteiligten Entscheidungsgremien von politischer Seite entschieden wurde. Damit wird deutlich, dass dieses formale Risiko im Regelfall externer Natur sein kann. Gleichzeitig kann aber auch nicht geleug-

to/Müller, Heinrich (Hrsg.) (1999): Fortschritte im Rechnungswesen, Vorschläge für Weiterentwicklungen im Dienste der Unternehmens- und Konzernsteuerung durch Unternehmensorgane und Eigentümer, Wiesbaden, Seite 675-704..

529 Schönbächler, Oscar (2001): Integriertes Risiko-Management in der Praxis - am Beispiel des Flughafens Zürich, in: Allenspach, Markus (Hrsg.) (2001): Integriertes Risiko-Management - Perspektiven einer chancenorientierten Unternehmensführung, St. Gallen, Seite 141.

530 Oder auch gleichzeitig den eher 'weichen Faktoren' des Risikomanagements gegenüber den eher 'harten Faktoren' von Organisation, Prozessen, Reporting und Evaluation.

531 Vgl. Allenspach, Markus (2001): Neue Beratungskonzepte zum Integrierten Risiko-Management - was entscheidet über den Erfolg?, in: Allenspach, Markus (Hrsg.) (2001): Integriertes Risiko-Management - Perspektiven einer chancenorientierten Unternehmensführung, St. Gallen, Seite 179.

net werden, dass die Hochschulen sehr wohl langfristig einen Einfluss auf die Haltung und Entscheidung ihrer Träger haben. Kurzfristig wird jedoch eine solche Risikosituation durch die Hochschule selbst nur begrenzt zu beeinflussen sein. Daher ist der Ausschluss dieses Risikobereiches in der weiteren Betrachtung gerechtfertigt.

Für eine Hochschule kann die *materielle Risikoposition* ähnlich wie in einem Kreditgeschäft einer Bank in den Investitionen in Ergebnispotenziale in Form von Forschung (Ergebnis: Erkenntnis) und Lehre (Ergebnis: Kompetenz) gesehen werden. Diese Risikopositionen erhalten durch an die Umsetzung der Ergebnispotenziale gebundene Finanzierungsflüsse ihren spezifischen Charakter. Aus dem Haushalt der Hochschule wird die Leistungserstellung vorfinanziert, der Finanzmittelrückfluss erfolgt in der Regel aber später nach Erreichen einer bestimmten definierten Gesamtleistung: Wird beispielsweise ein Studierender nicht zur Realisierung der Ergebnispotenziale im Bereich der Lehre durch einen formalen Abschluss gebracht, so können daran gebundene Finanzrückflüsse ausbleiben (z.B. Wegfall der gebundenen Mittelfinanzierung nach dem Indikator der Zahl der Absolventen) oder eine mit einer Haushaltsstelle der Hochschule finanzierte Person in der Forschung kann die erwarteten Drittmittelprojekte mit externen Partnern wie der DFG, Stiftungen oder Unternehmen sowie die damit verbundenen Finanzflüsse an die Hochschule nicht realisieren.

In solchen Fällen würde sich also für die Hochschule ein materielles Risiko realisieren, da die anfängliche Ressourcenaufwendung durch die Hochschule bereits erfolgt ist, die geplanten Finanzmittelrückflüsse aus der Fertigstellung der Leistung jedoch nicht erfolgen und damit für die Hochschule eine Ausgabe ohne erwartete Einnahme aus dieser isoliert betrachteten Aktivität zu verzeichnen ist.

Die materiellen[532] Risiken im Hochschulbereich lassen sich unter der Vernachlässigung von Interdependenzen in mehrere Kategorien einteilen:[533]

- Auf der obersten Einteilungsebene lassen sich *Ideelle Risiken* von *Ökonomischen Risiken* unterscheiden. Die Abgrenzung wird durch die Möglichkeit der ökonomischen Wertbestimmung für ein spezifisches Risiko hergestellt. Risiken, denen kein konkreter ökonomischer Wert zuzuordnen ist, fallen unter die Kategorie der Ideellen Risiken. Beispiele hierfür sind die Risikofälle eines Imageverlustes oder einer Veränderung in der Ranking-Platzierung einer Hochschule. Obwohl diese Risiken mit Sicherheit auch *ökonomische Auswirkungen* haben, ist ihnen kein direkter ökonomischer Wert zuzuordnen.[534]

532 Die zuvor diskutierten formalen Risiken durch einen möglichen Rückzug des Trägers werden hier nicht betrachtet, es wird nur eine Unterteilung der einschlägigen materiellen Risiken getroffen, welche die Hochschule direkt treffen können und die auch durch die Hochschule in der Regel selbst beeinflusst werden können.

533 Diese definitorische Darstellung vernachlässigt gezielt diese Zusammenhänge. So können sicher auch Risiken auftreten, welche mehrere dieser theoretisch unterschiedenen Risikoarten gleichzeitig umfassen wie zum Beispiel eine Explosion in einem chemischen Laboratorium einer Hochschule, welche gleichzeitig einen Ideellen Schaden in Form eines Ansehensverlusts als auch einen Sachschaden in Form der beschädigten Einrichtungen und eventuell Personen als auch ein Anlagenrisiko in Form der Wertveränderung der betroffenen Gebäude und Anlagengegenstände betrifft.

534 Eine Erwähnung der Ideellen Risiken ('immaterielle Werte') findet sich beispielsweise auch bei: Schönbächler, Oscar (2001), a.a.O., Seite 149.

Abbildung 37: Beispielhafte Risikoarteneinteilung für Hochschulen

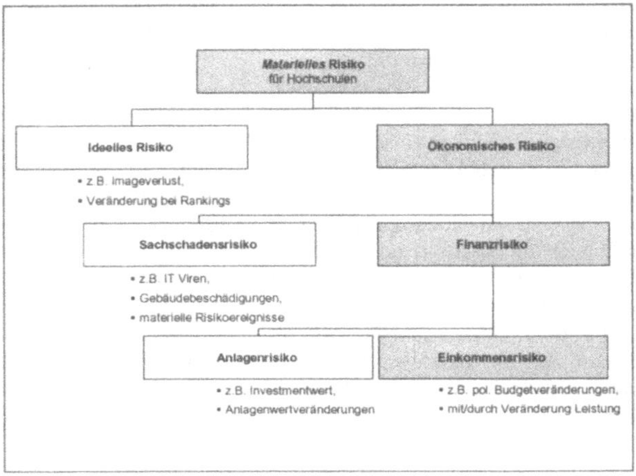


*Quelle: Eigene Darstellung.*

- Die ökonomischen Risiken wiederum lassen sich auf der zweiten Stufe unterteilen in *Sachschadensrisiken* und *Finanzrisiken.* Während Finanzrisiken unmittelbar einen Finanzstrom betreffen, sind Sachschadensrisiken so zu charakterisieren, dass sie in erster Linie materielle Gegenstände oder auch Personen betreffen wie zum Beispiel Beschädigungen an Gebäuden, Viren im Bereich der Informationsverarbeitung oder Personenschäden. Diese haben zwar auch einen *ökonomischen Schadenswert* und ziehen regelmäßig Finanzströme in Form zum Beispiel von Ausgleichszahlungen oder Wiederherstellungsinvestitionen im Fall von Gebäudeschäden nach sich. Allerdings sind dies nicht die direkten Risikofälle sondern nur deren sekundäre Auswirkungen.
- Die Finanzrisiken lassen sich letztendlich auf der dritten Unterscheidungsebene in *Anlagenrisiken* und *Einkommensrisiken* unterteilen. Anlagenrisiken sind dabei dadurch gekennzeichnet, dass sie bereits bestehende Vermögenswerte einer Hochschule wie Gebäude, Grundstücke oder auch werthaltige Rechte wie Patente betreffen. Diesen Vermögensgegenständen widerfährt im Risikofall eine negative Wertveränderung. Dabei spielt es für die theoretische Abgrenzung keine Rolle, ob diese Vermögenswerte
  a) durch ein angemessenes buchhalterisches Informationsverfahren erfasst sind und/oder
  b) sich formalrechtlich im Besitz der Hochschulen befinden.[535]

Die hier untersuchte Kategorie der *Einkommensrisiken* befasst sich demnach in der Positivabgrenzung mit ökonomisch bestimmbaren finanziellen Risiken, welche die laufenden Einkommensströme einer Hochschule betreffen.

535 Dies ist noch bei den wenigsten deutschen Hochschulen der Fall, zeichnet sich aber möglicherweise als zukünftige Entwicklung ab wie beispielsweise in Niedersachsen mit der Einführung der Stiftungshochschulen (Oppermann, Thomas (2002): Staatliche Hochschulfinanzierung: Neuordnung der Kompetenzen zwischen Bund, Ländern und Universitäten, in: Mlynek, Jürgen (Hrsg.) (2002): Die Zukunft der Hochschulfinanzierung: Qualitäts- und wettbewerbsfördernde Impulse, Köln, Seite 46).

### 6.3.3. Methoden der Risikomessung

Für eine Risikomessung auf der Basis zu *erwartender Abweichung einer Merkmalsausprägung vom statistischen Erwartungswert* kommen mehrere Mess- und Darstellungsmethoden in Frage[536]:

- Angabe des Streuungsintervalls,
- Darstellung als Minimal- bzw. Maximalwerte,
- Darstellung als Quantile,
- Verwendung der Abstandssummen,
- Darstellung der Standardabweichung,
- Angabe der Varianz.

In den meisten Fällen wie zum Beispiel der Risikobewertung in Banken wird die Standardabweichung (s) als Grundlage für die Bestimmung des Value-at-Risk (VaR) verwendet. Dieser bestimmt sich vereinfacht als Wurzel aus der Summe der quadratischen Abweichungen der Merkmalswerte (x) vom Erwartungswert (E).[537] Natürlichsprachlich ausgedrückt bestimmt der VaR „den maximal erwarteten Verlust innerhalb eines bestimmten Zeitraums, der nur mit einer geringen Wahrscheinlichkeit überschritten wird."[538]

$$(6\text{-}1)\quad s = \sqrt{\Sigma(x-E)^2}$$

Der *Vorteil* der Messung als VaR[539] liegt in der gleichzeitigen Angabe eines bezifferbaren und verrechenbaren Verlustrisikos bei gleichzeitiger Angabe einer Verlustwahrscheinlichkeit (als einseitiges oder zweiseitiges Konfidenzniveau).[540] Weiterhin lassen sich verschiedene Risikoangaben als Angaben der Standardabweichung ohne Interdependenzen nach der *Gleichung von Bienaymé* additiv verknüpfen bzw. umgekehrt Summen entsprechend in Teilrisiken aufteilen.[541]

$$(6\text{-}2)\quad s^2(x+y) = s^2(x) + s^2(y)$$

Als Grundlage für die Bestimmung des Risikomaßes werden in der Regel historische Datensätze herangezogen, wobei auch die Verwendung impliziter geschätzter Angaben geprüft wird und teilweise geringere Fehlerwerte für die Risikoprognose mit sich bringt.[542] Für eine Berechnung des VaR sind metrisch skalierte Daten notwendig. Die Verwendung des Value-at-Risk bringt neben den genannten Vorteilen noch die folgenden weiteren Tatbestände mit sich:

*(a) Marginaler Value-at-Risk*

Es ist eine Berechnung und Verwendung eines marginalen Value-at-Risk als Einzelausweis des Risikos einzelner Teilbereiche und Teilgeschäfte notwendig. Dieser liegt als minimaler Verlustwert eines Einzelgeschäftes systematisch unter dem zu erwartenden Wert aus der Risi-

536 Vgl. die allgemeine Darstellung zur Darstellung statistischer Streuung bei Bohley, Peter (2000): Statistik, 7. Auflage, München/Wien, Seite 147-154.

537 Siehe die Definition bei Pflaumer, Peter/Heine, Barbara/Hartung, Joachim (2001): Statistik für Wirtschafts- und Sozialwissenschaften: Induktive Statistik, München, Seite 33.

538 Völker, Jörg (2001): Value-at-Risk-Modelle in Banken, Quantifizierung des Risikopotenzials im Portfoliokontext und Anwendung zur Risiko- und Geschäftssteuerung, Berlin, Seite 28.

539 Insbesondere gegenüber den anderen alternativen Risikoberechnungsgrößen.

540 Vgl. Davidson, Ron (2002), a.a.O., Seite 39.

541 Vgl. Pflaumer, Peter/Heine, Barbara/Hartung, Joachim (2001), a.a.O., Seite 34.

542 Dies zeigt beispielsweise Davidson für die Risikomessung bei Aktienportfolios (Davidson, Ron (2002), a.a.O.).

koposition des gesamten Geschäftsumfanges.[543] Dieser wird durch die systematische ceteris-paribus-Elimination eines zu bewertenden Einzelvorgangs (V) aus dem Value-at-Risk der Gesamtorganisation (G) ermittelt:[544]

$$(6\text{-}3)\ mVaR_V = VaR_G - VaR_{G\text{-}V}$$

*(b) Umsetzungsvorteile des VaR am Beispiel der Finanzinstitute*
Daneben gibt es nach Aussage von VÖLKER noch weitere Faktoren, welche dazu geführt haben, dass die Risikoerfassung mit der Methode des Value-at-Risk in Finanzinstituten heute zum Standard gehört:[545]

- Marktveränderungen, wie zum Beispiel Derivate, haben eine erhöhte Risikosensibilität und damit die Notwendigkeit der Risikomessung hervorgerufen.
- Die Entwicklung hat zu einer zunehmenden Zahl von existenzbedrohenden Krisen geführt.
- Die externen Vorgaben durch Aufsichtsinstitutionen haben zunehmend entsprechende Themen und Methoden zur Risikomessung angegeben.
- Mit der amerikanischen Investmentbank J.P. Morgan war ein „selbstloser" Vorreiter vorhanden, der durch die frühzeitige Publikation von umfangreichen statistischen Vergangenheits- und Messdaten Standards schaffen konnte.
- Dazu kommen die immanenten Vorteile der Methodik des VaR (Einheitlichkeit, Vergleichbarkeit, Möglichkeit der Korrelationsberechnung und damit Erfassung der „Interaktion" der Einzelrisiken, Anschaulichkeit in Form der Darstellung des Risikos als Wertangabe).

*(c) Möglichkeit der Szenariorechnung*
Die Risikomessung kann beispielsweise in der Darstellung verschiedener *Szenarien* zur Darstellung von möglichen Entwicklungsbandbreiten erfolgen.[546] Diese Verfahrensweise ist in privatrechtlichen Unternehmen verbreitet. Dazu werden anstatt der historischen Merkmalsverteilungsfunktionen beispielsweise *Prognosefunktionen* für das *gewählte Risikomerkmal* verwendet - im Falle der *Studierendenzahlen* beispielsweise Prognosen zur Entwicklung der Studierendenzahlen nach Fachbereichen anstatt der historischen Entwicklung der Studierendenzahlen. Wie an diesem Beispiel der Studierendenzahlen ersichtlich, kann dieses Vorgehen mitunter aussagekräftiger sein als die Verwendung historischer Merkmalsverteilungen, insbesondere wenn wie hier andere Einflussgrößen wie die Demographie eine intuitiv deutlich höhere Bedeutung haben als die historische Entwicklung. Allerdings ist auch für diese Szenariorechnung als Basis ein Satz von historischen Daten notwendig, um die Berechnungsmethodik anwenden zu können.

543 Vgl. Arnsfeld, Torsten (1999), a.a.O., Seite 353-355.
544 Ebd., Seite 353.
545 Vgl. Völker, Jörg (2001), a.a.O., Seite 27-28.
546 Dies kann beispielsweise in der Darstellung eines ‚Real Case' (Interpretation: Wahrscheinlichster Fall), eines ‚Best Case' (Interpretation: Bestmöglicher Fall, in der Regel bei der Annahme einer statistischen Signifikanz von beispielsweise 95%) sowie eines ‚Worst Case' (Interpretation: Schlechtestmöglicher Fall) erfolgen.

*(d) Möglichkeit der relativen Darstellung*
Die Darstellung eines Risikomaßes erfolgt gerade im öffentlichen Bereich durch eine *relative Darstellung* in Bezug auf eine *Basisgröße*. Als Basisgröße wird beispielsweise das jährliche *Bruttoinlandsprodukt* verwendet. Dies ist bei der Bemessung der zulässigen Verschuldung in Bezug auf die Kriterien des Stabilitätspaktes im Rahmen der Euro-Währung der Fall. Die Begründung liegt darin, dass den staatlichen Einrichtungen über die Steuerhoheit der Zugriff auf den gesamtwirtschaftlich erwirtschafteten Wert zusteht. Maximal kann dabei das gesamte Bruttoinlandsprodukt durch den Staat vereinnahmt werden.
Als absolutes Risikomaß könnte also beispielsweise für Hochschulen der berechnete VaR in Geldeinheiten (Euro) in *Relation zur Gesamtgröße des jährlichen Haushalts* berechnet werden. Diese Verhältniszahl würde eine greifbare Aussage über die Risikoposition vermitteln und gleichzeitig zwischen verschiedenen Hochschulen unterschiedlicher Größe vergleichbar sein.

*(e) Darstellung von Interdependenzen der Leistungskategorien (Abbildung der relativen Risiken)*
Durch die Additivität der Teilrisiken und der inhärent abgebildeten Risikozusammenhänge zwischen verschiedenen Teilbereichen ist im Konzept der Risikoberechnung durch VaR eine Darstellung der gegenseitigen Abhängigkeiten verschiedener Teilbereiche (in den Hochschulen beispielsweise der Fachbereiche oder auch der Forschungs-, Lehr- und Weiterbildungsbereiche) möglich. Dies ist besonders wertvoll für die Unterstützung von Entscheidungen zur Profilbildung bzw. zum Aus- oder Rückbau verschiedener Teilbereiche. Für die Umsetzung in Hochschulen sind die *Volatilitäten der Leistungskenngrößen* der jeweiligen Hochschulen (beispielsweise Studierendenzahlen oder Forschungsbudgets) zu definieren. Dies kann einmal auf der Ebene der einzelnen Institution geschehen und andererseits kann sich auch ein 'Branchenstandard' in der Ermittlung herausbilden. Die folgenden Voraussetzungen sind aufbauend auf bestehenden Rechnungslegungssystemen für die Umsetzung einer Risikomessung erforderlich:

- *Eindeutige Zuordnung*: Im bestehenden System der Kameralistik ist eine eindeutige Zuordnung aller Ausgaben zu Funktionen notwendig, welche an organisatorischen Einteilungen orientiert sind.[547] Zwar schlägt beispielsweise KITTERER vor, diese Eindeutigkeit in eine Darstellung der realen Polyvalenz durch ein Matrizen-System zu überführen.[548] Dies ist jedoch in der Praxis wenig vielversprechend und hat auch im Bereich der privaten Unternehmen trotz ähnlicher Problemstellung noch keinen Eingang gefunden. Damit soll der Zwang zur eindeutigen und einmaligen Zuordnung von Ausgaben auch im hier diskutierten System des Modern Public Budgeting erhalten bleiben.
- *Priorisierung*: Während sich beispielsweise bei KITTERER[549] die klassische politikwissenschaftliche Aussage einer *impliziten* Verbindung von Prioritäten und Haushaltsmitteln als

547 „Das beschränkte technische System funktionaler Ausgabengliederung zwingt dazu, eindeutige Zuordnungen auch dann vorzunehmen, wenn dadurch wichtige Nebenfunktionen, die mit denselben Ausgaben erfüllt werden können, unterdrückt werden." (Kitterer, Wolfgang (1976), a.a.O., Seite 237).

548 „In einem erweiterten Haushaltsquerschnitt von der Form einer Funktionen-Ausgaben-Matrix, ähnlich wie die im Operatorensystem der RCB enthaltenen Matrizen, wäre es möglich, diese Polyvalenz zumindest darzustellen." (ebd., Seite 237); dieser Vorschlag muss vor dem Hintergrund einer weitreichenden 'Machbarkeitsgläubigkeit' der Finanzwissenschaft in den siebziger Jahren im Kontext der PPBS-Entwicklungen gesehen werden.

549 Ebd., Seite 146. Kitterer verwendet zeitliche und sachliche Priorität dabei synonym. Gleichzeitig werden in dieser Veröffentlichung drei Kennzahlen dieser Input-Priorisierung beschrieben: Die Zuwachsraten einzel-

Inputgröße im Rahmen der Haushaltsaufstellung und -dokumentation findet, gehen neuere Ansätze von einer expliziten Zusammenschau von konkretisierten Zielen und dafür bereitgestellten Mitteln aus.

- *Negative Zahlungsströme*: Die Haushaltsplanung gibt in der Regel nur ein unvollständiges Bild der politischen Ziele und Aktivitäten wieder, da beispielsweise negative Einnahmen bzw. positive Ausgaben in Form von Steuerbefreiungen oder durch Kostenübernahmen oder Selbstverpflichtungen nicht anfallender Ausgaben nicht registriert werden.[550] Dazu können im weitesten Sinne auch alle normierenden Eingriffe in Form von Gesetzen oder Verordnungen gezählt werden, die ebenfalls ohne Dokumentation im Haushalt als Instrument der Umsetzung politischer Ziele dienen können.
- *Zielkennzahlen*: Die Herausarbeitung eines hierarchischen Zielkennzahlensystems, welches mit dem ZVEI-Kennzahlensystem der Betriebwirtschaftslehre vergleichbar ist, ist erstrebenswert: Dabei ist durch die strenge inhaltliche Verknüpfung mit der Vorgabe einer Spitzenkennzahl[551] eine inhaltliche Konsistenz gegeben, die für den öffentlichen Bereich zur Herstellung kohärenten Verhaltens der Organisationsteile förderlich wäre. Durch das Vorgehen der ZVEI-Kennzahlenanalyse kann auch eine gezielte Ursachenforschung durch die weitere Ausdifferenzierung einzelner Kennzahlen betrieben werden. Oder es ist eine nahezu beliebige Aggregation bis hinaus zur Spitzenkennzahl herzustellen.[552]

Mit dem Beginn der Diskussion um betriebswirtschaftliche Kennzahlen wurden diese als Analysehilfsmittel zur Darstellung der Wirtschaftlichkeit betrachtet.[553] In der aktuellen Darstellung werden Kennzahlen als „jene Zahlen betrachtet, die quantitativ erfassbare Sachverhalte in konzentrierter Form erfassen.“[554]

## 6.4. Zusammenführung als Risk-Return-Steuerung für Hochschulen

In den folgenden Ausführungen werden die bis hierher gesondert beschriebenen Elemente der Leistungsmessung und der Risikomessung in Hochschulen zu einer Systematik der integrierten Risk-Return-Ermittlung und Risk-Return-Steuerung für Hochschulen zusammengeführt.

### 6.4.1. Generelle Systematik

Die grundlegende Systematisierung der Risk-Return-Steuerung zielt auf die Zusammenschau von erzieltem Ergebnis und damit inhärent verbundenem Risiko. Mit jeder Zielerreichung ist

ner Aufgabenbereiche, der Haushaltsmittelanteil einzelner Aufgabenbereiche sowie der Haushaltsmittelanteil gewichtet mit den durchschnittlichen jährlichen Zuwachsraten einzelner Aufgabenbereiche.

550 „Eine andere Einschränkung ergibt sich dadurch, dass im Haushaltsplan nur positive Einnahme- und Ausgabeströme erfasst werden. Es ist notwendig, in die Finanzwirksamkeit der öffentlichen Aufgabenerfüllung auch die z.B. durch Steuervergünstigungen entstehenden Einnahmeausfälle (...) einzubeziehen. (...) Wenn, wie gezeigt wurde, beim Bund mehr als drei Viertel der Ausgaben für das Wohnungswesen aus Darlehen bestehen, während in Frankreich für denselben Zweck fast ausschließlich Zins- und Investitionszuschüsse gezahlt werden, so handelt es sich um Ausgabekategorien, bei denen mit sehr unterschiedlicher Finanzwirksamkeit die gleichen Zielsetzungen erreicht werden können.“ (Kitterer, Wolfgang (1976), a.a.O., Seite 237).

551 Für das ZVEI-System ist dies die Eigenkapitalrentabilität entsprechend der Gewinnzielsetzung privater Unternehmen, vgl. Radke, Magnus (1999): Die große betriebswirtschaftliche Formelsammlung, Landsberg/Lech, Seite 1434.

552 Vergleich die Beschreibung des ZVEI-Kennzahlensystems: Ebd., Seite 1432-1433.

553 Siehe stellvertretend Schenk, Hans (1939): Die Betriebskennzahlen, Begriff, Ordnung und Bedeutung für die Betriebsbeurteilung, Leipzig.

554 Reichmann, Thomas (1997): Controlling mit Kennzahlen und Managementberichten, Grundlagen einer systemgestützten Controlling-Konzeption, 5. Auflage, München, Seite 19.

tautologisch eine Risikoposition verbunden. Diese Tatsache ist nicht Gegenstand des Interesses, sondern die Relation von Ergebnis und Risiko: In Entscheidungssituationen werden diejenigen Alternativen als besser betrachtet, die entweder bei *gleichem* Risiko ein *besseres* Ergebnis oder aber ein *gleiches* Ergebnis bei einer *geringeren* Risikoposition realisieren. Für die Ermittlung dieser entscheidungsunterstützenden Informationen ist es notwendig, dass mit standardisierten Methoden sowohl eine Ergebnis- als auch Risikomessung erfolgt und diese ermittelten Kennzahlen dann zueinander in Beziehung gesetzt werden.

#### 6.4.1.1. Ergebnismessung

Die Ergebnismessung soll als Zielsetzung die Leistungen einer Hochschule abbilden. Dafür kommen verschiedenste Messmethoden und Einheiten in Frage.[555] Grundsätzlich kann zwischen einer *qualitativen* und *quantitativen* Messung unterschieden werden. Eine rein qualitative Leistungsbeschreibung *verbaler Art* kann jedoch keiner weiteren Messung und Verrechnung zugänglich gemacht werden. Daher sind solche – nicht unüblichen – Beschreibungen der Leistung einer Hochschule (z.B. in Leistungsvereinbarungen mit den Ministerien) einer Messung zumindest als Überführung in Punktwerte zugänglich zu machen. Als weitere quantitative Messgrößen für die Leistung der Hochschulen kommen die vielfältigsten Indikatorwerte in Frage, die beispielsweise bereits im Rahmen des Qualitätsmanagements, der Evaluation oder der Leistungsvereinbarung der Hochschule mit der Trägereinrichtung verwendet werden.[556]

Dabei können verschiedenste Messeinheiten eingesetzt werden – diese müssen nur *metrisch skaliert* und damit für die weitere Verrechnung zugänglich sein. Auch eine wertmäßige Erfassung der Hochschulleistungen ist durch die Verrechnung der Leistungsindikatoren mit Wertsätzen möglich, welche beispielsweise aus den verwendeten Sätzen bestehender indikatorbasierter Mittelverteilung abgeleitet werden können. Theoretisch kommen auch wie in privatwirtschaftlichen Unternehmen die Deckungsbeiträge in unterschiedlicher Definitionsform als wertmäßige Messkennzahlen in Frage. Allerdings ist ob der zu erwartenden *operativen Ermittlungsprobleme* davon auszugehen, dass dies absehbar nur eine theoretische Möglichkeit bleibt.

#### 6.4.1.2. Risikomessung

Die Risikomessung setzt auf die *standardisierte* Ermittlung beispielsweise als Varianzermittlung in Form des Value-at-Risk (VaR). Denkbar sind *alternativ* auch Berechnungen von Risikoszenarien, welche konkrete Risikofälle in ihrer wertmäßigen Bedeutung für die Hochschule abbilden.[557] Allerdings ist damit *keine* Möglichkeit der *Standardisierung* und insbesondere der *überinstitutionellen Vergleichbarkeit* gegeben. Die Ermittlung der Risiken im Rahmen der

555 Dies ist zugleich einer der großen Vorteile der Methodik, da jede Hochschule individuell definierte Leistungsmessungen – beispielsweise Erfassungskonzepte, die im Rahmen des Qualitätsmanagements, der Evaluation oder der Leistungsvereinbarung mit staatlichen Trägern bereits vorliegen – verwenden kann; die fortlaufende Messung im Rahmen der Risk-Return-Steuerung setzt nur voraus, dass ein einheitliches Konzept der Ergebnismessung über verschiedene Zeitperioden hinweg beibehalten wird, da im anderen Fall die Vergleichbarkeit der Kennzahlen nicht gegeben wäre und sich Veränderungen der Risk-Return-Position nicht aus *tatsächlichen Veränderungen* sondern aus der *Änderung der Messmethodik* ergeben würden.

556 Zum Beispiel die Anzahl der Absolventen oder die Anzahl der Publikationen.

557 Denkbar ist beispielsweise die Simulation verschiedener Indikatorwerte im Rahmen der indikatorbasierten Mittelverteilung. Da hier aber insbesondere zwischen verschiedenen Hochschulen und Bundesländern auf Grund verschiedener verwendeter Indikatoren und Verrechnungswerte keine Vergleichbarkeit vorliegt, wäre der Wert dieser Simulationsrechnungen nur auf die individuelle Risikoabschätzung und Planungsvorbereitung einer Hochschule selbst beschränkt.

Value-at-Risk-Berechnung erfolgt *schrittweise* wie in der nachfolgenden Abbildung dargestellt.

Es muss *erstens* als Grundlage eine Definition von Produkten oder Leistungsindikatoren für die Hochschule erfolgen – dabei können die in der Leistungsmessung verwendeten Parameter übernommen werden.
*Zweitens* wird für diese verwendeten Leistungsindikatoren eine theoretische Häufigkeitsverteilung angenommen, welche aus verschiedenen Quellen gespeist sein kann (Normalverteilung, Vergangenheitsdaten, Prognose- oder Schätzdaten[558]). Daraus wird als Value-at-Risk-Wert der *maximale negative Wert* (einseitiges Risiko) für ein statistisches Konfidenzniveau ermittelt. Dieser errechnet sich aus den schlechtesten 5% der Verteilung. Praktisch entspricht dies bei einem Datenbestand von 100 Werten in der Häufigkeitsverteilung dem 95.-schlechtesten Wert. *Drittens* werden diese ermittelten Maximalwerte je Indikatorwert mit einem Verrechnungswert als Wertgröße multipliziert.

Damit ergibt sich *drittens* eine *Wertgröße für den Risikofall*, der vom Planungswert für den Leistungsindikator abgezogen wird, um die *wertmäßige Abweichung* in Bezug auf diesen Indikator als Risikomaß zu erhalten. Aus der Anforderung der ganzheitlichen Abbildung heraus muss nun noch sichergestellt werden, dass die *addierten betrachteten Teilindikatoren* die Leistung bzw. das wertmäßige Budget einer Hochschule *vollumfänglich* abbilden. Damit ist dann die *finanzielle Gesamtabbildung* der *Einkommensgrößen* der Hochschule als *definierte Risikobetrachtung* erfüllt.

Das Rechenbeispiel zeigt die wirtschaftliche Bewertung der Risikoberechnung nach VaR auf: Im Erwartungsfall erreicht die Hochschule pro Jahr 200 Absolventen und erhält dafür durch Leistungsvereinbarung mit dem Träger 19.940 Euro je Absolvent, also 3.988.000 Euro. In diesem Erwartungsfall entstehen Kosten von fix 2.000.000 Euro und variabel 10.000 Euro pro Absolvent und damit insgesamt 4.000.000 Euro. Das Ergebnis der Hochschule in diesem Bereich wäre im erwarteten Fall also -12.000 Euro.

Tritt nun der Risikofall ein und werden nur 190 Absolventen in einem Jahr erreicht, so entsteht in diesem Risikofall nur ein Ertrag von 3.788.600 Euro; gleichzeitig fallen fixe Kosten von 2.000.000 Euro für die Kapazitätsvorhaltung sowie 10.000 Euro variable Kosten pro Absolvent an, die Gesamtkosten im Risikofall betragen also 3.900.000 Euro. Damit erreicht die Hochschule im Risikofall der durch den VaR in Bezug auf die Leistungskennzahl der Absolventen dargestellt wird ein Ergebnis von -111.400 Euro. Nunmehr ist die Differenz zum erwarteten Ergebnis von -12.000 Euro (Plan) das bewertete Risiko der Planabweichung im Risikofall von 99.400 Euro; um diesen Betrag unterschreitet also das Ergebnis im Risikofall das Ergebnis im Erwartungsfall, man kann von 99.400 Euro Ergebnisrisiko sprechen. Dies ist die ‚Risikoposition' des betrachteten Leistungsbereiches der Hochschule.

558 Dabei sind die Prognose- und Schätzdaten mit großen Schwierigkeiten bzw. Ungenauigkeiten behaftet, können aber als Vergleich zu den vorgenannten Daten mit entsprechend großer Vorsicht bezüglich der Interpretation von Nutzen sein.

Abbildung 38: Schrittweise Risikoermittlung

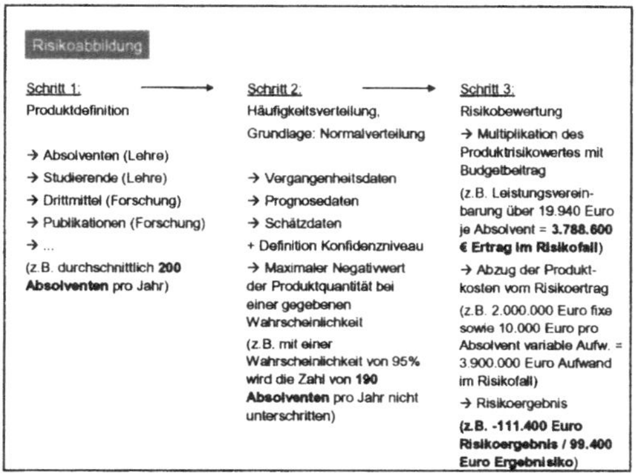


*Quelle: Eigene Darstellung.*

### 6.4.2. Beispiele einer Risk-Return-Ermittlung

Nachfolgend wird eine Beispielberechnung der Risk-Return-Ermittlung für Hochschulen auf der Basis von *sehr vereinfachten Annahmen* durchgeführt. Diese soll nicht in Bezug auf die Höhe der Zahlen sondern nur *bezüglich der Methodik und Steuerungsaussagen* beispielgebend wirken.

Abbildung 39: Annahmen der Beispielumsetzung

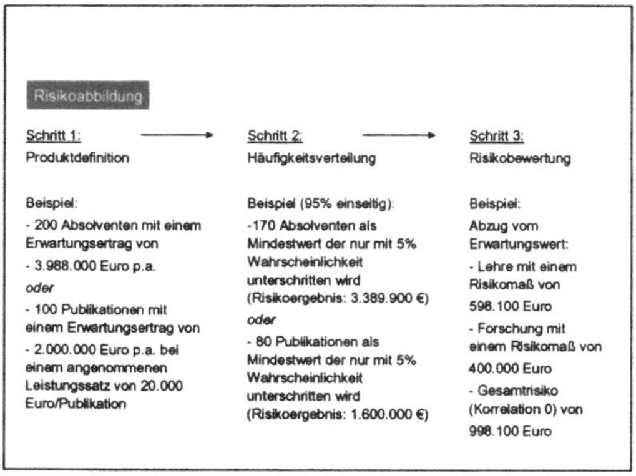


*Quelle: Eigene Darstellung.*

#### 6.4.2.1. Beispiel einer zweiseitig wertmäßigen Berechnung

Für die Modellrechnung wurden die in der nachfolgenden Tabelle dargestellten *fiktiven* Werte angenommen. Diesen liegt keine konkrete Berechnung zugrunde, da sie allein die Darstellungsweise symbolisieren.

Tabelle 42: Beispielannahmen für die erste Modellrechnung

| | **Risikomaß (VaR 95% einseitig)** | **Ergebnismaß** |
|---|---|---|
| Fakultät 1.1 | 2.000.000,00 € | 2.000.000,00 € |
| Fakultät 1.2 | 2.500.000,00 € | 3.500.000,00 € |
| Hochschule 1 | 4.500.000,00 € | 5.500.000,00 € |
| Fakultät 2.1 | 4.000.000,00 € | 4.000.000,00 € |
| Fakultät 2.2 | 3.000.000,00 € | 2.000.000,00 € |
| Hochschule 2 | 7.000.000,00 € | 6.000.000,00 € |

*Quelle: Eigene Darstellung.*

Erkennbar ist hier zum einen der Vorteil der Risk-Return-Steuerung der Addierbarkeit von Teilergebnissen wie im Beispiel für die Fakultäten 1.1 und 1.2 bzw. 2.1 und 2.2. Diese Teilergebnisse können zu einem Gesamtrisiko der Hochschule aggregiert werden.[559] Die nachfolgende Darstellung zeigt die Positionierung der einzelnen Einrichtungen in Bezug auf die Ergebnisposition (y-Achse) und die Risikoposition (x-Achse).

Abbildung 40: Beispielabbildung der Risk-Return-Positionen

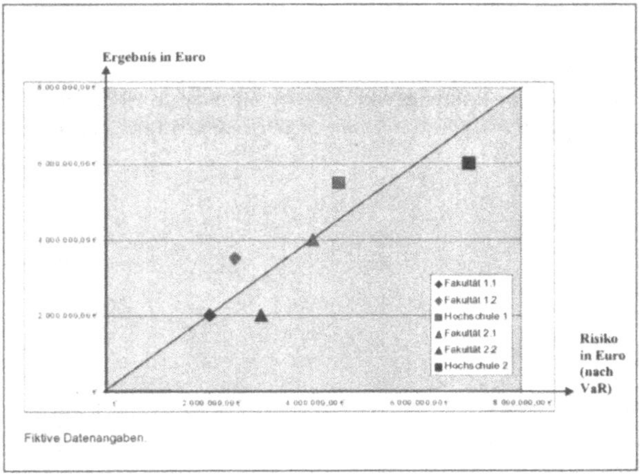


*Quelle: Eigene Darstellung.*

### 6.4.2.2. Beispiel einer einseitig wertmäßigen Berechnung

In einer zweiten Darstellung wird die *Flexibilität* der Risk-Return-Steuerung deutlich. Durch die Darstellung der Ergebniswerte in frei zu vergebenden Punktwerten kann eine Hochschule jede beliebige (evtl. bereits bestehende) Leistungsmessung für die Berechnung des Risk-Return heranziehen. Für die Darstellung wurden die folgenden in der Tabelle genannten Beispielwerte herangezogen, wobei wiederum ersichtlich ist, dass verschiedenen Teilinstitutionen wie hier die Fakultäten *zu einer Gesamtinstitution aggregiert* werden können (sowohl für das Risiko- als auch das Ergebnismaß). In der Interpretation dieser Risk-Return-Dar-

559 Im dargestellten Beispiel wurde die einfache Addition der Teilergebnisse gewählt. Die impliziert, dass zwischen den Risiken der Teilinstitutionen kein Zusammenhang besteht. Im Rahmen der VaR-Ermittlung können aber auch sich verstärkende oder sich ausgleichende Risikozusammenhänge der Teilinstitutionen berücksichtigt werden.

stellung wird deutlich, dass die Hochschule 1 gegenüber Hochschule 2 trotz deutlich schlechterer Ergebniswerte eine fast vergleichbare Risk-Return-Position erreicht. Dies liegt vor allem daran, dass für die Fakultät 2.1 bei *durchschnittlichem* Ergebniswert ein *sehr hohes* Risikomaß besteht.

Tabelle 43: Beispielannahmen für die zweite Modellrechnung

| | **Risikomaß (VaR 95% einseitig)** | **Ergebnismaß** |
|---|---|---|
| Fakultät 1.1 | 2.000.000,00 € | 200 |
| Fakultät 1.2 | 2.500.000,00 € | 225 |
| Hochschule 1 | 4.500.000,00 € | 425 |
| Fakultät 2.1 | 4.000.000,00 € | 200 |
| Fakultät 2.2 | 3.000.000,00 € | 725 |
| Hochschule 2 | 7.000.000,00 € | 925 |

*Quelle: Eigene Darstellung.*

Abbildung 41: Zweite Beispieldarstellung der Risk-Return-Abbildung

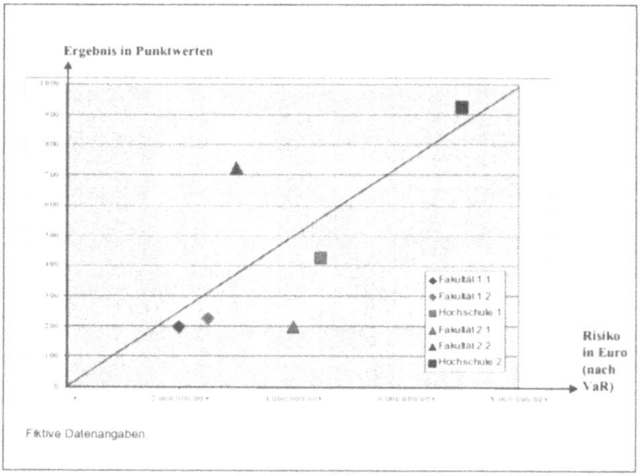


*Quelle: Eigene Darstellung.*

## 6.4.2.3. Beispiel einer Benchmarkdarstellung

In einer dritten Darstellung wird insbesondere die Möglichkeit des *Benchmarking* im Rahmen der Risk-Return-Steuerung vorgestellt. Neben den bereits bekannten Werten der Fakultäten und Hochschulen wird der *Durchschnittswert* sowie ein *Benchmarkingwert* (zum Beispiel einer ausländischen Hochschule) eingetragen. Hier zeigen sich die Positionen der einzelnen Hochschulen in einem neuen Licht. Dies zeigt auch, dass die Risk-Return-Darstellung eine *relative* Darstellung ist, die entscheidend davon abhängt, welche Werte in der Darstellung abgetragen werden.

Tabelle 44: Beispielannahmen für die dritte Modellrechnung

| | Risikomaß (VaR 95% einseitig) | Ergebnismaß |
|---|---|---|
| Hochschule 1 | 2.000.000,00 € | 200 |
| Hochschule 2 | 2.500.000,00 € | 225 |
| Hochschule 3 | 3.000.000,00 € | 450 |
| Hochschule 4 | 3.000.000,00 € | 300 |
| Durchschnitt | 2.625.000,00 € | 293,75 |
| Benchmark | 2.000.000,00 € | 950 |

*Quelle: Eigene Darstellung.*

Abbildung 42: Dritte Beispieldarstellung zum Benchmarking

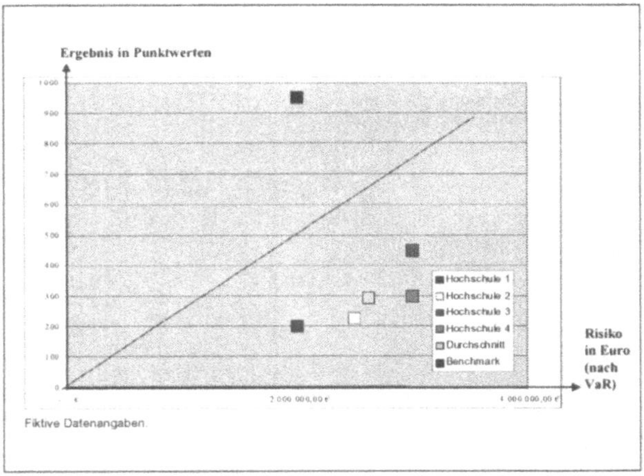


*Quelle: Eigene Darstellung.*

### 6.4.3. Möglichkeiten und Einflussfaktoren der Risk-Return-Steuerung

Eine Reihe von Einflussfaktoren spielt für die Anwendung der Risk-Return-Steuerung eine große Rolle. Dazu zählen insbesondere die folgenden Aspekte:

a) Annahme der *Häufigkeitsverteilungsfunktion*: Es führt zu großen Unterschieden in der Risikoermittlung je nach Auswahlentscheidung für eine bestimmte Häufigkeitsverteilung. Diese kann beispielsweise eine theoretische *Standardverteilung*, eine vorliegende *historische Verteilung* aus den Daten der Institution selbst,[560] eine *durchschnittliche Häufigkeitsfunktion* beispielsweise von mehreren Institutionen aus einem Bereich sein[561] oder eine *prognostizierte Funktion*[562] für diskontinuierliche Entwicklungen.

560 So beispielsweise die historischen Daten zur Anzahl der Absolventen einer Fachrichtung in einer Hochschule.

561 Die würde insbesondere mit der Zielsetzung des Risiko- oder Risk-Return-Vergleichs zwischen verschiedenen Institutionen sinnvoll sein.

562 Hier bestehen wie schon erläutert erhebliche Probleme bzgl. der statistischen Aussagekraft, Prognosedaten sind nur im Abgleich mit theoretischen oder historischen Verteilungen zu bewerten.

b) Es können beispielsweise im Bereich der Hochschulen die beiden *alternativen Konzepte* der Erlös-Risiko-Messung oder der Ergebnis-Risiko-Messung verwendet werden: Die *Erlös-Risiko-Messung* hätte den Vorteil der *suprainstitutionellen Vergleichbarkeit*, da individuelle Kostenstrukturen keinen Einfluss auf die Messung des Erlösrisikos haben. Umgekehrt ist die Aussagekraft für die einzelne Institution in der Abbildung ihrer finanziellen Risikoposition eingeschränkt, da alternativ durch die Einbeziehung von Kostenstrukturen[563] in der Ergebnis-Risiko-Messung das tatsächlich für die Institution relevante Risiko ermittelt wird. Hier werden insbesondere Risiken durch bestehende (hohe) Fixkostenstrukturen der Einrichtungen deutlich.

### 6.4.4. Folgen einer Risk-Return-Steuerung auf verschiedenen Entscheidungsebenen

Die Einführung und Nutzung einer Risk-Return-Steuerung hat verschiedenste Auswirkungen auf die Informationsunterstützung, die Entscheidungsprozesse und Entscheidungsergebnisse für differenzierte Ebenen der Hochschuleinrichtungen. Diese sollen ausschnittartig kurz beschrieben werden, um die Bedeutung der Methodik weiter herauszuarbeiten. Die *Hochschulleitung* würde durch die Ermittlung und Darstellung der Informationen der Risk-Return-Steuerung erstmals in der Lage sein, gezielt die Situation der eigenen Hochschuleinrichtung in Bezug auf die simultanen Dimensionen der Ergebnis- und Risikolage zu beurteilen. Dies kann Entscheidungen in verschiedenen Bereichen nach sich ziehen, wofür einige Beispiele genannt werden.

- Risikoreduktion: Die Beurteilung der Risikosituation könnte die Hochschulleitung in der Entscheidung unterstützen, bestimmte Fachbereiche oder Studiengänge zu einer Risikoreduktion anzuhalten. Dies kann bis zur Schließung der betreffenden Fachbereiche oder Studiengänge reichen (,Desinvestment').
- Ergebnisverbesserung: Die Beurteilung der relativen Ergebnissituation könnte die Hochschulleitung in der Entscheidung bestärken, bestimmten Fachbereichen oder Lehrgebieten Auflagen zu einer Ergebnisverbesserung – beispielsweise einer Erhöhung der Forschungsleistung in der Form der Publikationen oder der Lehrleistungen in der Form der erfolgreichen Absolventen – zu machen.
- Strategiesimulation: Für die neue Einrichtung von Fachbereichen oder Studienangeboten kann eine verpflichtende Risk-Return-Betrachtung die Interdependenz mit anderen Bereichen der Hochschule offen legen. So kann beispielsweise aufgezeigt werden, ob mit den geplanten Ergebnissen und einzugehenden Risiken eine Verbesserung[564] der gesamten Risk-Return-Struktur erreicht werden kann oder eher der gegenteilige Effekt erreicht wird.
- Opportunitäten: Für verschiedene konkurrierende Fachbereiche oder sogar einzelne Projekte könnte auf der Basis eines Risk-Return-Vergleiches ein Entscheidungsmaßstab verwendet bzw. vorgeschrieben werden.

Darüber hinaus würden die Träger bzw. der Staat und die Gesellschaft über zusätzliche *gesicherte Informationen* zu verschiedenen (aggregierten) Risk-Return-Positionen einzelner Hochschulen im Vergleich verfügen. Dies könnte dazu führen, dass die Entscheidungen bezüglich der Verteilung oder Stärkung einzelner Forschungs- und Lehrstandorte vor einem anderen Informationshintergrund mit anderen Ergebnissen gefällt werden.

563 Hier insbesondere die Existenz hoher Fixkostenpositionen.

564 Dies kann beispielsweise durch Korrelationen im Bereich der Risiken (also Abhängigkeiten der Teilrisiken untereinander, welche zu einer Verstärkung oder Abschwächung des Gesamtrisikos führen) oder durch Synergien im Bereich der Ergebnisse erreicht werden.

## 6.5. Umfeldsituation der Hochschulen und Praxisrelevanz einer Risk-Return-Steuerung

Wie in Abschnitt 5.5.3. beschrieben haben im Bereich der Finanzinstitute verschiedene Kontextfaktoren dazu geführt, dass sich eine starke Notwendigkeit zur Messung von Risiken zu einer einheitlichen Verwendung des VaR und der Steuerungskonzeption des Risk-Return-Gedankens hin entwickelt hat.[565] Dieses Bild der Entwicklung im Bankensektor vor Augen muss die Frage gestellt werden, ob und inwieweit ähnliche Voraussetzungen im Bereich der Hochschulen gelten, die eine vergleichbare Entwicklung hin zu einer allgemein akzeptierten und in der Praxis verwendeten Risk-Return-Steuerung in Hochschulen wahrscheinlich macht. Grundsätzlich kann eine Finanzinstitution als *Risikomittler* betrachtet werden.[566] Die gleiche Eigenschaft gilt für eine Hochschule, da sie

a) im Bereich der Lehre die *für einzelne Studierende nicht abschätzbaren Risiken* in Bezug auf die zu lernenden Inhalte sowie die Risiken in Bezug auf die Anerkennung des Abschlusses durch eine institutionelle Bündelung und Standardisierung mittelt und so für den Einzelnen reduziert;
b) im Bereich der Forschung für die an Forschungsergebnissen interessierten Institutionen wie Unternehmen oder auch die Gesellschaft sehr hohe Risiken insgesamt economies of scale durch eine umfassende Forschungsinfrastruktur sowie ein breites Forschungsprogramm die Ergebniseffizienz und die Ergebnisrisiken mittelt bzw. reduziert.

Die Hochschule kann im Vergleich zu einer Bank in ähnlicher Weise als *Risikomittler* in Bezug auf wissenschaftliche Forschung und Lehre verstanden werden. Damit wird unmittelbar einsichtig, dass die Hochschule auch *grundsätzlich vergleichbaren Risiken* ausgesetzt ist. Diese Risiken sind je nach finanzieller Absicherung bzw. Anbindung an die (staatlichen) Trägereinrichtungen mit unmittelbaren Einkommensrisiken verbunden. Die Tätigkeit der Hochschulen ist also immanent mit Risiken verbunden. Konkret lassen sich diese in zwei typische Beispiele fassen:

a) Ein angebotener Studiengang und dessen Absolventen finden auf der Grundlage der Lehrinhalte und Kompetenzen der Absolventen keine Anerkennung in Unternehmen und der Gesellschaft. Dies stellt sowohl für die Absolventen persönlich als auch für die Hochschuleinrichtung einen Risikofall dar, unabhängig wo die direkten Finanzrisiken einschlägig werden (z.B. beim Absolventen durch Einkommensverlust, bei zuständigen staatlichen Stellen in Form von Arbeitslosenunterstützungszahlungen oder bei der Hochschuleinrichtung durch Einkommensverlust oder beim Staat durch finanzielle Opportunitätsverluste der eingesetzten Steuermittel).
b) Ein durchgeführtes Forschungsprojekt erbringt nicht die erwarteten Ergebnisse. Dies führt für die beteiligten Unternehmen, Hochschuleinrichtungen und die Gesellschaft bzw. den Staat zu einem Risikofall in der Form entgangener Möglichkeiten (Innovationen, Produkte, Umsätze, Steuern). Wiederum ist dieses *Einkommensrisiko* vorhanden – und zwar unabhängig von der tatsächlichen finanziellen „Niederschlagsform“ (bei Unternehmen beispielsweise als nicht erfüllte Umsatzprognosen und damit nicht realisierter Gewinne, bei den Hochschuleinrichtungen als nicht realisierte Lizenzeinkommen oder sogar aus Einkommensrückgängen der staatlichen Förderung bei indikatorbasierter Mittelzuteilung oder bei den betreffenden staatlichen Einrichtungen in Form entgangener Steuereinnahmen und Opportunitätskosten der fix eingesetzten Steuermittel).

565 Vgl. nochmals die Beschreibung der Kontextursachen bei Völker, Jörg (2001), a.a.O., Seite 28.
566 Ebd., Seite 27.

Zusätzlich kann ein prominentes Beispiel für die Bedeutung und Relevanz des Risikomanagements in Hochschulen aus den USA angeführt werden: Der Ableger der bekannten englischen 'Open University', die *'US Open University'* musste tatsächlich nach nur zwei Jahren Tätigkeit im Jahr 2002 ihre Pforten wieder schließen, weil die eingenommenen Finanzmittel für den Studienbetrieb nicht ausreichten. Diesem Misserfolg lag im Wesentlichen eine *fehlgeleitete Risikoeinschätzung* in Bezug auf die Höhe der Studierendenzahlen zu Grunde. Der Risikofall wurde hier ausgelöst, weil die Studierenden der Hochschule entgegen der Erwartungen fernblieben, weil a) die notwendige Akkreditierung der Abschlüsse und b) die Zulassung zu öffentlichen Stipendienprogrammen für die Studierenden dieser Hochschule nicht erreicht wurden.[567]

### 6.5.1. Basisthese: Mehr Wettbewerb für Hochschuleinrichtungen

Als grundlegende Basisannahme für die weitere Entwicklung kann und muss angenommen werden, dass der Wettbewerb der Hochschuleinrichtungen um verschiedenste ‚Zielgrößen' wie Studierende, Ressourcen, Mitarbeiter, Kontakte und ähnliches generell zunimmt. Dabei handelt es sich um einen globalen Trend, der unter anderem durch knappe Ressourcen etc. hervorgerufen wird. Dies drückt KÜCHLER richtig wie folgt aus:

> *"Der Druck auf staatliche Hochschulen scheint zuzunehmen, der Druck des Wettbewerbs um Studenten (...), wie auch der Druck des Wettbewerbs um 'Marktanteile', der weltweit und unter einer Vielzahl von Wettbewerbern (...) geführt wird."*[568]

Die These des zunehmenden Wettbewerbs wird auch durch die damit eng verbundene zunehmende oder diskutierte Kundenorientierung belegt. So konstatiert HEILAND im Jahr 2001 in seiner Untersuchung zum Hochschulmarketing[569] eine solche zunehmende Kundenorientierung in der subjektiven Wahrnehmung von Dekanen wirtschaftswissenschaftlicher Fakultäten an deutschen Hochschulen. Dabei steht im Rückschluss die Abwägungsaussage, es gebe zum Zeitpunkt der Aussage einen ‚eingeschränkten Markt' im Bereich der Hochschulen.[570] Empirisch werden diese Aussagen durch die nachfolgend dargestellten Aussagen einer schriftlichen Befragung ergänzt.

Tabelle 45: Empirische Zustimmungsraten zur Existenz von Wettbewerb nach Hochschulart und Trägerschaft

| Jeweils Zustimmung zur Aussage „Ja, es gibt Wettbewerb zwischen den Hochschulen." | | Hochschulart | | |
|---|---|---|---|---|
| | | Universität | Fachhochschule | Gesamt |
| Trägerschaft | staatlich | 16 von 24 (66,7%) | 29 von 41 (70,7%) | 45 von 65 (69,2%) |
| | privat | 3 von 3 (100%) | 2 von 2 (100%) | 5 von 5 (100%) |
| | Gesamt | 19 von 27 (70,4%) | 31 von 43 (72,1%) | 50 von 70 (71,5%) |

*Quelle: Darstellung abgewandelt und ergänzt um eigene Berechnungen aus: Heiland, Thomas (2001): Marketing und Wettbewerb im deutschen Hochschulsystem, eine empirische und implikationenorientierte Analyse, Wiesbaden, Seite 322.*

### 6.5.2. Folgethese: Mehr Wettbewerb bedeutet mehr Risiko für Hochschuleinrichtungen

Als Folge der These des *zunehmenden Wettbewerbs* ergibt sich unmittelbar und ohne Interpretations- oder Interventionsspielraum die Aussage, dass die Ergebnisse dieses Wettbewerbs

567 World Bank (2002): Constructing Knowledge Societies - New Challenges for Tertiary Education, Washington, Seite 92.

568 Küchler, Tilman (2001): Gespenst oder Realität? - Die hochschulpolitische Wirklichkeit der Corporate University, in: Kraemer, Wolfgang/Müller, Michael (Hrsg.) (2001), a.a.O., Seite136.

569 Heiland, Thomas (2001): Marketing und Wettbewerb im deutschen Hochschulsystem, eine empirische und implikationenorientierte Analyse, Wiesbaden, Seite 14.

570 Ebd., Seite 133.

*unsicher* sind. Damit kann die inhaltliche Auslastung und Leistung der einzelnen Hochschule nicht mehr sicher prognostiziert werden. Unter der weitgehend realistischen Annahme, dass eine Finanzierung der Hochschule unabhängig von der genauen Ausgestaltungsform[571] von diesen Leistungsergebnissen abhängt, wird auch die *finanzielle Ausstattung* und damit im extremen Fall die Existenz einer Hochschule dieser *Unsicherheit unterworfen*. Dies entspricht in der dargestellten Definition einem Risikofall, die Hochschulen unterliegen bei *zunehmendem* Wettbewerb einem *zunehmenden* (Finanz-)Risiko. Dies kommt auch dadurch verstärkt zum Tragen, dass im Kontext der neuen Verwaltungssteuerung gerade in den Hochschulen eine Verlagerung der Entscheidung und Verantwortung weg von den *Gremien* und hin zu *einzelnen Personen* stattfindet.[572] Und es führt dazu, dass möglicherweise höhere Risiken eingegangen werden, da Gremien traditionell eher ein *risikoaverses Verhalten* unterstellt wird, während bei Einzelpersonen angenommen wird, dass diese eher *innovative und damit tendenziell risikoreichere* Entscheidungen treffen.[573]

### 6.5.3. Vergleich der Kontextfaktoren im Bankensektor und im Hochschulwesen

In einem Vergleich der Entwicklung des Risikomanagements und der dafür entscheidenden Kontextfaktoren soll die Situation im Bereich der Hochschulen beleuchtet werden. Die nachstehende Tabelle gibt eine stichwortartige Übersicht der betrachteten Faktoren. Insgesamt kann man in der Abwägung im Hinblick auf die beiden verschiedenen Sektoren feststellen, dass eine *direkte* Vergleichbarkeit *nicht* gegeben ist. Dies führt zur Aussage, dass eine Entwicklung der Risikomessung im Hochschulbereich in *gleichem* Umfang und in der *gleichen* Geschwindigkeit wie im Bankensektor *nicht* zu erwarten ist. Gleichwohl sind die Potenziale dazu vorhanden. Daraus lässt sich ein *verhalteneres* und im Umfang vergleichbar *geringeres Wachstum* für die Zukunft der Risikomessung im Hochschulbereich ablesen. Dies würde jedoch immer noch eine signifikante Beschäftigung mit dem Themenbereich bedeuten. Insbesondere hängt der Entwicklungspfad hier von hochschulpolitischen Vorgaben ab und dabei insbesondere von der möglichen konzertierten Handlung eines hinreichend großen einheitlichen hochschulpolitischen Raumes. Ein *mögliches Entwicklungsszenario* kann beispielsweise davon ausgehen, dass im Rahmen der Harmonisierung im *Europäischen Hochschulraum* das Thema des Risikomanagements aufgegriffen und umfassend für die hochschulpolitische Umsetzung vorgegeben wird – beispielsweise im Rahmen einer notwendigen und noch zu entwickelnden *institutionellen Akkreditierung*. Dies würde zu einem 'Initialpotenzial' für die entsprechende Standardisierung und Praxiserfahrung der Methoden führen. Damit wäre der Weg zu einer *umfassenden* und *vergleichbaren* Risikomessung und für ein darauf aufsetzendes *professionelles Risikomanagement* geebnet.

---

571 Diese Annahme muss nur aufgehoben werden, wenn eine staatliche oder private Einrichtung bereit ist, vollkommen unabhängig von Leistungsergebnissen der Hochschule eine existenzsichernde Finanzierung zukommen zu lassen ('bail out'). Dies ist aber in der Realität allenfalls in kurzfristigen Zeiträumen und nicht über eine längere Frist von mehreren Jahren oder Jahrzehnten denkbar. Damit ist die hier unterstellte Reagibilität der Finanzierung in Abhängigkeit von Leistungsänderungen nur eine Frage der Reaktionszeit und nicht des 'ob'.

572 Buschor, Ernst (2005): Potenziale von New Public Management (NPM) für Bildung und Wissenschaft, in: Fisch, Rudolf/Koch, Stefan (Hrsg.) (2005): Neue Steuerung von Bildung und Wissenschaft, Schule – Hochschule – Forschung, Bonn, Seite 29.

573 Dies wird in der Regel als positive Eigenschaft im Rahmen der Modernisierung Öffentlicher Einrichtungen gesehen (ebd., Seite 29). Allerdings sind damit im Rahmen des Risikomanagements eben auch höhere Risikopositionen zu erwarten und daher die Notwendigkeit für eine Risikomessung als höher einzuschätzen.

Tabelle 46: Übersicht der betrachteten Kontextfaktoren des Risikomanagements bei Banken und Hochschulen

| | **Finanzdienstleistungssektor** | **Hochschulsektor** |
|---|---|---|
| (i) Existenz von **Marktveränderungen** und umfassenden Innovationsprozessen mit Einfluss auf die Risikoposition und Risikowahrnehmung | **Ja**<br>(z.B. Derivate und andere neue Finanzinstrumente mit hohem Risikopotenzial) | **Teilweise**<br>(z.B. Hochschulautonomie oder Änderung der Finanzierungsschemata – mit großen regionalen Unterschieden) |
| (ii) Institutionelle **Existenzbedrohung** durch die neuen Risiken | **Ja**<br>(z.B. Insolvenz einzelner Bankinstitute) | **Teilweise**<br>(z.B. Zusammenlegungen / Schließung von Fachbereichen – in Abhängigkeit von politischen Risikoübernahmen als „bail out") |
| (iii) Zunehmende **externe Vorgaben** durch aufsichtsrechtliche Institutionen | **Ja**<br>(IZB[574], BAFin[575]) | **Teilweise**<br>(z.B. Akkreditierungsagenturen oder Vorschrift der Buchprüfung in Österreich) |
| (iv) Möglichkeit einer (kostengünstigen) **Standardisierung der Risikomessung** zu Zwecken der Vergleichbarkeit und externen Prüfung | **Ja**<br>(Vorgaben und Veröffentlichungen durch J.P. Morgan und andere Institutionen) | **Offen**<br>(bisher nur vereinzelte Publikationen, keine ausreichende Praxisanwendung) |
| (v) Existenz einer möglichen praxistauglichen und aussagekräftigen **Methodik zur Risikomessung** und Standardisierung verschiedener Risiken | **Ja**<br>(VaR und andere) | **Ja**<br>(z.B. VaR) |
| (vi) **Internationalisierungstendenzen** und „Globalisierung" von Risiken durch Marktzugänge und Austausch zwischen „nationalen" Märkten | **Ja** | **Ja**<br>(zunehmende Tendenz z.B. durch E-Learning, GATS-Verhandlungen) |
| (vii) **Institutionelle Autonomie** mit eigenständigen Handlungsmöglichkeiten und Handlungsanreizen | **Ja** | **Teilweise**<br>(in Abhängigkeit regionaler Vorgaben bzw. Entwicklung der hochschulpolitischen Zuständigkeit) |

*Quelle: (i)-(v): Völker, Jörg (2001): Value-at-Risk-Modelle in Banken, Quantifizierung des Risikopotenzials im Portfoliokontext und Anwendung zur Risiko- und Geschäftssteuerung, Berlin, Seite 27-28; (vi)-(vii): Eigene Darstellung.*

## 6.6. Risikomessung und indikatorbasierte Mittelverteilung

Die Einkommensrisiken für Hochschulen sind besonders einschlägig, wenn die staatlichen Finanzierungsmittel im Zeitverlauf variabel sind. Dabei ist der Betrachtungsgegenstand möglichst ein Bundesland, da auf dieser Ebene die *größten staatlichen Finanzierungsanteile* für Hochschulen zu verzeichnen sind. Die staatliche Mittelverteilung ist beispielsweise durch die *Koppelung an Leistungsindikatoren* im Zeitverlauf variabel. Dadurch entsteht für die Hochschulen eine Unwägbarkeit in Bezug auf die staatliche Mittelzuteilung, die im Rahmen des vorgestellten Verfahrens quantitativ greifbar ist. Die indikatorgestützte Mittelverteilung der Landesbudgets hat bereits eine lange Diskussion und ausführliche Literaturdokumentation hinter sich. Verwiesen sei hier nur stellvertretend auf eine der ersten Studien im Auftrag des damaligen Bildungs- und Wissenschaftsministeriums des Bundes im Jahr 1980, welches damals eine *erstrebenswerte Anreizwirkung für wirtschaftliches Verhalten der Hochschulen* prognostiziert.[576] Bisher haben 11 von 16 Bundesländern Mittelverteilungsmodelle mit unterschiedlichem Geltungsbereich (z.B. in Bezug auf die Hochschulart oder den betroffenen Budgetanteil) eingeführt.[577] Die weitere Verbreitung der Indikatormodelle hat also als unmittelbare Ursache für Einkommensrisiken der Hochschulen eine bedeutende Position für den Bedarf der Risikoermittlung sowie zur Einführung des Risikomanagements in Hochschulen.

574 Internationale Bank für Zahlungsausgleich Basel.

575 Bundesaufsichtsamt für das Finanzwesen.

576 Beckerhoff, Dirk u.a. (1980): Hochschulfinanzierung auf der Grundlage leistungsorientierter Kennziffern, herausgegeben durch den Bundesminister für Bildung und Wissenschaft, Bonn, Seite 163-164.

577 Darunter ein Bundesland nur für Fachhochschulen: Leszczensky, Michael/Orr, Dominic (2004), a.a.O..

### 6.6.1. Anteil der indikatorgestützten Mittelverteilung nach Bundesländern

In der unten stehenden Abbildung sind die Anteile der indikatorgestützten Mittelverteilung für Universitäten in den 10 Bundesländern mit einer solchen Regelung dargestellt. Dabei wird deutlich, dass die Spannweite des derart verteilten Budgetanteils stark variiert und in der Spitze bei drei Bundesländern bis zu 95 Prozent erreicht. Es ist nochmals zu unterscheiden, dass ein Teil der Indikatoren auch ex ante Sollzahlen der Hochschulplanung in die variable Mittelverteilung einschließt. Nur das Bundesland Rheinland-Pfalz erreicht den variablen Budgetanteil von 95 v.H. allein mit der Mittelverteilung ex post durch die Stützung auf tatsächlich erreichte Leistungskennzahlen. Wie in der folgenden Abbildung sichtbar, ergibt sich für die Fachhochschulen ein ähnliches Bild mit hoher Spannweite der variablen Budgetanteile und einer weiterhin notwendigen Unterscheidung zwischen ex ante- und ex post-Indikatoren.

Abbildung 43: Budgetanteile indikatorgestützter Mittelverteilung für Universitäten in 10 Bundesländern

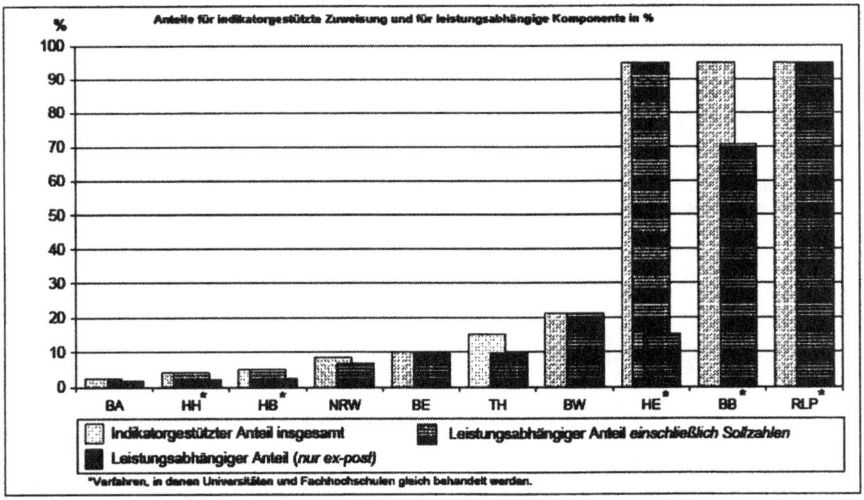


*Quelle: Leszczensky, Michael/Orr, Dominic (2004): Staatliche Hochschulfinanzierung durch indikatorgestützte Mittelverteilung, Dokumentation und Analyse der Verfahren in 11 Bundesländern, HIS Kurzinformation Nr.A2/2004, März 2004, Hannover, Seite 46.*

### 6.6.2. Anteil der indikatorgestützten Mittelverteilung nach Deckelungsregelungen

Weiterhin ist zu differenzieren nach der in vielen Modellen der Bundesländer vorhandenen *Deckelung* der maximalen Budgetänderung. Diese führt dazu, dass zwar im Modell bis zu 95 Prozent des Budgets variabel ermittelt werden, der tatsächliche maximal variable Anteil der Budgets aber weit dahinter zurückbleibt. Nach dieser Betrachtung bleibt weiterhin Rheinland-Pfalz das Bundesland mit dem höchsten variablen Anteil von knapp über 20 Prozent nach der Berücksichtigung der Deckelung der maximalen Budgetänderung. Vor dem Hintergrund der dargestellten variablen Budgetanteile sowie der vorgesehenen Deckelung erscheinen folgende Bundesländern als vorteilhaft für ein modellhaftes Beispiel für die Risikomessung mit einer Value-at-Risk-Berechnung: Rheinland-Pfalz, Hessen und Baden-Württemberg. Hier ist insbesondere von großem Forschungsinteresse, dass Hessen sich auf die Nutzung von ex ante Planungszahlen stützt, was die Informationsverarbeitung in der Modellrechnung vereinfachen dürfte. Mit der Betrachtung Baden-Württembergs hingegen lässt sich ein Vergleich bezüglich der Risikoposition ziehen, da hier der variable Budgetanteil deutlich geringer ist.

Abbildung 44: Budgetanteile indikatorgestützter Mittelverteilung für Fachhochschulen in 11 Bundesländern

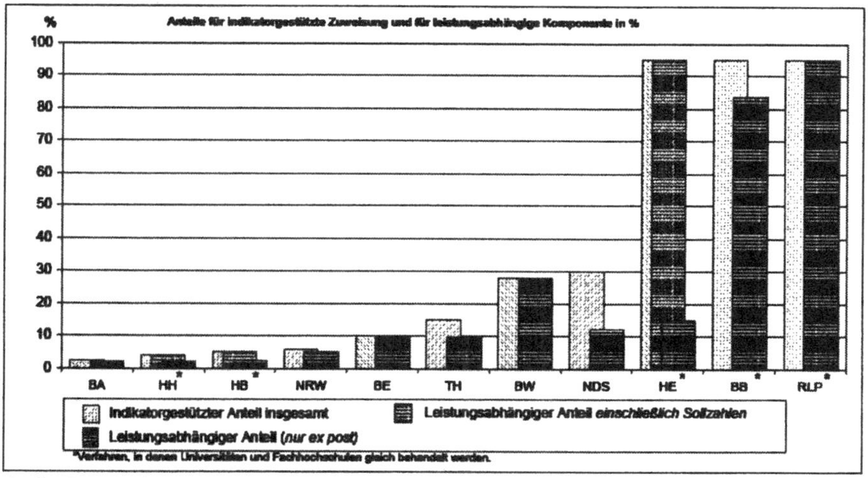


*Quelle: Leszczensky, Michael/Orr, Dominic (2004): Staatliche Hochschulfinanzierung durch indikatorgestützte Mittelverteilung, Dokumentation und Analyse der Verfahren in 11 Bundesländern, HIS Kurzinformation Nr. A2/2004, März 2004, Hannover, Seite 47.*

### 6.6.3. Unterschiedliche Konstruktionen der Indikatorbemessung

Grundsätzlich sind zwei Merkmale in der Konstruktion der Indikatormodelle zu berücksichtigen: Die Bezugsgröße der Berechnung und die Budgetvariabilität.

- Für die *Bezugsgröße* kommen die beiden Möglichkeiten des Niveaubezugs und des Differenzbezugs in Frage. Während beim Niveaubezug absolute Angaben eines Betrachtungszeitraums herangezogen werden, stehen beim Differenzbezug die Größe der Änderung eines Merkmals im Betrachtungszeitraum[578] in der Betrachtung.
- Für die *Budgetvariabilität* ist zu fragen, inwieweit die Budgetmittel auf Landesebene fixiert sind: Sind die Indikatoren an Wert- bzw. Preisgrößen gekoppelt, so kann das Landesbudget für die Hochschulen nach dieser Maßgabe nach Ausprägung der Indikatoren von Jahr zu Jahr schwanken[579]. Dies wird als Preismodell bezeichnet. Demgegenüber sieht das Verteilungsmodell eine Verteilung eines zuvor genau fixierten Budgets über die Ausprägung der definierten Indikatoren je Hochschule vor. Damit bleibt der Wert oder Preis einer Einheit des definierten Indikators unbestimmt und kann je nach der Änderung der Gesamtleistung aller Hochschulen in Bezug auf einen Indikator schwanken[580].

578 Dies kann beispielsweise das Vorjahr oder auch ein festes Bezugsjahr sein.

579 Auch wenn durch Kappungsgrenzen etc. wie zuvor genannt dem Grenzen gesetzt sind. Aber grundsätzlich gilt die haushaltsrechtlich bedeutsame Feststellung, dass a priori keine genaue Wertangabe zum betroffenen Budgettitel gemacht werden kann. Allerdings ist zu berücksichtigen, dass dies auch für andere Haushaltspositionen wie beispielsweise Bauvorhaben gelten mag.

580 Geht also die Gesamtleistung aller Hochschulen zurück, steigt der Wert oder Preis jeder Einheit des Indikators, steigt die Gesamtleistung, so sinkt der Wert oder Preis jeder Indikatoreinheit. Damit verbleibt die Planungsunsicherheit im Wesentlichen bei den Hochschulen.

In der Kombination dieser beiden Einteilungsmerkmale ergibt sich die Möglichkeit zu vier verschiedenen Indikatormodellen. Die nachfolgende Übersicht zeigt eine Einteilung der Systeme in den 11 Bundesländern, welche ein Indikatormodell nutzen.

Abbildung 45: Deckelung der Budgetanteile indikatorgestützter Mittelverteilung für Universitäten und Fachhochschulen in 11 Bundesländern

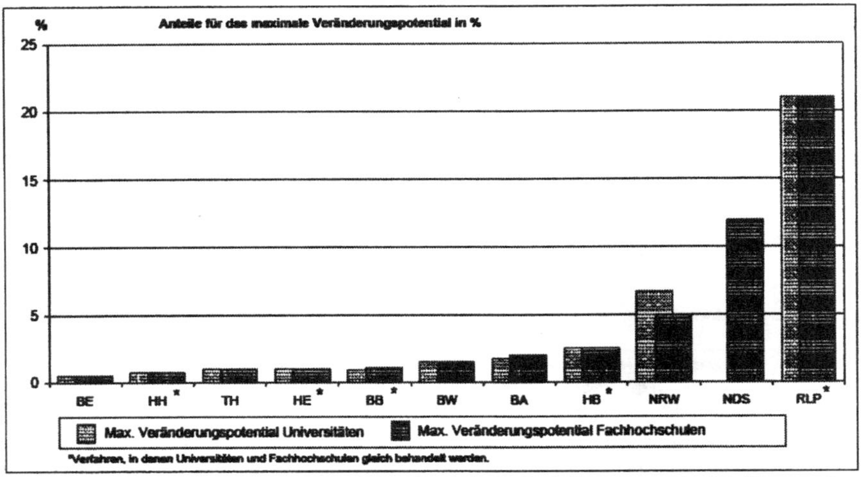


*Quelle: Leszczensky, Michael/Orr, Dominic (2004): Staatliche Hochschulfinanzierung durch indikatorgestützte Mittelverteilung, Dokumentation und Analyse der Verfahren in 11 Bundesländern, HIS Kurzinformation Nr. A2/2004, März 2004, Hannover, Seite 49.*

Tabelle 47: Einteilung der Indikatormodelle nach Merkmalen in den Bundesländern

| | **Niveaubezug** | **Differenzbezug** |
|---|---|---|
| **Preismodell** | Hessen, Rheinland-Pfalz (Personal) | Baden-Württemberg (Anreizteil) |
| **Verteilungsmodell** | Baden-Württemberg (Volumenteil), Bayern, Berlin[581], Brandenburg, Nordrhein-Westfalen, Rheinland-Pfalz (Mittelbemessungsmodell), Thüringen (2003) | Bremen, Hamburg, Thüringen (ab 2004) |

Quelle: Nach Leszczensky, Michael/Orr, Dominic (2004): Staatliche Hochschulfinanzierung durch indikatorgestützte Mittelverteilung, Dokumentation und Analyse der Verfahren in 11 Bundesländern, HIS Kurzinformation Nr. A2/2004, März 2004, Hannover, Seite 73.

581 Für Forschung an Universitäten.

# 7. Empirische Ergebnisse in australischen und deutschsprachigen Hochschulen

## 7.1. Rahmendaten der empirischen Erhebung

Die theoretischen Überlegungen des vorangegangenen Abschnitts werden durch die nachfolgend beschriebenen Ergebnisse einer empirischen Interviewerhebung unter Führungskräften an Hochschulen in Australien, Deutschland, Österreich und der Schweiz ergänzt. Dieser Befragung liegen verschiedene *Forschungsthesen* und Antwortbereiche allgemein zum *Hochschulmanagement* zu Grunde, welche in gesonderten Publikationen erläutert sind.[582] Hier werden die Auswertungen des Befragungsbereiches V zum Risikomanagement vorgestellt.
Die beiden *Hauptthemenbereiche* der Untersuchung drehen sich um die Entwicklung eines *zunehmenden Wettbewerbs* zwischen den Hochschulen und den daraus erwachsenden Themenfeldern für die Hochschulführung, insbesondere zum *Risikomanagement*, zum *Risikobewusstsein* und zur *Notwendigkeit der Risikomessung*. In den Interviews wurde unter anderem gefragt nach

- einem allgemeinen Risikobewusstsein in der Hochschuleinrichtung,
- der Notwendigkeit von Methoden zur Risikomessung,
- dem Risikobewusstsein der (staatlichen) Trägereinrichtungen sowie
- der Erwartung einer aufsichtsrechtlich vorgeschriebenen Risikoprüfung.[583]

Der verwendete Interviewfragebogen verwendet in der Mehrzahl geschlossene Fragestellungen. Die Antworten wurden auf einer elfstufigen Likert-Skala zur Angabe der Zustimmung zu den Aussagen – als Abwandlung beziehungsweise Ausfluss der Forschungsthesen – gemessen. Zusätzlich wurden die Interviewpartner gebeten, in offenen Fragen jeweils drei konkrete Aufgaben, Themen und Risiken für die Zukunft ihrer Hochschuleinrichtung anzugeben. Diese Kombination geschlossener und offener Fragen hatte einerseits quantifizierte Antworten von hohem Standardisierungsgrad zur Folge, welche somit leichter zwischen verschiedenen Ländern verglichen werden konnten und wobei Sprachunterschiede naturgemäß weniger eine Rolle spielen.
Auf der anderen Seite wurde durch die offenen Fragen sowie weitere Bemerkungen in der Interviewsituation eine spezifische Erfassung komplexer Aussagen mit geringem Standardisierungsgrad möglich. Dies wurde gerade der sehr spezifischen und individuellen Situation jeder einzelnen Hochschule gerecht. Das *Untersuchungsinstrument* bewegt sich *methodisch* zwischen den statistischen *'Reinformen'* eines Fallstudieninterviews (qualitativ) und einer empirischen Befragung (quantitativ) zum Beispiel durch den Versand schriftlicher Fragebögen.[584] Diese *Mittelposition* (standardisiertes Interview) verbindet die Vorteile der beiden genannten Erhebungsverfahren, muss dafür aber Einschränkungen in der Aussagekraft hin-

582 Klumpp, Matthias/Lenk, Thomas (2004): New Public Management am Beispiel der Hochschulen in Österreich und der Schweiz, Arbeitspapier Nr. 30 des Instituts für Finanzen, Finanzwissenschaft der Universität Leipzig, Leipzig; Klumpp, Matthias/Lenk, Thomas (2003): Description and Measurement of Competition in Higher Education Markets - the Example of Australia, Discussion Paper No. 28 of the Institute for Finance, Public Finance at the University of Leipzig, Leipzig.

583 Der gesamte Fragebogen zum Hochschulmanagement ist im Anhang 1 einzusehen. In Anhang 2 ist die Übersicht der befragten Hochschulen mit der Einteilung der nachfolgend vorgestellten Personengruppen aufgeführt.

584 Vergleiche beispielsweise: Assenmacher, Walter (2003): Deskriptive Statistik, Berlin/Heidelberg/New York; Atteslander, Peter (2003): Methoden der empirischen Sozialforschung, 10. Auflage, Berlin/New York; Buttler, Günter/Fickel, Norman (2002): Statistik mit Stichproben, Reinbek; Diekmann, Andreas (2004): Empirische Sozialforschung – Grundlagen, Methoden, Anwendungen, 12. Auflage, Reinbek; Schnell, Rainer/Hill, Paul B./Esser, Elke (1999): Methoden der empirischen Sozialforschung, 6. Auflage, München/Wien;Zöfel, Andreas (2003): Statistik für Wirtschaftswissenschaftler, München.

nehmen.[585] Allerdings wurde diese Untersuchungsform gewählt, da in der Situation der Hochschulen und der Forschung zum Hochschulmanagement die *vielversprechendsten Ergebnisse zu erwarten* waren. Diese Einschätzung hat sich im Verlauf der Untersuchung bestätigt. Die nachfolgende Übersicht verdeutlicht die Positionierung mit den Vor- und Nachteilen der Aussagen zu den möglichen Methoden und der gewählten Untersuchungsmethodik.

Tabelle 48: Bewertung der verwendeten Erhebungsmethodik

| | Fallstudieninterview (qualitativ) | standardisiertes Interview | empirische Befragung (quantitativ) |
|---|---|---|---|
| 1. Fallzahl | Gering<br>(typischerweise nur Einzelfälle, ca. 1-2)[586] | Mittel<br>(zwischen ca. 3 und 30 je Aussagegruppe) | Hoch<br>(> 30 je Aussagegruppe, für Kausalanalysen höhere Anzahl) |
| **1.1. Aussagebreite** | **Gering** | **Mittel** | **Hoch** |
| 2. Befragungsumfang | Hoch<br>(typischerweise überwiegend offene Fragen und individuelle Beschreibungsaussagen) | Mittel<br>(Mischung offener und geschlossener Fragestellungen) | Gering<br>(typischerweise fast nur geschlossene Fragen) |
| **2.1. Aussagetiefe** | **Hoch** | **Mittel** | **Gering** |
| 3. Standardisierung | Gering | Mittel | Hoch |
| **3.1. Vergleichbarkeit** | **Gering** | **Mittel** | **Hoch** |
| 4. Kontrollqualität | Hoch<br>(typischerweise überwiegend offene Fragen und individuelle Beschreibungsaussagen) | Mittel<br>(Mischung offener und geschlossener Fragestellungen) | Gering<br>(typischerweise fast nur geschlossene Fragen) |
| **4.1. Aussagequalität** | **Hoch** | **Mittel** | **Gering** |

*Quelle: Eigene Darstellung.*

Wie in der obenstehenden Tabelle ersichtlich, wären mit *einer anderen Methodenauswahl* zur Befragung beziehungsweise Stichprobe *Nachteile verbunden gewesen*: Auf der einen Seite in Bezug auf eine ungenügende Aussagebreite und eine geringe Vergleichbarkeit im Fall einer tiefgreifenden Fallstudie und auf der anderen Seite eine ungenügende Aussagetiefe sowie eine geringe Kontrolle und damit Sicherheit in der Aussagequalität[587] im Fall einer umfangreichen schriftlichen Befragung. Damit stellt die gewählte Untersuchungsmethode einen angezeigten Mittelweg dar, der allerdings dafür in der Bewertung der vier Kriterien auch keine Spitzenwerte ausweist. Dies bedeutet, dass beispielsweise keine hochverlässlichen statistischen Aussagen in der quantitativen Auswertung gemacht werden können, da die Fallzahl der Stichprobe relativ gering ist. Die *allgemeinen Aussagen* zum Hochschulmanagement sowie die geschlossenen Fragen zum Risikomanagement wurden mit der Beschreibung der Rahmendaten der Untersuchung (Untersuchungshypothesen, Untersuchungsinstrument, Grundgesamtheit und Stichprobe, Validitätsbewertung und Literaturvergleich der Untersuchungshypothesen)

585 Die quantitativen Aussagen beispielsweise zu Korrelationen sind bei der vorliegenden geringen Sichtprobengröße nur mit allergrößter Vorsicht zu verwenden. Sie haben hier eher den Charakter von begründeten „Anfangsvermutungen" und sollten als Grundlage für weitere Untersuchungen verwendet werden. Hierauf wird im Text auch mehrfach verwiesen werden.

586 Vergleiche Knieper, Thomas (1993): Auswahlverfahren, in: Knieper, Thomas (Hrsg.) (1993): Statistik, München, Seite 51.

587 Bei einer schriftlichen Befragung mit größerem Stichprobenumfang wäre die Erhebungssituation vollkommen unkontrolliert gewesen. Beispielsweise wäre nicht klar, von welcher Person jeweils genau dieser ausgefüllt wird oder wie verschiedene Aussagen verstanden werden beziehungsweise ob Unklarheiten in der Fragestellung bestehen.

gesondert veröffentlicht.[588] An dieser Stelle werden nur die hier relevanten Ergebnisse zur *Fragestellung des Risikomanagements* erstmals veröffentlicht sowie ein *erster Vergleich* der verschiedenen Befragungsländer durchgeführt. Es sind insgesamt 405 Hochschulen in den vier untersuchten Ländern zu verzeichnen, davon 325 in Deutschland, 38 in Australien, 23 in der Schweiz und 29 in Österreich. Daraus wurden 24 Hochschulen als *Stichprobe* für die Interviews ausgewählt. Wie nachfolgend gezeigt wurden die geplanten 24 Hochschulen auch tatsächlich in Interviews befragt.

Abbildung 46: Darstellung der Relationen Grundgesamtheit, Stichprobe und Rücklauf nach der Anzahl der Hochschulen

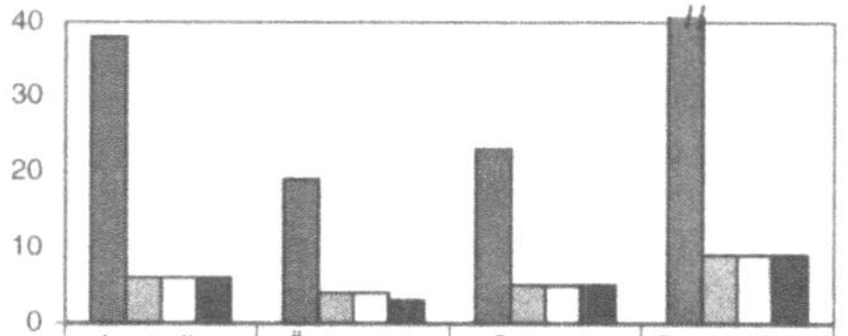


| | Australien | Österreich | Schweiz | Deutschland |
|---|---|---|---|---|
| Hochschulen | 38 | 19 | 23 | 325 |
| Stichprobe | 6 | 4 | 5 | 9 |
| Plan | 6 | 4 | 5 | 9 |
| Ist | 6 | 3 | 5 | 9 |

*Quelle: Eigene Darstellung.*

Abbildung 47: Darstellung der Relationen Grundgesamtheit, Stichprobe und Rücklauf nach der Personenanzahl

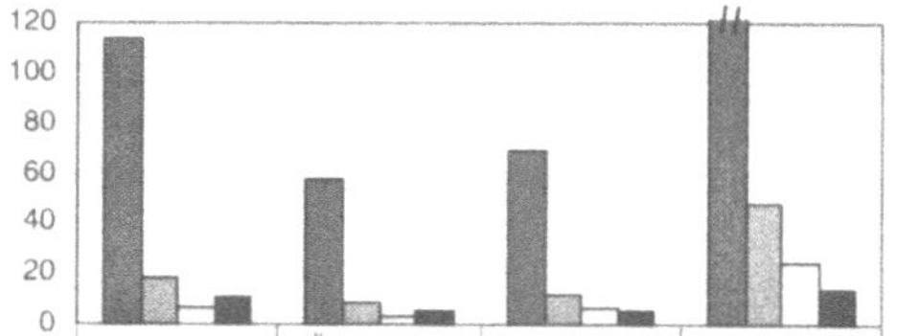


| | Australien | Österreich | Schweiz | Deutschland |
|---|---|---|---|---|
| Pers.-Gruppen | 114 | 57 | 69 | 975 |
| Stichprobe | 18 | 9 | 12 | 48 |
| Plan | 6 | 3 | 6 | 24 |
| Ist | 11 | 5 | 5 | 14 |

*Quelle: Eigene Darstellung.*

588 Klumpp, Matthias (2005a): Hochschulmanagement in Deutschland, Campus Sapiens Paper No 1, Essen/Leipzig.; Klumpp, Matthias/Lenk, Thomas (2004), a.a.O.; Klumpp, Matthias/Lenk, Thomas (2003), a.a.O.

Die obenstehende Abbildung zeigt im Vergleich der vier Erhebungsgebiete den Umfang der Stichprobe, den erwarteten und erzielten Response als Reaktion auf die Mailanfragen der Stichprobe zum Interview.[589]
Ausgangsgröße als definierte Grundgesamtheit ist die dreifache Anzahl der Hochschulen (Personen-Gruppen), da in jeder Hochschule drei Repräsentanten der drei vertretenen Gruppen befragt werden sollten: Je ein Mitglieder der *Hochschulleitung*, der *Hochschulverwaltung* sowie ein *Mitglied der Professorenschaft*.

Daraus ergibt sich die Anzahl der in der ausgewählten Stichprobe von Hochschulen repräsentierten Personen durch die Multiplikation mit dem Faktor drei: Insgesamt könnten in der Stichprobe 77 Personen befragt werden.

Da eine Ausschöpfung der Stichprobe in Bezug auf jeweils drei Personen derselben Hochschule als unrealistisch erschien, wurde unter der Kategorie 'Plan' angenommen, dass durchschnittlich eine Person je Hochschule an der Befragung teilnimmt. Dies hätte 39 Interviews bedeutet. Tatsächlich ('Ist') wurden 35 Interviews realisiert, was einer *guten Prognose* des erwarteten Antwortverhaltens entspricht (Abweichung von etwa 10%).

Sichtbar sind dabei *signifikante* Unterschiede in den *Antwortraten* der *deutschsprachigen* Interviewgebiete bzw. der europäischen Gebiete Österreich, Schweiz und Deutschland. Dies könnte als Anfangsvermutung in eine *Hypothese einer geringeren Sensibilität* für das Hochschulmanagement in den genannten Ländern gegenüber Australien münden. Dies wiederum würde mit einer Hypothese korrespondieren, dass diese Sensibilität für den Themenbereich Hochschulmanagement in Verbindung mit dem Wettbewerb steht, und zwar in einer positiv-linearen Korrelation.[590]

## 7.2. Ergebnisse für Australien

Die nachfolgende Übersicht stellt die *spezifisch australische Wahrnehmung* im Rahmen der offenen Fragestellung zur *Nennung einzelner Risiken* für die Hochschuleinrichtung dar. Die freien Aussagen wurden durch *Kategorisierung* mit ähnlichen Aussagen zusammengeführt und in zwei Oberkategorien (Finanzierung und Investition[591]) und 10 Untergruppen eingeteilt.

---

589 Die Antwortraten sind nicht mit den üblichen Rücklaufquoten beispielsweise bei schriftlichen Befragungen zu vergleichen, da hier besondere Faktoren eine Rolle spielen wie etwa die Terminvereinbarung für ein Interviewgespräch. Dabei gab es mehrfach Fälle, in denen eigentlichen eine Antwortbereitschaft vorlag, jedoch aus praktischen Gründen kein gemeinsamer Termin koordiniert werden konnte. Dennoch ist in deutlich engeren Grenzen als bei schriftlichen Befragungen eine Interpretation der Antwortraten auch in diesem Fall möglich.

590 Dabei meint *positiv*, dass bei steigender subjektiv wahrgenommener Wettbewerbsintensität das Interesse am Thema Hochschulmanagement steigt (und nicht fällt) und *linear*, dass diese Veränderung proportional in verschiedenen Zuständen mit dem gleichen 'Umrechnungsfaktor' zunimmt (und nicht beispielsweise zu verschiedenen Zeitpunkten oder in verschiedenen Stadien einer Zunahme des Wettbewerbs mit unterschiedlichen Veränderungsraten in der Veränderung des Interesses am Thema Hochschulmanagement). Eine ähnliche Clusterbildung ist auch bei einzelnen Hochschulen zu beobachten, die durch eine institutionell höhere Aufmerksamkeit hervortreten.

591 Die Kategorien können auch als 'Mittelherkunft' und 'Mittelverwendung' interpretiert werden. Diese Unterscheidung wurde unter der besonderen Berücksichtigung der Fokussierung auf die Finanz- bzw. Einkommensrisiken vorgenommen, bezieht sich jedoch ausdrücklich auf die Originaltexte; gleichwohl können mit den gleichen Interviewaussagen auch andere Kategorisierungen gebildet werden.

Die ursprünglichen Originalaussagen sind in der untersten Ebene in der Originalsprache Englisch enthalten, damit die Zuordnung und die Aussagen nachvollziehbar bleiben. Die Angaben beziehen sich jeweils auf 100 v.H. der nächsthöheren Ebene und kennzeichnen die *absoluten Fallzahlen* der Nennungen in Bezug auf die gebildeten Kategorien.

Zu erkennen ist in der Verteilung der Oberkategorien, dass nahezu *zwei Drittel der Risikonennungen in den Bereich der Finanzierung* fallen. Die Hochschulen ordnen also den *Schwerpunkt der Risiken* im Bereich der Einkommensrisiken ein. Die *Mittelbeschaffung* erscheint als die schwierigere Aufgabe im Vergleich zur Investition, zur Verwendung der Mittel und Sicherstellung einer sachorientierten Sicherheit.

Abbildung 48: Kategorisierte Darstellung der genannten Risiken für Hochschulen in Australien

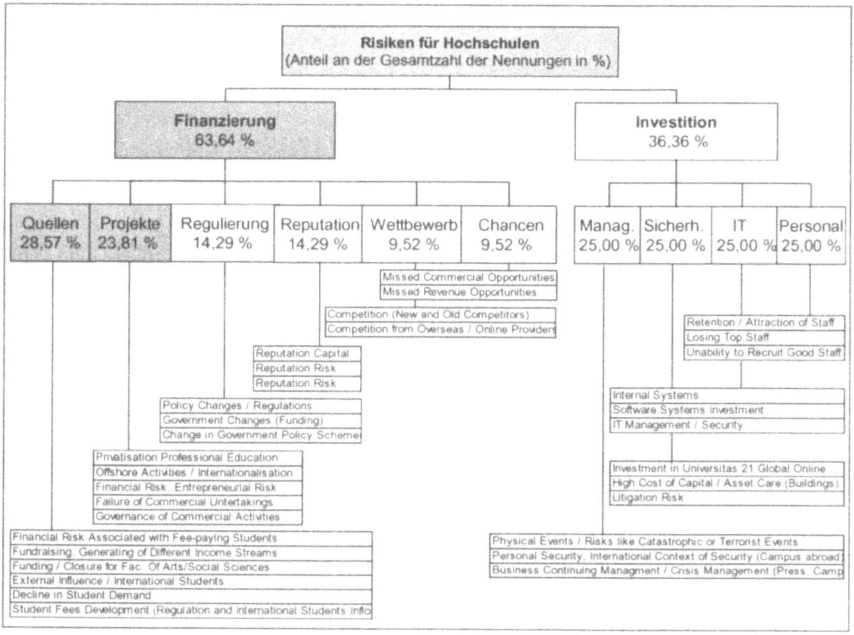


*Quelle: Eigene Darstellung.*

## 7.3. Ergebnisse für Österreich und die Schweiz

Es sind nachfolgend die *natürlichsprachlichen Aussagen* zur Risikowahrnehmung in Österreich und der Schweiz abgebildet. Im Vergleich zu Australien sind *weniger managementorientierte* Themen vorzufinden.

Abbildung 49: Kategorisierte Darstellung der genannten Risiken für Hochschulen in Österreich und der Schweiz

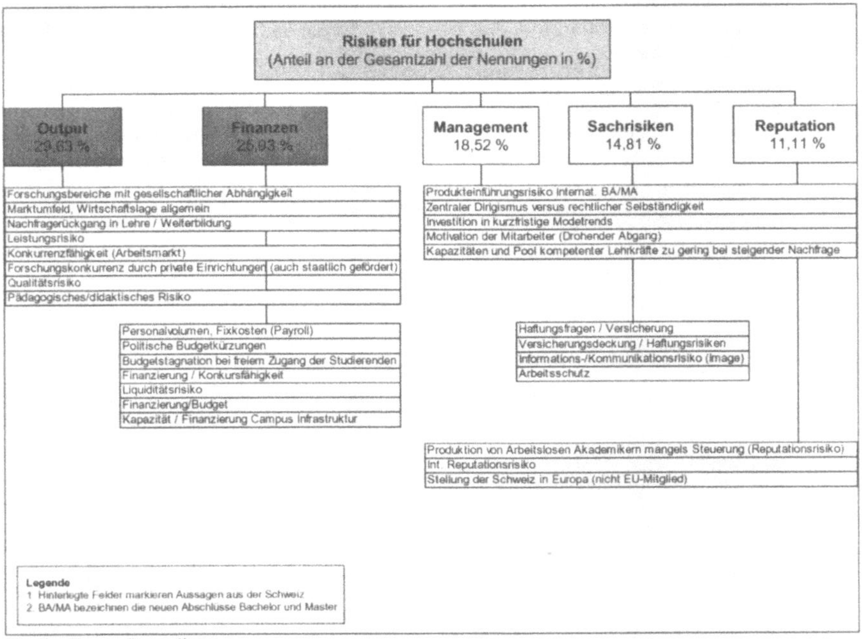


*Quelle: Eigene Darstellung.*

## 7.4. Ergebnisse für Deutschland

Nachstehend sind die natürlichsprachlichen Aussagen zur Risikowahrnehmung an Hochschulen in Deutschland abgebildet.

Hierbei sind *nur etwa ein Drittel* der offenen Antworten zu möglichen Risiken der Hochschule *den Finanzen zuzuordnen*, währen sich jeweils 35 vom Hundert aller Nennungen mit externen Vorgaben sowie internen Umsetzungsrisiken in den Bereichen Qualität, Organisation und Personal beschäftigen.

Generell kann aber abgelesen werden, dass *erstens* quantitativ *viele* Nennungen vorlagen und *zweitens* ein *spezifisches Bewusstsein* für mögliche Risiken vorhanden zu sein scheint.

Abbildung 50: Kategorisierte Darstellung der ungestützt genannten Risiken für Hochschulen in Deutschland

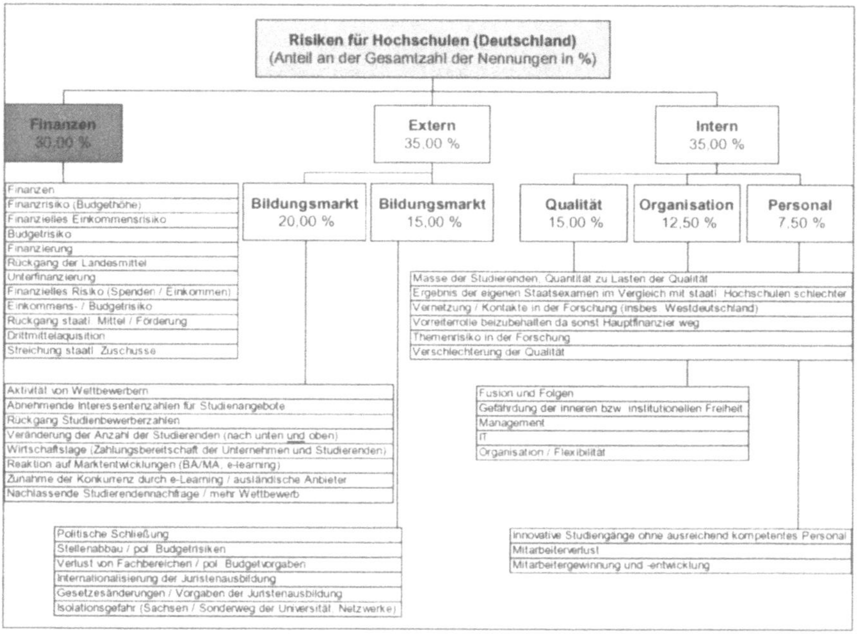


*Quelle: Eigene Darstellung*

## 7.5. Vergleich der Risikowahrnehmung in den untersuchten Ländern

Der internationale Vergleich zwischen den Aussagen der interviewten Personen in den Hochschulen orientiert sich an den vorab aufgestellten Untersuchungsthesen, welche sich in der folgenden Übersicht in die beiden Kategorien der *abhängigen* und *unabhängigen* Variablen unterteilen lassen.

Die Erhebung diente dem Versuch, den Einfluss der *unabhängigen* Kontextvariablen auf den *abhängigen* Bereich der Konstrukte in Bezug auf das Risikomanagement in Hochschulen aufzuzeigen.

Abbildung 51: Erhebungsthesen zur Risikowahrnehmung

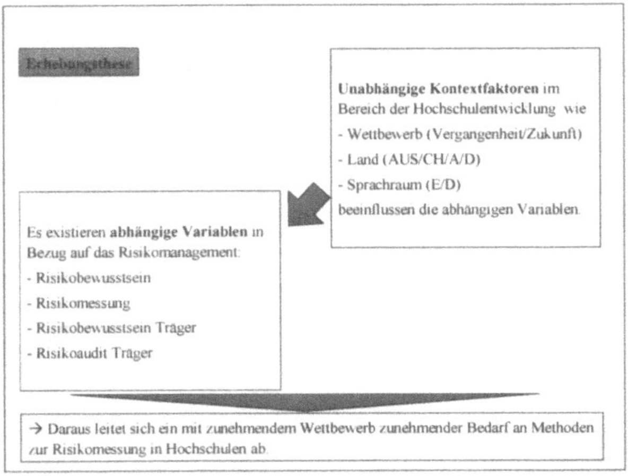


*Quelle: Eigene Darstellung.*

Die nachfolgend dargestellten Korrelationsaussagen aus der Auswertung der Interviewerhebung sind auf Grund der geringen Stichprobenanzahl sowohl insgesamt (35) als auch die noch geringeren Stichprobengrößen für die einzelnen Länder mit einer *sehr geringen statistischen Sicherheit* versehen.

Die gemessenen Werte stellen also *allerhöchstens* eine begründete Anfangsvermutung als *Grundlage weiterer empirischer Erhebungen* dar. Hervorhebenswerte[592] statistische Zusammenhänge zeigen sich in Bezug auf die Punkte:

- Es besteht eine *positive Korrelation* zwischen dem wahrgenommenen Wettbewerb in der *Vergangenheit* und dem wahrgenommenen Wettbewerb in der *Zukunft*.
- Es besteht eine *positive Korrelation* zwischen dem wahrgenommenen Wettbewerb in der *Zukunft* und dem wahrgenommenen bzw. erwarteten *Risikobewusstsein beim Hochschulträger*. Hiermit werden vermutlich aus einem erwarteten Wettbewerbskontext erhöhte Sensibilitätserwartungen an den Hochschulträger ausgedrückt. Bedeutend ist hier, dass der erwartete Wettbewerb in der Zukunft aber im Gegensatz zu dieser Erwartung keine Risikowahrnehmung in der Hochschule selbst oder einen Bedarf zur Risikoermittlung in der Hochschule auslöst.
- Es ist eine logisch ableitbare *positive Korrelation* zwischen dem *wahrgenommenen Risikobewusstsein* beim Hochschulträger mit einem *erwarteten Risikoaudit* durch den Hochschulträger vorhanden.

592 Hier werden nur die auf einem Konfidenzniveau von 0,01 oder 99% ermittelten Korrelationen angeführt. Die ebenfalls markierten Korrelationen mit einem Konfidenzniveau von 0,05 oder 95% wären für eine weitere Diskussion ebenfalls interessant. Nicht erwähnt wird auch der Zusammenhang von Landescode und Sprachraumcode, da dieser den definierten Variablen inhärent ist und keine inhaltliche Aussage darstellt.

Tabelle 49: Korrelationen der Risikowahrnehmung mit ausgewählten Kontextfaktoren[593]

| | | Wettbewerb Vergangenheit | Wettbewerb Zukunft | Risikobewusstsein in der Hochschule | Bedarf Risikomessung | Risikobewusstsein bei Trägern | Anforderung Risikoaudit durch Träger |
|---|---|---|---|---|---|---|---|
| Wettbewerb Vergangenheit | *Korrelation nach Pearson* | 1 | 0,553** | 0,253 | 0,315 | 0,148 | 0,185 |
| | *Signifikanz (2-seitig)* | | 0,001 | 0,143 | 0,066 | 0,397 | 0,287 |
| Wettbewerb Zukunft | *Korrelation nach Pearson* | 0,553** | 1 | -0,106 | 0,261 | 0,437** | 0,296 |
| | *Signifikanz (2-seitig)* | 0,001 | | 0,545 | 0,131 | 0,009 | 0,085 |
| Risikobewusstsein in der Hochschule | *Korrelation nach Pearson* | 0,253 | -0,106 | 1 | 0,134 | 0,016 | 0,082 |
| | *Signifikanz (2-seitig)* | 0,143 | 0,545 | | 0,442 | 0,928 | 0,638 |
| Bedarf Risikomessung | *Korrelation nach Pearson* | 0,315 | 0,261 | 0,134 | 1 | 0,411* | 0,451** |
| | *Signifikanz (2-seitig)* | 0,066 | 0,131 | 0,442 | | 0,014 | 0,007 |
| Risikobewusstsein bei Trägern | *Korrelation nach Pearson* | 0,148 | 0,437** | 0,016 | 0,411* | 1 | 0,471** |
| | *Signifikanz (2-seitig)* | 0,397 | 0,009 | 0,928 | 0,014 | | 0,004 |
| Anforderung Risikoaudit durch Träger | *Korrelation nach Pearson* | 0,185 | 0,296 | 0,082 | 0,451** | 0,471** | 1 |
| | *Signifikanz (2-seitig)* | 0,287 | 0,085 | 0,638 | 0,007 | 0,004 | |

** Die Korrelation ist auf dem Niveau von 0,01 (2-seitig) signifikant.
* Die Korrelation ist auf dem Niveau von 0,05 (2-seitig) signifikant.

*Quelle: Eigene Berechnungen.*

Es ist die ebenso augenscheinliche *positive Korrelation* zwischen der in der Hochschule notwendigen Risikomessung und der Anforderung des Hochschulträgers nach einem Risikoaudit nachweisbar.

Dieser Zusammenhang ist insofern zwingend, als dass ein vorgeschriebenes Risikoaudit des Hochschulträgers vermutlich auf die interne Risikoermittlung in der Hochschule angewiesen sein wird.

593 In die Tabelle wurden die Korrelationsberechnungen von SPSS übernommen. Lediglich die Angabe der gültigen Fallzahlen ('N') wurde in jeder Auswertungszeile entfernt, da diese immer 35 beträgt (alle Antworten).

Tabelle 50: Kreuztabelle Sprachraumcode mit Risikobewusstsein

| | | Sprachraumcode | | Gesamt |
|---|---|---|---|---|
| | Wert | Australien / englischsprachig | Deutschland, Österreich, Schweiz / deutschsprachig | |
| Risikobewusstsein in der Hochschule | 0 | | | |
| | 1 | | 2 | 2 |
| | 2 | | | |
| | 3 | | 1 | 1 |
| | 4 | | 1 | 1 |
| | 5 | | 5 | 5 |
| | 6 | 2 | 1 | 3 |
| | 7 | 1 | 2 | 3 |
| | 8 | 2 | 6 | 8 |
| | 9 | 2 | 2 | 4 |
| | 10 | 4 | 4 | 8 |
| *Gesamt* | | *11* | *24* | *35* |

*Quelle: Eigene Berechnungen.*

Tabelle 51: Kreuztabelle Sprachraumcode mit Bedarf Risikomessung

| | | Sprachraumcode | | Gesamt |
|---|---|---|---|---|
| | Wert | Australien / englischsprachig | Deutschland, Österreich, Schweiz / deutschsprachig | |
| Bedarf Risikomessung | 0 | | 1 | 1 |
| | 1 | | 1 | 1 |
| | 2 | | 1 | 1 |
| | 3 | | 2 | 2 |
| | 4 | 1 | 1 | 2 |
| | 5 | | 5 | 5 |
| | 6 | 1 | 2 | 3 |
| | 7 | | 5 | 5 |
| | 8 | | 1 | 1 |
| | 9 | 4 | | 4 |
| | 10 | 5 | 5 | 10 |
| *Gesamt* | | *11* | *24* | *35* |

*Quelle: Eigene Berechnungen.*

Zusätzlich zu diesen Korrelationsaussagen wurden mit Hilfe von Kreuztabellen die Zusammenhänge der Fragen zum Risikobewusstsein, zur Risikomessung sowie zum Risikoaudit mit der neu gebildeten Kategorie ´Sprachraumcode´ getestet.[594]

Dabei ergab sich folgende hervorhebenswerte These:

- Es besteht ein vermutbarer Zusammenhang zwischen dem *Sprachraum* auf der einen und einem *Risikobewusstsein* sowie einem *Bedarf zur Risikomessung* auf der anderen Seite. Tendenziell liegt im englischen Sprachraum ein höheres Risikobewusstsein sowie höhe-

594 Australien wurde dem Sprachraumcode 1 (englisch), Deutschland, Österreich und die Schweiz dem Sprachraumcode 2 (deutsch) zugeordnet.

rer Bedarf für die Risikomessung in den Hochschulen vor beziehungsweise wird dort als höher wahrgenommen.

Zusammenfassend lässt sich also sagen, dass die Hochschulen zwar nicht unbedingt in Bezug auf die vorauseilende und selbstbezogene Wahrnehmung und Ermittlung von Risiken rational handeln, wohl aber in Bezug auf die *antizipierten Einflüsse des zunehmenden Wettbewerbs* auf die Risikowahrnehmung der Hochschulträger und die sich daraus ergebenden *operativen Risikomanagementanforderungen* an die Hochschule selbst. Damit hat sich also die *Erhebungsthese indirekt bestätigt.*

Abbildung 52: Korrelationsangaben zur Entwicklungsthese der Risikowahrnehmung

**Korrelationen**

| | | Risikobewusstsein in der Hochschule | Bedarf Risikomessung |
|---|---|---|---|
| Risikobewusstsein in der Hochschule | Korrelation nach Pearson | 1 | ,134 |
| | Signifikanz (2-seitig) | . | ,442 |
| | N | 35 | 35 |
| Bedarf Risikomessung | Korrelation nach Pearson | ,134 | 1 |
| | Signifikanz (2-seitig) | ,442 | . |
| | N | 35 | 35 |

**Modellzusammenfassung**

| | | | | | Änderungsstatistiken | | | | |
|---|---|---|---|---|---|---|---|---|---|
| Modell | R | R-Quadra | Korrigiertes R-Quadrat | Standardfehler des Schätzers | Änderung in R-Quadrat | Änderung in | df1 | df2 | Änderung in Signifikanz von F |
| 1 | ,134ᵃ | ,018 | -,012 | 2,93243 | ,018 | ,605 | 1 | 33 | ,442 |

a. Einflußvariablen : (Konstante), Risikobewusstsein in der Hochschule

*Quelle: Eigene Berechnungen.*

Diese Ergebnisse einer nicht signifikant nachweisbaren Korrelation von Risikobewusstsein und Risikomessung in der Hochschule können zusammengefasst werden unter der Aussage: *‚Hochschulen sind in Teilbereichen keine rationalen Unternehmen'.*

Damit verbinden sich die beiden folgenden nachgeordneten Aussagen:

- Die *rationale* Erwartung des Zusammenhangs von Risikobewusstsein und Bedarf an Risikomessung in Hochschulen ist nicht vorhanden.
- Vermutet wird die *Existenz anderer Einflussfaktoren* wie z.B. die Management-orientierung oder externe Vorgaben (Prüfung, Audit, Leistungsvereinbarungen), welche den Bedarf nach Risikomessung in der Hochschule anderweitig bestimmen.

Im Vergleich der geschlossenen Fragen der internationalen Forschungsbefragung ergibt sich ein interessantes Bild der *Bewertung des Risikomanagements* in der Hochschulleitung.

Tabelle 52: Vergleich der Angaben zu Einschätzungsfragen des Risikomanagements in der Hochschulleitung (Mittel)

| Jeweils Angabe des arithmetischen Mittelwertes je Aussage (Skala 0-10) | | Deutschsprachige Hochschulen | | | | Australien |
|---|---|---|---|---|---|---|
| | | Schweiz | Österreich | Deutschland | Mittel[595] | |
| Hochschule[596] | ‚Bewusstsein' - (5.1.a.)[597] | 6,0 | 6,4 | 7,4 | 6,6 | 8,5 |
| | 'Instrument' - (5.2.a.) | 5,8 | 7,0 | 5,7 | 6,2 | 8,7 |
| Träger | ‚Bewusstsein' - (5.3.a.) | 5,3 | 5,0 | 4,5 | 4,9 | 6,4 |
| | ‚Audit' - (5.3.b.) | 6,3 | 6,0 | 5,3 | 5,9 | 7,9 |
| Gesamt (arithmetischer Mittelwert)[598] | | 5,8 | 6,1 | 5,7 | 5,9 | 7,9 |

*Quelle: Klumpp, Matthias/Lenk, Thomas (2003): Description and Measurement of Competition in Higher Education Markets - the Example of Australia, Arbeitspapier Nr. 28 des Instituts für Finanzen, Finanzwissenschaft der Universität Leipzig, Leipzig, Seite 16 (Australien); eigene Berechnungen auf der Basis der erhobenen empirischen Werte.*

Da die erhobenen Daten nur ordinal skaliert sind, wird der Vollständigkeit halber auch der Zentralwert (Median) der entsprechenden Dimensionen angegeben, um zu zeigen dass der methodische Fehler in der Angabe der arithmetischen Mittelwerte *keinen* inhaltlichen Aussagefehler erzeugt. Insbesondere der Unterschied zwischen den Aussagewerten deutschsprachiger Hochschulen mit denen australischer Hochschulen lässt sich auch in dieser Auswertungsform konstant aufzeigen, da die Medianwerte der deutschsprachigen Hochschulen konstant unterhalb den Medianwerte der australischen Hochschulen liegen.

Tabelle 53: Vergleich der Angaben zu Einschätzungsfragen des Risikomanagements in der Hochschulleitung (Median)

| Jeweils Angabe des Zentralwertes (Medians) je Aussage (Skala 0-10) | | Deutschsprachige Hochschulen | | | | Australien |
|---|---|---|---|---|---|---|
| | | Schweiz | Österreich | Deutschland | Median DACH | |
| Hochschule[599] | ‚Bewusstsein' - (5.1.a.)[600] | 6 | 8 | 8 | 7 (8)* | 9 |
| | ‚Instrument' - (5.2.a.) | 7 | 7 | 5 (6)* | 6 | 9 |
| Träger | ‚Bewusstsein' - (5.3.a.) | 5 | 5 | 5 | 5 | 7 |
| | ‚Audit' - (5.3.b.) | 5 | 5 | 5 | 5 | 8 |

** In diesem Fall liegt ein gerades n an Fallzahlen vor und die beiden potenziellen Medianwerte unterscheiden sich um 1*

*Quelle: Eigene Berechnungen auf der Basis der erhobenen empirischen Werte.*

595 Hier werden die durchschnittlichen Zustimmungswerte der drei deutschsprachigen Untersuchungsbereiche zu einem ungewichteten arithmetischen Mittel aggregiert. Dies berücksichtigt also nicht die unterschiedlichen Stichprobengrößen und Antwortzahlen.

596 Die ersten beiden Einschätzungsfragen beziehen sich auf die Hochschule selbst; die letzten beiden Einschätzungsfragen dagegen haben die Einschätzung bezüglich der Risikowahrnehmung und -haltung der Trägereinrichtungen bzw. staatlicher Institutionen zum Gegenstand.

597 Die Angaben der Nummerierung beziehen sich auf die Gliederung des Fragebogens im Anhang.

598 Auf eine Gewichtung beispielsweise nach der Größe der betrachteten Länder oder der Anzahl der repräsentierten Hochschulen wurde hier verzichtet. Diese wäre jedoch in einer weiteren Analyse möglicherweise von Interesse.

599 Die ersten beiden Einschätzungsfragen beziehen sich auf die Hochschule selbst; die letzten beiden Einschätzungsfragen dagegen haben die Einschätzung bezüglich der Risikowahrnehmung und -haltung der Trägereinrichtungen bzw. staatlicher Institutionen zum Gegenstand.

600 Die Angaben der Nummerierung beziehen sich auf die Gliederung des Fragebogens im Anhang.

Aus den ermittelten Werten der Zustimmungsaussagen lassen sich unter anderem beispielsweise die folgenden *Vermutungsaussagen* ableiten:

(i) Die Zustimmungswerte zu den risikorelevanten Aussagen liegen in Australien im Vergleich zu den deutschsprachigen Hochschulen allgemein über alle Forschungsthesen hinweg höher. Dies kann möglicherweise durch die seit der Hochschulreform ab 1989 bestehenden – gerade finanziellen – Unsicherheiten der australischen Hochschulen erklärt werden.[601]

(ii) Gleichzeitig ist trotz dieses ‚Niveauunterschiedes' eine vergleichbare Tendenz in allen Untersuchungsräumen vorhanden: Die Einschätzung der *eigenen* Risikowahrnehmung ist durchschnittlich überall höher als die entsprechende Einschätzungszuschreibung für die *Trägereinrichtungen* der Hochschulen. Dies symbolisiert die Einschätzung eines Informationsgefälles zwischen internen und externen Personen in der Hochschule bezüglich der Risikoeinschätzung.

(iii) Eine starke ‚Managementorientierung' bezüglich des Risikos der Hochschulen lässt sich beispielsweise für Australien und Österreich daran ablesen, dass die Zustimmungswerte für die methodengetriebenen Aussagen zu Instrumenten und externen Audits durchschnittlich höher liegen als bezüglich der Einschätzungswerte für die Risikowahrnehmung. Daraus ließe sich die These ableiten, dass mit zunehmender Autonomie und finanzieller Eigenständigkeit der Fokus bzw. die Wahrnehmungspriorität sich zunehmend in Richtung der Methoden zur Risikomessung und zur Risikokontrolle verlagert.

(iv) Durchgängig für alle Untersuchungsbereiche wiederum ist ein bedeutender Unterschied für die Einschätzung gegenüber den Trägereinrichtungen zu erkennen: Die Einschätzung der Risikowahrnehmung liegt in allen Fällen durchschnittlich unter der Einschätzung der Implementierung von externen Risikokontrollen.[602] Dies könnte als generelle Wahrnehmung einer externen Vorgabe oder Steuerung ohne tieferes Verständnis charakterisiert werden.[603]

## 7.6. Zusammenhang von Risikowahrnehmung und Wettbewerbseinschätzung

Zur empirischen Überprüfung der *These zur Kausalität* von einer Zunahme des Wettbewerbs und einer parallelen Zunahme des Risikos der Hochschulen und des damit impliziten Bedarfs für ein methodengestütztes Risikomanagement eignet sich die Berechnung der Korrelation aus den entsprechenden Angaben der Einschätzungsfragen der Forschungsinterviews. Dies stellt allerdings eine *subjektive Einschätzung* der befragten Personen in den beteiligten Hochschulen dar; eine direkte Aussage über einen absoluten Risikoumfang bzw. dessen Veränderungen ist damit *nicht* möglich. Allerdings gilt *erstens* die gleiche Einschränkung für die erste Teilthese der Wettbewerbszunahme, welche ebenfalls als *subjektive Einschätzungsfrage* erfasst wird und keinesfalls in einer absoluten Maßzahl zum Umfang des Wettbewerbs.

*Zweitens* ist für den Nachweis der Relevanz der Methoden der Risikomessung und des Risikomanagement die subjektive Einschätzung einer Mehrzahl der Führungspersonen in den Hochschulen ausreichend. Denn diese würden im Zweifel ein Risikomanagementsystem einrichten oder zur Einrichtung beauftragen.

Aus den nachfolgenden berechneten Werten der statistischen Korrelation der Werte *für Australien* ergeben sich die folgenden Beobachtungen:

601 Vergleiche Klumpp, Matthias/Lenk, Thomas (2003), a.a.O., Seite 1-2.

602 Die Differenz der durchschnittlichen Zustimmungswerte liegt zwischen 1,0 (Schweiz, Österreich) und 1,5 Skalenpunkten (Australien).

603 Tatsächlich wurde diese Aussage in verschiedenen Formulierungsvarianten von einigen Interviewpartnern geäußert.

(i) Das *aktuelle* Risikobewusstsein scheint sich aus der Wettbewerbserfahrung der *Vergangenheit* zu speisen. Die Wettbewerbswahrnehmung für die Zukunft scheint demgegenüber weniger Einfluss auf die Risikowahrnehmung der Hochschulen zu haben.

(ii) Die *aktuelle* Handlungseinschätzung zum Beispiel der Notwendigkeit der Risikomessung scheint sich dagegen in der *Zukunftserwartung* bezüglich des Wettbewerbs (und damit des potenziellen Risikos) zu begründen. Dies gilt insbesondere in Zusammenhang mit der Wahrnehmungszuschreibung in Richtung der Hochschulträger wie unter (iii) dargestellt.

(iii) Die zugeschriebene[604] Risikowahrnehmung der Trägerinstitutionen korreliert in den Befragungen deutlich mit den Aussagen zur Erwartung eines *zukünftig zunehmenden Wettbewerbs*. Das gleiche gilt für die entsprechend zu erwartenden Risikoaudits der Trägereinrichtungen.

(iv) Die gemessenen Zustimmungswerte zu einem *erwarteten internationalen Wettbewerb* und der *erwarteten internationalen Differenzen* haben wiederum einen höheren Zusammenhang mit der Risikowahrnehmung und dem Bedarf zur Risikomessung in der *Hochschule* selbst.

Tabelle 54: Zusammenhang der Einschätzungen zur Wettbewerbszunahme und Risikowahrnehmung in Australien

| Zweiseitige Korrelationen der rechts und unten angegebenen Aussagebereiche[605] | Risiko-bewusstsein | Notwendigkeit der Risiko-messung | Risikobewusstsein bei Hochschulträger | Vorgabe eines Risikoaudit durch Hochschulträger |
|---|---|---|---|---|
| Wettbewerb in der Vergangenheit | 0,555 | -0,210 | -0,109 | -0,394 |
| *Signifikanz* | *0,077* | *0,535* | *0,750* | *0,230* |
| Wettbewerb in der Zukunft | 0,127 | 0,358 | **0,759**** | **0,683*** |
| *Signifikanz* | *0,709* | *0,279* | ***0,007*** | ***0,021*** |
| Zunahme Differenzen | -0,033 | -0,048 | 0,371 | 0,335 |
| *Signifikanz* | *0,922* | *0,889* | *0,252* | *0,314* |
| Internationaler Wettbewerb | **-0,849**** | -0,034 | 0,5397 | -0,098 |
| *Signifikanz* | ***0,001*** | *0,921* | *0,300* | *0,774* |
| Zunahme internationale Differenzen | -0,281 | **0,656*** | 0,444 | 0,523 |
| *Signifikanz* | *0,402* | ***0,029*** | *0,171* | *0,099* |

** Die Korrelation ist auf dem Niveau von 0,01 (2-seitig) signifikant.
* Die Korrelation ist auf dem Niveau von 0,05 (2-seitig) signifikant.

*Quelle: Klumpp, Matthias/Lenk, Thomas (2003): Description and Measurement of Competition in Higher Education Markets - the Example of Australia, Arbeitspapier Nr. 28 des Instituts für Finanzen, Finanzwissenschaft der Universität Leipzig, Leipzig, Seite 16 (Australien) und eigene Berechnungen.*

604 Die Aussagen stellen nur die subjektive Wahrnehmung der befragten Führungskräfte in Hochschulen dar. Eine direkte Aussage über die Risikowahrnehmung der Trägerinstitutionen liegt damit nicht vor.

605 Die Korrelationswert mit einem Betrag größer 0,5 sind fett hervorgehoben. Dies stellt statistisch noch keine Signifikanz dar. Die Stichprobe mit elf Aussagen in Australien ist in jedem Fall zu klein für streng empirische Aussagen. Allerdings lassen die markierten Werte zumindest Spielraum für die Erstellung erster Anfangshypothesen über die quantifizierten Zusammenhänge. Diese Aussagen enthalten keine Aussagen über Kausalitäten sondern stellen nur ein Maß für einen Zusammenhang der jeweiligen Aussagen dar, der auch vollkommen zufällig sein kann. Auch eine eindeutige Wirkungsrichtung ist damit statistisch nicht nachweisbar, auch wenn hier implizit davon ausgegangen wird dass die Aussagen zum Risiko in gewissem Umfang kausale Folgen der Aussagen zum Wettbewerb sind. Die Wirkungsrichtung könnte theoretisch aber auch umgekehrt sein, dass die Wahrnehmung der Risikoposition die subjektive Wahrnehmung des Wettbewerbs kausal beeinflusst.

Tabelle 55: Regressionsanalyse zur Risikowahrnehmung in Australien (Modellpermutationen)

| Modell | Korr. $R^2$ | Einflussgrößen* | Signifikanz (F-Wert) |
|---|---|---|---|
| 1 | 0,740 | Flexibilität Zukunft, Int. Wettbewerb, Veränderungen Vergangenheit, Unterschiede, Wettbewerb Vergangenheit, Veränderungen Zukunft, Wettbewerb Zukunft, Int. Unterschiede, Flexibilität Vergangenheit | 0,364 (4,169) |
| 2 | 0,824 | Flexibilität Vergangenheit, Veränderungen Vergangenheit, **Int. Wettbewerb**, Unterschiede, Wettbewerb Vergangenheit | 0,011 (10,366) |
| 3 | 0,796 | Veränderungen Zukunft, Wettbewerb Vergangenheit, **Int. Wettbewerb**, Unterschiede, Flexibilität Vergangenheit | 0,016 (8,828) |
| **4** | 0,791 | Flexibilität Vergangenheit, **Int. Wettbewerb**, Unterschiede, Wettbewerb Vergangenheit | 0,007 (10,457) |

* Statistisch mit a = 0,05 gesicherte Einflussgrößen sind unterlegt

*Quelle: Eigene Berechnungen.*

Tabelle 56: Regressionsanalyse zur Risikowahrnehmung in Australien (Finales Modell)

| | | Nicht standardisierte Koeffizienten | | Standardisierte Koeffizienten | T | Signifikanz |
|---|---|---|---|---|---|---|
| Modell 4 | | B | Standardfehler | Beta | | |
| | (Konstante) | 3,241 | 1,387 | | 2,337 | ,058 |
| | Wettbewerb Vergangenheit | ,197 | ,171 | ,244 | 1,151 | ,293 |
| | Unterschiede | ,101 | ,107 | ,145 | ,946 | ,381 |
| | Int. Wettbewerb | ,428 | ,087 | ,742 | 4,936 | ,003 |
| | Flexibilität Vergangenheit | ,135 | ,129 | ,220 | 1,045 | ,336 |

a Abhängige Variable: Risikobewußtsein in der Hochschule

*Quelle: Eigene Berechnungen.*

Die vorstehende Regressionsanalyse mit einer Mehrzahl von Modellen (Permutation[606]) zeigt auf, dass sich eine kleine Menge von Faktoren auf die abhängige Größe der Risikowahrnehmung herauskristallisiert. Diese Faktoren sind nochfolgend nochmals im Detail aufgeführt (Modell 4). In einer *Modellberechnung für Australien* mit der Frage, welche Einflussfaktoren in einer *Regressionsanalyse* die höchste Erklärungssignifikanz erzeugen zeigt sich, dass die *wesentlichen Einflussfaktoren* auf die Risikowahrnehmung in Hochschulen der wahrgenommene Wettbewerb in der Vergangenheit, die Wahrnehmung zunehmender Unterschiede der Hochschulen, der zunehmende internationale Wettbewerb sowie die notwendige Flexibilität in der Vergangenheit sind. Diese vier Faktoren haben mit einer hohen Signifikanz von 0,007 einen hohen Erklärungsanteil an der abhängigen Variable der Risikowahrnehmung von 0,791. Die einzige statistisch gesicherte Einflussgröße, der internationale Wettbewerb, weist darauf hin, dass dieser Faktor einen Großteil des Risikobewusstseins als abhängige Größe nach dem hypothetischen Kausalmodell erklärt. Da dieser Faktor des internationalen Wettbewerbs (schon durch die Sprachraumgrenzen) nicht in gleichem Maße in den deutschsprachigen Ländern vorliegt, wäre hiermit ein erster Erklärungsansatz für das geringere Risikobewusstsein in deutschsprachigen Ländern gegeben. Für die vergleichbare Analyse in den *deutschsprachigen Ländern* wurde ein abweichendes Modell der Einflussfaktoren in der Regressionsanalyse erstellt.

606 Ziel der Permutation bzw. Iteration mehrerer Regressionsmodelle ist ein Einflussgrößenmodell mit einem möglichst hohen Erklärungswert (ausgedrückt durch das korrigierte $R^2$) bei einer gleichzeitig möglichst hohen Signifikanz (ausgedrückt durch einen möglichst geringen Signifikanzwert). Dadurch kann es nicht das eine richtige Regressionsmodell geben, sondern in einer multivariaten Optimierung nur ein limitiert optimales unter den berechneten Modellen.

Tabelle 57: Regressionsanalyse zur Risikowahrnehmung in den deutschsprachigen Ländern (Modellpermutationen, 1. Durchlauf)

| Modell | Korr. $R^2$ | Einflussgrößen* | Signifikanz (F-Wert) |
|---|---|---|---|
| 1 | -0,320 | Ergebnisverantwortung, Flexibilität Zukunft, Unterschiede, Int. Wettbewerb, Wettbewerb Vergangenheit, Int. Ranking, Wettbewerb Zukunft, Veränderungen Vergangenheit, Int. Unterschiede, Veränderungen Zukunft, Flexibilität Vergangenheit | 0,868 (0,503) |
| 2 | -0,279 | Ergebnisverantwortung, Flexibilität Zukunft, Unterschiede, Int. Wettbewerb, Wettbewerb Vergangenheit, Int. Ranking, Veränderungen Vergangenheit, Int. Unterschiede, Veränderungen Zukunft | 0,890 (0,442) |
| 3 | -0,272 | Ergebnisverantwortung, Int. Ranking, Unterschiede, Veränderungen Vergangenheit, Int. Wettbewerb, Wettbewerb Vergangenheit, Veränderungen Zukunft | 0,945 (0,297) |
| 4 | -0,185 | Ergebnisverantwortung, Unterschiede, Veränderungen Vergangenheit, Int. Wettbewerb, Wettbewerb Vergangenheit | 0,917 (0,282) |
| 5 | -0,125 | Ergebnisverantwortung, Int. Ranking, Unterschiede, Wettbewerb Zukunft, Veränderungen Vergangenheit, Int. Unterschiede, Wettbewerb Vergangenheit, Flexibilität Vergangenheit, Veränderungen Zukunft | 0,688 (0,715) |
| 6 | -0,069 | Ergebnisverantwortung, Unterschiede, Int. Wettbewerb | 0,683 (0,505) |
| 7 | 0,061 | Ergebnisverantwortung, Unterschiede, Wettbewerb Zukunft, Veränderungen Vergangenheit, Flexibilität Vergangenheit, Wettbewerb Vergangenheit | 0,331 (1,248) |
| 8 | 0,098 | Ergebnisverantwortung, Veränderungen Vergangenheit, Wettbewerb Zukunft, Flexibilität Vergangenheit, Wettbewerb Vergangenheit | 0,240 (1,498) |
| 9 | 0,109 | **Ergebnisverantwortung**, Veränderungen Vergangenheit, Wettbewerb Zukunft, **Flexibilität Vergangenheit** | 0,190 (1,706) |
| 10 | 0,109 | Ergebnisverantwortung, Veränderungen Vergangenheit, **Flexibilität Vergangenheit** | 0,155 (1,943) |
| 11 | 0,091 | Ergebnisverantwortung, Flexibilität Vergangenheit | 0,142 (2,148) |
| 12 | 0,006 | Ergebnisverantwortung | 0,298 (1,134) |

* Statistisch mit a = 0,05 gesicherte Einflussgrößen sind unterlegt

*Quelle: Eigene Berechnungen.*

Die Regressionsanalyse mit Modelliteration zeigt auf, dass sich eine geringe Menge von Faktoren auf die abhängige Größe der Risikowahrnehmung herauskristallisiert. Diese Faktoren sind nochfolgend im Detail aufgeführt (Modell 24).

Die weitere Reduktion der Einflussgrößen wie zum Beispiel in Modell 25 bringt keine weitere Verbesserung der Erklärungs- und Signifikanzwerte.

Hier scheinen die drei Faktoren der Ergebnisverantwortung, der Flexibilität in der Vergangenheit und der Aufmerksamkeit für die Mitarbeiter die wichtigsten Einflussfaktoren für die Risikowahrnehmung zu sein. Diese Faktoren haben mit einer geringen Signifikanz von 0,111 auch nur einen geringen Erklärungsanteil von 0,142 vorzuweisen.

Demnach ist im Vergleich zu Australien kein überzeugendes Kausalmodell für die Entstehung der Risikowahrnehmung zu erstellen.

Tabelle 58: Regressionsanalyse in den deutschsprachigen Ländern (Modellpermutationen, 2. Durchlauf)

| Modell | Korr. $R^2$ | Einflussgrößen* | Signifikanz (F-Wert) |
|---|---|---|---|
| 13 | -0,383 | Ergebnisverantwortung, Flexibilität Zukunft, Unterschiede, Int. Wettbewerb, Wettbewerb Vergangenheit, Marktaustritte Vergangenheit, Aufmerksamkeit für Mitarbeiter, Int. Ranking, Wettbewerb Zukunft, Veränderungen Vergangenheit, Marktaustritte Zukunft, Int. Unterschiede, Veränderungen Zukunft, Flexibilität Vergangenheit | 0,851 (0,545) |
| 14 | -0,245 | Ergebnisverantwortung, Flexibilität Zukunft, Unterschiede, Int. Wettbewerb, Wettbewerb Vergangenheit, Marktaustritte Vergangenheit, Aufmerksamkeit für Mitarbeiter, Int. Ranking, Wettbewerb Zukunft, Veränderungen Vergangenheit, Int. Unterschiede, Veränderungen Zukunft, Flexibilität Vergangenheit | 0,769 (0,652) |
| 15 | -0,132 | Ergebnisverantwortung, Flexibilität Zukunft, Int. Unterschiede, Marktaustritte Vergangenheit, Int. Wettbewerb, Wettbewerb Vergangenheit, Aufmerksamkeit für Mitarbeiter, Wettbewerb Zukunft, Int. Ranking, Veränderungen Zukunft, Veränderungen Vergangenheit, Flexibilität Vergangenheit | 0,666 (0,777) |
| 16 | -0,042 | Ergebnisverantwortung, Flexibilität Zukunft, Int. Unterschiede, Marktaustritte Vergangenheit, Int. Wettbewerb, Wettbewerb Zukunft, Aufmerksamkeit für Mitarbeiter, Int. Ranking, Veränderungen Vergangenheit, Veränderungen Zukunft, Flexibilität Vergangenheit | 0,554 (0,916) |
| 17 | 0,019 | **Ergebnisverantwortung**, Flexibilität Zukunft, Int. Wettbewerb, Wettbewerb Zukunft, Marktaustritte Vergangenheit, Aufmerksamkeit für Mitarbeiter, Veränderungen Vergangenheit, Int. Ranking, Veränderungen Zukunft, Flexibilität Vergangenheit | 0,461 (1,045) |
| 18 | 0,082 | **Ergebnisverantwortung**, Flexibilität Zukunft, Int. Wettbewerb, Marktaustritte Vergangenheit, Aufmerksamkeit für Mitarbeiter, Veränderungen Vergangenheit, Int. Ranking, Veränderungen Zukunft, **Flexibilität Vergangenheit** | 0,353 (1,227) |
| 19 | 0,135 | **Ergebnisverantwortung**, Int. Ranking, Veränderungen Vergangenheit, Marktaustritte Vergangenheit, Int. Wettbewerb, Aufmerksamkeit für Mitarbeiter, Veränderungen Zukunft, **Flexibilität Vergangenheit** | 0,255 (1,448) |
| 20 | 0,154 | **Ergebnisverantwortung**, Int. Ranking, Veränderungen Vergangenheit, Marktaustritte Vergangenheit, Int. Wettbewerb, Aufmerksamkeit für Mitarbeiter, **Flexibilität Vergangenheit** | 0,207 (1,596) |
| 21 | 0,166 | **Ergebnisverantwortung**, Int. Ranking, Veränderungen Vergangenheit, Marktaustritte Vergangenheit, Aufmerksamkeit für Mitarbeiter, **Flexibilität Vergangenheit** | 0,166 (1,765) |
| 22 | 0,151 | **Ergebnisverantwortung**, Int. Ranking, Marktaustritte Vergangenheit, Aufmerksamkeit für Mitarbeiter, **Flexibilität Vergangenheit** | 0,160 (1,817) |
| 23 | 0,131 | Ergebnisverantwortung, Marktaustritte Vergangenheit, **Flexibilität Vergangenheit**, Aufmerksamkeit für Mitarbeiter | 0,158 (1,869) |
| **24** | 0,142 | **Ergebnisverantwortung**, Flexibilität Vergangenheit, Aufmerksamkeit für Mitarbeiter | 0,111 (2,272) |
| 25 | 0,091 | Ergebnisverantwortung, Flexibilität Vergangenheit | 0,142 (2,148) |

* Statistisch mit a = 0,05 gesicherte Einflussgrößen sind unterlegt

*Quelle: Eigene Berechnungen.*

Tabelle 59: Regressionsanalyse zur Risikowahrnehmung in den deutschsprachigen Ländern (Finales Modell)

| | | Nicht standardisierte Koeffizienten | | Standardisierte Koeffizienten | T | Signifikanz |
|---|---|---|---|---|---|---|
| Modell 10 | | B | Standardfehler | Beta | | |
| | (Konstante) | 6,959 | 1,510 | | 4,609 | 0,000 |
| | Flexibilität Vergangenheit | -0,366 | 0,196 | -0,379 | -1,871 | 0,076 |
| | Aufmerksamkeit für Mitarbeiter | -0,264 | 0,176 | -0,347 | -1,504 | 0,148 |
| | Ergebnisverantwortung | 0,491 | 0,225 | 0,523 | 2,180 | 0,041 |

a Abhängige Variable: Risikobewußtsein in der Hochschule

*Quelle: Eigene Berechnungen.*

# 8. Implementierungskontext in Hochschulen

## 8.1. Grundlagen

Die zuvor diskutierten Veränderungen und Anpassungen im Bereich der Rechnungslegung sowie des Controlling in Öffentlichen Einrichtungen können in der Praxis jedoch nicht ohne Beachtung des institutionellen Kontextes realisiert werden. Gerade für den Bereich der Hochschulen gilt hier eine ganz besondere Spannung: Im allgemeinen Selbstbildnis der Wissenschaft bzw. der Hochschulen sind diese immer an vorderster Front der Modernisierung und Fortentwicklung zu finden. Gleichzeitig besteht ein mehr oder weniger unterschwelliges Unbehagen in der Gesellschaft wie auch in der ungeschminkten Eigenreflexion der Wissenschaftler selbst, ob dies wirklich den Tatsachen entspricht. LUHMANN hat dies in einem eingängigen Bonmot festgehalten:

> *„Die Modernität der modernen Gesellschaft wird in der Soziologie weitläufig diskutiert. Was moderne Kunst ist, fragt man sich noch heute. Für den Bereich der Wissenschaft scheint sich nicht einmal die Frage, geschweige denn ein Argument zu lohnen. Ihre Modernität scheint sich von selbst zu verstehen.“*[607]

Die Hochschulen stehen generell vor neuen Herausforderungen in Bezug auf die Berücksichtigung strategischer Fragestellungen vor dem Hintergrund der sich *stark ändernden Kontextfaktoren* beispielsweise in Bezug auf die gesellschaftliche und politische Akzeptanz.[608] Hochschulen müssen demzufolge stärker ihre *Leistungen dokumentieren*, eine *Strategie verfolgen* und *innovative Ansätze* realisieren.[609] Auch die in allen staatlichen Leistungsbereichen bestehende Finanzmittelknappheit ist keine vorübergehende Erscheinung und hat zudem fortdauernde Folgen, welche auch für die Hochschulen in ähnlicher Weise formuliert werden können, wie es ENGELHARDT nachfolgend für die kommunalen Einrichtungen tut:

> *„Auch wenn morgen die Krise (Haushaltskrise) überwunden wäre, ließe sich die kommunalpolitische Welt von übermorgen allein von den Erwartungen und Ansprüchen her, die die Bürger ihrem 'Rathaus und seiner Verwaltung' gegenüber artikulieren, nicht mehr mit der Welt von gestern vergleichen. So gesehen, führt heute weltweit kein Weg mehr zurück in den status quo ante traditioneller Aufgabenwahrnehmung in unseren Großstädten.“*[610]

Bezüglich der Umsetzungskontexte wird beispielsweise in der Anwendung des *Kontingenzmodells* von LÜDER auf die politische und verwaltungstechnische Situation in der Schweiz durch MÄDER und SCHEDLER[611] deutlich, dass im Rahmen des Modells *zwei Wirkungsrichtungen* möglich sind:

---

607 Luhmann, Niklas (1998): Die Wissenschaft der Gesellschaft, Frankfurt am Main, Seite 702.

608 Beispielsweise Blom, Herman (2000): Reform der niederländischen Fachhochschulen, Die Eigendynamik des neuen Steuerungsmodells, Die neue Hochschule, Heft 01/2000, Seite 16-17.

609 Vergleiche beispielsweise Amrhein, Denise (1998): Die Universität als Dienstleistungsunternehmen, Innovative Organisationsstrukturen und Motivationskonzepte, Wiesbaden. Seite 15-17; oder auch am Beispiel Australiens bei Marginson, Simon/Considine, Mark (2000): The Entreprise University – Power, Governance and Reinvention in Australia, Cambridge; Fallon, Daniel (1999): Eine Interpretation von Humboldt für das 21. Jahrhundert, in: Ash, Mitchell G. (Hrsg.) (1999): Mythos Humboldt – Vergangenheit und Zukunft der deutschen Universitäten, Wien/Köln/Weimar, Seite 170-180.

610 Engelhardt, Gunther (1995): Großstadtregionen und ihre Verwaltung: Problemkonzeptration und Katalysatoren öffentlichen Aufgabenwandels, Diskussionsschriften aus dem Institut für Finanzwissenschaft der Universität Hamburg Nr. 38/1995, Hamburg, Seite 64.

611 Mäder, Hans/Schedler, Kuno (1994), a.a.O., Seite 49-67.

- eine *positive*, sich selbst verstärkende Wirkung, welche im Wesentlichen durch eine klare Definition und Kommunikation der Ziele bzw. Vorteile[612] erreicht werden kann sowie
- eine *negative* in Form einer Blockadehaltung der Beteiligten, welche nur eine stark verlangsamte Innovation in Form einer Anpassung des öffentlichen Rechnungslegungssystems an neue Anforderungen und Möglichkeiten im Rahmen neuer Rechnungslegungskonzepte zulässt.

Die Haushalte der Gebietskörperschaften und anderer netto veranschlagender Öffentlicher Einrichtungen werden als Gesetz durch die gesetzgebende parlamentarische Institution verabschiedet. Damit ist für jedes Budget auch eine *direkte demokratische Legitimation* hergestellt.[613] Der Budgetprozess ist in seinem legislativen Kontext als *grundlegend anders* zu bezeichnen als die sonstigen Gesetzgebungsgegenstände und Gesetzgebungsverfahren:

> *„Unlike the general legislative process, the budgetary process is action-forcing. Government policymakers do not decide whether to consider legislation approving a budget; they treat the need for a budget as a given. Most other legislation is much more discretionary in character; participants see a need and propose legislation to meet it. Most often, however, nothing other than their perception of need or opportunity prompts that action. In contrast, budgets expire. When they do, governments no longer have any authority under which to spend public funds. Policymakers have to approve new budgets or continue the existing ones."*[614]

Die gesetzlichen Rahmenbedingungen stellen an sich *keinen Hinderungsgrund* für eine Reform der Rechnungslegung sowie der Risikoermittlung dar: So die gleiche gesetzliche Grundlage für die *Entstaatlichung* beziehungsweise *Privatisierung der Hochschulen.* In einer privatrechtlichen Ausgestaltung bestehen dann aber für die Fragen der Rechnungslegung oder Risikoermittlung die gleichen Bedingungen und rechtlichen Rahmensetzungen wie für private Unternehmen.[615] Für die Frage der Entstaatlichung oder Privatisierung von Hochschulen geht beispielsweise TETTINGER grundsätzlich davon aus, dass „augenscheinlich nicht die Frage, ´ob´ eine Hochschule entstaatlicht werden kann, als strittig gilt, sondern vielmehr die vielfältigen Varianten des ´Wie´ einer solchen Entstaatlichung im Schlagwort ´Entstaatlichung´ zu verstehen ist."[616]

---

612 Im Wesentlichen eine Verbesserung der Effizienz bzw. Effektivität der Öffentlichen Einrichtungen durch einer verbesserte Informationslage (*intraorganisatorisch*) sowie eine verbesserte Vergleichsmöglichkeit durch Standardisierungen (*interorganisatorisch*).

613 Eine Eigenschaft, die für viele privatisierten Öffentlichen Einrichtungen nicht gilt. Diese Tatsache wird derzeit außer in Anmerkungen von Rechnungshöfen noch kaum der öffentlichen normativen Diskussion anheim gestellt.

614 Gosling, James J. (2002), a.a.O., Seite 1.

615 Eventuell mit der Besonderheit, dass weiterhin die Rechnungslegung und Risikoermittlung einer besonderen öffentlichen Aufmerksamkeit Rechnung tragen muss, und zwar aus zweierlei Gründen: Einmal werden finanzielle Ressourcen aus Steuermitteln in mehr oder weniger großem Umfang verwendet, was einer besonderen Kontrolle der Zielerreichung und Vorschriftsmäßigkeit zu unterliegen hat – diese Funktion nehmen zu Recht auch für privatrechtliche Gesellschaften die Landesrechnungshöfe wahr. Und zweitens das besondere öffentlichen Interesse am Kernthema Bildung bzw. Hochschulbildung als prägender Bestandteil der Gesellschaft, der sowohl über die gesamte gesellschaftliche Wirtschaftsentwicklung als auch die individuellen Chancen und Entwicklungsmöglichkeiten einer Person mit entscheidet.

616 Tettinger, Peter J. (2003): Staatsrechtliche Hintergründe der Entstaatlichungsdebatte am Beispiel des Bildungswesens, in: Deutsche Gesellschaft für Bildungsverwaltung (Hrsg.) (2003): Neue Verantwortlichkeiten im Bildungswesen – Rückzug des Staates?, Dokumentation der 23. DGBV-Jahrestagung vom 28. bis 30. November 2002 in Esslingen, Frankfurt am Main, Seite 22.

## 8.2. Die Akteure

Eine entscheidende Rolle bei der Gestaltung von Veränderungen spielen die tätigen Akteure. Im Bereich der Öffentlichen Einrichtungen sind dies neben den betroffenen Organisationen in der Regel die politischen Institutionen der Legislative, der Exekutive und der Rechnungshöfe. Die Judikative spielt als Rechtsprechungsinstanz nur eine begleitende Rolle und kann selbst keine Veränderungen durchführen.[617]

### 8.2.1. Die Legislative

Für das Parlament jeder Gebietskörperschaft ist das Budgetrecht seit jeher das zentrale politische Gestaltungsinstrument. Stellung und Stärke der parlamentarischen Ordnung bestimmen sich wesentlich aus den wahrgenommenen Rechten in der Finanzmittelkontrolle durch Haushaltsaufstellung, Haushaltsbeschluss und Haushaltskontrolle. Allerdings ist zu beachten, dass wesentliche Entscheidungen mit finanziellen Folgewirkungen auch durch andere Institutionen – allen voran den Gerichten[618] – werden getroffen werden, wodurch die *Budgethoheit der Legislative* eingeschränkt wird, da die Rechte und Durchsetzungskompetenzen dieser anderen Institutionen[619] oft stärker sind als das Budgetrecht des Parlaments. Im Rahmen der modernen Verwaltungssteuerung und insbesondere neuer Rechnungslegungskonzeptionen ist dieses *Budgetrecht* des Parlaments nun *gefährdet*. Dies resultiert aus der Rücknahme der Haushaltsgrundsätze

a) der Spezialität,[620]
b) der Vollständigkeit[621] und
c) der Periodenbezogenheit (Jährlichkeit)[622]

im Rahmen der flexibilisierten Ausgestaltung des Mittel*inputs* für die öffentliche Leistungserstellung.

Demgegenüber kommen die substitutiven *Output*informationen zur verbesserten Vollzugssteuerung durch die Legislative nicht innerhalb des gleichen Zeithorizontes zur Ausführung bzw. Umsetzung. Die *Globalbudgetierung* ist neben der Frage der gesetzlichen Zulässigkeit wegen des Budgetkontrollrechtes des Parlamentes auch auf Grund des „Gefahrenübergangs" für Konflikte in der Ressourcenverteilung fragwürdig: In der Regel wird durch eine *zu wenig detaillierte Globalbudgetierung* nur ein Verteilungskonflikt aus der politischen Entscheidungsinstanz in eine Öffentliche Einrichtung *verlagert*, welche diesen im schlimmsten Fall

617 In Einzelfällen können durch Gerichtsentscheidungen sehr wohl Änderungen angeregt oder sogar erzwungen werden. Diese müssen aber in jedem Fall durch die hier beschriebenen Akteure umgesetzt werden.

618 Stellvertretend die Beispielangabe bei Gosling: „State courts have prominently intervened in matters related to the public financing of primary and secondary education. Courts in seventeen states (most recently in Missouri, New Hampshire, New Jersey, Ohio, Texas, Vermont and Wyoming) have ruled that existing financing methods were in violation of state constitutional articles of education or guarantees of equal protection. These courts have ordered the offending states to change aid formulas (and in some cases to increase funding) so that poorer districts receive higher per student aid relative to wealthier districts, thus helping to close the spending gap between them." (Gosling, James J. (2002), a.a.O., Seite 3).

619 Beispielsweise auch die Tarifpartner, die durch die Festlegung der Flächentarife auch finanzielle Folgeentscheidungen wie beispielsweise das generelle Niveau der Arbeitslosigkeit und damit die Ausgabenverpflichtungen für die Arbeitslosenunterstützung und Arbeitslosenhilfe.

620 Unter anderem nach den Festlegungen der Titelgruppierung in Einzelpläne (§ 10, 3 Nr. 2 HGrG), des Funktionenplans (§ 11 HGrG) und der Einzelveranschlagung (§ 12 HGrG).

621 Unter anderem nach § 8 HGrG.

622 Siehe die Definition des Haushaltsjahres nach § 4 HGrG und der Geltungsdauer nach § 9 HGrG (bis zu zwei Jahre).

nicht einmal selbst lösen kann.[623] Ob die Öffentlichen Einrichtungen selbst zur wirtschaftlichen Lösung dieser Verteilungskonflikte besser in der Lage sind als die „auslagernden" politischen Organe, darf mit Recht bezweifelt werden.[624] So stellt beispielsweise der Sächsische Rechnungshof (RHFS) in seinem Gutachten vom März 2002 genau diesen Effekt für den Modellversuch an der Technischen Universität Dresden (TUD) fest:

> *„Die weitreichenden Deckungs-, Verstärkungs- und Übertragungsvermerke (...) beschränken die Möglichkeit einer parlamentarischen Detailsteuerung im Haushaltsjahr. Vollzugsverbindliche Outputziele sind nicht definiert. (...) Die sich auf die Leistungen erstreckenden Steuerungsmöglichkeiten können somit noch nicht ausgeübt werden. In der gegenwärtigen (ersten) Phase des Modellversuchs kann das Parlament sein Budgetrecht nur eingeschränkt ausüben."*[625]

Dennoch geht auch der RHFS davon aus, dass es sich hierbei um ein *Übergangsphänomen* handelt und die Zielstellung einer verbesserten Steuerungsmöglichkeit durch die Integration von Outputinformationen und -vereinbarungen in die Haushaltsdarstellung und -diskussion bestehen bleibt.[626]
Allerdings sind in dem hier verwendeten Beispiel der Hochschule TUD die Vorstellung von der Dauer eines *Übergangszeitraumes* mit *eingeschränktem parlamentarischen Budgetrecht* nicht akzeptabel.[627] Diese Einschätzung bringt den RHFS vermutlich auch zur Anmahnung einer Suche nach *Zwischenlösungen* zur Überbrückung dieses Zeitraumes.

Durchaus Hoffnung macht aber die praktische Bewertungsaussage von WERNER zur Anwendung neuer Rechnungslegungsverfahren und Steuerungsinstrumente durch die Legislative am kommunalen Beispiel:

> *„Es hat sich gezeigt, dass die Politik bereit und in der Lage ist, mit den neuen Steuerungsinstrumenten zu arbeiten. Zwar standen bei der Beratung des Stadtbudgets die Finanzziele zunächst noch im Vordergrund der Diskussion in den Fachausschüssen, die Politik zeigte jedoch auch zunehmend Interesse an der Festlegung von Leistungszielen, weil die politisch-strategische Bedeutung der Zielfestlegung erkannt wurde."*[628]

---

623 So beschrieben bei König/Beck für die Universität Königsberg in den Jahren 1545-1547 (König, Klaus/Beck, Joachim (1997), a.a.O., Seite 143).

624 „Öffentliche Angelegenheiten sind ein Feld der Verteilungskonflikte, die man nicht einfach dadurch harmonisieren kann, indem man sie in das eigene Haus holt. Die Frage binnenorganisatorischer Beherrschbarkeit von Konflikten darf nicht ausgeblendet werden." (ebd., Seite 143).

625 RHFS (2002), a.a.O., Seite 70-71.

626 „Global veranschlagte, flexibilisierte Haushalte schränken das parlamentarische Budgetrecht ein. Das daraus resultierende Informations- und Steuerungsdefizit ist durch vollzugsverbindliche Outputziele und ein effektives Berichtswesen zu kompensieren. Auf diese Weise werden Veranschlagung und Verwendung von Haushaltsmitteln sowohl für die Legislative als auch für die Finanzkontrolle nachvollziehbar gestaltet. Darüber hinaus wird sichergestellt, dass im Interesse einer wirksamen parlamentarischen Kontrolle die verfassungsmäßige Verantwortlichkeit der Regierung durch die dezentrale Mittelbewirtschaftung nicht eingeengt wird." (ebd., Seite 70).

627 Die Dokumentation spricht von einer Einschätzung der Hochschule bezüglich des Übergangszeitraumes von bis zu 10 Jahren (ebd., Seite 65).

628 Werner, Clemens (1997), a.a.O., Seite 363.

### 8.2.2. Die Exekutive

Die Exekutive hat gemeinsam mit der sie tragenden Parlamentsmehrheit ein Interesse an einer möglichst *minimalen Rechnungsprüfung*. Dies wird regelmäßig in der Literatur diskutiert und in der Praxis durch die Ressourcenausstattung verdeutlicht.[629] Auf der anderen Seite hat die Exekutive als Umsetzungs- und Steuerungsinstanz sehr wohl ein *hohes Interesse* an guten und modernen Informations- und Steuerungskonzepten. Zwischen diesen beiden Motivationssträngen muss ein Weg für die *Akzeptanz der Veränderungen* durch die Exekutive gefunden werden – denn ohne die Unterstützung der Exekutive bzw. der nachgeordneten Verwaltung wird es in keinem Kontext einer Öffentlichen Einrichtung zu weitreichenden und tatsächlich angewendeten Veränderungen kommen können.

### 8.2.3. Die Rechnungshöfe

Unter Rechnungsprüfung der Rechnungshöfe wird die nachfolgend beschriebene Tätigkeit verstanden: „Gedanklicher Nachvollzug einer Tätigkeit oder eines Prozesses, der in die Feststellung mündet, ob vorgegebene Sollwerte (Prüfungskriterien) erfüllt worden sind."[630] Betont wird beispielsweise bei PULCH, dass die Rechnungsprüfung in der historischen Entwicklung unabhängig von der geltenden Gesellschafts- und Regierungsform war.[631]
Damit wird die *bedeutende und herausgehobene Rolle* der Rechnungsprüfung für die staatliche Ordnung verdeutlicht. Die Rechnungsprüfung genießt wie die gesamte Haushaltswirtschaft Öffentlicher Einrichtungen *Verfassungsrang* und kann als essentiell für staatliches Handeln bezeichnet werden.[632] Dabei gilt der folgende gesetzlich festgelegte Rahmen:

> *„Wirtschaftlichkeit, Sparsamkeit, Recht- und Ordnungsmäßigkeit sind (...) die vier Eckpfeiler, von denen sich die Rechnungshöfe bei ihrer Arbeit leiten lassen."*[633]

Die Tätigkeit der *nachgelagerten Rechnungsprüfung* (ex post) kann mit der Erfüllung der folgenden Funktionen beschrieben werden[634]:

- Sicherheitsfunktion (durch die nachgelagerte Prüfung) sowie
- Erziehungsfunktion (durch eine qualifizierte Kontroll- und Beratungsleistung inklusive konkreter Alternativvorschläge).

Zunehmend wird sich auch eine Funktion der Rechnungshöfe als *Prüfer und Berater für Messkonzeptionen* zum Output Öffentlicher Einrichtungen etablieren.[635] Darin kann allerdings wie von MORELL die *Gefahr eines Ressourcenabzugs* von bestehenden Kontrollaufgaben für die Rechnungshöfe gesehen werden. Diese Aufgabenverschiebung wäre danach sogar durch die Exekutive erwünscht, da durch Beratungs- und Gutachtenanfragen ceteris paribus bei knapper Ressourcenausstattung die Kontrollintensität indirekt verringert wird.[636]

Allerdings muss der Exekutive im Rahmen der Rechnungsprüfung auch zugute gehalten werden, dass in nicht wenigen Fällen mögliche wirtschaftliche oder zielorientierte Tätigkeiten

---

629 Siehe die Ausführung im folgenden Abschnitt sowie: Pulch, Otto Rudolf (1987), a.a.O., Seite 232.
630 Ebd., Seite 230.
631 Ebd., Seite 230; vergleichbar auch: Sandl, Erich (1987), a.a.O., Seite 209.
632 Pulch, Otto Rudolf (1987), a.a.O., Seite 230.
633 Schröder, Horst (1994), a.a.O., Seite 42.
634 Nach Pulch, Otto Rudolf (1987), a.a.O., Seite 234.
635 Vergleiche Schröder, Horst (1994), a.a.O., Seite 42.
636 Morell, Paul (1994), a.a.O., Seite 67.

durch die gesetzlichen Vorgaben der Legislative unmöglich gemacht werden. Damit würde sich der *Kontroll- und Beratungsauftrag* der Rechnungshöfe in Richtung der materiellen Prüfung und Beratung im Rahmen von parlamentarischen Zielfestlegungen und Rechtssetzung erweitern.[637] Zunehmend fehlende quantitative[638] und qualitative[639] Möglichkeiten der Rechnungshöfe zur Durchführung der Rechnungsprüfung führen zu einem sich ausweitenden Kontrolldefizit und der Gefahr einer Verzettelung im ‚Formalen und Kleinen'.[640] Damit bleibt zu hoffen, dass die in der Vergangenheit beispielsweise im folgenden Zitat konstatierte Leistungsfähigkeit der Rechnungsprüfung im internationalen Vergleich auch für die zuvor definierten Herausforderungen des Aufgabenwandels fortgeführt werden kann:

> *„Die Rechnungsprüfung und die Finanzkontrolle in der Bundesrepublik Deutschland gehören nach ihrer Qualität und ihrer Effektivität mit zur Spitzengruppe aller Länder, die zur Zeit eine Finanzkontrolle haben. In ihrer Leistungsfähigkeit, d.h. in ihrem Verhältnis zwischen den eingesetzten Prüfern und den Prüfungsergebnissen wird sie derzeit wohl nicht übertroffen."*[641]

Somit ist eine Entwicklung der Aufgaben innerhalb der Rechnungsprüfung von einer ‚Ordnungsmäßigkeitsprüfung' hin zu einer mehr auf die Frage der Zweckmäßigkeit und Wirtschaftlichkeit orientierten Prüfung festzustellen.[642] Dies kann verschiedensten Veränderungsprojekten im Bereich Öffentlicher Einrichtungen Vorschub leisten, da die Rechnungshöfe hierbei in der Regel die 'natürlichen Verbündeten' für derartige Veränderungen sein müssten.

### 8.2.4. Hochschulinstitutionen

Innerhalb der Hochschule ist davon auszugehen, dass eine *umgekehrte Machtverteilung* der einzelnen Ebenen vorliegt: Die größte Möglichkeit zur Beeinflussung von Entscheidungen und Entwicklung liegt im Bereich der Hochschullehrer und über die Gremienbesetzung wiederum in den Fachbereichen. Allgemein wird davon ausgegangen, dass die zentrale Hochschulleitung die geringsten Einflussmöglichkeiten für tatsächlich bedeutende Entscheidungen beispielsweise über die Ressourcenausstattung der Teilbereiche hat.[643]

## 8.3. Die Prozesse

Der gesamte Prozess der Budgeterstellung ist durch die Notwendigkeit der Vereinfachung komplexer Sachverhalte geprägt: Die Definition und das Ranking von Zielen, deren Interdependenzen sowie die möglichen Maßnahmen zur Zielerreichung müssen simultan im Rahmen verschiedener Interessen und Personen koordiniert werden. Dies stellt eine außerordentliche Planungs- und Verwaltungsaufgabe dar. Vor diesem Hintergrund ist die Tatsache wenig verwunderlich, dass nur selten die vereinfachte Vorstellung eines rationalen Handelns mit

a) der geordneten und vollständigen Identifikation von Zielen und deren Prioritäten,

---

637 Pulch, Otto Rudolf (1987), a.a.O., Seite 233.

638 Im Sinn der personellen und materiellen Ressourcenausstattung der mit der Rechnungsprüfung betrauten Einrichtungen.

639 Im Sinn der personenbezogenen Qualifikation der mit der Rechnungsprüfung betrauten Einrichtungen in Relation zur quantitativen und qualitativen Ausweitung der durchgeführten Tätigkeiten Öffentlicher Einrichtungen.

640 Pulch, Otto Rudolf (1987), a.a.O., Seite 233.

641 Sandl, Erich (1987), a.a.O., Seite 209.

642 Ebd., Seite 207.

643 Mönnich, Ernst (1986): Innovation oder Stagnation im Universitätsbereich?, Schriften zur öffentlichen Verwaltung und öffentlichen Wirtschaft, Band 104, Baden-Baden, Seite 251.

b) der geordneten und vollständigen Identifikation von Handlungsalternativen zur Zielerreichung,
c) der Definition von relevanten Entscheidungskriterien zwischen alternativen Handlungen sowie
d) der Auswahl der Handlungsalternativen, welche für jeden einzelnen Fall die Entscheidungskriterien erfüllt und die gesetzten Ziele am besten realisiert,[644]

in der Realität zu beobachten ist. Vielmehr sind *Abweichungen* von diesem vollkommenen Rationalmodell festzustellen. Die Kenntnis und Analyse dieser Abweichungsarten ist von hoher Bedeutung für die Optimierung von Steuerungssystemen, damit diese Abweichungen möglichst minimiert werden können.

### 8.3.1. Vereinfachung

Einmal findet eine umfassende Vereinfachung oder Komplexitätsreduktion durch die am Entscheidungsprozess beteiligten Personen statt. Dies wird durch die Annahme von gegebenen Tatsachen erreicht, die nicht mehr in Frage gestellt und einer Entscheidung unterzogen werden, sondern als fixe Tatsachen im Budgeterstellungsprozess angesehen werden:

> *„Budgetary choices are made in an environment characterized by greatly compressed time lines, information overload, complex technical issues, competing values (leading to different definitions of the problems requiring government action), and alternative ways of addressing those problems. All these factors contribute to the efforts of budget makers to simplify budgetary choice. (...) decision makers simplify choice by making decisions within a closed system of 'givens'."*[645]

### 8.3.2. Inkrementelle Entscheidungen

Darüber hinaus ist nach den Arbeiten von LINDBLOHM und WILDAWSKY die These zu vertreten, dass nicht nur eine Vereinfachung durch feste Annahmen erfolgt, sondern die Entscheider im Budgetprozess von vorne herein gezielt von einem gegebenen Budget beispielsweise des Vorjahres ausgehen und nur marginale, inkrementelle Änderungen je nach aktueller Lage und Interessenvertretung vornehmen.

> *„Budgeting is incremental, not comprehensive. The beginning wisdom about an agency budget is that it is almost never actively reviewed as a whole every year in the sense of reconsidering the value of all existing programs as compared to all possible alternatives. Instead, it is based on last year's budget with special attention given to a narrow range of increases or decreases. Thus, the men who make the budget are concerned with relatively small increments to an existing base."*[646]

Die inkrementelle Änderung von Budgetpositionen erfolgt danach in einer demokratisch 'intelligenten' Weise durch Interessenvertreter, die jeweils Positionen am *Rand* ihres vertretenen Meinungsspektrums[647] zur Durchsetzung ihrer *zentralen* Forderungen aufgeben. Auf diese Weise wird bei mehreren Beteiligten durch die Budgeterstellung ein möglichst breites Meinungsspektrum einbezogen.[648]

644 Gosling, James J. (2002), a.a.O., Seite 28.

645 Ebd., Seite 27.

646 Wildawsky, Aaron (1964): The Politics of the Budgetary Process, Boston, Seite 15.

647 Diese 'Randposition' hat auch zur Folge, dass für diese Forderungen die Wahrscheinlichkeit der Vertretung durch einen anderen Beteiligten höher ist als bei 'Kernpositionen'.

648 „It seems impossible to escape the conclusion that the ubiquitous processes here called partisan mutual adjustment are helpful to decision making and policy making. It has not been shown that they are in some

8.3.3. Definition eines aufbau- und ablauforganisatorischen Veränderungsbedarfs

Für die outputorientierten Komponenten einer neuen Rechnungslegung (als Produktkatalog, Kostenstelle oder Leistungseinheit) kann eine Orientierung an den bestehenden Haushaltsplan-Gliederungen erfolgen, die in der Regel nach Sachgruppen aufgebaut sind.[649] Nach der Analyse von SCHUPPERT hat der Staat in Person des Bundes als gesetzgebende Instanz eine Verantwortung für „die Bereitstellung eines funktionsfähigen Rechtsrahmens für eine rechtsstaatliche und zugleich effiziente öffentliche Verwaltung."[650]

8.4. Basisanforderungen eines praktischen Einsatzes

Die folgenden Anforderungen können für die Definition und Abgrenzung eines Beispieleinsatzes im Bereich der öffentlichen Rechnungslegung gelten.

8.4.1. Abgrenzbarkeit

Die betreffende Organisationseinheit sollte von den vielfältigen Zusammenhängen, welche im Bereich der öffentlichen Verwaltung oft anzutreffen sind, möglichst *gut abgrenzbar* sein. Dies impliziert eine möglichst geringe Interaktion und Abhängigkeit von anderen Organisationseinheiten. Konkret kann diese Forderung in der Messung der Finanzströme zwischen Organisationseinheiten gemessen werden. Dabei kann nicht nur der Umfang, sondern auch die Komplexität im Sinn der Anzahl von finanziell verbundenen Organisationseinheiten verwendet werden.

8.4.2. Geringer Umfang

Zur Evaluation einer ersten theoretischen Lösung empfiehlt sich in jedem Fall aus Gründen des Aufwandes aber auch des inhaltlichen Überblicks eine möglichst *kleine* Versuchslösung. Damit sind sehr große öffentliche Haushalte oder Organisationseinheiten wie Bundes- und Landesregierungen, Sozialversicherungsträger und größere Kommunen ausgeschlossen. Hier wird in der Regel mit *Pilotversuchen* gearbeitet, welche nach erfolgter Analyse und Fehlerkorrektur auf die Gesamtorganisation übertragen werden.

8.4.3. Anwendungsbezug

Das Untersuchungsobjekt für eine Beispielanwendung sollte auch für eine Simulation aus der konkreten Praxis stammen. Für rein *fiktive* Haushalte kann vermutet werden, dass wesentliche Umsetzungs- oder Konzeptprobleme *nicht* erkannt werden können.

---

general sense superior to central decision making, but the claims made for the rationality of central decision making have been to some degree deflated. (...) What has been said about partisan mutual adjustment in this study is enough to suggest that in an enormously wide variety of circumstances it will be an appropriate policy-making method, superior to attempts at central decision making." (Lindblohm, Charles E. (1965): The Intelligence of Democracy, Decision Making through Mutual Adjustment, New York, Seite 293-294).

649 Siehe beispielsweise die Anwendung für die KLR bei Gerhards, Ralf (2001), a.a.O., Seite 173-174.

650 Schuppert, Gunnar Folke (2000), a.a.O., Seite 977.

## 8.5. Praxisbeispiele der Hochschulreform

Die Entwicklung der Hochschulen ist neben den *spezifischen* Bedingungen und Einflüssen insbesondere aus der Internationalisierung und Wettbewerbsorientierung im Kontext der *allgemeinen Verwaltungsmodernisierung* zu sehen.[651] Diese umfasst im Wesentlichen eine Hinwendung zu einer Verbindung von *Ergebnisorientierung* und *Wirtschaftlichkeitsanforderungen*, welche durch moderne Organisationsformen und Personalentwicklung umgesetzt wird. Diese Entwicklungsrichtung *verstärkt* die im Folgenden dargestellten *spezifischen* Bedingungen für Hochschulen. Auf die Hochschulen kommen tiefgehende Veränderungen im Rahmen einer Neuorientierung insbesondere des Bereiches der akademischen Lehre zu.

Es kann von einem *Paradigmenwechsel* hin zu einem durch *Wettbewerbsmerkmale* geprägten Markt gesprochen werden.[652] Diese grundlegende Änderung hat die Gestaltungskomponenten *Hochschulorganisation, Hochschulfinanzierung, Hochschulmarketing* und *Hochschulstrategie.* Nachfolgend werden einige Beispiele für diese Veränderungstendenzen angeführt.[653] Die gesamte organisatorische Struktur der Hochschulen steht vor einer Überprüfung bzw. Veränderung. Von der *Größe* und *Rechtsform* bis zur Gestaltung der *Gehaltssysteme*[654] sind umfas-

---

651 Siehe zur Übersicht die folgenden grundlegenden Darstellungen: Banner, Gerhard (Hrsg.) (1995): Neue Steuerungsmodelle und die Rolle der Politik, Dokumentation eines Symposiums der Bertelsmann-Stiftung, Gütersloh; Brede, Helmut (2001), a.a.O.; Brüggemeier, Martin (1998), a.a.O.; Budäus, Dietrich (1994), a.a.O.; Buschor, Ernst (2000), a.a.O., Seite 19-57; Damkowski, Wulf/Precht, Klaus (Hrsg.) (1998), a.a.O.; Eichhorn, Peter (2002a), a.a.O., Seite 213-217; Kommunale Gemeinschaftsstelle (KGSt) (1993), a.a.O.; Lüder, Klaus (1998b): Öffentliche Verwaltung der Zukunft, Berlin; Naschold, Frieder/Bogumil, Jörg (2000): Modernisierung des Staates, New Public Management in deutscher und internationaler Perspektive, Opladen; Osborne, David/Gaebler, Ted (1992), a.a.O.; Wolters, Jan (1994): Das Tilburger Modell, Auf dem Weg zum Dienstleistungsunternehmen in der Kommunalverwaltung, in: Morath (1994), Seite 85-91.

652 „Die deutschen Hochschulen stehen auf dem Prüfstand." (Woll, Artur (2001): Reform der Hochschulausbildung durch Wettbewerb, Abhandlungen zu Bildungsforschung und Bildungsrecht, Band 10, Berlin, Vorwort).

653 Es handelt sich dabei um eine Auswahl. Weitere Veränderungsbereiche sind beispielsweise die Qualitätsdiskussion an Hochschulen, die Diskussion im Besoldungsformen und Leistungsentgelte sowie die Herausforderungen in Bezug auf Innovationsverwertung, Existenzgründungsunterstützung und wissenschaftliche Weiterbildung. Beschreibungen dieser Bereiche finden sich u.a. bei: CHE (1997), a.a.O.; Hochschulrektorenkonferenz (1994): Qualität von Studium und Lehre, Schritte zur Umsetzung des HRK-Konzeptes „Zur Entwicklung der Hochschulen in Deutschland", Dokumente zur Hochschulereform 91/1994, Bonn; Hochschulrektorenkonferenz (1999): Qualität an Hochschulen, Beiträge zur Hochschulpolitik 1/1999, Bonn; Hortschansky, Klaus/Berthold, Christian (1997): Qualitätssicherung in Forschung, Lehre und Organisation an der Philosophischen Fakultät der Universität Münster, Vortrag während des Symposiums des Stifterverbandes „Qualitätsentwicklung in einem differenzierten Hochschulsystem" in Bonn am 9. Januar 1997, CHE Arbeitspapier Nr. 15, Gütersloh; Berg, Gunnar (2002): Leistungsanreize für die Universität?, Zwischen leistungsabhängigem Gehalt und Unterfinanzierung, in: Forschung & Lehre 3/2002, Seite 137-140; Käufer, Katrin/Scharmer, Claus Otto (2000): Universität als Schauplatz für den unternehmenden Menschen, in: Laske, Stephan u.a. (Hrsg.) (2000): Universität im 21. Jahrhundert, Zur Interdependenz von Begriff und Organisation der Wissenschaft, Universität und Gesellschaft – Schriftenreihe zur Universitätsentwicklung, Band 1, München/Mering, Seite 109-131; Stifterverband für die Deutsche Wissenschaft (1998a): Unternehmerschmiede – eine neue Herausforderung an die Hochschulen, Thesen – Meinungen – Empfehlungen, Essen.

654 Literatur zu diesem Bereich findet sich beispielsweise bei: Witte, Johanna/Schreiterer, Ulrich (2002): Perspektiven für eine leistungsorientierte Professorenbesoldung im Lichte internationaler Erfahrungen, CHE Arbeitspapier Nr. 38, Gütersloh; Witte, Johanna/Schreiterer, Ulrich/Müller-Böling Detlef (2002): Gestaltungsfragen bei der Umsetzung des Professorenbesoldungsreformgesetzes, CHE Arbeitspapier Nr. 37, Gütersloh.

sende Veränderungen zu beobachten. Dabei ist in der Regel ein direkter Bezug zur Frage der Leistungsmessung und strategischen Steuerung der Hochschulen vorhanden.

8.5.1. Hochschulbezogene Beispiele

Die folgenden Beispiele für tiefgreifende Veränderungsprozesse bei den Hochschulen können hier stellvertretend angeführt werden:

a) Für die Ruhrgebietsuniversitäten Essen und Duisburg wurde zum 01. Januar 2003 eine Hochschulfusion realisiert. Die Bedeutung dieses Vorgangs ist daran abzulesen, dass am 28. Mai 2002 explizit vor diesem Hintergrund ein neuer Rektor für die Universität Essen gewählt wurde. Dieser ruft in einer der ersten Aussagen zur Mitarbeit auf um „eine Verbesserung der *Wettbewerbsposition* der beiden Hochschulstandorte in regionaler und *internationaler* Sicht zu sichern."[655]
b) In Österreich wurde per Gesetz die Umwandlung der 18 Universitäten in „eigenständige, nach privatwirtschaftlichen Prinzipien arbeitende Einrichtungen" erreicht.[656]
c) In Niedersachsen wird die Umwandlung aller Hochschulen in Trägerschaft des Landes in die Rechtsform der Stiftung geprüft bzw. in einem Pilotprojekt mit einer Auswahl an Hochschulen umgesetzt.[657]

Die *strategische Entwicklung* der Hochschulen gewinnt mit zunehmend knapper werdenden öffentlichen Mitteln und der Suche nach weiteren Finanzquellen (z.B. privates Fundraising) an Bedeutung. Dafür ist die Notwendigkeit einer Leistungsdefinition im Rahmen einer Bestimmung von Alleinstellungsmerkmalen in der Abgrenzung zu anderen Einrichtungen unmittelbar notwendig. So hat die Universität Frankfurt am Main schon im Jahr 2000 mit der Ausarbeitung eines Positionspapiers zur Profilbildung und Positionierung der Hochschule begonnen. Dies erfolgte in Zusammenarbeit mit der Unternehmensberatung McKinsey und war von öffentlichen Diskussionen begleitet.[658] Die Fachhochschule München hat in Zusammenarbeit mit dem Centrum für Hochschulentwicklung (CHE) ein Pilotprojekt zur Strategieentwicklung durchgeführt.[659]

Im Bereich der *Hochschulfinanzierung* zeichnet sich eine *Parallelbewegung* ab: Auf der einen Seite stehen die *öffentlichen Mittel* der Bundesländer zur Hochschulfinanzierung unter *zunehmendem Druck in Bezug auf Umfang und Legitimation.* Auf der anderen Seite sind vielfältige Konzepte, Projekte und Entwicklungsbereiche zur *Erschließung neuer Finanzierungsquellen* wie Fundraising, Prozessoptimierung, Technologieverwertung und Unternehmenskooperationen bis zu Studiengebühren zu beobachten.[660] In Deutschland beginnt mit der Än-

655 Hervorhebungen durch den Autor. Quelle: Presseerklärung Nr. 136/2002 der Universität Essen vom 29. Mai 2002.

656 DIE ZEIT Nr. 19 / 2002 vom 02. Mai 2002, Seite 35. Siehe auch für den deutschen Kontext: Brinkmann, Hans (1998): Die neue Freiheit der Universität: Operative Autonomie für Lehre und Forschung an Hochschulen, Reihe Modernisierung des öffentlichen Sektors, Sonderband 10, Berlin.

657 Siehe die Beschreibung der rechtlichen Umwandlungsmöglichkeit unter http://www.nhg.niedersachsen.de/nhg/home/stiftungshochschule.htm, abgerufen am 18.06.2002.

658 Quelle: Pressemeldung der Universität Frankfurt am Main vom 27.02.2001.

659 Siehe CHE (2000): Strategieprojekt Fachhochschule München / CHE, Zwischenbericht zum Modellvorhaben, CHE Arbeitspapier Nr. 25, Gütersloh.

660 Einschlägige Literaturquellen sind u.a.: Blankart, Charles Beat/Krause, Gunnar (1999): Bildungskredite, Akademikersteuer, Gutscheine: Drei Instrumente der staatlichen Studienförderung, Discussion Paper No 141 der Wirtschaftwissenschaftlichen Fakultät der Humboldt-Universität Berlin, Berlin; CHE (2001a): Grundlagen und Merkmale eines neuen Modells der staatlichen Mittelvergabe in Hamburg, Fortentwick-

derung des Arbeitnehmererfindungsgesetzes für die Hochschulen gerade die Diskussion um Verwertungsrechte aus Forschungsergebnissen. In England wird eine ähnliche Diskussion zum Verwertungsengagement der über einhundert Hochschulen geführt. Vergleichspunkt ist dabei in der Regel die wirtschaftliche Verwertungsleistung von Hochschulen in den USA.[661]

Die Universität Frankfurt am Main untersucht gemeinsam mit der Boston Consulting Group in einem Beratungsprojekt die Organisation und Prozesse der Hochschule im Hinblick auf Effizienzverbesserungspotenziale. Die Boston Consulting Group hat bereits die Universität Hamburg, die Helmholtzgesellschaft, die Harvard Business School, die Nijenrode University (Niederlande), die University of Melbourne sowie die University of Pecs (Ungarn) unterstützt.[662]

Im Bereich der zunehmenden *internationalen Ausrichtung* sowie des profilorientierten Marketing ist ein Nachholbedarf gerade der öffentlichen Hochschuleinrichtungen zu erkennen. Diese Tendenz wird durch die zunehmende Anzahl privatwirtschaftlicher Hochschulen sowie von Unternehmenshochschulen (‚Corporate Universities') verstärkt.[663] Der Notwendigkeit einer verstärkten internationalen Präsenz und Verknüpfung speziell für den deutschen Hochschulbereich wurde beispielsweise durch die konzertierte Aktion ‚Internationales Marketing für den Bildungs- und Forschungsstandort Deutschland' des Bundesministeriums für Bildung und Forschung (BMBF) deutlich begegnet.[664]

### 8.5.2. Veränderungsumfang im Bereich der Hochschulen

Die dargestellten Veränderungen im Umfeld der Hochschulen werden inhaltlich auf eine *Doppelbelastung* der Universitätsentwicklung in Bezug auf die beiden Dimensionen

---

lung des Neuen Steuerungsmodells für das Jahr 2001 (NSM 2001), CHE Arbeitspapier Nr. 29, Gütersloh; CHE/HRK (2001): Studiengebühren als Option für autonome Hochschulen, Ein Vorschlag für Eckpunkte einer Modellgestaltung, CHE Arbeitspapier Nr. 30, Gütersloh; Federkeil, Gero/Ziegele, Frank (2001): Globalhaushalte an Hochschulen in Deutschland, Entwicklungsstand und Empfehlungen, Gutachten im Auftrag der CDU-Fraktion des Sächsischen Landtages, CHE Arbeitspapier Nr. 32, Gütersloh; Geiger, Alan (2001): Kontrolle und Finanzierung der amerikanischen Hochschulen: Das Beispiel Ohio, in: Breinig, Helmbrecht/Gebhardt, Jürgen/Ostendorf, Berndt (2001): Das deutsche und das amerikanische Hochschulsystem: Bildungskonzepte und Wissenschaftspolitik, Publikationen der Bayerischen Amerika-Akademie 1b, Münster, Seite 33-43; Jensen, Mogens Klostergaard/Neuvians, Klaus (1994): Globalhaushalte für Hochschulen, Ein Vergleich Dänemark/Deutschland, CHE Arbeitspapier Nr. 6, Gütersloh; Karpen, Ulrich (1993): Zur Problematik von Wirtschaftlichkeitskontrollen im Hochschulbereich, in: Engelhardt, Gunther/Schulze, Harald/Thieme, Werner (1993): Stellung und Funktion der Rechnungshöfe im Wandel?, Schriften zur öffentlichen Verwaltung und öffentlichen Wirtschaft, Band 139, Baden-Baden, Seite 86-104; Kuhnert, Ingo/Leszczensky, Michael (1998), a.a.O.; Möncke, Ulrich/Gierstorfer, Eric/Ziegele, Frank (2000): Ein Budgetierungsmodell für die Fachhochschule München, Abschlussbericht der Kommission „Budgetierung FHM", CHE Arbeitspapier Nr. 23, Gütersloh; Stifterverband für die Deutsche Wissenschaft (1998b): Modell für einen Beitrag der Studierenden zur Finanzierung der Hochschulen (Studienbeitragsmodell), Essen.

661 „A BankBoston report of 1997 found MIT-related companies employed 1.1m people and produced annual sales of $232bn. If companies founded by staff or graduates pooled their income, the combined corporation would rank as the world's 24th largest economy." (Financial Times, Thursday April 25 2002, Page 17).

662 Quelle: Pressemeldung der Universität Frankfurt am Main vom 17. April 2002.

663 Woll, Artur (2001), a.a.O., Seite 30-31.

664 Quelle: Internet unter http://www.campus-germany.de/german/impressum, abgerufen am 07.05.2002; Partner der Aktion ‚Hi Potentials, International careers made in Germany' sind u.a. BMBF, Bundesvereinigung der Deutschen Arbeitgeberverbände (BDA), Carl Duisberg Gesellschaft (CDG), Deutscher Akademischer Austauschdienst (DAAD), Deutsche Forschungsgemeinschaft (DFG), Deutscher Industrie- und Handelstag (DIHT), Hochschulrektorenkonferenz (HRK) und Stifterverband für die Deutsche Wissenschaft.

- der *Leistungsdiskussion* und *Leistungsdokumentation* sowie
- der *strategischen Steuerung und Profilbildung*

hinauslaufen. Dabei sind die Hochschulleitungen und Mitarbeiter der Hochschulverwaltungen möglicherweise auf eine *externe Beratung und Unterstützung* angewiesen, zum einen aus *Qualifikationsgründen*, zum anderen aus *Zeitgründen*.[665] Darüber hinaus entstehen *neue Hochschulprofessionen*, die in neuen Berufsbildern neue Funktionen in der Hochschule wie Hochschulmarketing, Alumni-Management, Fundraising oder Portfoliomanagement durchführen.
Eine der zentralen Fragen im Kontext der Veränderungen im Hochschulbereich ist in Anlehnung an die Tendenzen der allgemeinen Verwaltungsmodernisierung die Frage der *Leistungsmessung* für Hochschulen: Die Diskussion wird sich in den kommenden Jahren noch verstärkt um diese Frage der Leistungsdefinition und -messung in den vier Teilbereichen Forschung, Kooperation, Lehre und Weiterbildung drehen.[666]

Dabei sind neben dieser medienwirksamen Fragestellung derzeit vier konkrete Entwicklungsbereiche im Zusammenhang der Leistungsfrage in Hochschulen zu erkennen, welche als *'Initialbereiche'* eine Diskussion zur Klärung dieser Frage für jede einzelne Hochschule *auslösen* können:

- *Leistungsvereinbarungen und Globalbudgets*: Im Rahmen der Umstellung der Mittelzuweisung an staatliche und private Hochschulen aus den Landeshaushalten auf eine Globalbudgetierung ist zur Wahrung des parlamentarischen Budgetrechtes die Entwicklung von Leistungsdokumentationssystemen z.B. als ‚Produkthaushalt' notwendig.[667]
- *Gehaltsvereinbarungen*: Im Rahmen der neuen W-Besoldung für Professoren ist die Definition und Ermittlung eines Leistungsanteils und damit der persönlichen Leistungen erforderlich.
- *Interne Steuerung*: Die interne Ermittlung und Aggregation von Leistungen auf der einen Seite und die entsprechende Allokation von Budgetmitteln auf der anderen Seite erfordert ein konsistentes und anerkanntes Kosten-/Leistungs-System, was idealerweise auch durch entsprechende Software unterstützt wird.
- *Strategische Steuerung*: Für eine strategische Entwicklung und Profilierung der Hochschulen wird die Diskussion um Leistungsbereiche und die Frage des (fachlichen) Leistungsumfanges in den Vordergrund treten.

Gleichzeitig ist zu beachten, dass im Rahmen der Umsetzung von Projekten zur Klärung der Leistungsfrage der essentielle *Gesamtzusammenhang* aller drei Hochschulbereiche (*Leitung*, *Verwaltung/Unterstützung* und *Wissenschaft*) zu berücksichtigen ist. Eine Hochschule ist definiert als ‚Organisation der Experten' mit einer relativ lockeren Hierarchie- und Führungs-

665 So schätzt die Technische Universität Dresden im Rahmen eines Pilotprojektes zur Entwicklung einer Outputsteuerung die Zeitdauer bis zur Umsetzung eines vollumfassenden Produkthaushaltes zur Dokumentation der Hochschulleistungen auf bis zu zehn Jahre. Dies beurteilt der Sächsische Landesrechnungshof zu Recht als unzureichend und mahnt eine Lücke in der Umsetzung des parlamentarischen Budgetrechts in Bezug auf die Hochschulen mit Globalbudgetierung an (Sächsischer Rechnungshof (RHFS) (2002), a.a.O.).

666 Die beiden Teilbereiche der Forschung und Lehre leiten sich aus dem klassischen Selbstverständnis der Hochschulen seit Humboldt ab (siehe unter anderem Baecker, Dirk (2000), a.a.O., Seite 49).

667 Siehe z.B. für das Pilotprojekt der Technischen Universität Dresden (TUD): Sächsischer Rechnungshof (RHFS) (2002), a.a.O.

struktur und einer hohen (verfassungsrechtlich garantierten) Freiheit der einzelnen Hochschulmitarbeiter (im wissenschaftlichen Bereich).[668]
Diesen Besonderheiten müssen Projekte im Rahmen der Entwicklungen der Fragestellungen zur Leistungsdokumentation gerecht werden, d.h. *alle* drei Bereiche (z.B. Dekan, Professoren und Verwaltungsmitarbeiter eines Fachbereiches) in der Konzeptentwicklung und -umsetzung müssen durch entsprechende Personen einbezogen werden. Als konkretes Beispiel für eine solche Umsetzung kann die Anwendung der Controlling-Technik Balanced Scorecard beschrieben werden.[669] Die Vorteile der Scorecard bestehen in der Verknüpfung von qualitativ-strategischen Aussagen wie der Hochschulvision oder Hochschulmission mit konkreten messbaren Leistungsbereichen. Als Messbereich ('Perspektiven') können die Standardbereiche für Unternehmen ('Kunden', 'Prozesse', 'Mitarbeiter/Innovationen' und 'Finanzen') oder aber die benannten Leistungsbereiche Forschung, Kooperation, Lehre und Weiterbildung genutzt werden. Die größte Anforderung besteht weiterhin in der Definition von Sollgrößen für die Zielindikatoren sowie die Messung der Ist-Werte und damit der Soll-Ist-Abweichung.

Als letzte Ausbaustufe werden konkrete Maßnahmen definiert und umgesetzt, welche zur Erreichung der definierten Ziele beitragen. Dieser Bereich dürfte im beschriebenen Umfeld der drei Organisationsbereiche Leitung, Unterstützung und Wissenschaft einer Hochschule die umfangreichste Vorbereitungs- und Umsetzungsarbeit erfordern. Diese Beispiele und Gedanken zeigen den Umfang der zu erwartenden konzeptionellen Änderungen im Bereich der Hochschulsteuerung auf. Gleichgerichtet formuliert der Direktor des Centrums für Hochschulentwicklung (CHE), MÜLLER-BÖLING in einer Zukunftsbeschreibung für die Hochschulen aus dem Jahr 2000:

> *„In Forschung und Lehre werden erbrachte Leistungen beurteilt nach den Kosten, die sie verursachen (Input), sowie nach Qualität und Quantität der erbrachten Dienstleistungen (Output). Dies geschieht auf der Grundlage von Leistungsvergleichen anhand quantitativer Leistungsindikatoren und qualitativer Evaluation."*[670]

668 Siehe z.B. Brinkmann, Hans (1998), a.a.O.; Brüggemeier, Martin (2000): Potentiale und Probleme eines Hochschul-Controlling, in: Budäus, Dietrich/Küpper, Willi/Streitferdt, Lothar (Hrsg.) (2000). Neues öffentliches Rechnungswesen, Stand und Perspektiven, Wiesbaden, Seite 451-487; Heintel, Peter (2000): Über die Universität und die „Einheit der Wissenschaften", in: Laske, Stephan u.a. (Hrsg.) (2000): Universität im 21. Jahrhundert, Zur Interdependenz von Begriff und Organisation der Wissenschaft, Universität und Gesellschaft – Schriftenreihe zur Universitätsentwicklung, Band 1, München/Mering, Seite 135-162; Müller-Böling, Detlef (2000), a.a.O.; Senge, Peter M. (2000): Die Hochschule als lernende Gemeinschaft, in: Laske, Stephan u.a. (Hrsg.) (2000), a.a.O., Seite 17-44; Weiler, Hans N. (2001): Kontrollgewalt und Finanzstrukturen des deutschen Hochschulwesens im Wandel, in: Breinig, Helmbrecht/Gebhardt, Jürgen/Ostendorf, Berndt (2001), a.a.O., Seite 45-65.

669 Zur allgemeinen Beschreibung der Balanced Scorecard siehe u.a.: Berens, Wolfgang/Karlowitsch, Martin/Mertens, Martin (2001): Performance Measurement und Balanced Scorecard in Non-Profit-Organisationen, in: Klingenbiel, Norbert (Hrsg.) (2001), a.a.O., Seite 277-297; Bernhard, Martin G./Hoffschröer, Stefan (2001), a.a.O.; Erichsen, Jörgen (2000): Balanced Scorecard - mehrdimensional planen und steuern, aus: Praxis des Rechnungswesens, Haufe-Verlag, Freiburg, Gruppe 11, Seite 461-484; Freidank, Carl-Christian/Liessmann, Konrad/Mayer, Elmar (Hrsg.) (1999): Controlling-Konzepte, Werkzeuge und Strategien für die Zukunft, 4. Auflage, Wiesbaden; Georg, Stefan (1999), a.a.O.; Horváth, Péter (Hrsg.) (1997), a.a.O.; Kaplan, Robert S./Norton, David P. (Hrsg.) (1997), a.a.O.; Klingenbiel, Norbert (2000), a.a.O.; Weber, Jürgen/Sandt, Joachim (2001), a.a.O.; Weber, Jürgen/Schäfer, Utz (2000), a.a.O.

670 Müller-Böling, Detlef (2000), a.a.O., Seite 24.

### 8.5.3. Internationaler Vergleich der Entwicklungstendenzen

Zuallererst ist im Rahmen eines Vergleichs in Bezug auf die Hochschulfinanzierung festzustellen:

> *„Auch die entfesselte Hochschule muss eine staatliche, zumindest eine (überwiegend) staatlich finanzierte Hochschule sein."*[671]

Dies zeigt das Beispiel der USA, wo 45% der Hochschulen mit 80% der Absolventen staatliche Hochschulen sind und auch die privaten Hochschulen mit einer staatlichen Teilfinanzierung ausgestattet sind.[672] Die Entwicklung der Hochschulen erfordert die Eigenschaftsbeschreibungen Autonomie, Wissenschaftlichkeit und Wirtschaftlichkeit, wobei die Orientierung der Wirtschaftlichkeit erreicht werden muss, „ohne sich erwerbswirtschaftlichen Interessen unterzuordnen oder dem Prinzip der Gewinnmaximierung zu verschreiben."[673] Aus dem Zusammenhang einer weiter notwendigen Zusammenarbeit in der Form staatlicher Mittelzuweisungen und der staatlichen Aufsichtspflicht (GG) ergibt sich eine Reportingpflicht der Hochschulen. Anders formuliert:

> *„Ein blindes Vertrauen des Staates in die Weisheit der Hochschulangehörigen beim Umgang mit Steuergeldern kann nicht vorausgesetzt werden."*[674]

Nach den Aussagen von OLSON sind „gut eingeführte" Institutionen durch ihre „innere Logik" immanent inflexibel und stehen in der Gefahr, durch „Newcomer" verdrängt zu werden.[675] Die Gegenmeinung wird u.a. von DE BOER vertreten, der formuliert: „Im Unterschied zu anderen Institutionen haben Universitäten ihre Fähigkeit bewiesen, sich an die sich verändernden Bedingungen anzupassen, mit denen sie konfrontiert worden sind."[676] Allerdings sieht DE BOER auch eine Problematik in der durch die Demokratisierung der sechziger und siebziger Jahre hervorgerufene „Politisierung"[677] und die damit verbundene Inflexibilität insbesondere in Bezug auf strategische Entscheidungen.[678] In einigen Ländern hat quasi als Gegenbewegung eine erneute Verantwortungskonzentration (‚Managerialismus') stattgefunden, so beispielsweise in Australien, Dänemark, den Niederlanden und Großbritannien.[679]
Der Veränderungsdruck insbesondere auch partizipativ geführter Hochschulen resultiert nach DE BOER aus einer veränderten Rolle der Regierungen in Verbindung mit einer zunehmenden Marktorientierung der Hochschulbildung.[680] Im System der Forschungsorganisation in Hochschulen ist ein sinkender Grenzertrag der Disziplinorientierung zu beobachten – dahingehend besteht durch die Dominanz der Disziplinorientierung deutlicher Anpassungsbedarf.[681] Es besteht eine 'Interdependenz der Offenheit' bei der Einführung von Leistungsmessungen an Hochschulen: Ohne die Bereitschaft der betroffenen Personen zur angstfreien Mitarbeit und Mitwirkung bei der Outputbestimmung sind keine fundierten Ergebnisse zu erreichen. Umge-

671 Ebd., Seite 31.
672 Ebd., Seite 31.
673 Ebd., Seite 31.
674 Ebd., Seite 177.
675 Nach Kern, Horst (2000), a.a.O., Seite 26.
676 de Boer, Harry (1998), a.a.O., Seite 59.
677 „Eine der Folgen der Verlagerung auf ein 'demokratisches' (...) Leitungssystem war, dass die akademische Gemeinschaft zunehmend zu einer politischen Organisation wurde." (ebd., Seite 61).
678 Vergleiche ebd., Seite 62.
679 Ebd., Seite 60.
680 Ebd., Seite 64-65.
681 Nach Kern, Horst (2000), a.a.O., Seite 30.

kehrt hängt der Vertrauensvorschuss der Personen wesentlich vom Einführungsprozess sowie der Aussagequalität der Outputmessung ab.[682]

Die PISA-Studie zum internationalen Leistungsvergleich in Schulen hat auch eine entsprechende Diskussion um die Lehrleistungen der Hochschulen angeregt. Dies ist Anzeichen einer immer weiter zunehmenden ‚Output-Diskussion', in deren Rahmen messbare Ergebnisse statt wie in der Vergangenheit nur Ressourcen-Inputs verlangt und diskutiert werden.[683] Dieser Trend wird für die Hochschulen in Zukunft noch weiter zunehmen und kann mit der Systematik einer internen Rechnungslegung nach Output-Kriterien in Verbindung gebracht werden. Beispiele und Vorschläge für Output-Indikatoren für Hochschulen gibt es genügend. Auch der ehemalige Bundespräsident RAU nennt einige – wenn auch noch wenig spezifiziert und nur teilweise quantitativ messbar – in einer seiner aktuellen Reden:[684]

- Quote der Hochschulabsolventen (im internationalen Vergleich),
- Abbrecherquote innerhalb eines Studienganges,
- Summe der Ausgaben je Studienabschluss,
- Qualität und Qualifikation der Lehrenden.

Rahmenbedingung und 'Interaktionspartner' für eine zunehmende Outputorientierung der Hochschulen ist der zunehmende europäische und internationale Wettbewerb unter tertiären Bildungseinrichtungen.[685] Die deutsche Bildungs- und Hochschulpolitik ist im internationalen Vergleich und insbesondere im Kontrast zum amerikanischen Hochschulwesen noch wenig konkurrenzorientiert. Die spiegelbildlich zum fehlenden Wahlrecht der Studierenden gelagerte Denkweise einer nicht abgrenzenden oder profilierenden Politik der Bundesländer beziehungsweise der einzelnen Hochschulen ist für amerikanische Verhältnisse befremdlich: Dort fragen Hochschulpolitiker zuerst danach, „wie unterscheiden wir uns von den anderen 49 Staaten?“[686]. Die Leitungsstrukturen amerikanischer Hochschulen sind im Vergleich autonomer[687] und stärker managementorientiert bzw. exekutiv[688] geprägt. Im Rahmen der Budgethoheit der Universitätsleitung stehen auch ziel- und vor allem einnahmeorientierte Fragen[689] im Vordergrund.

Die Zielstellung einer 'Schwerpunktbildung' an den Hochschulen ist mit einer Investition im Bereich privater Unternehmen zu vergleichen: Es ist ein erhöhter Einsatz finanzieller Mittel notwendig und finanzielle Rückflüsse sind – wenn überhaupt – sehr spät zu erwarten. Dies

682 Vergleiche ebd., Seite 33.

683 Rau, Johannes (2002): Wissen und Werte in Einklang bringen, Gedanken über Universität, Wissenschaft und Bildung, in: Forschung & Lehre, 5/2002, Seite 230.

684 Ebd., Seite 231-233.

685 So berichtet beispielsweise Zimmermann zur Verabschiedung des neuen Hochschulrahmengesetzes in Spanien: „Wichtigstes Ziel ihrer Reform ist die Verbesserung der Qualität der spanischen Hochschulen sowie ihre Positionierung im europäischen und internationalen Wettbewerb.“ (Zimmermann, Daniel (2002): Hochschulpolitik in Spanien, Neues Hochschulrahmengesetz gegen landesweiten Protest durchgesetzt, in: Forschung & Lehre, 5/2002, Seite 256).

686 Geiger, Alan (2001), a.a.O., Seite 33.

687 So entscheiden die Leitungsgremien der einzelnen Hochschule über Inhalte und Ziele des Haushaltes, ebd., Seite 42.

688 Der Präsident wird beispielsweise an der Ohio State University durch den Hochschulrat gewählt und ist allein entscheidungsbefugt (ebd., Seite 34-35).

689 Die Aufgabe, 'Geld einzuwerben' zählt zu den 13 benannten Aufgaben der Mitglieder des Hochschulrates (ebd., Seite 33-42).

passt regelmäßig nicht zur politischen Erwartung sofortiger Einsparungen durch solche Maßnahmen.[690]

> *„Die Freiheit von Forschung und Lehre, im Grundgesetz verankert, ist ein hohes Gut und darf nicht ausgehöhlt werden. (...) Zu dieser Freiheit gehört auch Vertrauen in den Wissenschaftler, Vertrauen darauf, dass er und sie das Leistungsvermögen im Interesse der Wissenschaft, d.h. von Forschung und Lehre, einsetzt, ohne ununterbrochen kontrolliert zu werden."*[691]

### 8.5.4. Wettbewerb als Kernelement einer neuen Hochschulordnung

Allgemeines Ziel der Veränderungen in der Hochschullandschaft speziell in Deutschland ist die vielfach dokumentierte Entwicklungsrichtung zu mehr Wettbewerb.[692] Allerdings warnen einige Stimmen berechtigt davor, in einem Formalziel einer wettbewerbsorientierten Hochschulorganisation ein an sich positives Sachziel zu sehen:

> *„Über eines müssen wir uns im klaren sein: Wettbewerb bringt nicht automatisch bessere Leistungen hervor; er kann auch das Gegenteil bewirken. Der Wettbewerb der Fernsehanstalten ist ein Beispiel dafür, daß im Konkurrenzkampf das Gehaltvolle leicht auf der Strecke bleibt, während Billigangebote überleben."*[693]

Genau diese Zielrichtung hin zu mehr Wettbewerb fordert nach der Argumentation von MORKEL jedoch eine verstärkte Zieldefinition und -kontrolle.[694]

Für die Universität gilt immanent das klassische Paradoxon der Erziehung und des Lehrens und Lernens: Die Dichotomie von Freiheit und Zwang ist in einer gewissen Balance erforderlich, um Erfolge zu erzielen. In gleicher Weise müssen Institutionen und Prozesse in einer Universität einen Zwang ausüben beispielsweise in Form eines leistungsabhängigen Gehalts oder einer drittmittelabhängigen Lehrstuhlausstattung (Forschung); für die Studierenden in Form eines vorgegebenen Curriculums, das in der Summe (der Kreditpunkte beispielsweise) zu einem akademischen Abschluss berechtigt. Gleichzeitig muss ein nicht unwesentlicher Grad an Freiheit gewährt werden, damit das Ziel, die Leistung guter Forschung und Lehre, erreicht werden kann: Die Forschung muss inhaltlich frei sein, es muss im Rahmen einer Fürsorgepflicht eine Sicherheit vor Willkür und inhaltlicher Einflussnahme sowie eine gewisse zeitliche Konstanz garantiert werden. Für die Lehre muss sich ein studentischer Freiheitsgrad beispielsweise durch Wahl- und Wahlpflichtfächer, außercurricularen Projektangeboten und politisch-demokratischen Beteiligungsmöglichkeiten zur Entwicklung von Persönlichkeit und Lernkompetenz ausdrücken. Damit sind auch den Reformbemühungen der Institution Hochschule eindeutige – wenn auch nicht exakt quantifizierbare – Grenzen gesetzt: Veränderte und verbesserte Institutionen und Prozesse können nur über das eine Element des Forschens und

---

690 Siehe beispielsweise Berg, Gunnar (2002): Leistungsanreize für die Universität?, Zwischen leistungsabhängigem Gehalt und Unterfinanzierung, in: Forschung & Lehre 3/2002, Seite 138.

691 Berg, Gunnar (2002), a.a.O., Seite 140.

692 „Und nun zum Wettbewerb. Er ist an den Hochschulen seit eh und je normal. Man kann sogar sagen, dass der Hochschulbereich das System des öffentlichen Dienstes ist, in dem der meiste Wettbewerb praktiziert wird" (ebd., Seite 138); beispielsweise auch die Argumentation bei Woll, Artur (2001), a.a.O.

693 Morkel, Arnd (2000): Der Wortschwall der Ahnungslosen oder: Wie Politik und Wirtschaft die Universitäten reformieren wollen, in: Müller, Anselm Winfried/Hettich, Rainer (Hrsg.) (2000): Die gute Universität, Beiträge zu Grundfragen der Hochschulreform, Baden-Baden, Seite 17.

694 „Wer Wettbewerb will darf keinen Zweifel daran lassen, worin das Ziel des Wettbewerbs besteht und an welchen Maßstäben seine Resultate zu messen sind. Im Zusammenhang mit dem Wettbewerb der Universitäten bedeutet das, daß wir uns zuallererst darüber verständigen müssen, wozu eine Universität da ist" (ebd., Seite 17).

Lehrens, den Zwang Einfluss auf ein Forschungs- und Lehrergebnis ausüben, oder mit den Worten von MÜLLER: „Fruchtbare Forschung, verständliche Lehre, gründliches Studium lassen sich durch einen angemessenen institutionellen Rahmen und kluge Verwaltung fördern, aber nicht ersetzen."[695]

> *„Ebenso lähmt die bislang vorherrschende inputorientierte Kameralistik bei der Mittelverteilung einen flexiblen und zielgerichteten Ressourceneinsatz entsprechend neuer universitärer Zielstrukturen und sachlicher Notwendigkeiten. Diese Inputorientierung ist nicht nur Ursache für fehlendes Kostenbewusstsein, sondern führt dazu, dass die einzelnen Organisationseinheiten i.d.R. auf der bisher Mittelzuteilung beharren bzw. zusätzliche Ressourcen einfordern. Es erfolgt jedoch zu wenig Orientierung an den Leistungen, die mit den zugeteilten Ressourcen erreicht werden."*[696]

REICHWALD beschreibt unter anderem als Grund für eine schwache Führung durch die verantwortlichen Leistungsorgane eine unzureichende Informationsversorgung für das Amt des Präsidenten oder Rektors bzw. der Dekane.[697] Dies kann unter anderem auf die verwendete Form der Rechnungslegung zurückgeführt werden, welche bestehende Informationsanforderungen nicht erfüllt.

### 8.5.5. Entwicklungsbereiche der Hochschulreform

Bei einer Übertragung der klassischen betriebswirtschaftlichen strategischen Analyse (strategische Planungslücke) auf der Grundlage des Produktlebenszyklus ergibt sich für die Hochschulen nach dem Ansatz der Markt-Matrix von ANSOFF eine Anwendung der vier möglichen Strategien für die vier Leistungsbereiche der Hochschule.

Tabelle 60: Strategische Konzepte nach der Markt-Matrix für Hochschulbereiche

| | | **Märkte** | |
|---|---|---|---|
| | | alt | neu |
| **Produkte** | alt | Marktdurchdringung (‚Forschung') | Marktentwicklung (‚Kooperation') |
| | neu | Produktentwicklung (‚Lehre') | Diversifikation (‚Weiterbildung') |

*Quelle: In Anlehnung an Budäus, Dietrich (2002b): Strategische Planung öffentlicher Unternehmen unter Wettbewerbsbedingungen, in: GöW (Hrsg.) (2002): Rollenwechsel kommunaler Unternehmen, Referate eines Symposiums der Gesellschaft für öffentliche Wirtschaft am 10. Dezember 2001 in Leipzig, Beiträge zur öffentlichen Wirtschaft, Heft 19, Berlin, Seite 38.*

So entspricht der bestehende *Forschungsbereich* der Hochschulen als 'altes' Produkt auf einem bestehenden Markt dem Bereich der Strategieempfehlung 'Marktdurchdringung'. Jede einzelne Hochschule kann auf einem relativ fest vorgegebenen Markt der Forschungsmittel[698] versuchen, den eigenen Anteil zu steigern.

695 Müller, Anselm Winfried (2000): Die gute Universität als Thema der Ethik, in: Müller, Anselm Winfried/Hettich, Rainer (Hrsg.) (2000), a.a.O., Seite 36.

696 Reichwald, Ralf (2000): Organisations- und Führungsstrukturen zur Stärkung der Wettbewerbsfähigkeit der Universität von morgen, in: Laske, Stephan u.a. (Hrsg.) (2000), a.a.O., Seite 318.

697 Ebd., Seite 318-319.

698 Beispielsweise durch die DFG oder private Unternehmen vergebene Forschungsaufträge als Drittmittelprojekte.

Der Leistungsbereich der *Lehre* ist im Umfeld der Diskussion um die Einführung von neuen Studienabschlüssen, Studiengebühren und Studienorganisationen[699] als bestehender Markt mit der Notwendigkeit der Produktentwicklung anzusehen, da die bestehenden Studienangebote und Studienorganisationsformen in Zukunft nicht mehr als adäquat einzustufen sind.
Der Bereich der *Kooperation* von Hochschulen mit privaten Unternehmen und anderen Einrichtungen ist als neuer Wachstumsbereich einzustufen, in dem aber die klassischen Strukturen und Möglichkeiten der Hochschulen in Drittmittelprojekten o.ä. als ausreichend anzusehen sind. Die Hochschulen bzw. die Hochschulangehörigen sind dabei alleine aufgefordert, in diesem Bereich verstärkt Aktivitäten zu entfalten, d.h. Marktentwicklung zu betreiben.

In der akademischen *Weiterbildung* ist für die Hochschulen ein ganz neuer Markt mit der Notwendigkeit der Entwicklung neuer Angebote zu sehen. Dies lässt sich mit der Strategie der 'Diversifikation' beschreiben. Die meisten staatlichen Hochschulen sind in diesem Bereich bisher nicht tätig und entwickeln nach den neuen Anforderungen des Hochschulrahmengesetzes[700] gerade erst die entsprechenden Strukturen und Angebote. Nach dieser Darstellung dürfte es gerade für die staatlichen Hochschulen durch das Engagement im Bereich der Weiterbildung als einer der ersten Punkte zu einer deutlichen operativen Notwendigkeit einer Risikomessung kommen, da hier bereits durch bestehende private Anbieter ein sehr starker Wettbewerb besteht.[701] Dieser wird in Verbindung mit der Unmöglichkeit größerer Quersubventionierungen zur Deckung unwirtschaftlicher Angebote in der Weiterbildung[702] sehr schnell dazu führen, dass Hochschulen gezielt über ihre Risikopositionen und ökonomischen Risiken durch das Angebot von Weiterbildungsstudiengängen nachdenken müssen. Somit könnte der Weiterbildungsbereich metaphorisch gesprochen eine *'Türöffnerfunktion' für die Risikomessung* darstellen,[703] sofern die Weiterbildung der Quantität nach einen entsprechenden Einfluss auf zentrale Hochschulentscheidungen hat.

Abschließend kann in Kontrast zur Schlussfolgerung von MÖNNICH in Anlehnung an das *Hesburgh Paradoxon*[704] (strukturelle Innovationsfeindlichkeit der Hochschule im Innern bei gleichzeitiger Innovationsförderungsfunktion für die gesamte Gesellschaft) die folgende Kontextbeschreibung für Innovationen in Hochschulen gegeben werden: Während MÖNNICH für die klassische Innovationstätigkeit in Bezug auf wissenschaftliche Forschungsfelder von einer *Akkreditiv-Funktion der Hochschulen* ausgeht[705] und dies auf die fehlende Existenzbedrohung der Hochschulen zurückführt, muss im Kontext eines ansteigenden Wettbewerbs und der Aufhebung der absoluten Existenzsicherheit der Hochschulen durch die staatlichen Trägerein-

---

699 Vgl. beispielsweise Woll, Artur (2001), a.a.O., Seite 38-49.

700 Siehe die Definition der Weiterbildung als genuine Aufgabe der Hochschulen in § 2 Absatz 1 des HRG i.d.F. vom 19.01.1999.

701 Meyer-Guckel, Volker (2003): Hochschulen im Weiterbildungsmarkt – Thesen, Entwicklungen und Initiativen, in: Deutsche Gesellschaft für Bildungsverwaltung (Hrsg.) (2003), a.a.O., Seite 84.

702 Die Hochschulgremien wachen in der Regel und zu Recht sehr stark darüber, dass durch Weiterbildungsangebote keine Ressourcen aus den Bereichen der Forschung und Lehre abgezogen werden. In den meisten Regelungen der Hochschulen ist daher vorgesehen, dass Weiterbildungsangebot mittelfristig immer selbsttragend sein müssen.

703 So verwendet beispielsweise Mönnich auch gezielt den Weiterbildungsbereich zur Analyse des Innovationsverhaltens einer Universität (Mönnich, Ernst (1986), a.a.O., Seite 169-188).

704 Ebd., Seite 279.

705 Ebd., Seite 280, auch: Engels, Maria (2001): Die Steuerung von Universitäten in staatlicher Trägerschaft, Eine organisationstheoretische Analyse, Wiesbaden..

richtungen davon ausgegangen werden, dass die Hochschulen nunmehr vor einem tatsächlich *existenzbedrohenden Innovationswettbewerb* stehen.

Dabei hat dieser Wettbewerb mindestens zwei Dimensionen: Einmal die auch von MÖNNICH diskutierte *inhaltliche Dimension* der Forschung und Wissensentwicklung. Zum anderen aber auch eine zweite *Organisationsdimension* im Bezug auf das Management der Hochschule. Einfach ausgedrückt bedeutet dies: Da in Zukunft eine Hochschule sowohl durch *fachliche Inkompetenz* als auch durch *organisatorische Inkompetenz* in ihrer Existenz möglicherweise bedroht sein wird, werden sowohl *wissenschaftliche Innovationen* als auch *Managementinnovationen* in den Hochschulen deutlich schneller einen Durchbruch erfahren als in der Vergangenheit. Diese Analyse lässt bei allen dargestellten Schwierigkeiten und historischen Erfahrungen der Hochschulreform auf eine beschleunigte Anpassung der Hochschulen gerade im Bereich der Organisations- und Führungsmethoden wie beispielsweise der Risikomessung hoffen.

## 8.6. Konzeptionelles Vorgehen bei Veränderungen im Hochschulbereich

Letztendlich ist ROSIGKEIT in seiner Analyse[706] zuzustimmen, dass die politischen Umstände eine umfassende Reform aufgrund der Stimmenmaximierungsüberlegungen der Politischen Ökonomie sowie der individuell geringfügig weil breit verteilten Vorteile einer umfassenden Reform nicht zulassen werden. Daher erscheint eine Strategie der schrittweisen oder gestuften Reform als angeraten. Diese muss in mehreren kleinen Schritten in die richtige Richtung hin zu mehr Wettbewerb und verbesserter Autonomie und methodischer Steuerung der Hochschulen führen. Da Wettbewerb ein immanentes Merkmal aller marktlich orientierten Reformvorschläge für den Hochschulbereich ist, verbleibt die Verantwortung für die Sichtbarmachung und Absicherung der damit unwiderruflich entstehenden Risiken für autonome Hochschuleinrichtungen im Bereich der Bildungspolitik.

Dies bedeutet nicht, dass eine vollständige politische Garantieübernahme notwendig ist, sondern stellt nur fest, dass die staatliche Gesamtverantwortung durch autonome Hochschulen eher steigt als sinkt. Dies könnte sich beispielsweise in ähnlichen Aufsichtsgremien und Sicherungsmechanismen wie im Bereich der Kreditwirtschaft äußern: Denn letztendlich ist die ‚Geschäftsgrundlage' sowohl für Hochschulen als auch für Kreditinstitute das Vertrauen der einzelnen Personen – und dieses Vertrauensverhältnis ist für die volkswirtschaftliche und gesellschaftliche Entwicklung von so hoher Bedeutung, dass die öffentliche Hand für ausgereifte Sicherungsmechanismen für die möglichen Risikofälle durch vorbeugende Aufsicht und nachsorgende Sicherung zu sorgen hat.

Dabei ist zu beachten, dass wie im Bereich der Kreditinstitute das individuelle Risiko der einzelnen Institution bei einem funktionierenden Wettbewerb keineswegs aufgehoben wird, womit langfristig wirtschaftliches Handeln und möglichst verantwortungsvolles Handeln erzwungen wird.

706 Rosigkeit, Andreas (1995): Reformdefizite der deutschen Hochschule, Zum Dilemma der staatlichen Universität im Spannungsfeld zwischen Normativer Theorie und Politischer Realität, Europäische Hochschulschriften, Reihe V, Band 1718, Frankfurt am Main u.a., Seite 283.

Eine schrittweise Reform des Hochschulsektors könnte folgende Elemente haben:

(a) Stufenweise *Erweiterung des Wettbewerbs der Hochschulen um Finanzmittel* beispielsweise durch
   i. Ausweitung der indikatorbasierten Mittelverteilung (eventuell Vereinheitlichung der Parameter),
   ii. Ausweitung der Studiengebührenfinanzierung (sofern die Finanzmittel direkt den Hochschulen zufließen) sowie
   iii. Ausweitung der wettbewerbsorientierten Vergabe von Forschungsmitteln.[707]

(b) Stufenweise *Erweiterung der Autonomie der Hochschulen* beispielsweise durch
   i. Erprobung und Nutzung neuer Rechtsformen wie der Stiftungshochschule,
   ii. Erweiterung der globalen Mittelvergabe an die Hochschulen,
   iii. Ausweitung der Personalverantwortung der Hochschulen (bis zur Entwicklung von „Haustarifen" der Hochschulen) sowie
   iv. Möglichkeit der Vermögensbildung bei den Hochschulen.

(c) Stufenweise *Einführung von Unterstützungs- und Informationsdiensten* staatlicher Stellen wie beispielsweise
   i. wissenschaftlich fundierte und fortlaufende Rankings als „Gegengewicht" zu bestehenden Bewertungen der Hochschulen und
   ii. Unterstützung bei der Methodenentwicklung in Bezug auf Risikomessung und Risikosteuerung.

(d) Stufenweise *Einführung einer übergeordneten staatlichen Sicherung* beispielsweise durch
   i. eine einheitliche Hochschulakkreditierung für den Titel einer staatlich anerkannten Hochschule (welche nur organisatorische und keine inhaltlichen Kriterien vorsieht),
   ii. eine laufende Überwachung der Eignung der Hochschulen in der Form der Personen der Hochschulleitung sowie der Prozesse und Methoden der Hochschule ähnlich dem Bundesaufsichtsamt für das Finanzwesen,
   iii. Einrichtung einer Sicherungsvereinbarung für den Fall der Schließung einzelner Fachbereiche oder Hochschulen, die eine Beendigung der begonnenen Forschungen und Studiengänge sicherstellt (ordnungstheoretisch sollte diese aus Mitteln der Hochschulen selbst finanziert sein, um einer gezielte „Bail-out-Strategie" einzelner Hochschulen vorzubeugen).

Zu Recht weist gleichzeitig SCHRAMM darauf hin, dass wesentliche Reformelemente wie die Einführung neuer Studienabschlüsse zur Erhöhung der Vergleichbarkeit und Mobilität sowie die damit einhergehende Akkreditierung aus dem *Kontext der europäischen*[708] *Bildungspolitik* herrühren.[709] Aus dieser Richtung ist auch in Zukunft insbesondere durch die Ausweitung des Umfangs der Europäischen Forschungsprogramme zu einem Europäischen Forschungsraum (ERA)[710] ein zunehmender Beitrag zu den Reformen im Hochschulbereich zu erwarten, da die

707 Vergleiche beispielsweise auch ausführlicher die Anregungen der Monopolkommission zum Wettbewerb im Hochschulbereich (Monopolkommission der Bundesrepublik Deutschland (2000): Wettbewerbs als Leitbild für die Hochschulpolitik, Sondergutachten gemäß § 44 Abs. 1 Satz 4 GWB, Bonn, insbesondere Seite 113-119).

708 Im Wesentlichen die Politiken der Europäischen Union, was aber durch die Teilnahme weiterer europäischer Länder beispielsweise an der Erklärung von Bologna und dem daraus erwachsenden Bologna-Prozess nicht eindeutig trennscharf als Definition verwendet werden kann.

709 Schramm, Jürgen (2002): Universitätsreform zwischen Liberalisierung und staatlichem Dirigismus, Reihe Ökonomische Theorie der Hochschule, Band 9, Frankfurt am Main u.a., Seite 105ff.

710 ‚European Research Area'.

Konzeptionen der Europäischen Union in der Regel ein starkes Wettbewerbselement beinhalten.
Des weiteren ist auf die *reformunterstützende Rolle* der privaten Hochschulen sowie der Hochschulneugründungen zu verweisen. Während in der Gründungsphase neuer Hochschulen der 70er Jahren des 20. Jahrhunderts wenig organisatorische und steuerungstechnische Impulse von den Neugründungen ausgingen[711], zeichnet sich mit der eher „atomisierten"[712] Gründungswelle seit der Jahrhundertwende eine neue Qualität der Reformunterstützung ab: Statt großer bildungspolitischer Diskussionen leisten die Neugründungen mit ihrer geringen Größe und umso höheren Flexibilität einen praktischen Beitrag zum Alltag und zum Erfolg der Hochschulreform.
Die Neugründungen in zumeist privater Rechtsform zeigen die Möglichkeiten und Chancen einer *autonomen* und *professionalisierten* Hochschulleitung auf und dienen zugleich als 'Experimentierfeld' für die Methoden und Modelle im gesamten Hochschulbereich. Langfristig ist zusätzlich in der Summe der (kleineren) Neugründungen ein nicht zu unterschätzender Wettbewerbseffekt für die bestehenden (zumeist staatlichen) Hochschulen zu erwarten.

711 Raupach, Hubert/Reimann, Bruno W. (1974): Hochschulreform durch Neugründung? Zur Struktur und Wandel der Universitäten Bochum, Regensburg und Bielefeld, Bonn-Bad Godesberg, Seite 119-122.

712 Der Begriff der ‚Atomisierung' bietet sich ob der geringen Größe der aktuellen Neugründungen im Vergleich zu den staatlichen Neugründungen der 70er Jahre (mindestens um den Faktor 10 geringere Studierendenzahlen) und gleichzeitig durch die deutliche Beschleunigung der Gründungsprozesse (mindestens um den Faktor 5 kürzere Gründungszeiträume) an. Vergleiche die Aussagen zur Gründung der Ruhr-Universität Bochum (ebd., Seite 79-298).

# 9. Zusammenfassung und Bewertung der Ergebnisse

## 9.1. Handlungsbedarf und Kriterienmodell zu Informations- und Risikomanagementsystemen

Im Rahmen einer Analyse der Problembereiche zu Rechnungslegungskonzepten in öffentlichen Einrichtungen konnte gezeigt werden, dass verschiedene *Problemfelder existieren*. Diese Analyse konnte in ein Bewertungssystem überführt werden, dessen Bewertungskriterien in vielen Punkten die angesprochenen Problemfelder reflektieren. Damit wurde erfolgreich eine Bewertung zweier etablierter Softwaresysteme für das Informations- und Risikomanagement in Hochschulen durchgeführt. Daraus ergab sich wie vermutet insbesondere eine Lücke dieser Systeme in der Frage der Ermittlung und Steuerung von finanziellen Einkommensrisiken für Hochschulen.

## 9.2. Konzept einer Risk-Return-Steuerung für Hochschulen

Am Beispiel der entfalteten Konzeption zur Risk-Return-Steuerung für Hochschulen konnte im sechsten Kapitel gezeigt werden, dass diese moderne Steuerungskonzeption möglicherweise mit einigen Anpassungen auf typische öffentliche Einrichtungen wie die Hochschulen übertragen werden könnte. Auch die empirische Überprüfung der Thesen zur Risikowahrnehmung und zum Risikomanagement in Hochschulen zeigt im Vergleich der Hochschulen in Australien, Deutschland, Österreich und der Schweiz auf, dass die Haupteinflussgröße Wettbewerb die Nachfrage nach Risikoinformations- und Risikosteuerungskonzepten steigen lassen wird, da absehbar auch in den deutschsprachigen Ländern wie heute schon in Australien ein deutlich ansteigender Wettbewerb der Hochschulen zu erwarten ist. Damit wird die vorgeschlagene Konzeption der Risk-Return-Steuerung für Hochschulen als Beispiel öffentlicher Einrichtungen zunehmend interessant.

## 9.3. Reflexion der Arbeitsthesen

Die zu Beginn der Ausarbeitung vorgestellten Thesen sollen hier einer *abschließenden Bewertung* unterzogen werden, um so auf den Fortgang und die Ergebnisse der Untersuchung hinweisen zu können:

(I) *Die Begründung und Eigenschaften öffentlicher Güter sowie politische Entscheidungen führen zur Notwendigkeit öffentlicher Leistungserstellung sowie zur damit notwendigen Existenz Öffentlicher Einrichtungen*: In der aus der Literatur bekannten Ableitung der Legitimation öffentlicher Einrichtungen wurde die Notwendigkeit der Existenz dieser Einrichtungen – unabhängig von den sich im Rahmen der Verwaltungsmodernisierung wandelnden Rechtskonstruktionen – aufgezeigt. Dies ist insbesondere im Lichte der zunehmenden Erkenntnisse zu den Grenzen möglicher Privatisierungen und Auslagerungen in den privatwirtschaftlichen Bereich von besonderer Bedeutung.

(II) *Es liegen in der praktischen und theoretischen Betrachtung wesentliche Problembereiche in der Anwendung der bestehenden Konzeptionen zu Rechnungslegungs- und Informationssystemen vor*: Im Rahmen der Analyse bestehender Literaturquellen und der Anmerkungen der Rechnungshöfe konnte gezeigt werden, dass wesentliche Problembereiche im Kontext der Informationssysteme in Öffentlichen Einrichtungen bestehen.

(III) *Es werden zunehmend kriteriengestützte Bewertungssysteme zur rationalen Beurteilung und Entscheidungsunterstützung bei der Auswahl von geeigneten Informations- und Risikomanagementsystemen für öffentliche Einrichtungen benötigt*: Die Analyse der oben genannten Quellen sowie die Tatsache der zunehmenden Wechsel in den verwendeten Rechnungslegungskonzepten legt die Notwendigkeit eines solchen rationalen weil kriteriengestützten Bewertungssystems offen. Als Vorschlag wurde ein beispielhafter Entwurf für ein solches Bewertungssystem entwickelt, das auf Kriterien aus den identifizierten Problembereichen basiert.

(IV) *Für öffentliche Einrichtungen wie beispielsweise Hochschulen fehlt weitgehend ein adäquates Risikoinformations- und Risikomanagementsystem*: Die Literaturquellen und auch die Bewertungsanalyse der Softwaresysteme in Hochschulen sowie die Aussagen der Hochschulleitungen selbst in Australien, Deutschland, Österreich und der Schweiz haben kursorisch gezeigt, dass an der Stelle der Risikomessung und Risikosteuerung derzeit keine adäquaten Informations- und Risikomanagementsysteme vorliegen. Insbesondere im Kontext des zunehmenden Wettbewerbs und der fortschreitenden Autonomie der Hochschulen erscheint dieser Mangel als besonders schwerwiegend.

(V) *Die Wirtschaftlichkeit und Effektivität bestehender Informations- und Risikomanagementsysteme in öffentlichen Einrichtungen können durch Einführung ergänzender Konzepte wie zum Beispiel der Risk-Return-Steuerung gesteigert werden*: Diese These wird durch die verschiedenen reformierten Verfahren wie das Modell von LÜDER, verschiedenste Übertragungen von Controllingkonzepten auf öffentliche Einrichtungen oder die hier entwickelte Risk-Return-Steuerung belegt.

(VI) *In der Praxis kann in öffentlichen Einrichtungen am Beispiel der Hochschulen eine Differenz der Einstellungen und Nutzung von Risikomanagementsystemen festgestellt werden, die unter anderem durch die Frage des herrschenden Wettbewerbs beeinflusst wird*: Die empirische Interviewerhebung in vier Ländern konnte Aufzeigen, dass erstens Unterschiede in der Risikowahrnehmung zwischen einzelnen Hochschulen aber noch signifikanter zwischen Länder- bzw. Sprachräumen existieren. Zweitens hat sich herausgestellt, dass insbesondere bei australischen Hochschulen der Wettbewerb zwischen den Hochschulen die wesentliche Einflussgröße bzw. Motivation für das Risikomanagement und die entsprechende Haltung der Führungskräfte darstellt.

(VII) *Durch die Neuorientierung der öffentlichen Einrichtungen im Zuge der Verwaltungsmodernisierung und den Einsatz neuer Informations- und Risikomanagementsysteme ist eine neue Rollenbeschreibung für die beteiligten politischen Institutionen notwendig*: An den in der Kontextbeschreibung dargelegten Beispielen ist ersichtlich, dass sich das Rollenverständnis und die Aufgaben insbesondere der legislativen Organen sowie der Rechnungsprüfungseinrichtungen im Kontext der Arbeit der öffentlichen Einrichtungen stark wandeln werden. Wird dieser Wandel aber entsprechend umgesetzt, so zeigen erste Erfolgsbeispiele, dass auch eine deutlich verbesserte Steuerungsqualität erreicht und damit die Gesamtleistung gesteigert werden kann.[713]

## 9.4. Weiterführender Arbeitsbedarf

Im Lichte der hier vorgestellten Arbeitsergebnisse sind weiterführende Fragestellungen in Bezug auf die Anforderungen an Informations- und Risikomanagementsysteme in öffentlichen Einrichtungen sowie speziell an die Risk-Return-Steuerung in Hochschulen zu definieren:

- Die *Anforderungen* der öffentlichen Einrichtungen an Informations- und Steuerungsmodelle sind *fortlaufend zu erfassen*[714] und in Bewertungskonzepte zu überführen, denn die Anforderungen an die Einrichtungen selbst wandeln sich fortlaufend.

713 Zum Beispiel Brandel, Rolf/Stöbe-Blossey, Sybille/Wohlfahrt, Norbert (1999): Verwalten oder gestalten: Ratsmitglieder im neuen Steuerungsmodell, Reihe Modernisierung des öffentlichen Sektors, Band 13, Berlin.

714 Dies kann wie hier verwendet durch die Analyse der einschlägigen Literatur sowie der Berichte der Rechnungshöfe geschehen oder auch durch Primärerhebungen bei den Öffentlichen Einrichtungen selbst.

- Das hier vorgeschlagene *Bewertungsverfahren* zum Einsatz von Informations- und Risikomanagementsystemen in öffentlichen Einrichtungen kann und sollte *weiterentwickelt* und verfeinert werden – ähnlich wie bei privatwirtschaftlichen Unternehmen wird in Zukunft das Informations- und Steuerungssystem in öffentlichen Einrichtungen (unabhängig von deren Rechtsform) zu einem wesentlichen Erfolgsfaktor werden.
- Die ausgearbeitete Konzeption der Risk-Return-Steuerung für Hochschulen könnte in einer *Pilotierung* in die Praxis überführt und dort getestet werden.
- Für den vergleichenden Wert der *Risk-Return-Steuerung* sind noch vertiefende Analysen der Vergangenheitsdaten und deren Aufbereitung für die aktuelle Berechnung notwendig. Gleichzeitig muss hieraus ein *standardisiertes Datenset* für die Risk-Return-Berechnung ermittelt werden, um auch wie im Bereich der Finanzinstitutionen eine institutionenübergreifende Risikoaufsicht darauf aufbauen zu können.

Insgesamt konnten damit die oben stehenden Ausführungen einen Beitrag zur Konzept- und Wissensentwicklung im Bereich der *Informations- und Risikomanagementsysteme* – speziell des *Risikomanagements in Hochschulen* – leisten.

Der Abschluss gebührt als Wiederaufnahme und stellvertretend für alle öffentlichen Einrichtungen ein Satz aus Karl Jaspers Vorwort von 1923, das die Hoffnung und Wandlungsfähigkeit der Institution Universität beleuchtet:

> *„Wir ergreifen nicht widerwillig die Aufgaben, die die Gegenwart uns stellt, wir sind uns bewusst, daß die Universitätsidee nur lebt, wenn sie in dem konkreten Dasein Wandlungen eingeht und sich in neuen Situationen immer neu als die ewig alte wieder herstellt.“*[715]

715 Jaspers, Karl (1923): Die Idee der Universität, Berlin, Seite VI.

**Literaturverzeichnis**


Ahlgrimm, Christine (2000): Kosten- und Leistungsrechnung in der Bundesanstalt für Materialforschung und -prüfung, in: Budäus, Dietrich/Küpper, Willi/Streitferdt, Lothar (Hrsg.) (2000): Neues öffentliches Rechnungswesen, Stand und Perspektiven, Wiesbaden, Seite 369-385.

Ahrens, Karl (1988): Grenzen der Gemischtwirtschaftlichkeit aus kommunaler Sicht, in: GöW (Hrsg.) (1988): Gemischwirtschaftlichkeit und öffentliche Aufgabe, Referate und Diskussionsbeiträge einer Vortrags- und Diskussionsveranstaltung der Gesellschaft für öffentliche Wirtschaft und Gemeinwirtschaft am 17. November 1987 in Köln, Beiträge zur öffentlichen Wirtschaft, Heft 3, Berlin, Seite 7-17.

Albers, Willi (1969): Haushaltsrechtliche Grundlagen und elastische Durchführung einer konjunkturgerechten Finanzpolitik, in: Haller, Heinz (Hrsg.) (1969): Probleme der Haushalts- und Finanzplanung, Schriften des Vereins für Socialpolitik, Neue Folge, Band 52, Berlin, Seite 77-110.

Allenspach, Markus (2001): Neue Beratungskonzepte zum Integrierten Risiko-Management - was entscheidet über den Erfolg?, in: Allenspach, Markus (Hrsg.) (2001): Integriertes Risiko-Management - Perspektiven einer chancenorientierten Unternehmensführung, St. Gallen, Seite 178-195.

Allenspach, Markus (Hrsg.) (2001): Integriertes Risiko-Management - Perspektiven einer chancenorientierten Unternehmensführung, St. Gallen.

Alrichter, Herbert/Schratz, Michael/Pechar, Hans (1997): Hochschulen auf dem Prüfstand, Was bringt Evaluation für die Entwicklung von Universitäten und Fachhochschulen?, Innsbruck.

Altenburger, Otto A./Janschek, Otto/Müller, Heinrich (Hrsg.) (1999): Fortschritte im Rechnungswesen, Vorschläge für Weiterentwicklungen im Dienste der Unternehmens- und Konzernsteuerung durch Unternehmensorgane und Eigentümer, Wiesbaden.

Ambrosius, Gerold (1989): Geschichte öffentlicher Unternehmen, in: Chmielewicz, Klaus/Eichhorn, Peter (Hrsg.) (1989): Handbuch der öffentlichen Betriebswirtschaft, Band 11 der Enzyklopädie der Betriebswirtschaft, Stuttgart, Sp. 503-513.

Amrhein, Denise (1998): Die Universität als Dienstleistungsunternehmen, Innovative Organisationsstrukturen und Motivationskonzepte, Wiesbaden.

Andeßner, René Clemens (2002): Potentialmanagement in (fremdleistungsorientieren) Nonprofit-Organisationen – unter besonderer Berücksichtigung latenter Potentiallücken, in: Budäus, Dietrich/Schauer, Reinbert/Reichard, Christoph (Hrsg.) (2002): Public und Nonprofit Management, Neuere Entwicklungen und aktuelle Problemfelder, 4. Forschungskolloquium Hamburg – Linz – Potsdam, Hamburg, Seite 51-72.

Appelrath, Hans-Jürgen u.a. (Hrsg.) (2001): Unternehmen Hochschule, Lecture Notes Informatics Volume P-6, Bonn.

Arnsfeld, Torsten (1999): Der marginale Value-at-Risk, in: Die Bank, Heft 5/99, Seite 353-355.

Ash, Mitchell G. (Hrsg.) (1999): Mythos Humboldt – Vergangenheit und Zukunft der deutschen Universitäten, Wien/Köln/Weimar.

Assenmacher, Walter (2003): Deskriptive Statistik, Berlin/Heidelberg/New York.

Atteslander, Peter (2003): Methoden der empirischen Sozialforschung, 10. Auflage, Berlin/New York.

Backes-Gellner, Uschi/Schmidtke, Corinna (Hrsg.) (2003): Hochschulökonomie - Analysen Interner Steuerungsprobleme und gesamtwirtschaftliche Effekte, Schriften des Vereins für Socialpolitik, Neue Folge, Band 296, Berlin.

Badenova AG & Co KG (2003): Geschäftsbericht 2002, Freiburg.

Baecker, Dirk (2000): Die Universität als Algorithmus, Formen des Umgangs mit der Paradoxie der Erziehung, in: Laske, Stephan u.a. (Hrsg.) (2000): Universität im 21. Jahrhundert, Zur Interdependenz von Begriff und Organisation der Wissenschaft, Universität und Gesellschaft – Schriftenreihe zur Universitätsentwicklung, Band 1, München/Mering, Seite 47-75.

Baetge, Jörg/Siefke, Michael (1999): Läßt sich die offenzulegende Rechnungslegung so gestalten, daß sie eine zielkonforme Konzernsteuerung ermöglicht?, in: Altenburger, Otto A./Janschek, Otto/Müller, Heinrich (Hrsg.) (1999): Fortschritte im Rechnungswesen, Vorschläge für Weiterentwicklungen im Dienste der Unternehmens- und Konzernsteuerung durch Unternehmensorgane und Eigentümer, Wiesbaden, Seite 675-704.

Bals, Hansjürgen (2004): Neues kommunales Finanz- und Produktmanagement, Erfolgreich steuern und budgetieren, Heidelberg/München/Berlin.

Bals, Hansjürgen/Hack, Hans (2002): Verwaltungsreform: Warum und wie, Leitfaden und Lexikon, 2. Auflage, München/Berlin.

Bandemer, Stephan von/Blanke, Bernhard/Nullmeier, Frank/Wewer, Göttrik (Hrsg.) (1998): Handbuch zur Verwaltungsreform, Opladen.

Banner, Gerhard (1995): Neue Organisationsmodelle auf dem Prüfstand - Leistungsanreize um jeden Preis?, in: Banner, Gerhard u.a. (Hrsg.) (1995): Reformmodell Verwaltung, Tagungsbericht Bad Kissingen 1995, Bonn, Seite 80-93.

Banner, Gerhard (Hrsg.) (1995): Neue Steuerungsmodelle und die Rolle der Politik, Dokumentation eines Symposiums der Bertelsmann-Stiftung, Gütersloh.

Banner, Gerhard u.a. (Hrsg.) (1995): Reformmodell Verwaltung, Tagungsbericht Bad Kissingen 1995, Bonn.

Barnes, John (1999): Funding and University Autonomy, in: Henkel, Mary/Little, Brenda (Hrsg.) (1999): Changing Relationships between Higher Education an the State, London/Philadelphia, Seite 162-190.

Baschim, Anja (2001): Die Balanced Scorecard für ihren IT-Bereich, Ein Leitfaden für Aufbau und Einführung, Frankfurt am Main.

Bauhaus-Universität Weimar (Hrsg.) (2003): Hochschulrechnungswesen, Arbeitsgruppe Fortbildung Sprecherkreis der Universitätskanzler, Weimar.

Baum, Heinz-Georg/Coenenberg, Adolf G./Günther, Thomas (2004): Strategisches Controlling, 3. Auflage, Stuttgart.

Baumstark, Edward (1835): Kameralistische Encyclopädie, Handbuch der Kameralwissenschaft und ihrer Literatur für Rechts- und Verwaltungsbeamte, Landstände, Gemeinderäthe und Kameralkandidaten, unveränderter Nachdruck 1975 (Glashütte im Taunus), Heidelberg/Leipzig.

Bea, Franz Xaver (1968): Kritische Untersuchung über den Geltungsbereich des Prinzips der Gewinnmaximierung, zugleich Inaugural-Dissertation zu Erlangung des Doktorgrades einer Hohen Rechts- und Wirtschaftswissenschaftlichen Fakultät (Wirtschaftswissenschaftliche Abteilung) der Eberhard-Karls-Universität Tübingen, Berlin.

Beckerhoff, Dirk u.a. (1980): Hochschulfinanzierung auf der Grundlage leistungsorientierter Kennziffern, herausgegeben durch den Bundesminister für Bildung und Wissenschaft, Bonn.

Bender, Dieter u.a. (Hrsg.) (1995): Vahlens Kompendium der Wirtschaftstheorie und Wirtschaftspolitik, Band 1, 6. Auflage, München.

Berens, Wolfgang/Karlowitsch, Martin/Mertens, Martin (2001): Performance Measurement und Balanced Scorecard in Non-Profit-Organisationen, in: Klingenbiel, Norbert (Hrsg.) (2001): Performance Measurement & Balanced Scorecard, München, Seite 277-297.

Berg, Gunnar (2002): Leistungsanreize für die Universität?, Zwischen leistungsabhängigem Gehalt und Unterfinanzierung, in: Forschung & Lehre 3/2002, Seite 137-140.

Berghoff, Sonja u.a. (2002): Das Hochschulranking, Vorgehensweise und Indikatoren, CHE Arbeitspapier Nr. 36, Gütersloh.

Bernhard, Martin G./Hoffschröer, Stefan (2001): Report Balanced Scorecard, Strategien umsetzen, Prozesse steuern, Kennzahlensysteme entwickeln, Düsseldorf.

Beus, Hans-Bernd (1998): Public Management auf Bundesebene, in: Damkowski, Wulf/Precht, Klaus (Hrsg.) (1998): Moderne Verwaltung in Deutschland, Public Management in der Praxis, Stuttgart u.a., Seite 34-42.

Black, F./Scholes, M. (1973): The Pricing of Options and Corporate Liabilities, in: Journal of Political Economy, Nr. 81 (1973), Seite 637-659

Blankart, Charles Beat (2001): Öffentliche Finanzen in der Demokratie: Eine Einführung in die Finanzwissenschaft, 4. Auflage, München.

Blankart, Charles Beat/Krause, Gunnar (1999): Bildungskredite, Akademikersteuer, Gutscheine: Drei Instrumente der staatlichen Studienförderung, Discussion Paper No 141 der Wirtschaftswissenschaftlichen Fakultät der Humboldt-Universität Berlin, Berlin.

Blom, Herman (2000): Reform der niederländischen Fachhochschulen, Die Eigendynamik des neuen Steuerungsmodells, Die neue Hochschule, Heft 01/2000, Seite 16-17.

Bohley, Peter (2000): Statistik, 7. Auflage, München/Wien.

Böhret, Carl (1970): Entscheidungshilfen für die Regierung, Modelle – Instrumente – Probleme, Opladen.

Böhret, Carl (1986): Instrumente für das Verwaltungsmanagement, Anforderungen aus der Zukunft, Speyerer Arbeitshefte Nr. 71, Speyer.

Böhret, Carl (1996a): Verwaltungsmodernisierung nach dem Vorbild der Wirtschaft, Reform der Landeskulturverwaltung nach den Methoden des Business Reengineering, Schriften zur Verwaltungsmodernisierung in Rheinland-Pfalz Nr. 3, Mainz.

Böhret, Carl (1996b): Budgetierung und Controlling in der öffentlichen Verwaltung von Rheinland-Pfalz, Dargestellt an Beispielen aus der Kommunal-, Schul-, Finanz- und Forstverwaltung, Schriften zur Verwaltungsmodernisierung in Rheinland-Pfalz Nr. 4, Mainz.

Bolsenkötter, Heinz (2000): Integriertes öffentliches Rechnungswesen, Konzeption einer Neugestaltung der Rechnungslegung und des Rechnungswesens öffentlicher Gebietskörperschaften, Frankfurt am Main.

Bolsenkötter, Heinz/Dau, Horst/Zuschlag, Eckhard (2004): Gemeindliche Eigenbetriebe und Anstalten, Länderübergreifende Darstellung, Stuttgart.

Boner, Richard/Steiniger, Anton (1998): München: Von der Aufgabe zum Produkt – eine notwendige Neuorientierung der Verwaltung?, in: Damkowski, Wulf/Precht, Klaus (Hrsg.) (1998): Moderne Verwaltung in Deutschland, Public Management in der Praxis, Stuttgart u.a., Seite 151-160.

BOR (1997): Jahresbericht 1997, München.

BOR (1998): Jahresbericht 1998, München.

BOR (1999): Jahresbericht 1999, München.

BOR (2000): Jahresbericht 2000, München.

BOR (2001): Jahresbericht 2001, München.

BOR (2005): Jahresbericht 2005, München.

Borchers, Reinhard (1998): Magdeburg - Das Projekt Verwaltungsreform in der Landeshauptstadt, in: Damkowski, Wulf/Precht, Klaus (Hrsg.) (1998): Moderne Verwaltung in Deutschland, Public Management in der Praxis, Stuttgart u.a., Seite 143-151.

Bordignon, Massimo/Giannini, Silvia/Panteghini, Paolo (2001): Reforming Business Taxation: Lessons from Italy?, in: International Tax and Public Finance, 8/2001, Seite 191-210.

Brandel, Rolf/Stöbe-Blossey, Sybille/Wohlfahrt, Norbert (1999): Verwalten oder gestalten: Ratsmitglieder im neuen Steuerungsmodell, Reihe Modernisierung des öffentlichen Sektors, Band 13, Berlin.

Branson, Johannah/Lovell, C.A. Knox (2001): A Growth Maximising Tax Structure for New Zealand, International Tax and Public Finance, 8/2001, Seite 129-146.

Bräunig, Dietmar (1994): Pretiale Steuerung von Kommunalverwaltungen, Schriften zur öffentlichen Verwaltung und öffentlichen Wirtschaft, Band 147, Baden-Baden.

Brede, Helmut (2000): Die Einführung der Kosten- und Leistungsrechnung in der öffentlichen Verwaltung – auch eine Frage des Vorgehens, in: Budäus, Dietrich/Küpper, Willi/Streitferdt, Lothar (Hrsg.) (2000): Neues öffentliches Rechnungswesen, Stand und Perspektiven, Wiesbaden, Seite 349-368.

Brede, Helmut (2001): Grundzüge der Öffentlichen Betriebswirtschaftslehre, München/Wien.

Brede, Helmut (Hrsg.) (2001):Wettbewerb in Europa und die Erfüllung öffentlicher Aufgaben, Schriftenreihe der Gesellschaft für öffentliche Wirtschaft, Heft 47, Baden-Baden.

Brede, Helmut/Gottschalk, Wolf/Liekmeier, Norbert (Hrsg.) (1997): Staat und Privat, Grenzziehung – Grenzverschiebung?, Schriften des Göttinger Forums für Wissenschaft, Wirtschaft und Verwaltung, Band 1, Frankfurt am Main.

Breinig, Helmbrecht/Gebhardt, Jürgen/Ostendorf, Berndt (2001): Das deutsche und das amerikanische Hochschulsystem: Bildungskonzepte und Wissenschaftspolitik, Publikationen der Bayerischen Amerika-Akademie 1b, Münster.

Bremke, Kirsten/Bußmann, Johannes (2000): Ansätze zur risikobasierten Gesamtbanksteuerung, in: Die Bank 2/2000, Seite 128-133.

Brennan, Geoffrey (1999): Public Choice and Public Finance: The Place of 'Tax Reform Advocary', in: FA, Band 56 (1999), Heft 1, Seite 67-85.

Brennan, John (1999): Evaluation of Higer Education in Europe, in: Henkel, Mary/Little, Brenda (Hrsg.) (1999): Changing Relationships between Higher Education an the State, London/ Philadelphia, Seite 219-235.

BRH (1999a): Ergebnisbericht 1999, Frankfurt am Main.

BRH (1999b): Jahresbericht 1999, Frankfurt am Main.

BRH (2000a): Ergebnisbericht 2000, Bonn.

BRH (2000b): Jahresbericht 2000, Bonn.

BRH (2001a): Ergebnisbericht 2001, Bonn.

BRH (2001b): Jahresbericht 2001, Bonn.

Brinkmann, Hans (1998): Die neue Freiheit der Universität: Operative Autonomie für Lehre und Forschung an Hochschulen, Reihe Modernisierung des öffentlichen Sektors, Sonderband 10, Berlin.

Brokemper, Andreas/Gleich, Ronald (1997): Prozesskostenmanagement mit Prozeß-Benchmarking: In vier Phasen zum Benchmarkingerfolg - dargestellt an einem Beispiel aus dem Maschinenbau, in: Horváth, Péter (Hrsg.) (1997): Das neue Steuerungssystem des Controllers, Von Balanced Scorecard bis US-GAAP, Stuttgart, Seite 201-213.

Brüggemeier, Martin (1998): Controlling in der öffentlichen Verwaltung: Ansätze, Probleme und Entwicklungstendenzen eines betriebswirtschaftlichen Steuerungskonzeptes, München/Mering.

Brüggemeier, Martin (2000): Potentiale und Probleme eines Hochschul-Controlling, in: Budäus, Dietrich/Küpper, Willi/Streitferdt, Lothar (Hrsg.) (2000). Neues öffentliches Rechnungswesen, Stand und Perspektiven, Wiesbaden, Seite 451-487.

Brüggemeier, Martin (2002): Leistungserfassung und Leistungsmessung in Hochschulen, in: Budäus, Dietrich (Hrsg.) (2002): Leistungserfahrung und Leistungsmessung in öffentlichen Verwaltungen, 2. Norddeutsche Fachtagung zum New Public Management, Wiesbaden, Seite 221-250.

Bruhn, Manfred/Stauss, Bernd (Hrsg.) (2005): Dienstleistungscontrolling, Wiesbaden.

Brümmerhoff, Dieter (1996): Finanzwissenschaft, 7. Auflage, München u.a..

Brunner, Jürgen/Becker, Dieter/Wolfisburg, Stefan (2001): Value Scorecard – Ansatz zur wertorientierten Konzernsteuerung, in: Klingenbiel, Norbert (Hrsg.) (2001): Performance Measurement & Balanced Scorecard, München, Seite 91-109.

Buchholtz, Klaus (2000): Verwaltungsmodernisierung durch Kosten- und Leistungsmanagement – Konzeptionelle Eckpunkte einer Kosten- und Leistungsrechnung für ein New Public Management, in: Budäus, Dietrich/Küpper, Willi/Streitferdt, Lothar (Hrsg.) (2000): Neues öffentliches Rechnungswesen, Stand und Perspektiven, Wiesbaden, Seite 387-406.

Buchner, Robert (1985): Finanzwirtschaftliche Statistik und Kennzahlenrechnung, München.

Budäus, Dietrich (1982): Betriebswirtschaftliche Instrumente zur Entlastung kommunaler Haushalte, Analyse der Leistungsfähigkeit ausgewählter Steuerungs- und Finanzierungsinstrumente für eine effiziente Erfüllung öffentlicher Aufgaben, Baden-Baden.

Budäus, Dietrich (1992a): Verwaltungsreformen – Praktische und theoretische Perspektiven, Diskussionsbeiträge des Arbeitsbereichs Public Management der Hamburger Universität für Wirtschaft und Politik Nr. 12, Hamburg.

Budäus, Dietrich (1992b): Innovative Hochschulentwicklung – Überlegungen zu einer konstruktiven Reformdiskussion und Handlungsorientierung, Diskussionsbeiträge des Arbeitsbereichs Public Management der Hamburger Universität für Wirtschaft und Politik Nr. 13, Hamburg.

Budäus, Dietrich (1994): Public Management, Konzepte und Verfahren zur Modernisierung öffentlicher Verwaltungen, Reihe Modernisierung des öffentlichen Sektors, Band 2, Berlin.

Budäus, Dietrich (1999): Neues öffentliches Rechnungswesen - Notwendigkeiten, Probleme und Perspektiven, in: Budäus, Dietrich/Gronbach, Peter (Hrsg.) (1999): Umsetzung neuer Rechnungs- und Informationssysteme in innovativen Verwaltungen, 1. Norddeutsche Fachtagung zum New-Public-Management, Freiburg im Breisgau/Berlin/München, Seite 321-341.

Budäus, Dietrich (2000): Weiterentwicklung der integrierten Verbundrechnung (Speyerer Verfahren) - Aktuelle Reformprobleme und Entwicklungsperspektiven des öffentlichen Rechnungswesens, in: Budäus, Dietrich/Küpper, Willi/Streitferdt, Lothar (Hrsg.) (2000): Neues öffentliches Rechnungswesen, Stand und Perspektiven, Wiesbaden, Seite 301-321.

Budäus, Dietrich (2002a): Operatives und strategisches Verwaltungscontrolling im aktuellen Reformprozess des öffentlichen Sektors (Teil 1), in: Controlling, 14. Jg., Heft 4/5 April/Mai 2002, Seite 205-211.

Budäus, Dietrich (2002b): Strategische Planung öffentlicher Unternehmen unter Wettbewerbsbedingungen, in: GöW (Hrsg.) (2002): Rollenwechsel kommunaler Unternehmen, Referate eines Symposiums der Gesellschaft für öffentliche Wirtschaft am 10. Dezember 2001 in Leipzig, Beiträge zur öffentlichen Wirtschaft, Heft 19, Berlin, Seite 33-46.

Budäus, Dietrich (Hrsg.) (2002): Leistungserfahrung und Leistungsmessung in öffentlichen Verwaltungen, 2. Norddeutsche Fachtagung zum New Public Management, Wiesbaden.

Budäus, Dietrich (Hrsg.) (2006): Kooperationsformen zwischen Staat und Markt, Theoretische Grundlagen und praktische Ausprägungen von Public Private Partnership, Schriftenreihe der Gesellschaft für öffentliche Wirtschaft Nr. 54, Baden-Baden.

Budäus, Dietrich/Gerum, Elmar/Zimmermann, Gebhard (Hrsg.) (1988): Betriebswirtschaftslehre und Theorie der Verfügungsrechte, Wiesbaden.

Budäus, Dietrich/Gronbach, Peter (Hrsg.) (1999): Umsetzung neuer Rechnungs- und Informationssysteme in innovativen Verwaltungen, 1. Norddeutsche Fachtagung zum New-Public-Management, Freiburg im Breisgau/Berlin/München.

Budäus, Dietrich/Küpper, Willi/Streitferdt, Lothar (Hrsg.) (2000): Neues öffentliches Rechnungswesen, Stand und Perspektiven, Wiesbaden.

Budäus, Dietrich/Schauer, Reinbert/Reichard, Christoph (Hrsg.) (2002): Public und Nonprofit Management, Neuere Entwicklungen und aktuelle Problemfelder, 4. Forschungskolloquium Hamburg – Linz – Potsdam, Hamburg.

Budäus, Dietrich/Schauer, Reinbert/Reichard, Christoph (Hrsg.) (2005): Public und Nonprofit Management, Aktuelle Forschungsergebnisse aus Deutschland und Österreich, 5. Forschungsworkshop Hamburg – Linz – Potsdam, Linz/Potsdam.

Budäus, Dietrich/Srocke, Isabell (2002): Entwicklungstendenzen des öffentlichen Rechnungswesens und Schlussfolgerungen für Hochschulen, Diskussionsbeiträge des Arbeitsbereichs Public Management der Hamburger Universität für Wirtschaft und Politik Nr. 42, Hamburg.

Bundesministerium der Finanzen (BMF) (2006): Monatsbericht 02/2006, Berlin.

Bundesministerium der Finanzen (BMF) (2006): Der Bundeshaushalt 2005, Berlin, unter: www.bundesfinanzministerium.de, abgerufen am 01.07.2006.

Bundesumweltministerium und Umweltbundesamt (2001): Handbuch Umweltcontrolling für die öffentliche Hand, München.

Burmann, Christoph (2002): Strategische Flexibilität und Strategiewechsel als Determinanten des Unternehmenswertes, Wiesbaden.

Buschor, Ernst (1987): Die Schweizer Haushaltsreform der Kantone und Gemeinden, in: Eichhorn, Peter (Hrsg.) (1987): Doppik und Kameralistik, Festschrift für Prof. Dr. Ludwig Mülhaupt zur Vollendung des 75. Lebensjahres, Baden-Baden, Seite 29-47.

Buschor, Ernst (1994): Von der Kameralistik zur Kosten-Leistungsrechnung, in: Morath, Konrad (Hrsg.) (1994): Wirtschaftlichkeit in der Verwaltung, Reformkonzepte, Reformpraxis, Frankfurter Institut für Wirtschaftspolitische Forschung, Bad Homburg, Seite 25-39.

Buschor, Ernst (1996): Verwaltungsführung im Paradigmenwechsel: Die Ablösung der 'klassisch-kameralen' Verwaltung durch das New Public Management, in: Dumont du Voitel, Roland (Hrsg.) (1996): New Public Management, Internationale Erfahrungen und Beiträge, Heidelberg, Seite 39-83.

Buschor, Ernst (2000): Das Rechnungswesen im New Public Management, in: Budäus, Dietrich/ Küpper, Willi/Streitferdt, Lothar (Hrsg.) (2000): Neues öffentliches Rechnungswesen, Stand und Perspektiven, Wiesbaden, Seite 19-57.

Buschor, Ernst (2005): Potenziale von New Public Management (NPM) für Bildung und Wissenschaft, in: Fisch, Rudolf/Koch, Stefan (Hrsg.) (2005): Neue Steuerung von Bildung und Wissenschaft, Schule – Hochschule – Forschung, Bonn, Seite 25-35.

Buttler, Günter/Fickel, Norman (2002): Statistik mit Stichproben, Reinbek.

Camp, Robert C. (1994): Benchmarking, München/Wien.

CHE (1997): Lehr- und Evaluationsberichte als Instrument zur Qualitätsförderung, Bestandsaufnahme der aktuellen Praxis, CHE Arbeitspapier Nr. 13, Gütersloh.
CHE (2000): Strategieprojekt Fachhochschule München / CHE, Zwischenbericht zum Modellvorhaben, CHE Arbeitspapier Nr. 25, Gütersloh.
CHE (2001a): Grundlagen und Merkmale eines neuen Modells der staatlichen Mittelvergabe in Hamburg, Fortentwicklung des Neuen Steuerungsmodells für das Jahr 2001 (NSM 2001), CHE Arbeitspapier Nr. 29, Gütersloh.
CHE (2001b): Akademisches Controlling und hochschulinterne Zielvereinbarungen, Ergebnisbericht des Kooperationsprojektes der Technischen Universität München und des CHE Centrum für Hochschulentwicklung, CHE Arbeitspapier Nr. 28, Gütersloh.
CHE/HRK (2001): Studiengebühren als Option für autonome Hochschulen, Ein Vorschlag für Eckpunkte einer Modellgestaltung, CHE Arbeitspapier Nr. 30, Gütersloh.
Chmielewicz, Klaus (1989): Öffentliche Unternehmen, in: Chmielewicz, Klaus/Eichhorn, Peter (Hrsg.) (1989): Handbuch der öffentlichen Betriebswirtschaft, Band 11 der Enzyklopädie der Betriebswirtschaft, Stuttgart, Sp. 1093-1105.
Chmielewicz, Klaus/Eichhorn, Peter (Hrsg.) (1989): Handbuch der öffentlichen Betriebswirtschaft, Band 11 der Enzyklopädie der Betriebswirtschaft, Stuttgart.
Coenenberg, Adolf G. (2003): Kostenrechnung und Kostenanalyse, 5. Auflage, Stuttgart.
Commission of the European Communities (2001): European Governance, A White Paper, Brussels.
Cox, Helmut (1996): Europäischer Binnenmarkt und Telekommunikations- und Postreform in Deutschland, in: Cox, Helmut (Hrsg.) (1996): Perspektiven öffentlicher Unternehmen in der Wirtschafts- und Rechtsordnung der Europäischen Union, Band 2, herausgegeben im Auftrag des Wissenschaftlichen Beirats der Gesellschaft für öffentliche Wirtschaft, Schriftenreihe der Gesellschaft für öffentliche Wirtschaft, Heft 37, Baden-Baden, Seite 83-114.
Cox, Helmut (Hrsg.) (1996): Perspektiven öffentlicher Unternehmen in der Wirtschafts- und Rechtsordnung der Europäischen Union, Band 2, herausgegeben im Auftrag des Wissenschaftlichen Beirats der Gesellschaft für öffentliche Wirtschaft, Schriftenreihe der Gesellschaft für öffentliche Wirtschaft, Heft 37, Baden-Baden.
Damkowski, Wulf/Precht, Klaus (Hrsg.) (1998): Moderne Verwaltung in Deutschland, Public Management in der Praxis, Stuttgart u.a..
Daniel, Hans-Dieter (1998): Beiträge der empirischen Hochschulforschung zur Evaluierung von Forschung und Lehre: Hochschul-Ranking – Studentische Beurteilung von Lehrveranstaltungen – Selbststeuerung der Wissenschaft durch Peer-Review, in: Teichler, Ulrich/Daniel, Hans-Dieter/Enders, Jürgen (Hrsg.) (1998): Brennpunkt Hochschule – Neuere Analysen zu Hochschule, Beruf und Gesellschaft, Frankfurt/New York, Seite 11-53.
Davidson, Ron (2002): Wertorientierte Steuerung im Kredit- und Einlagengeschäft, Frankfurt am Main u.a..
Daxner, Michael (1998): Hochschulentwicklung, Evaluation und Indikatoren, in: Damkowski, Wulf/Precht, Klaus (Hrsg.) (1998): Moderne Verwaltung in Deutschland, Public Management in der Praxis, Stuttgart u.a., Seite 356-370.
de Boer, Harry (1998): Vom partizipatorischen System zum Managerialismus? Internationale Trends in der Leitung von Hochschulen, in: Müller-Böling, Detlef/Fedrowitz, Jutta (Hrsg.) (1998): Leitungsstrukturen für autonome Hochschulen, Verantwortung – Rechenschaft – Entscheidungsfähigkeit , Gütersloh, Seite 59-84.
de Bruijn, Hans (2002): Managing Performance in the Public Sector, London/New York.
de Maizière, Thomas (1998): Verwaltungsstrukturreform in Mecklenburg-Vorpommern, in : Wallerath, Maximilian (Hrsg.) (1998): Administrative Strukturen und Verwaltungseffizienz, Verwaltungsstrukturreform in Mecklenburg-Vorpommern, Baden-Baden, Seite 53-66.
Deiser, R. (1998): Corporate Universities - Modeerscheinung oder Strategischer Erfolgsfaktor?, in: Organisationsentwicklung, Jg. 5/1998 Nr. 1, Seite 48.
Derlien, Hans-Ulrich (1976): Die Erfolgskontrolle staatlicher Planung, Eine empirische Untersuchung über Organisation, Methode und Politik der Programmevaluation, Baden-Baden.
Deutsche Gesellschaft für Bildungsverwaltung (Hrsg.) (2003): Neue Verantwortlichkeiten im Bildungswesen – Rückzug des Staates?, Dokumentation der 23. DGBV-Jahrestagung vom 28. bis 30. November 2002 in Esslingen, Frankfurt am Main.

Dieckertmann, Dietrich (1971): Investitionsbudgetierung durch revolvierende Fonds?; in: Hansmeyer, Karl-Heinrich (Hrsg.) (1971): Das rationale Budget, Ansätze moderner Haushaltstheorie, Köln, Seite 163-181.

Diekmann, Andreas (2004): Empirische Sozialforschung - Grundlagen, Methoden, Anwendungen, 12. Auflage, Reinbek.

Diemer, Rolf (1996): Neukonzeption des kommunalen Rechnungswesens, Vergleich des betriebswirtschaftlichen Gestaltungspotenzials von Doppik und Kameralistik, zugleich Dissertation an der Universität Gesamthochschule Essen 1996, Wiesbaden.

Dobrindt, Mike (2005): Hochschulkostenrechnung, Konzeptionelle Überlegungen für ein Referenzmodell, Lohmar.

Döhring, Jens (1996): Gesamtrisiko-Management von Banken, München u.a..

Dörner, Dietrich/Horváth, Péter/Kagermann, Henning (Hrsg.) (2000): Praxis des Risikomanagements – Grundlagen, Kategorien, branchenspezifische und strukturelle Aspekte, Stuttgart.

Downs, Anthony (1968): Ökonomische Theorie der Demokratie, herausgegeben von Rudolf Wildemann, Tübingen.

Dror, Yehezkel (1995): Ist die Erde noch regierbar?, Ein Bericht an den Club of Rome, München.

Drucker, Peter Ferdinand (2001): Management im 21. Jahrhundert, München.

Duch, Jan (2006): Risikoberichterstattung mit Cash-Flow at Risk-Modellen, Ökonomische Analyse einer Risikoquantifizierung im Risikobericht, Frankfurt am Main u.a..

Dumont du Voitel, Roland (Hrsg.) (1996): New Public Management, Internationale Erfahrungen und Beiträge, Heidelberg.

Eberhardt, Tim (2003): Informationssysteme für Hochschulen, Wettbewerbsvorteile durch interne und externe Rechnungslegung, Wiesbaden.

Ebers, Nicola (2003): Aufbau eines Universitären Berichts- und Controllingsystems, in: Lüthje, Jürgen/Nickel, Sigrun (Hrsg.) (2003): Universitätsentwicklung – Strategien, Erfahrungen, Reflexionen, Frankfurt am Main u.a., Seite 131-146.

Ebert, Thorsten (1999): Prozessoptimierung durch schlankes und effizientes Controlling bei der Städtische Werke AG, Kassel; in: ZgöU, Band 22, Heft 4, 1999, Seite 387-400, Baden-Baden 1999.

Eichhorn, Peter (2000): Budgetierung, Buchführung und Berichterstattung öffentlicher Verwaltungen, in: Budäus, Dietrich/Küpper, Willi/Streitferdt, Lothar (Hrsg.) (2000). Neues öffentliches Rechnungswesen, Stand und Perspektiven, Wiesbaden, Seite 407-419.

Eichhorn, Peter (2002a): Controlling für öffentliche Dienstleistungen, Die Öffentliche BWL bricht sich Bahn, in: Controlling, 14. Jg., Heft 4/5 April/Mai 2002, Seite 213-217.

Eichhorn, Peter (2002b): Zum Rollenwechsel kommunaler Unternehmen, in: GöW (Hrsg.) (2002): Rollenwechsel kommunaler Unternehmen, Referate eines Symposiums der Gesellschaft für öffentliche Wirtschaft am 10. Dezember 2001 in Leipzig, Beiträge zur öffentlichen Wirtschaft, Heft 19, Berlin, Seite 5-11.

Eichhorn, Peter (Hrsg.) (1987): Doppik und Kameralistik, Festschrift für Prof. Dr. Ludwig Mülhaupt zur Vollendung des 75. Lebensjahres, Baden-Baden.

Eiermann, Rudolf/Oettle, Karl (1996): Die öffentlichen Unternehmen des Fernverkehrs in der Europäischen Union unter besonderer Berücksichtigung der Eisenbahnpolitik, in: Cox, Helmut (Hrsg.) (1996): Perspektiven öffentlicher Unternehmen in der Wirtschafts- und Rechtsordnung der Europäischen Union, Band 2, herausgegeben im Auftrag des Wissenschaftlichen Beirats der Gesellschaft für öffentliche Wirtschaft, Schriftenreihe der Gesellschaft für öffentliche Wirtschaft, Heft 37, Baden-Baden, Seite 51-82.

Eisele, Wolfgang (1993): Technik des betrieblichen Rechnungswesens, München.

Elfgen, Ralph/Hölscher, Reinhold (Hrsg.) (2002): Herausforderung Risikomanagement, Identifikation, Bewertung und Steuerung industrieller Risiken, Wiesbaden.

Elwood, Brian (1995): Wie hat sich die Reform der Kommunalverwaltung auf die finanzielle Krise der Städte ausgewirkt?, in: Banner, Gerhard (Hrsg.) (1995): Neue Steuerungsmodelle und die Rolle der Politik, Dokumentation eines Symposiums der Bertelsmann-Stiftung, Gütersloh, Seite 21-24.

Engel, Uwe (Hrsg.) (2001): Hochschulranking, Zur Qualitätsbewertung von Studium und Lehre, Frankfurt am Main.

Engelhardt, Gunther (1987): Programmbudgetierung als Antwort auf die Haushaltskrise, in: Mäding, Heinrich (Hrsg.) (1987): Haushaltsplanung – Haushaltsvollzug – Haushaltskontrolle, XI. Konstanzer Verwaltungsseminar 1986, Schriften zur öffentlichen Verwaltung und öffentlichen Wirtschaft, Band 109, Baden-Baden, Seite 132-152.

Engelhardt, Gunther (1995): Großstadtregionen und ihre Verwaltung: Problemkonzeptration und Katalysatoren öffentlichen Aufgabenwandels, Diskussionsschriften aus dem Institut für Finanzwissenschaft der Universität Hamburg Nr. 38/1995, Hamburg.

Engelhardt, Gunther/Schulze, Harald/Thieme, Werner (1993): Stellung und Funktion der Rechnungshöfe im Wandel?, Schriften zur öffentlichen Verwaltung und öffentlichen Wirtschaft, Band 139, Baden-Baden.

Engels, Maria (2001): Die Steuerung von Universitäten in staatlicher Trägerschaft, Eine organisationstheoretische Analyse, Wiesbaden.

Erichsen, Jörgen (2000): Balanced Scorecard - mehrdimensional planen und steuern, aus: Praxis des Rechnungswesens, Freiburg, Gruppe 11, Seite 461-484.

Europäischer Rechnungshof (ERH) (2005): Jahresbericht 2004, in: Amtsblatt der Europäischen Union, Jahrgang 48, 30. November 2005, Informationsnummer 2005/C 301/01, Luxemburg.

Fallon, Daniel (1999): Eine Interpretation von Humboldt für das 21. Jahrhundert, in: Ash, Mitchell G. (Hrsg.) (1999): Mythos Humboldt – Vergangenheit und Zukunft der deutschen Universitäten, Wien/Köln/Weimar, Seite 170-180.

Fama, E. F./Jensen, M. C. (1983): Agency Problems and Residual Claims, in: Journal of Law and Economics, 26, S. 327-349.

Fandel, Günter (2003): Zur Leistung nordrhein-westfälischer Universitäten, Gegenüberstellung einer Verteilungslösung und der Effizienzmaße einer Date Evelopment Analysis, in: Backes-Gellner, Uschi/Schmidtke, Corinna (Hrsg.) (2003): Hochschulökonomie - Analysen Interner Steuerungsprobleme und gesamtwirtschaftliche Effekte, Schriften des Vereins für Socialpolitik, Neue Folge, Band 296, Berlin, Seite 33-50.

Färber, Gisela (1984): Das rationale Budget, Voraussetzungen und Konsequenzen für ein funktionsfähiges Haushaltswesen der öffentlichen Hand, Frankfurt am Main.

Feddersen, Heinrich (2002): Der Weg von der Kameralistik über den outputorientierten Produkthaushalt zur Leistungsvereinbarung und -dokumentation, in: Budäus, Dietrich (Hrsg.) (2002): Leistungserfahrung und Leistungsmessung in öffentlichen Verwaltungen, 2. Norddeutsche Fachtagung zum New Public Management, Wiesbaden, Seite 135-150.

Federkeil, Gero/Ziegele, Frank (2001): Globalhaushalte an Hochschulen in Deutschland, Entwicklungsstand und Empfehlungen, Gutachten im Auftrag der CDU-Fraktion des Sächsischen Landtages, CHE Arbeitspapier Nr. 32, Gütersloh.

Fisch, Rudolf/Koch, Stefan (Hrsg.) (2005): Neue Steuerung von Bildung und Wissenschaft, Schule – Hochschule – Forschung, Bonn.

Fischer, Edmund/Weber, Jürgen (2001): Der Nutzen der Kostenrechnung in Kommunen, Eine empirische Studie zu Gestaltung, Nutzung und Erfolg der Kostenrechnung, Studie der KGSt und der Wissenschaftlichen Hochschule für Unternehmensführung (WHU), Köln/Vallendar.

Fisher, Irvin (1930): The Theory of Interest, New York.

Floß, Bettina (2001): HISCOB-GX – Instrument für das Hochschulcontrolling, in: Appelrath, Hans-Jürgen u.a. (Hrsg.) (2001): Unternehmen Hochschule, Lecture Notes Informatics Volume P-6, Bonn, Seite 77-99.

Freidank, Carl-Christian (2001): Risikomanagement und Risikocontrolling in Industrieunternehmen, in: Freidank, Carl-Christian (Hrsg.) (2001): Controlling-Konzepte, Neue Strategien und Werkzeuge für die Unternehmenspraxis, Wiesbaden, Seite 595-631.

Freidank, Carl-Christian (Hrsg.) (2001): Controlling-Konzepte, Neue Strategien und Werkzeuge für die Unternehmenspraxis, Wiesbaden.

Freidank, Carl-Christian/Liessmann, Konrad/Mayer, Elmar (Hrsg.) (1999): Controlling-Konzepte, Werkzeuge und Strategien für die Zukunft, 4. Auflage, Wiesbaden.

Friedrich, Peter (1956): Die Variationsrechnung als Planungsverfahren der Stadt- und Landesplanung, Raumforschung und Landesplanung Abhandlungen, Band 32, Bremen-Horn.

Friedrich, Peter (Hrsg.) (1992): Beiträge zur Theorie öffentlicher Unternehmen, in memoriam Theo Thiemeyer, Zeitschrift für öffentliche und gemeinwirtschaftliche Unternehmen, Beiheft 14, Baden-Baden.

Fuchs, Manfred (1989): Betriebskameralistik, in: Chmielewicz, Klaus/Eichhorn, Peter (Hrsg.) (1989): Handbuch der öffentlichen Betriebswirtschaft, Band 11 der Enzyklopädie der Betriebswirtschaft, Stuttgart, Sp. 132-140.

Galli, Albert (1998): Zur Ausgestaltung der Rechnungslegung bei Vereinen – Die Vorgehensweise des Deutschen Fußball-Bundes, in: Die Wirtschaftsprüfung, Heft 2/1998, Seite 56-63.

Geiger, Alan (2001): Kontrolle und Finanzierung der amerikanischen Hochschulen: Das Beispiel Ohio, in: Breinig, Helmbrecht/Gebhardt, Jürgen/Ostendorf, Berndt (2001): Das deutsche und das amerikanische Hochschulsystem: Bildungskonzepte und Wissenschaftspolitik, Publikationen der Bayerischen Amerika-Akademie 1b, Münster, Seite 33-43.

Georg, Stefan (1999): Die Balanced Scorecard als Controlling- bzw. Managementinstrument, Aachen.

Gerhards, Ralf (2001): Konzeption für eine Kosten- und Leistungsrechnung öffentlicher Verwaltungen, Frankfurt am Main u.a..

Gillmann, Jan-Philipp (2002): Performance Measurement in Professional Service Firms, Gestaltungsmodell am Beispiel von Wirtschaftsprüfungs- und Beratungsunternehmen, Wiesbaden.

Gladen, Werner (2001): Kennzahlen- und Berichtssysteme, Grundlagen zum Performance Measurement, Wiesbaden.

Gleason, James T. (2001): Risikomanagement, Wie Unternehmen finanzielle Risiken messen, steuern und optimieren, Frankfurt am Main/New York.

Gleich, Ronald (2002): Performance Measurement, Grundlagen, Konzepte und empirische Erkenntnisse, in: Controlling, 14. Jg., Heft 8/9 August/September 2002, Seite 447-454.

Gornas, Jürgen (1989): Verwaltungskameralistik, in: Chmielewicz, Klaus/Eichhorn, Peter (Hrsg.) (1989): Handbuch der öffentlichen Betriebswirtschaft, Band 11 der Enzyklopädie der Betriebswirtschaft, Stuttgart, Sp. 1649-1650.

Gornas, Jürgen (1992): Grundzüge einer Verwaltungskostenrechnung, Die Kostenrechnung als Instrument zur Planung und Kontrolle der Wirtschaftlichkeit in der öffentlichen Verwaltung, Schriften zur öffentlichen Verwaltung und öffentlichen Wirtschaft, Band 13, Baden-Baden.

Gosling, James J. (2002): Budgetary Politics in American Governments, Third Edition, New York/London.

Gottschalk, Wolf (1989): Betriebsvergleiche, in: Chmielewicz, Klaus/Eichhorn, Peter (Hrsg.) (1989): Handbuch der öffentlichen Betriebswirtschaft, Band 11 der Enzyklopädie der Betriebswirtschaft, Stuttgart, Sp. 151-156.

GöW (Hrsg.) (1988): Gemischwirtschaftlichkeit und öffentliche Aufgabe, Referate und Diskussionsbeiträge einer Vortrags- und Diskussionsveranstaltung der Gesellschaft für öffentliche Wirtschaft und Gemeinwirtschaft am 17. November 1987 in Köln, Beiträge zur öffentlichen Wirtschaft, Heft 3, Berlin.

GöW (Hrsg.) (2002): Rollenwechsel kommunaler Unternehmen, Referate eines Symposiums der Gesellschaft für öffentliche Wirtschaft am 10. Dezember 2001 in Leipzig, Beiträge zur öffentlichen Wirtschaft, Heft 19, Berlin.

Grossekettler, Heinz (1995): Öffentliche Finanzen, in: Bender, Dieter u.a. (Hrsg.) (1995): Vahlens Kompendium der Wirtschaftstheorie und Wirtschaftspolitik, Band 1, 6. Auflage, München, Seite 483-627.

Guldin, Andreas (1997): Kundenorientierte Unternehmenssteuerung durch die Balanced Scorecard, in: Horváth, Péter (Hrsg.) (1997): Das neue Steuerungssystem des Controllers, Von Balanced Scorecard bis US-GAAP, Stuttgart, Seite 289-302.

Gesellschaft für öffentliche Wirtschaft, Schriftenreihe der Gesellschaft für öffentliche Wirtschaft, Heft 37, Baden-Baden, Seite 143-191.

Haller, Heinz (1981): Die Steuern, Tübingen.

Haller, Heinz (Hrsg.) (1969): Probleme der Haushalts- und Finanzplanung, Schriften des Vereins für Socialpolitik, Neue Folge, Band 52, Berlin.

Haneke, Uwe (2001): Die Nutzung integrierter Standardsoftware an deutschen Hochschulen: Entwicklungen, Effekte und Erwartungen, in: Appelrath, Hans-Jürgen u.a. (Hrsg.) (2001): Unternehmen Hochschule, Lecture Notes Informatics Volume P-6, Bonn, Seite 33-41.

Haneke, Uwe/Dwornicke, Tim (2006): Gradmesser für den Reformprozess, Aktuelle Umfrage zu Controlling und KLR an SAP-einsetzenden Hochschulen in Deutschland, in: Wissenschaftsmanagement, 12. Jahrgang 2006, Nr. 02/06, Seite 26-35.

Hanft, Anke (2000): Hochschulen managen?, Neuwied/Kriftel/Berlin.

Hansjürgens, Bernd (1999): Die Sicht des Äquivalenzprinzips in der Finanzwissenschaft, Stuttgart.

Hansjürgens, Bernd (2001): Äquivalenzprinzip und Staatsfinanzierung, Finanzwissenschaftliche Forschungsarbeiten, Neue Folge, Band 72, Berlin.

Hansmeyer, Karl-Heinrich (Hrsg.) (1971): Das rationale Budget, Ansätze moderner Haushaltstheorie, Köln.

Harms, Jens (2006): Organisations-PPP: Kontrolle, Controlling und Governance, in: Budäus, Dietrich (Hrsg.) (2006): Kooperationsformen zwischen Staat und Markt, Theoretische Grundlagen und praktische Ausprägungen von Public Private Partnership, Schriftenreihe der Gesellschaft für öffentliche Wirtschaft Nr. 54, Baden-Baden, Seite 115-129.

Heiland, Thomas (2001): Marketing und Wettbewerb im deutschen Hochschulsystem, eine empirische und implikationenorientierte Analyse, Wiesbaden.

Heintel, Peter (2000): Über die Universität und die ‚Einheit der Wissenschaften', in: Laske, Stephan u.a. (Hrsg.) (2000): Universität im 21. Jahrhundert, Zur Interdependenz von Begriff und Organisation der Wissenschaft, Universität und Gesellschaft – Schriftenreihe zur Universitätsentwicklung, Band 1, München/Mering, Seite 135-162.

Heise, Steffen (2001): Hochschulkostenrechnung, Forschung durch Entwicklung ausgehend vom Projekt der Fachhochschule Bochum, Lohmar.

Henkel, Mary/Little, Brenda (Hrsg.) (1999): Changing Relationships between Higher Education and the State, London/Philadelphia.

Henning, Friedrich-Wilhelm (1989): Handbuch der Wirtschafts- und Sozialgeschichte Deutschlands, Band 1 (Deutsche Wirtschafts- und Sozialgeschichte im Mittelalter und in der frühen Neuzeit), Paderborn u.a..

Herbst, Heiner (1997): Staat und Privat: Die Rolle eines Rechnungshofes, in: Brede, Helmut/ Gottschalk, Wolf/Liekmeier, Norbert (Hrsg.) (1997): Staat und Privat, Grenzziehung – Grenzverschiebung?, Schriften des Göttinger Forums für Wissenschaft, Wirtschaft und Verwaltung, Band 1, Frankfurt am Main, Seite 59-96.

Hippmann, Hans-Dieter (2003): Statistik, 3. Auflage, Stuttgart.

Hirsch, Hans (1992): Hans Ritschls Theorie der öffentlichen Unternehmungen als Element einer Theorie der Staatswirtschaft im Vergleich mit den von Dieter Bös und Charles Blankart vorgelegten Theorien, in: Friedrich, Peter (Hrsg.) (1992): Beiträge zur Theorie öffentlicher Unternehmen, in memoriam Theo Thiemeyer, Zeitschrift für öffentliche und gemeinwirtschaftliche Unternehme n, Beiheft 14, Baden-Baden, Seite 20-44.

HIS (Hrsg.) (1998): Kostenrechnung an Hochschulen – Erfassung und Bewertung hochschulinterner Kostenstrukturen, Modellversuch an der Universität Bonn und der Universität Gesamthochschule Wuppertal, Reihe Hochschulplanung, Band 135, Hannover.

HIS (2005a): Ausstattungs-, Kosten- und Leistungsvergleich Universitäten 2002, Hochschulplanung Band 175, Hannover.

HIS (2005b): Ausstattungs-, Kosten- und Leistungsvergleich Fachhochschulen 2002, Hochschulplanung Band 172, Hannover.

Hochschulrektorenkonferenz (1994): Qualität von Studium und Lehre, Schritte zur Umsetzung des HRK-Konzeptes „Zur Entwicklung der Hochschulen in Deutschland", Dokumente zur Hochschulereform 91/1994, Bonn.

Hochschulrektorenkonferenz (1999): Qualität an Hochschulen, Beiträge zur Hochschulpolitik 1/1999, Bonn.

Hochschulrektorenkonferenz (Hrsg.) (2004): Higher Education Financing, Beiträge zur Hochschulpolitik 3/2004, Bonn.

Hochschulrektorenkonferenz (Hrsg.) (2006): Von der Qualitätssicherung der Lehre zur Qualitätsentwicklung als Prinzip der Hochschulsteuerung, Beiträge zur Hochschulpolitik 1/2006, Bonn.

Hochschulrektorenkonferenz (Hrsg.) (2005): Qualität messen - Qualität managen, Beiträge zur Hochschulpolitik 6/2005, Bonn.

Hochschulrektorenkonferenz (Hrsg.) (2006): Finanzierung der Hochschulen – Finanzierung der Zukunft, Beiträge zur Hochschulpolitik 2/2006, Bonn.

Hock, Gudrun (2002): Anforderungen an Produkte und Produktkataloge als Grundlage der Leistungserfassung öffentlicher Verwaltungen, in: Budäus, Dietrich (Hrsg.) (2002): Leistungserfahrung und Leistungsmessung in öffentlichen Verwaltungen, 2. Norddeutsche Fachtagung zum New Public Management, Wiesbaden, Seite 119-134.Hoffmann, Olaf (1999): Performance Management, Systeme und Implementierungsansätze, Bern/ Stuttgart/Wien.

Hollerith, Josef (Hrsg.) (1997): Leistungsfähige Hochschulen – aber wie?, Beiträge zur Hochschulstrukturreform, Neuwied/Kriftel/Berlin.

Homann, Klaus (2003): Kommunales Rechnungswesen – Buchführung, Kostenrechnung und Wirtschaftlichkeitsrechnung, 5. Auflage, Wiesbaden.

Homann, Walter (1998): Niedersachsen: Verstärkte Nutzung betriebswirtschaftlicher Elemente bei der Steuerung und Bewirtschaftung des Hauhalts, in: Damkowski, Wulf/Precht, Klaus (Hrsg.) (1998): Moderne Verwaltung in Deutschland, Public Management in der Praxis, Stuttgart u.a., Seite 59-78.

Homburg, Stefan (2000): Allgemeine Steuerlehre, 2. Auflage, München.

Hornbostel, Stefan (2001): Der Studienführer des CHE - ein multidimensionales Ranking, in: Engel, Uwe (Hrsg.) (2001): Hochschulranking, Zur Qualitätsbewertung von Studium und Lehre, Frankfurt am Main, Seite 83-120.

Hortschansky, Klaus/Berthold, Christian (1997): Qualitätssicherung in Forschung, Lehre und Organisation an der Philosophischen Fakultät der Universität Münster, Vortrag während des Symposiums des Stifterverbandes ‚Qualitätsentwicklung in einem differenzierten Hochschulsystem' in Bonn am 9. Januar 1997, CHE Arbeitspapier Nr. 15, Gütersloh.

Horváth & Partner (Hrsg.) (2001): Balanced Scorecard umsetzen, 2. Auflage, Stuttgart.

Horváth, Péter (Hrsg.) (1997): Das neue Steuerungssystem des Controllers, Von Balanced Scorecard bis US-GAAP, Stuttgart.

Horváth, Péter (2006): Controlling, München.

HRH (1999): Bemerkungen 1999, Darmstadt.

HRH (2000): Bemerkungen 2000, Darmstadt.

HRH (2005): Bemerkungen 2004, Darmstadt.

Innenministerium des Landes Nordrhein-Westfalen (1998): Neues kommunales Finanzmanagement, Eckpunkte der Reform, Düsseldorf.

Institut der deutschen Wirtschaft (Hrsg.) (1991): Wettbewerbsstrategien für die Hochschullehre, Köln.

Jaspers, Karl (1923): Die Idee der Universität, Berlin.

Jendruschewitz, Boris (2003): Value at Risk, Ein Ansatz zum Management von Marktrisiken in Banken, Frankfurt am Main.

Jensen, Mogens Klostergaard/Neuvians, Klaus (1994): Globalhaushalte für Hochschulen, Ein Vergleich Dänemark/Deutschland, CHE Arbeitspapier Nr. 6, Gütersloh.

John, Monika (1998): Verwaltungsorganisation im Reformprozess, Der Entwurf eines Landesorganisationsgesetzes für Mecklenburg-Vorpommern, Speyerer Forschungsberichte Band 179, Speyer.

Johns, Rudolf (1938): Die Vollrechnung der Gemeinden, Teildruck der Habilitationsschrift ‚Das Gemeinderechnungswesen' der Rechts- und Staatswissenschaftlichen Fakultät der Albert Ludwigs-Universität Freiburg im Breisgau, Leipzig.

Johns, Rudolf (1951): Kameralistik, Grundlagen einer erwerbswirtschaftlichen Rechnung im Kameralstil, Wiesbaden.

Jokusch, Arne (2002): Value-at-Risk-Modelle für Aktienportfolios auf der Basis der Varianz-Kovarianz-Methode, Frankfurt am Main u.a..

Julich, Horst (1998): Obere Bundesbehörde - Deutscher Wetterdienst, in: König, Klaus (Hrsg.) (1998): ‚Schlanker Staat' - Verwaltungsmodernisierung im Bund, Zwischenbericht, Praxisbeiträge, Kommentare, Speyerer Forschungsberichte Nr. 183, Speyer, Seite 245-259.

Kaplan, Robert S./Norton, David P. (Hrsg.) (1997): Balanced Scorecard, Strategien erfolgreich umsetzen, aus dem Amerikanischen von Péter Horváth, Titel der Originalausgabe 1996: The Balanced Scorecard, Translating Strategy into Action, Stuttgart.

Karpen, Ulrich (1993): Zur Problematik von Wirtschaftlichkeitskontrollen im Hochschulbereich, in: Engelhardt, Gunther/Schulze, Harald/Thieme, Werner (1993): Stellung und Funktion der Rechnungshöfe im Wandel?, Schriften zur öffentlichen Verwaltung und öffentlichen Wirtschaft, Band 139, Baden-Baden, Seite 86-104.

Käufer, Katrin/Scharmer, Claus Otto (2000): Universität als Schauplatz für den unternehmenden Menschen, Hochschulen als 'Ladestation' für das In-die-Welt-Kommen des Neuen, in: Laske,

Stephan u.a. (Hrsg.) (2000): Universität im 21. Jahrhundert, Zur Interdependenz von Begriff und Organisation der Wissenschaft, Universität und Gesellschaft – Schriftenreihe zur Universitätsentwicklung, Band 1, München/Mering, Seite 109-131.

Kerber, Markus C. (2001): Das Prinzip ökonomischer Äquivalenz und der Primat der Politik, Zur Reform der Rüstungsbeschaffung aus finanzwissenschaftlich-staatsrechtlicher Sicht, Diskussionspapier Nr. 2001/13 der Technischen Universität Berlin, Fakultät Wirtschaft und Management (VIII), Berlin.

Kern, Horst (2000): Rückgekoppelte Autonomie, Steuerungselemente in lose gekoppelten Systemen, in: Hanft, Anke (2000): Hochschulen managen?, Neuwied/Kriftel/Berlin, Seite 25-38.

Kienberger, Alexandra (2005): Bildungsindikatoren als Basis für die leistungsorientierte Steuerung im Schulwesen, in: Budäus, Dietrich/Schauer, Reinbert/Reichard, Christoph (Hrsg.) (2005): Public und Nonprofit Management, Aktuelle Forschungsergebnisse aus Deutschland und Österreich, 5. Forschungsworkshop Hamburg – Linz – Potsdam, Linz/ Potsdam, Seite 77-96.

Kilger, Wolfgang/Pampel, Jochen/Vikas, Kurt (2002): Flexible Plankostenrechnung und Deckungsbeitragsrechnung, 11. Auflage, Wiesbaden.

Kitterer, Wolfgang (1976): Das moderne Budget, eine vergleichende Analyse der zentralen Haushalte Frankreichs und der BRD, Frankfurt am Main/Bern.

Klapdor, Karl (1910): Die kameralistische Buchführung, Düsseldorf.

Klein, Stefanie/Kraemer, Wolfgang (2001): Klassifikationsmodell für Corporate Universities, in: Kraemer, Wolfgang/Müller, Michael (Hrsg.) (2001): Corporate Universities und E-Learning, Personalentwicklung und lebenslanges Lernen, Strategien - Lösungen - Perspektiven, Wiesbaden, Seite 3-53.

Klemm, Peter (1987): Der öffentliche Haushalt, Einführung in die Fragestellung, in: Mäding, Heinrich (Hrsg.) (1987): Haushaltsplanung – Haushaltsvollzug – Haushaltskontrolle, XI. Konstanzer Verwaltungsseminar 1986, Schriften zur öffentlichen Verwaltung und öffentlichen Wirtschaft, Band 109, Baden-Baden, Seite 15-28.

Klingenbiel, Norbert (2000): Integriertes Performance Measurement, Wiesbaden.

Klingenbiel, Norbert (2001): Impulsgeber des Performance Measurement, in: Klingenbiel, Norbert (Hrsg.) (2001): Performance Measurement & Balanced Scorecard, München, Seite 3-23.

Klingenbiel, Norbert (Hrsg.) (2001): Performance Measurement & Balanced Scorecard, München.

Klumpp, Matthias (2005a): Hochschulmanagement in Deutschland, Campus Sapiens Paper No 1, Essen/Leipzig.

Klumpp, Matthias (2005b): Datenbanklösungen für die Alumni-Arbeit, in: Leitfaden Alumni-Arbeit an Hochschulen Nr. 2, Klumpp, Matthias/Langer, Markus (Hrsg.), Mannheim/Gütersloh.

Klumpp, Matthias/Lenk, Thomas (2003): Description and Measurement of Competition in Higher Education Markets - the Example of Australia, Discussion Paper No. 28 of the Institute for Finance, Public Finance at the University of Leipzig, Leipzig.

Klumpp, Matthias/Lenk, Thomas (2004): New Public Management am Beispiel der Hochschulen in Österreich und der Schweiz, Arbeitspapier Nr. 30 des Instituts für Finanzen, Finanzwissenschaft der Universität Leipzig, Leipzig.

Klüter, Helmut (1998): Regionalentwicklung und Verwaltungsräume in Mecklenburg-Vorpommern, in: Wallerath, Maximilian (Hrsg.) (1998): Administrative Strukturen und Verwaltungseffizienz, Verwaltungsstrukturreform in Mecklenburg-Vorpommern, Baden-Baden, Seite 15-30.

Knieper, Thomas (1993): Auswahlverfahren, in: Knieper, Thomas (Hrsg.) (1993): Statistik, München, Seite 29-74.

Knieper, Thomas (Hrsg.) (1993): Statistik, München.

Knight, F. H. (1957): Risk, Uncertainty and Profit, Boston/New York.

Kommunale Gemeinschaftsstelle (KGSt) (Hrsg.) (1991): Dezentrale Ressourcenverantwortung: Überlegungen zu einem neuen Steuerungsmodell, Köln.

Kommunale Gemeinschaftsstelle (KGSt) (Hrsg.) (1993): Das neue Steuerungsmodell, Begründung, Konturen, Umsetzung, Köln.

Komus, Ayelt (2001): Benchmarking als Instrument der Intelligenten Organisation, Ansätze zur Steuerung und Steigerung organisatorischer Intelligenz, Wiesbaden.

König, Klaus (1998b): Ein Neues Öffentliches Management - Perzeption und Kritik, in: Neisser, Heinrich/Hammerschmidt, Gerhard (Hrsg.) (1998): Die innovative Verwaltung, Perspektiven des New Public Management in Österreich, Schriftenreihe des Zentrums für Angewandte Politikforschung, Band 18, Wien 1998, Seite 141-165.

König, Klaus (Hrsg.) (1998a): ‚Schlanker Staat' – Verwaltungsmodernisierung im Bund, Zwischenbericht, Praxisbeiträge, Kommentare, Speyerer Forschungsberichte Nr. 183, Speyer 1998.

König, Klaus/Beck, Joachim (1997): Modernisierung von Staat und Verwaltung, Zum neuen Öffentlichen Management, Reihe Verwaltungsorganisation, Staatsaufgaben und Öffentlicher Dienst, Band 37, Baden-Baden.

König, Klaus/Benz, Angelika (Hrsg.) (1997): Privatisierung und staatliche Regulierung, Bahn, Post und Telekommunikation, Rundfunk, Verwaltungsorganisation, Staatsaufgaben und Öffentlicher Dienst, Band 39, Baden-Baden.

Kraemer, Wolfgang/Müller, Michael (Hrsg.) (2001): Corporate Universities und E-Learning, Personalentwicklung und lebenslanges Lernen, Strategien - Lösungen - Perspektiven, Wiesbaden.

Kreklau, Carsten (1997): Sind unsere Hochschulen noch zu retten? – Reform durch Autonomie und Wettbewerb, in: Hollerith, Josef (Hrsg.) (1997): Leistungsfähige Hochschulen – aber wie?, Beiträge zur Hochschulstrukturreform, Neuwied/Kriftel/Berlin, Seite 59-72.

Kroeschell, Karl (1999): Deutsche Rechtsgeschichte, Band 1 (Bis 1250), 11. Auflage, Opladen.

Kromrey, Helmut (2001): Studierendenbefragung als Evaluation der Lehre? Anforderungen an Methodik und Design, in: Engel, Uwe (Hrsg.) (2001): Hochschulranking, Zur Qualitätsbewertung von Studium und Lehre, Frankfurt am Main, Seite 11-47.

Kronthaler, Klaus (2003): Anforderungen an das Hochschulrechnungswesen aus Sicht der deutschen Universitätskanzler, in: Bauhaus-Universität Weimar (Hrsg.) (2003): Hochschulrechnungswesen, Arbeitsgruppe Fortbildung Sprecherkreis der Universitätskanzler, Weimar, Seite 19-28.

Küchler, Tilman (2001): Gespenst oder Realität? - Die hochschulpolitische Wirklichkeit der Corporate University, in: Kraemer, Wolfgang/Müller, Michael (Hrsg.) (2001): Corporate Universities und E-Learning, Personalentwicklung und lebenslanges Lernen, Strategien - Lösungen - Perspektiven, Wiesbaden, Seite135-148.

Kudernatsch, Daniela (2001): Operationalisierung und empirische Überprüfung der Balanced Scorecard, Wiesbaden.

Kuhnert, Ingo/Leszczensky, Michael (1998): Kostenrechnung an Hochschulen, Erfassung und Bewertung hochschulinterner Kostenstrukturen, Modellversuch an der Universität Bonn und der Universität-Gesamthochschule Wuppertal, Reihe Hochschulplanung Band 35, Hannover.

Küpper, Hans-Ulrich (2003): Fünfteiliges Rechnungssystem für das Rechnungswesen von Hochschulen – Notwendigkeit, Rechnungszwecke und Bestandteile, in: Bauhaus-Universität Weimar (Hrsg.) (2003): Hochschulrechnungswesen, Arbeitsgruppe Fortbildung Sprecherkreis der Universitätskanzler, Weimar, Seite 51-74.

Küpper, Hans-Ulrich (2005): Controlling – Konzeption, Aufgaben, Instrumente, 4. Auflage, Stuttgart.

Lange, Josef (1991): Wettbewerb in der Hochschullehre, in: Institut der deutschen Wirtschaft (Hrsg.) (1991): Wettbewerbsstrategien für die Hochschullehre, Köln, Seite 85-90.

Lange, Josef (1997): Transparenz und Effizienz – veränderte Rahmenbedingungen für die Hochschulen, in: Hollerith, Josef (Hrsg.) (1997): Leistungsfähige Hochschulen – aber wie?, Beiträge zur Hochschulstrukturreform, Neuwied/Kriftel/Berlin, Seite 1-13.

Langthaler, Silvia (2002): Mehrdimensionale Steuerung in öffentlichen Sozialeinrichtungen, Theoretische und praktische Überlegungen zur Anwendung der Balanced Scorecard in der öffentlichen Verwaltung, in: Budäus, Dietrich/Schauer, Reinbert/Reichard, Christoph (Hrsg.) (2002): Public und Nonprofit Management, Neuere Entwicklungen und aktuelle Problemfelder, 4. Forschungskolloquium Hamburg – Linz – Potsdam, Hamburg, Seite 151-175.

Lantz, Eckart (2002): Leistungs- und Wirkungserfassung in kommunalen Gebietskörperschaften, in: Budäus, Dietrich/ Schauer, Reinbert/Reichard, Christoph (Hrsg.) (2002): Public und Nonprofit Management, Neuere Entwicklungen und aktuelle Problemfelder, 4. Forschungskolloquium Hamburg – Linz – Potsdam, Hamburg, Seite 109-126.Laske, Stephan u.a. (Hrsg.) (2000): Universität im 21. Jahrhundert, Zur Interdependenz von Begriff und

Organisation der Wissenschaft, Universität und Gesellschaft – Schriftenreihe zur Universitätsentwicklung, Band 1, München/Mering.
Leszczensky, Michael/Orr, Dominic (2004): Staatliche Hochschulfinanzierung durch indikatorgestützte Mittelverteilung, Dokumentation und Analyse der Verfahren in 11 Bundesländern, HIS Kurzinformation Nr. A2/2004, März 2004, Hannover.
Lindblohm, Charles E. (1965): The Intelligence of Democracy, Decision Making through Mutual Adjustment, New York.
Lorensen, Hans (1949): Etat oder Bilanz?, Ein Beitrag zur Frage der finanzwirtschaftlichen oder privatwirtschaftliche Rechnungsweise bei kommunalen Krankenanstalten, o.O., Dissertation an der rechts- und wirtschaftswissenschaftlichen Fakultät der Universität Tübingen vom 08. Juni 1949.
LRHB (2000): Jahresbericht 2000, Potsdam.
LRHB (2001): Jahresbericht 2001, Potsdam.
LRHMV (1997): Jahresbericht 1997, Neubrandenburg.
LRHMV (1998): Jahresbericht 1998, Neubrandenburg.
LRHMV (1999): Jahresbericht 1999, Neubrandenburg.
LRHMV (2000): Jahresbericht 2000, Neubrandenburg.
LRHMV (2001): Jahresbericht 2001, Neubrandenburg.
LRHMV (2005): Jahresbericht 2005, Neubrandenburg.
LRHNW (1998): Jahresbericht 1998, Düsseldorf.
LRHNW (1999): Jahresbericht 1999, Düsseldorf.
LRHNW (2000): Jahresbericht 2000, Düsseldorf.
LRHNW (2001): Jahresbericht 2001, Düsseldorf.
LRHNW (2005): Jahresbericht 2005, Düsseldorf.
LRHSA (2000a): Jahresbericht 2000, Teil I, Dessau.
LRHSA (2000b): Jahresbericht 2000, Teil II, Dessau.
LRHSA (2001): Jahresbericht 2001, Teil I, Dessau.
LRHSA (2002): Jahresbericht 2002, Teil I, Dessau.
LRHSA (2003): Jahresbericht 2003, Teil I, Dessau.
LRHSA (2004): Jahresbericht 2004, Teil II, Dessau.
LRHSH (2000a): Bemerkungen 2000, Kiel.
LRHSH (2000b): Ergebnisbericht 2000, Kiel.
LRHSH (2001a): Bemerkungen 2001, Kiel.
LRHSH (2001b): Kommunalbericht 2001, Kiel.
LRHSH (2005): Bemerkungen 2005, Kiel.
Lüder, Klaus (1991): Die zentrale Rolle des Rechnungskonzeptes für die Ausgestaltung des öffentlichen Rechnungswesens, in: Speyerer Forschungsberichte 93, Speyer.
Lüder, Klaus (1998a): Konzeptionelle Grundlagen des neuen kommunalen Haushaltswesens, Schriftenreihe des Innenministeriums Baden-Württemberg zum kommunalen Haushalts- und Rechnungswesen Band 5, Stuttgart.
Lüder, Klaus (1998b): Öffentliche Verwaltung der Zukunft, Berlin.
Lüder, Klaus (1999): Das Ende der Kameralistik?, in: der gemeinderat, Jg. 42 (1999), Heft 1, Seite 34-37.
Lüder, Klaus (2003): Vom Ende der Kameralistik, Speyerer Vorträge Nr. 74, Speyer.
Lüder, Klaus (Hrsg.) (1994): Öffentliches Rechnungswesen 2000, Vorträge und Diskussionsbeiträge einer Wissenschaftlichen Arbeitstagung der Hochschule für Verwaltungswissenschaften Speyer, Schriftenreihe der Hochschule Speyer, Band 117, Berlin.
Lüder, Klaus/Jones, Rowan (Hrsg.) (2003): Reforming Governmental Accounting and Budgeting in Europe, Frankfurt.
Luhmann, Niklas (1993): Soziale Systeme, Grundriss einer allgemeinen Theorie, Frankfurt am Main.
Luhmann, Niklas (1998): Die Wissenschaft der Gesellschaft, Frankfurt am Main.
Lüthje, Jürgen/Nickel, Sigrun (Hrsg.) (2003): Universitätsentwicklung – Strategien, Erfahrungen, Reflexionen, Frankfurt am Main u.a..
Mackscheidt, Klaus (1971): Das optimale Budget: Von der Lösung zum Problem, in: Hansmeyer, Karl-Heinrich (Hrsg.) (1971): Das rationale Budget, Ansätze moderner Haushaltstheorie, Köln, Seite 25-54.

Mäder, Hans/Schedler, Kuno (1994): Die Entwicklung des öffentlichen Rechnungswesens in der Schweiz vor dem Hintergrund der spezifischen nationalen Rahmenbedingungen, in: Lüder, Klaus (Hrsg.) (1994): Öffentliches Rechnungswesen 2000, Vorträge und Diskussionsbeiträge einer Wissenschaftlichen Arbeitstagung der Hochschule für Verwaltungswissenschaften Speyer, Schriftenreihe der Hochschule Speyer, Band 117, Berlin, Seite 49-67.

Mäding, Heinrich (1987): Öffentlicher Haushalt und Verwaltungswissenschaft, Ein Überblick, in: Mäding, Heinrich (Hrsg.) (1987): Haushaltsplanung – Haushaltsvollzug – Haushaltskontrolle, XI. Konstanzer Verwaltungsseminar 1986, Schriften zur öffentlichen Verwaltung und öffentlichen Wirtschaft, Band 109, Baden-Baden, Seite 29-49.

Mäding, Heinrich (Hrsg.) (1987): Haushaltsplanung – Haushaltsvollzug – Haushaltskontrolle, XI. Konstanzer Verwaltungsseminar 1986, Schriften zur öffentlichen Verwaltung und öffentlichen Wirtschaft, Band 109, Baden-Baden.

Mansfeld, Ludger/Altehoefer, Klaus-Peter (1996): Die deutschen öffentlichen Energieversorgungsunternehmen im Konflikt zwischen energiepolitischen Zielen und europäischen Wettbewerbsregeln, in: Cox, Helmut (Hrsg.) (1996): Perspektiven öffentlicher Unternehmen in der Wirtschafts- und Rechtsordnung der Europäischen Union, Band 2, herausgegeben im Auftrag des Wissenschaftlichen Beirats der Gesellschaft für öffentliche Wirtschaft, Schriftenreihe der Gesellschaft für öffentliche Wirtschaft, Heft 37, Baden-Baden, Seite 31-50.

Marginson, Simon/Considine, Mark (2000): The Entreprise University – Power, Governance and Reinvention in Australia, Cambridge.

Markowitz, H. (1952): Portfolio Selection, Efficient Diversification of Investments, in: Journal of Finance, 5, Nr. 31, Seite 369-382.

Meyer, Christoph (1999): Value at Risk für Kreditinstitute, Erfassung einer aggregierten Marktrisikoposition, Wiesbaden.

Meyer, Dirk (2002): Regulierung versus Deregulierung im Öffentlichen Personennahverkehr – Das Modell eines Nutzerklubs, in: Perspektiven der Wirtschaftspolitik, Band 3, Heft 1, Februar 2002, Seite 69-84.

Meyer, Jürgen (1996): Benchmarking, Spitzenleistungen durch Lernen von den Besten, Stuttgart.

Meyer-Guckel, Volker (2003): Hochschulen im Weiterbildungsmarkt – Thesen, Entwicklungen und Initiativen, in: Deutsche Gesellschaft für Bildungsverwaltung (Hrsg.) (2003): Neue Verantwortlichkeiten im Bildungswesen – Rückzug des Staates?, Dokumentation der 23. DGBV-Jahrestagung vom 28. bis 30. November 2002 in Esslingen, Frankfurt am Main, Seite 83-86.

Michel, Uwe (1997): Strategien zur Wertsteigerung erfolgreich umsetzen – Wie die Balanced Scorecard ein wirkungsvolles Shareholder Value Management unterstützt, in: Horváth, Péter (Hrsg.) (1997): Das neue Steuerungssystem des Controllers, Von Balanced Scorecard bis US-GAAP, Stuttgart, Seite 273-87.

Milbradt, Georg H. (1987): Flexible Vollzugssteuerung auf kommunaler Ebene – am Beispiel der Stadt Münster, in: Mäding, Heinrich (Hrsg.) (1987): Haushaltsplanung – Haushaltsvollzug – Haushaltskontrolle, XI. Konstanzer Verwaltungsseminar 1986, Schriften zur öffentlichen Verwaltung und öffentlichen Wirtschaft, Band 109, Baden-Baden, Seite 189-197.

Ministerium für Wissenschaft, Forschung und Kunst des Landes Baden-Württemberg (Hrsg.) (2000): Ein Jahrzehnt im Blick: Die Baden-Württembergische Hochschulpolitik 1990 bis 2000, Stuttgart.

Mlynek, Jürgen (Hrsg.) (2002): Die Zukunft der Hochschulfinanzierung: Qualitäts- und wettbewerbsfördernde Impulse, Köln.

Möncke, Ulrich/Gierstorfer, Eric/Ziegele, Frank (2000): Ein Budgetierungsmodell für die Fachhochschule München, Abschlussbericht der Kommission „Budgetierung FHM", CHE Arbeitspapier Nr. 23, Gütersloh.

Mönnich, Ernst (1986): Innovation oder Stagnation im Universitätsbereich?, Schriften zur öffentlichen Verwaltung und öffentlichen Wirtschaft, Band 104, Baden-Baden.

Monopolkommission der Bundesrepublik Deutschland (2000): Wettbewerbs als Leitbild für die Hochschulpolitik, Sondergutachten gemäß § 44 Abs. 1 Satz 4 GWB, Bonn.

Morath, Konrad (Hrsg.) (1994): Wirtschaftlichkeit in der Verwaltung, Reformkonzepte, Reformpraxis, Frankfurter Institut für Wirtschaftspolitische Forschung, Bad Homburg.

Morell, Paul (1994): Die Kontrollfunktion übergeordneter Verwaltungsorgane und Körperschaften, Beiträge zur Durchsetzung des Wirtschaftlichkeitsgebots im öffentlichen Dienst, in: Morath, Konrad (Hrsg.) (1994): Wirtschaftlichkeit in der Verwaltung, Reformkonzepte, Reformpraxis, Frankfurter Institut für Wirtschaftspolitische Forschung, Bad Homburg, Seite 51-71.

Morkel, Arnd (2000): Der Wortschwall der Ahnungslosen oder: Wie Politik und Wirtschaft die Universitäten reformieren wollen, in: Müller, Anselm Winfried/Hettich, Rainer (Hrsg.) (2000): Die gute Universität, Beiträge zu Grundfragen der Hochschulreform, Baden-Baden, Seite 13-29.

Mühlenbein, Karen (2005): Expansion des Hochschulwesens – Ein Weg in die Bildungsillusion?, in: Budäus, Dietrich/Schauer, Reinbert/Reichard, Christoph (Hrsg.) (2005): Public und Nonprofit Management, Aktuelle Forschungsergebnisse aus Deutschland und Österreich, 5. Forschungsworkshop Hamburg – Linz – Potsdam, Linz/ Potsdam, Seite 141-152.

Mühlhaupt, Ludwig/Eisele, Eugen (1994): Entscheidungsorientiertes Rechnungswesen für Staat und Gemeinden, Schriften zur öffentlichen Verwaltung und öffentlichen Wirtschaft, Band 145, Baden-Baden.

Müller, Anselm Winfried (2000): Die gute Universität als Thema der Ethik, in: Müller, Anselm Winfried/Hettich, Rainer (Hrsg.) (2000): Die gute Universität, Beiträge zu Grundfragen der Hochschulreform, Baden-Baden, Seite 31-36.

Müller, Anselm Winfried/Hettich, Rainer (Hrsg.) (2000): Die gute Universität, Beiträge zu Grundfragen der Hochschulreform, Baden-Baden.

Müller-Böling, Detlef (1994): Leistungsbemessung – Leistungstransparenz – Leistungsfolgen, 7 Thesen, CHE Arbeitspapier Nr. 2, Gütersloh.

Müller-Böling, Detlef (1996): Evaluation zur Rechenschaftslegung oder Qualitätsverbesserung? Eine Bestandsaufnahme der Evaluation an deutschen Hochschulen, CHE Arbeitspapier Nr. 12, Gütersloh.

Müller-Böling, Detlef (2000): Die entfesselte Hochschule, Gütersloh.

Müller-Böling, Detlef u.a. (Hrsg.) (1998): Strategieentwicklung an Hochschulen, Konzepte – Prozesse – Akteure, Gütersloh.

Müller-Böling, Detlef/Fedrowitz, Jutta (Hrsg.) (1998): Leitungsstrukturen für autonome Hochschulen, Verantwortung – Rechenschaft – Entscheidungsfähigkeit, Gütersloh.

Musgrave, Richard Abel (1978): The Future of Fiscal Policy, A Reassessment, Leuven.

Naschold, Frieder (1995): Ergebnissteuerung, Wettbewerb, Qualitätspolitik, Entwicklungspfade des öffentlichen Sektors in Europa, Modernisierung des öffentlichen Sektors, Sonderband 1, Berlin.

Naschold, Frieder/Bogumil, Jörg (2000): Modernisierung des Staates, New Public Management in deutscher und internationaler Perspektive, Opladen.

Naschold, Frieder/Jann, Werner/Reichard, Christoph (1999): Innovation, Effektivität, Nachhaltigkeit: Internationale Erfahrungen zentralstaatlicher Verwaltungsreform, Modernisierung des öffentlichen Sektors, Band 16, Berlin.

Naschold, Frieder/Oppen, Maria/Wegener, Alexander (1997): Innovative Kommunen, Internationale Trends und deutsche Erfahrungen, Stuttgart, Berlin, Köln.

Naschold, Frieder/Väth, Werner (1973): Politische Planungssysteme, Opladen.

Neubürger, Michael/Brockmann, Michael (2000): Der Value-at-Risk-Ansatz für Immobilienprojekte, in: Die Bank, Heft 7/2000, Seite 480-483.

Neumark, Fritz (1970): Grundsätze gerechter und ökonomisch rationaler Steuerpolitik, Tübingen.

NLRH (1997): Jahresbericht 1997, Hildesheim.

NLRH (1998): Jahresbericht 1998, Hildesheim.

NLRH (1999): Jahresbericht 1999, Hildesheim.

NLRH (2000): Jahresbericht 2000, Hildesheim.

NLRH (2001): Jahresbericht 2001, Hildesheim.

NLRH (2005): Jahresbericht 2005, Hildesheim.

Norekian, Anne (2005): Gutscheinssysteme als alternatives institutionelles Arrangement zur Finanzierung und Steuerung öffentlicher Aufgabenwahrnehmung, in: Budäus, Dietrich/Schauer,

Reinbert/Reichard, Christoph (Hrsg.) (2005): Public und Nonprofit Management, Aktuelle Forschungsergebnisse aus Deutschland und Österreich, 5. Forschungsworkshop Hamburg – Linz – Potsdam, Linz/Potsdam, Seite 153-171.

Oettle, Karl (1987): Kameralistisches Rechnungswesen - Entwicklung, Stand, Reformen, in: Mäding, Heinrich (Hrsg.) (1987): Haushaltsplanung – Haushaltsvollzug – Haushaltskontrolle, XI. Konstanzer Verwaltungsseminar 1986, Schriften zur öffentlichen Verwaltung und öffentlichen Wirtschaft, Band 109, Baden-Baden, Seite 168-178.

Oettle, Karl (1991): Betriebswirtschaftliche Beiträge zur öffentlichen Finanzwirtschaft, Ausgewählte Aufsätze zum Haushalts- und Rechnungswesen öffentlicher Verwaltungen, Schriften zur öffentlichen Verwaltung und öffentlichen Wirtschaft, Band 101, Baden-Baden.

Oppermann, Thomas (2002): Staatliche Hochschulfinanzierung: Neuordnung der Kompetenzen zwischen Bund, Ländern und Universitäten, in: Mlynek, Jürgen (Hrsg.) (2002): Die Zukunft der Hochschulfinanzierung: Qualitäts- und wettbewerbsfördernde Impulse, Köln, Seite 41-47.

Ordelheide, Dieter (1988): Zu einer neoinstitutionalistischen Theorie der Rechnungslegung, in: Budäus, Dietrich/Gerum, Elmar/Zimmermann, Gebhard (Hrsg.) (1988): Betriebswirtschaftslehre und Theorie der Verfügungsrechte, Wiesbaden, Seite 269-295.

Organisation for Economic Cooperation and Development (OECD) (Hrsg.) (2001): Governance im 21. Jahrhundert, Paris.

Organisation for Economic Cooperation and Development (OECD) (Hrsg.) (2004): On the Edge: Securing a Sustainable Future for Higher Education, Paris.

Osborne, David/Gaebler, Ted (1992): Reinventing Government, How the Entrepreneurial Spirit Is Transforming the Public Sector, Reading.

Ossola-Haring, Claudia (Hrsg.) (1999): Das große Handbuch Kennzahlen zur Unternehmensführung, Kennzahlen richtig verstehen, verknüpfen und interpretieren, Landsberg/Lech.

Peacock, Alan T./Wiseman, Jack (1971): The Economic Theory of Fiscal Policy, University of York Studies in Economics Nr. 5, London.

Pflaumer, Peter/Heine, Barbara/Hartung, Joachim (2001): Statistik für Wirtschafts- und Sozialwissenschaften: Induktive Statistik, München.

Pfnür, Andreas/Eberhardt, Tim (2006): Allokation und Bewertung von Risiken in immobilienwirtschaftlichen Public Private Partnerships, in: Budäus, Dietrich (Hrsg.) (2006): Kooperationsformen zwischen Staat und Markt, Theoretische Grundlagen und praktische Ausprägungen von Public Private Partnership, Schriftenreihe der Gesellschaft für öffentliche Wirtschaft Nr. 54, Baden-Baden, Seite 159-186.

Plamper, Harald (1998): Interkommunale Leistungsvergleiche, in: Damkowski, Wulf/Precht, Klaus (Hrsg.) (1998): Moderne Verwaltung in Deutschland, Public Management in der Praxis, Stuttgart u.a., Seite 200-204.

Pulch, Otto Rudolf (1987): Kontrolle und/oder Beratung: Chancen und Probleme der Leistungssteigerung eines Rechnungshofs, in: Mäding, Heinrich (Hrsg.) (1987): Haushaltsplanung – Haushaltsvollzug – Haushaltskontrolle, XI. Konstanzer Verwaltungsseminar 1986, Schriften zur öffentlichen Verwaltung und öffentlichen Wirtschaft, Band 109, Baden-Baden, Seite 230-241.

Püttner, Günter (2000): Verwaltungslehre, 3. Auflage, München.

Püttner, Günter (2002): Verdrängung der kommunalen Unternehmen auf liberalisierten Märkten durch Örtlichkeitsprinzip und Subsidiaritätsklausel, Zur Notwendigkeit der Reform des Gemeindewirtschaftsrechts, in: GöW (Hrsg.) (2002): Rollenwechsel kommunaler Unternehmen, Referate eines Symposiums der Gesellschaft für öffentliche Wirtschaft am 10. Dezember 2001 in Leipzig, Beiträge zur öffentlichen Wirtschaft, Heft 19, Berlin, Seite 18-23.

Radke, Magnus (1999): Die große betriebswirtschaftliche Formelsammlung, Landsberg/Lech.

Rahmann, Bernd (1971): Stabilisierungsorientierte Analyse der Budgetwirkungen, in: Hansmeyer, Karl-Heinrich (Hrsg.) (1971): Das rationale Budget, Ansätze moderner Haushaltstheorie, Köln, Seite 105-134.

Rau, Johannes (2002): Wissen und Werte in Einklang bringen, Gedanken über Universität, Wissenschaft und Bildung, in: Forschung & Lehre, 5/2002, Seite 230-234.

Raupach, Hubert/Reimann, Bruno W. (1974): Hochschulreform durch Neugründung? Zur Struktur und Wandel der Universitäten Bochum, Regensburg und Bielefeld, Bonn-Bad Godesberg.

Reding, Kurt (1989): Effizienz, in: Chmielewicz, Klaus/Eichhorn, Peter (Hrsg.) (1989): Handbuch der öffentlichen Betriebswirtschaft, Band 11 der Enzyklopädie der Betriebswirtschaft, Stuttgart, Sp. 277-282.

Reichard, Christoph (1994): Umdenken im Rathaus: Neue Steuerungsmodelle in der deutschen Kommunalverwaltung, Reihe Modernisierung des öffentlichen Sektors, Band 3, Berlin.

Reichard, Christoph (2002): Governance öffentlicher Dienstleistungen, in: Budäus, Dietrich/Schauer, Reinbert/Reichard, Christoph (Hrsg.) (2002): Public und Nonprofit Management, Neuere Entwicklungen und aktuelle Problemfelder, 4. Forschungskolloquium Hamburg – Linz – Potsdam, Hamburg, Seite 25-42.

Reichmann, Thomas (1997): Controlling mit Kennzahlen und Managementberichten, Grundlagen einer systemgestützten Controlling-Konzeption, 5. Auflage, München.

Reichwald, Ralf (2000): Organisations- und Führungsstrukturen zur Stärkung der Wettbewerbsfähigkeit der Universität von morgen, in: Laske, Stephan u.a. (Hrsg.) (2000): Universität im 21. Jahrhundert, Zur Interdependenz von Begriff und Organisation der Wissenschaft, Universität und Gesellschaft – Schriftenreihe zur Universitätsentwicklung, Band 1, München/Mering, Seite 315-335.

Reinermann, Heinrich (1975): Programmbudgets in Regierung und Verwaltung, Möglichkeiten und Grenzen von Planungs- und Entscheidungssystemen, Schriften zur öffentlichen Verwaltung und öffentlichen Wirtschaft, Band 6, Baden-Baden.

Reinermann, Heinrich (1991): Marktwirtschaftliches Verhalten in der öffentlichen Verwaltung, Speyerer Vorträge Heft 19, Speyer.

Reinermann, Heinrich (2000): Neues Politik- und Verwaltungsmanagement: Leitbild und theoretische Grundlagen, Speyerer Arbeitshefte Nr. 130, Speyer.

Remer, Detlef (2005): Einführen der Prozesskostenrechnung, Stuttgart.

RFHB (1999): Jahresbericht 1999, Bremen.

RFHB (2001): Jahresbericht 2001, Bremen.

RFHB (2002): Jahresbericht 2002, Bremen.

RFHB (2006): Jahresbericht 2006, Bremen.

RFHH (2000): Jahresbericht 2000, Hamburg.

RFHH (2001): Jahresbericht 2001, Hamburg.

RFHH (2002): Jahresbericht 2002, Hamburg.

RFHH (2005): Jahresbericht 2005, Hamburg.

RHB (2000): Jahresbericht 2000, Drucksache 14/345 des Abgeordnetenhauses von Berlin, Berlin.

RHB (2001): Jahresbericht 2001, Drucksache 14/1165 des Abgeordnetenhauses von Berlin, Berlin.

RHB (2006): Jahresbericht 2006, Berlin.

RHBW (2000): Denkschrift 2000, Karlsruhe.

RHBW (2001): Denkschrift 2001, Karlsruhe.

RHBW (2002): Denkschrift 2002, Karlsruhe.

RHBW (2003): Denkschrift 2003, Karlsruhe.

RHBW (2005): Denkschrift 2005, Karlsruhe.

RHEG (1999): Jahresbericht zum Haushaltsjahr 1998, Nr. 1999/C 349/01 im Amtsblatt der Europäischen Gemeinschaften, Luxemburg.

RHEG (2000): Jahresbericht zum Haushaltsjahr 1999, Nr. 2000/C 342/01 im Amtsblatt der Europäischen Gemeinschaften, Luxemburg.

RHEG (2001): Jahresbericht zum Haushaltsjahr 2000, Nr. 2001/C 359/01 im Amtsblatt der Europäischen Gemeinschaften, Luxemburg.

RHFS (2000): Jahresbericht 2000, Leipzig.

RHFS (2001): Jahresbericht 2001, Leipzig.

RHFS (2002): Prüfungserfahrungen der Rechnungshöfe mit outputorientierter Verwaltungssteuerung bei Sicherung des parlamentarischen Budgetrechts, Gutachten nach § 88 Abs. 3 SäHO, Drucksache 3-0215.3/28, Leipzig.

RHFS (2005): Jahresbericht 2005, Leipzig.

RHRP (2000): Jahresbericht 2000, Speyer.

RHRP (2001): Jahresbericht 2001, Speyer.

RHRP (2002): Jahresbericht 2002, Speyer.
RHRP (2004): Jahresbericht 2004, Speyer.
RHS (1999): Jahresbericht 1999, Saarbrücken.
RHS (2000): Jahresbericht 2000, Saarbrücken.
RHS (2004): Jahresbericht 2004, Saarbrücken.
Ronge, Volker/Schmieg, Günter (1973): Restriktionen politischer Planung, Frankfurt am Main.
Rothfuss, Andreas M. (1997): Hochschulen in den USA und in Deutschland, Ein Vergleich aus ökonomischer Sicht, Baden-Baden.
Rupp, Thomas (2001): Referenzmodellgestützte SAP R/3 Einführung an niedersächsischen Hochschulen – Erfahrungen aus einem Jahr Kompetenzzentrum, in: Appelrath, Hans-Jürgen u.a. (Hrsg.) (2001): Unternehmen Hochschule, Lecture Notes Informatics Volume P-6, Bonn, Seite 43-53.
Rürup, Bert (1971): Das Planning-Programming-Budgeting System, Theorie - Praxis - Erfahrungen, in: Hansmeyer, Karl-Heinrich (Hrsg.) (1971): Das rationale Budget, Ansätze moderner Haushaltstheorie, Köln, Seite 135-161.
Rürup, Bert/Färber, Gisela (1987): Kontrolle durch den Rechnungshof – Forderungen und Reformmöglichkeiten, in: Mäding, Heinrich (Hrsg.) (1987): Haushaltsplanung – Haushaltsvollzug – Haushaltskontrolle, XI. Konstanzer Verwaltungsseminar 1986, Schriften zur öffentlichen Verwaltung und öffentlichen Wirtschaft, Band 109, Baden-Baden, Seite 216-229.
Sandl, Erich (1987): Kontrolle durch den Rechnungshof – Entwicklung, Stand, in: Mäding, Heinrich (1987): Öffentlicher Haushalt und Verwaltungswissenschaft, Ein Überblick, in: Mäding, Heinrich (Hrsg.) (1987): Haushaltsplanung – Haushaltsvollzug – Haushaltskontrolle, XI. Konstanzer Verwaltungsseminar 1986, Schriften zur öffentlichen Verwaltung und öffentlichen Wirtschaft, Band 109, Baden-Baden, Seite 207-215.
SAP AG (2005): SAP Campus Management, Walldorf 2005.
Schauer, Reinbert (2002): Neuere Entwicklungen auf dem Gebiet des Nonprofit-Management, Entwicklungstendenzen auf dem Nonprofit-Sektor, in: Budäus, Dietrich/Schauer, Reinbert/Reichard, Christoph (Hrsg.) (2002): Public und Nonprofit Management, Neuere Entwicklungen und aktuelle Problemfelder, 4. Forschungskolloquium Hamburg – Linz – Potsdam, Hamburg, Seite 43-50.
Schedler, Kuno/Ösze, Daniel (2001): Performance Measurement in Öffentlichen Verwaltungen, in: Klingenbiel, Norbert (Hrsg.) (2001): Performance Measurement & Balanced Scorecard, München, Seite 259-275.
Schedler, Kuno/Proeller, Isabella (2000): New Public Management, Bern/Stuttgart/Wien.
Scheibeler, Alexander A. W. (2001): Balanced Scorecard für KMU: Kennzahlenermittlung mit ISO 9001:2000 leicht gemacht, Berlin/Heidelberg.
Scheidegger, Urs (2001): Management des Strategieprozesses an Universitäten, Bern/Stuttgart/ Wien.
Schenk, Hans (1939): Die Betriebskennzahlen, Begriff, Ordnung und Bedeutung für die Betriebsbeurteilung, Leipzig.
Schenker-Wicki, Andrea (1996): Evaluation von Hochschulleistungen: Leistungsindikatoren und Performance Measurements, Wiesbaden.
Schierenbeck, Henner (1999): Ertragsorientiertes Bankmanagement, Band 2: Risiko-Controlling und Bilanzstruktur-Management, 6. Auflage, Wiesbaden.
Schierenbeck, Henner (2000): Grundzüge der Betriebswirtschaftslehre, 15. Auflage, München u.a..
Schlag, Sabine/Runzheimer, Bodo (2001): Balanced Scorecard im Produktionssystemcontrolling, Anwendbarkeit und Ausgestaltung für den operativen Bereich, Wiesbaden.
Schmalenbach, Eugen (1950): Das Rechnungswesen der Betriebe, Band 1, Köln/Opladen.
Schmidt, Frank (2000): Strategisches Benchmarking, Gestaltungskonzeption aus der Markt- und der Ressourcenperspektive, Lohmar/Köln.
Schmidt, Hans-Jürgen (2001): Betriebswirtschaftslehre und Verwaltungsmanagement, 5. Auflage, Heidelberg.
Schmiing, Karl-Ludwig (1998): Schleswig-Holstein: Organisation des Reformprozesses, in: Damkowski, Wulf/Precht, Klaus (Hrsg.) (1998): Moderne Verwaltung in Deutschland, Public Management in der Praxis, Stuttgart u.a., Seite 78-87.
Schnell, Rainer/Hill, Paul B./Esser, Elke (1999): Methoden der empirischen Sozialforschung, 6. Auflage, München/Wien.

Schönbächler, Oscar (2001): Integriertes Risiko-Management in der Praxis - am Beispiel des Flughafens Zürich, in: Allenspach, Markus (Hrsg.) (2001): Integriertes Risiko-Management - Perspektiven einer chancenorientierten Unternehmensführung, St. Gallen, Seite 139-154.

Schramm, Jürgen (2002): Universitätsreform zwischen Liberalisierung und staatlichem Dirigismus, Reihe Ökonomische Theorie der Hochschule, Band 9, Frankfurt am Main u.a..

Schröder, Ernst F. (2001): Wertorientiertes Controlling, in: Freidank, Carl-Christian (Hrsg.) (2001): Controlling-Konzepte, Neue Strategien und Werkzeuge für die Unternehmenspraxis, Wiesbaden, Seite 185-224.

Schröder, Horst (1994): Haushaltswirtschaft und Haushaltsrecht als Instrumente wirtschaftlichen Verwaltens, in: Morath, Konrad (Hrsg.) (1994): Wirtschaftlichkeit in der Verwaltung, Reformkonzepte, Reformpraxis, Frankfurter Institut für Wirtschaftspolitische Forschung, Bad Homburg, Seite 41-49.

Schultze, Charles L. (1968): The Politics and Economics of Public Spending, Washington.

Schultz-Kult, Franz J. (2001): Kommunales Information Management, Effiziente Organisation und institutionenökonomische Gestaltung, Wiesbaden.

Schuppert, Gunnar Folke (2000): Verwaltungswissenschaft: Verwaltung, Verwaltungsrecht, Verwaltungslehre, Baden-Baden.

Schuster, Bernd (1999): Organisatorische und personale Probleme bei der Einführung der Kosten- und Leistungsrechnung am Beispiel der Bundeswehr, in: Budäus, Dietrich/Gronbach, Peter (Hrsg.) (1999): Umsetzung neuer Rechnungs- und Informationssysteme in innovativen Verwaltungen, 1. Norddeutsche Fachtagung zum New-Public-Management, Freiburg im Breisgau/Berlin/München, Seite 209-218.

Schuster, Falko/Steffen, Dieter (1987): Das Rechnungswesen des kommunalen Verwaltungsbetriebs, Teil 1: Grundbegriffe des Rechnungswesens und Grundzüge der Buchhaltung, Berlin/Heidelberg u.a..

Schweitzer, Marcell/Küpper, Hans-Ulrich (2003): Systeme der Kosten und Erlösrechnung, 8. Auflage, München.

Senge, Peter M. (2000): Die Hochschule als lernende Gemeinschaft, Ein Widerspruch in sich oder realisierbare Zukunft?, in: Laske, Stephan u.a. (Hrsg.) (2000): Universität im 21. Jahrhundert, Zur Interdependenz von Begriff und Organisation der Wissenschaft, Universität und Gesellschaft – Schriftenreihe zur Universitätsentwicklung, Band 1, München/Mering, Seite 17-44.

Slemrod, Joel (2001): A General Model of the Behavioral Response to Taxation, in: International Tax and Public Finance, 8/2001, Seite 119-128.

Smith, Helen/Armstrong, Michael/Brown, Sally (Hrsg.) (1999): Benchmarking and Threshold Standards in Higher Education, London.

Sorgenfrei, Christiane (1999): Die externe Rechnungslegung im wettbewerbliche gestalteten öffentlichen Hochschulwesen, unter Würdigung kameralistischer und doppischer Reformansätze, München.

Späth, Lothar (1997): Ende der Reformen – Ein Vorschlag für einen hochschulpolitischen Neuansatz, in: Hollerith, Josef (Hrsg.) (1997): Leistungsfähige Hochschulen – aber wie?, Beiträge zur Hochschulstrukturreform, Neuwied/Kriftel/Berlin, Seite 51-58.

Speier-Werner, Petra (2005): Public Change Management, Implementierung neuer Steuerungsinstrumente im öffentlichen Sektor, in: Budäus, Dietrich/Schauer, Reinbert/Reichard, Christoph (Hrsg.) (2005): Public und Nonprofit Management, Aktuelle Forschungsergebnisse aus Deutschland und Österreich, 5. Forschungsworkshop Hamburg – Linz – Potsdam, Linz/Potsdam, Seite 173-193.

Srocke, Isabell (2002): Segmentberichterstattung für die interne Steuerung und externe Publizität des öffentlichen Sektors, Diskussionsbeitrag Nr. 44 des Arbeitsbereiches Public Management der Hamburger Universität für Wirtschaft und Politik, herausgegeben von Prof. Dr. D. Budäus, Hamburg.

Srocke, Isabell (2004): Konzernrechnungslegung in Gebietskörperschaften unter Berücksichtigung von HGB, IAS/IFRS und IPSAS, Düsseldorf.

Stadt Kehl (2000): Haushalt 2000, Kehl.

Stadt Lauchhammer (2002): Verwaltungsbericht 2001, Lauchhammer.

Stadt München (2004): Budgetangaben der Stadtkämmerei, abgerufen unter http://www.muenchen.de, München.
Stadtwerke Düsseldorf AG (2003): Geschäftsbericht 2002, Düsseldorf.
Stadtwerke Leipzig GmbH (2003): Geschäftsbericht 2002, Leipzig.
Stifterverband für die Deutsche Wissenschaft (1998a): Unternehmerschmiede – eine neue Herausforderung an die Hochschulen, Thesen – Meinungen – Empfehlungen, Essen.
Stifterverband für die Deutsche Wissenschaft (1998b): Modell für einen Beitrag der Studierenden zur Finanzierung der Hochschulen (Studienbeitragsmodell), Essen.
Stößel, Frank Volker (1998): Outsourcing in der öffentlichen Verwaltung: Ein Instrument zur effizienten Versorgung mit öffentlichen Gütern, Frankfurt am Main u.a..
Stuchtey, Tim H. (2000): Die Finanzierung von Hochschulbildung, Eine finanzwissenschaftliche Analyse und ihre ordnungspolitischen Konsequenzen, Europäische Schriften zu Staat und Wirtschaft, Band 6, Baden-Baden.
Szyperski, N. (1980): Informationsbedarf, in: Handwörterbuch der Organisation, 2. Aufl., Stuttgart, Sp. 904 ff..
Teichler, Ulrich/Daniel, Hans-Dieter/Enders, Jürgen (Hrsg.) (1998): Brennpunkt Hochschule – Neuere Analysen zu Hochschule, Beruf und Gesellschaft, Frankfurt/New York.
Templin, Hans-Ulrich (1998): Unternehmensrisiko und Bilanzkennzahlen, Wiesbaden.
Tettinger, Peter J. (2003): Staatsrechtliche Hintergründe der Entstaatlichungsdebatte am Beispiel des Bildungswesens, in: Deutsche Gesellschaft für Bildungsverwaltung (Hrsg.) (2003): Neue Verantwortlichkeiten im Bildungswesen – Rückzug des Staates?, Dokumentation der 23. DGBV-Jahrestagung vom 28. bis 30. November 2002 in Esslingen, Frankfurt am Main, Seite 18-44.
Tiefensee, Wolfgang (2000): Modell Leipzig, in: Töpfer, Armin (Hrsg.) (2000): Die erfolgreiche Steuerung öffentlicher Verwaltungen, Von der Reform zur kontinuierlichen Verbesserung, Wiesbaden, Seite 79-91.
Tilak, Jandhyala B.G. (2006): Global Trends in Funding Higher Education, in: International Higher Education, Nr. 42 Winter 2006, Seite 5-6.
Timmel, Karin (1998): Die Reform der Binnenstrukturen am Beispiel einer Kreisverwaltung, Verwaltungsstrukturreform und kommunale Selbstverwaltung, in: Wallerath, Maximilian (Hrsg.) (1998): Administrative Strukturen und Verwaltungseffizienz, Verwaltungsstrukturreform in Mecklenburg-Vorpommern, Baden-Baden, Seite 89-93.
Töpfer, Armin (Hrsg.) (2000): Die erfolgreiche Steuerung öffentlicher Verwaltungen, Von der Reform zur kontinuierlichen Verbesserung, Wiesbaden.
TRH (1999): Bemerkungen 1999, Rudolstadt.
TRH (2000): Bemerkungen 2000, Rudolstadt.
TRH (2001): Jahresbericht 2001, Rudolstadt.
TRH (2005): Jahresbericht 2005, Rudolstadt.
van Helden, Jan (2000): Is Financial Stress an Incentive for the Adoption of Businesslike Planning and Control in Local Government? A Comparative Study of Eight Dutch Municipalities; in: FA&M, 16. Jg., Band 1/February 2000, Seite 83-100.
Vogelsang, Klaus/Lübking, Uwe/Jahn, Helga (1991): Kommunale Selbstverwaltung, Rechtsgrundlagen – Organisation – Aufgaben, Berlin.
Völker, Jörg (2001): Value-at-Risk-Modelle in Banken, Quantifizierung des Risikopotenzials im Portfoliokontext und Anwendung zur Risiko- und Geschäftssteuerung, Berlin.
Vollmuth, Hilmar (1999): Unternehmenssteuerung mit Kennzahlen: Konzeptionen, Techniken und Instrumente für kleinere und mittlere Unternehmen, München.
von Scherpenberg, Norman (1997): Staat und Privat: Reformkonzepte zur Überwindung verkrusteter Strukturen, in: Brede, Helmut/Gottschalk, Wolf/Liekmeier, Norbert (Hrsg.) (1997): Staat und Privat, Grenzziehung - Grenzverschiebung?, Schriften des Göttinger Forums für Wissenschaft, Wirtschaft und Verwaltung, Band 1, Frankfurt am Main, Seite 97-122.
Voß, Wolfgang (1991): Nutzenspillover-Effekte als Problem des kommunalen Finanzausgleichs, Ein Beitrag zur ökonomischen Rationalität des Ausgleichs zentralitätsbedingten Finanzbedarfs, Frankfurt am Main u.a..
Wagner, Eckhard (2001): Universitäten im Wettbewerb - Strategisches Management von Qualifizierungsdienstleistungen, Wiesbaden.

Walb, Ernst (1926): Die Erfolgsrechnung privater und öffentlicher Betriebe, Eine Grundlegung, Berlin/ Wien.
Walb, Ernst (1943): Finanzwirtschaftliche Bilanz, Köln.
Wallerath, Maximilian (Hrsg.) (1998): Administrative Strukturen und Verwaltungseffizienz, Verwaltungsstrukturreform in Mecklenburg-Vorpommern, Baden-Baden.
Watson, Gregory H. (1993): Benchmarking, vom Besten lernen, Landsberg am Lech.
Weber, Jürgen/Sandt, Joachim (2001): Erfolg durch Kennzahlen, Neue empirische Erkenntnisse, Reihe Advanced Controlling, Band 21, Vallendar.
Weber, Jürgen/Schäfer, Utz (2000): Balanced Scorecard & Controlling, Implementierung – Nutzen für Manager und Controller – Erfahrungen in deutschen Unternehmen, 3. Auflage, Wiesbaden.
Weiler, Hans N. (2001): Kontrollgewalt und Finanzstrukturen des deutschen Hochschulwesens im Wandel, in: Breinig, Helmbrecht/Gebhardt, Jürgen/Ostendorf, Berndt (2001): Das deutsche und das amerikanische Hochschulsystem: Bildungskonzepte und Wissenschaftspolitik, Publikationen der Bayerischen Amerika-Akademie 1b, Münster, Seite 45-65.
Werner, Clemens (1997): Fallbeispiel Warstein: Das Warsteiner Reformkonzept - Ansätze für ein integrales Management, in: Naschold, Frieder/Oppen, Maria/Wegener, Alexander (1997): Innovative Kommunen, Internationale Trends und deutsche Erfahrungen, Stuttgart, Berlin, Köln, Seite 351-364.
Wildawsky, Aaron (1964): The Politics of the Budgetary Process, Boston.
Wildawsky, Aaron (1973): Plädoyer für eine Trennung von politischer Analyse und PPBS, in: Naschold, Frieder/Väth, Werner (1973): Politische Planungssysteme, Opladen, Seite 114-141.
Wilkens, Klaus (2004): Kosten- und Leistungsrechnung, München/Wien.
Wissenschaftlicher Arbeitskreis IVR (2005): Eckpunkte für die Grundsätze ordnungsmäßiger Buchführung im öffentlichen Haushalts- und Rechnungswesen auf Basis der Integrierten Verbundrechnung (IVR), in: Budäus, Dietrich/Schauer, Reinbert/Reichard, Christoph (Hrsg.) (2005): Public und Nonprofit Management, Aktuelle Forschungsergebnisse aus Deutschland und Österreich, 5. Forschungsworkshop Hamburg – Linz – Potsdam, Linz/ Potsdam, Seite 197-202.
Witte, Frank (1999): Wirtschaftlichkeit in Hochschulen, Ein Finanzmittelverteilungsmodell für Hochschulen auf der Grundlage der Lehr- und Forschungsleistung, Aachen.
Witte, Johanna/Schreiterer, Ulrich (2002): Perspektiven für eine leistungsorientierte Professorenbesoldung im Lichte internationaler Erfahrungen, CHE Arbeitspapier Nr. 38, Gütersloh.
Witte, Johanna/Schreiterer, Ulrich/Müller-Böling Detlef (2002): Gestaltungsfragen bei der Umsetzung des Professorenbesoldungsreformgesetzes, CHE Arbeitspapier Nr. 37, Gütersloh.
Wöhe, Günter (1996): Einführung in die allgemeine Betriebswirtschaftslehre, 19. Auflage, München.
Woll, Artur (2001): Reform der Hochschulausbildung durch Wettbewerb, Abhandlungen zu Bildungsforschung und Bildungsrecht, Band 10, Berlin.
Wolters, Jan (1994): Das Tilburger Modell, Auf dem Weg zum Dienstleistungsunternehmen in der Kommunalverwaltung, in: Morath, Konrad (Hrsg.) (1994): Wirtschaftlichkeit in der Verwaltung, Reformkonzepte, Reformpraxis, Frankfurter Institut für Wirtschaftspolitische Forschung, Bad Homburg, Seite 85-91.
World Bank (2002): Constructing Knowledge Societies - New Challenges for Tertiary Education, Washington.
Zechlin, Lothar (2006): Im Zeitalter des Wettbewerbs angekommen, Der Differenzierungsprozeß innerhalb der Universitäten läuft, in: Forschung und Lehre, 13. Jahrgang 2006, Nr. 08/06, Seite 446-448.
Zimmermann, Daniel (2002): Hochschulpolitik in Spanien, Neues Hochschulrahmengesetz gegen landesweiten Protest durchgesetzt, in: Forschung & Lehre, 5/2002, Seite 255-257.
Zimmermann, Gebhard/Jöhnk, Thorsten (1999): Probleme der Bestimmung der Eigenkapitalkosten öffentlicher Unternehmen, Kritische Anmerkungen zur Entscheidung der EU-Kommission aus Sicht der Investitions- und Finanzierungstheorie, in: Kreditwesen, Heft 19/99, Seite 26-28.
Zimmermann, Horst/Henke, Klaus-Dirk (2001): Finanzwissenschaft - eine Einführung in die Lehre von der öffentlichen Finanzwirtschaft, München.

Zincke, Georg Heinrich (1751): Cameralistenbibliothek, Leipzig.
Zöfel, Andreas (2003): Statistik für Wirtschaftswissenschaftler, München.

# Anhang

**(1) Interviewfragebogen Hochschulmanagement**
Internationale Vergleichsstudie in Australien, Deutschland, Österreich und der Schweiz

Universität Leipzig, Institut für Finanzen, Finanzwissenschaft, Prof. Dr. Thomas Lenk
Durchführung: Matthias Klumpp, Diplom-Kaufmann, Diplom-Volkswirt (Promotionsprojekt)

Die folgenden Fragen haben die Zielsetzung der Darstellung einer personenbezogenen Sichtweisen zu den Veränderungen im Hochschulmanagement aus der Sicht der einzelnen Hochschuleinrichtung. Für die Beantwortung der Fragen soll die persönliche Meinung / Einschätzung in Bezug auf eine betreffende Hochschule als Betrachtungsperspektive verwendet werden. Der Zeitbedarf liegt etwa bei 20 Minuten. Die Antwortmöglichkeiten für alle Fragen liegen auf einer Skala von 0 bis 10 Punkten (keine bis volle Zustimmung). Die Ergebnisse werden ohne jeden Bezug zu Namen und Position der Interviewpartner ausgewertet. Weitere Information und gerne auch eine Anforderung der Ergebnisdokumentation sind vom durchführenden Interviewpartner zu erhalten.

*I. Wettbewerb*

| 1.1. | Aussage | Zustimmungsskala (keine bis volle Zustimmung) |
|---|---|---|
| | "Der **Wettbewerb** der Hochschulen z.B. um akademische Mitarbeiter, Studierende, Budgets und Unternehmenskontakte | |
| (a) | ... hat in den **letzten 5 Jahren** zugenommen." | 0 1 2 3 4 5 6 7 8 9 10<br>☐ ☐ ☐ ☐ ☐ ☐ ☐ ☐ ☐ ☐ ☐ |
| (b) | ... wird in den **nächsten 5 Jahren** zunehmen." | 0 1 2 3 4 5 6 7 8 9 10<br>☐ ☐ ☐ ☐ ☐ ☐ ☐ ☐ ☐ ☐ ☐ |
| | Bitte nennen Sie die drei wichtigsten konkreten **Entwicklungsaufgaben** für Ihre Hochschuleinrichtung und markieren Sie deren Bedeutung auf der Skala von 0 (geringe Bedeutung) bis 10 (hohe Bedeutung) | |
| (c) | - ____________ | 0 1 2 3 4 5 6 7 8 9 10<br>☐ ☐ ☐ ☐ ☐ ☐ ☐ ☐ ☐ ☐ ☐ |
| (d) | - ____________ | 0 1 2 3 4 5 6 7 8 9 10<br>☐ ☐ ☐ ☐ ☐ ☐ ☐ ☐ ☐ ☐ ☐ |
| (e) | - ____________ | 0 1 2 3 4 5 6 7 8 9 10<br>☐ ☐ ☐ ☐ ☐ ☐ ☐ ☐ ☐ ☐ ☐ |

| 1.2. | Aussage | Zustimmungsskala (keine bis volle Zustimmung) |
|---|---|---|
| (a) | "Die **Unterschiede** zwischen den Hochschuleinrichtungen Ihres Landes werden stark zunehmen und neue Dimensionen z.B. in Bezug auf Reputation, Attraktivität für Studierende und Unternehmenskontakte erreichen." | 0 1 2 3 4 5 6 7 8 9 10<br>☐ ☐ ☐ ☐ ☐ ☐ ☐ ☐ ☐ ☐ ☐ |

| 1.3. | Aussage | Zustimmungsskala (keine bis volle Zustimmung) |
|---|---|---|
| (a) | "Der **internationale Wettbewerb** zwischen Hochschuleinrichtungen übertrifft mehr und mehr den „nationalen" Wettbewerb im Hochschulbereich." | 0 1 2 3 4 5 6 7 8 9 10<br>☐ ☐ ☐ ☐ ☐ ☐ ☐ ☐ ☐ ☐ ☐ |
| (b) | "In 5 bis 10 Jahren sollte das internationale Ranking für eine Hochschuleinrichtung bedeutender sein als das "nationale" Ranking." | 0 1 2 3 4 5 6 7 8 9 10<br>☐ ☐ ☐ ☐ ☐ ☐ ☐ ☐ ☐ ☐ ☐ |

| 1.4. | Aussage | Zustimmungsskala (keine bis volle Zustimmung) |
|---|---|---|
| (a) | "Die **internationalen Unterschiede** zwischen den Hochschuleinrichtungen werden stark zunehmen und neue Dimensionen z.B. in Bezug auf Reputation, Attraktivität für Studierende und Unternehmenskontakte erreichen." | 0 1 2 3 4 5 6 7 8 9 10<br>☐ ☐ ☐ ☐ ☐ ☐ ☐ ☐ ☐ ☐ ☐ |
| (b) | "Diese internationalen Unterschiede sind abhängig von einem Entwicklungsstand des eigenen Landes der Hochschuleinrichtungen in Bezug auf den Grad des Wettbewerbs und der Marktorganisation im Hochschulbereich." | 0 1 2 3 4 5 6 7 8 9 10<br>☐ ☐ ☐ ☐ ☐ ☐ ☐ ☐ ☐ ☐ ☐ |

*II. Veränderungen*

| 2.1. | Aussage | Zustimmungsskala (keine bis volle Zustimmung) |
|---|---|---|
| | "Ausmaß und Dringlichkeit von **Veränderungen** in der Hochschuleinrichtung ... | |
| (a) | ... haben in den **letzten 5 Jahren** zugenommen." | 0 1 2 3 4 5 6 7 8 9 10<br>☐ ☐ ☐ ☐ ☐ ☐ ☐ ☐ ☐ ☐ ☐ |
| (b) | ... werden in den **nächsten 5 Jahren** zunehmen." | 0 1 2 3 4 5 6 7 8 9 10<br>☐ ☐ ☐ ☐ ☐ ☐ ☐ ☐ ☐ ☐ ☐ |

| 2.2. | Aussage | Zustimmungsskala (keine bis volle Zustimmung) |
|---|---|---|
| | "Die **Flexibilität** und Motivation, auf "Kundenanforderungen" zu reagieren ... | |
| (a) | ... hat in den **letzten 5 Jahren** zugenommen." | 0 1 2 3 4 5 6 7 8 9 10<br>☐ ☐ ☐ ☐ ☐ ☐ ☐ ☐ ☐ ☐ ☐ |
| (b) | ... wird in den **nächsten 5 Jahren** zunehmen." | 0 1 2 3 4 5 6 7 8 9 10<br>☐ ☐ ☐ ☐ ☐ ☐ ☐ ☐ ☐ ☐ ☐ |

| 2.3. | Aussage | Zustimmungsskala (keine bis volle Zustimmung) |
|---|---|---|
| (a) | "Es gab in der Vergangenheit Fälle von "**Marktaustritten**" von Hochschuleinrichtungen in der Form von Zusammenschlüssen oder Schließungen." | 0 1 2 3 4 5 6 7 8 9 10<br>☐ ☐ ☐ ☐ ☐ ☐ ☐ ☐ ☐ ☐ ☐ |
| (b) | "Es wird in der Zukunft Fälle von "Marktaustritten" von Hochschuleinrichtungen in der Form von Zusammenschlüssen oder Schließungen geben." | 0 1 2 3 4 5 6 7 8 9 10<br>☐ ☐ ☐ ☐ ☐ ☐ ☐ ☐ ☐ ☐ ☐ |

*III. Kompetenzen*

| 3.1. | Aussage | Zustimmungsskala (keine bis volle Zustimmung) |
|---|---|---|
| (a) | "Die Aufmerksamkeit innerhalb der Hochschuleinrichtung hat sich den **akademischen Mitarbeitern** zugewandt und zwar z.B. in der Form einer unterstützenden Atmosphäre, von flexiblen Anreiz- und Gehaltsmodellen sowie neuen Methoden der Selektion neuer akademischer Mitarbeiter." | 0 1 2 3 4 5 6 7 8 9 10<br>☐ ☐ ☐ ☐ ☐ ☐ ☐ ☐ ☐ ☐ ☐ |
| (b) | "Diese Aufmerksamkeit für akademische Mitarbeiter als "Kernkompetenzträger" der Hochschule wird ergänzt durch neue Modelle der Ergebnisdokumentation und Ergebnisverantwortung ("accountability")." | 0 1 2 3 4 5 6 7 8 9 10<br>☐ ☐ ☐ ☐ ☐ ☐ ☐ ☐ ☐ ☐ ☐ |

| 3.2. | Aussage | Zustimmungsskala (keine bis volle Zustimmung) |
|---|---|---|
| | "Die Hochschuleinrichtungen werden verstärkt Aufmerksamkeit und Ressourcen einsetzen um durch ... ... neue Finanzierungsmittel zu erschließen." | |
| (a) | ... bezahlte Beratungsdienstleistungen ... | 0 1 2 3 4 5 6 7 8 9 10<br>☐ ☐ ☐ ☐ ☐ ☐ ☐ ☐ ☐ ☐ ☐ |
| (b) | ... bezahlte Weiterbildung für Berufstätige ... | 0 1 2 3 4 5 6 7 8 9 10<br>☐ ☐ ☐ ☐ ☐ ☐ ☐ ☐ ☐ ☐ ☐ |
| (c) | ... Ausgründung von Unternehmen ... | 0 1 2 3 4 5 6 7 8 9 10<br>☐ ☐ ☐ ☐ ☐ ☐ ☐ ☐ ☐ ☐ ☐ |
| (d) | ... Technologieverwertung (Patentierung/Lizenzierung) ... | 0 1 2 3 4 5 6 7 8 9 10<br>☐ ☐ ☐ ☐ ☐ ☐ ☐ ☐ ☐ ☐ ☐ |

*IV. Outsourcing*

| 4.1. | Aussage | Zustimmungsskala (keine bis volle Zustimmung) |
|---|---|---|
| | "Der Umfang der extern bezogenen Produkte und speziell Dienstleistungen (Verwaltungs- und Burodienstleistungen) | |
| (a) | ... hat in den **letzten 5 Jahren** zugenommen." | 0 1 2 3 4 5 6 7 8 9 10<br>☐ ☐ ☐ ☐ ☐ ☐ ☐ ☐ ☐ ☐ ☐ |
| (b) | ... wird in den **nächsten 5 Jahren** zunehmen." | 0 1 2 3 4 5 6 7 8 9 10<br>☐ ☐ ☐ ☐ ☐ ☐ ☐ ☐ ☐ ☐ ☐ |

| 4.2. | Aussage | Zustimmungsskala (keine bis volle Zustimmung) |
|---|---|---|
| (a) | "Die Hochschuleinrichtungen werden in Zukunft vermehrt **Beratungsdienstleistungen** für die Fuhrungsberatung im Bereich einzelner Managementthemen einkaufen." | 0 1 2 3 4 5 6 7 8 9 10<br>☐ ☐ ☐ ☐ ☐ ☐ ☐ ☐ ☐ ☐ ☐ |
| | Bitte nennen Sie einige Beispiele für Themenbereiche, in denen Sie erwarten, dass Ihre Hochschuleinrichtung in Zukunft Beratungsdienstleistungen in Anspruch nimmt und markieren Sie jeweils die Bedeutung der einzelnen Themen | |
| (b) | - ______________________ | 0 1 2 3 4 5 6 7 8 9 10<br>☐ ☐ ☐ ☐ ☐ ☐ ☐ ☐ ☐ ☐ ☐ |
| (c) | - ______________________ | 0 1 2 3 4 5 6 7 8 9 10<br>☐ ☐ ☐ ☐ ☐ ☐ ☐ ☐ ☐ ☐ ☐ |
| (d) | - ______________________ | 0 1 2 3 4 5 6 7 8 9 10<br>☐ ☐ ☐ ☐ ☐ ☐ ☐ ☐ ☐ ☐ ☐ |

*V. Risiko*

| 5.1. | Aussage | Zustimmungsskala (keine bis volle Zustimmung) |
|---|---|---|
| (a) | "Es existiert ein zunehmendes allgemeines Verständnis für die **Risiken** und Unsicherheiten in Ihrer Hochschuleinrichtung." | 0 1 2 3 4 5 6 7 8 9 10<br>☐ ☐ ☐ ☐ ☐ ☐ ☐ ☐ ☐ ☐ ☐ |
| | Bitte nennen Sie die drei wichtigsten Risiken für Ihre Hochschuleinrichtung in den kommenden 5 Jahren und geben Sie jeweils eine Bedeutungsbewertung von 0 bis 10 an | |
| (b) | - ______________________ | 0 1 2 3 4 5 6 7 8 9 10<br>☐ ☐ ☐ ☐ ☐ ☐ ☐ ☐ ☐ ☐ ☐ |
| (c) | - ______________________ | 0 1 2 3 4 5 6 7 8 9 10<br>☐ ☐ ☐ ☐ ☐ ☐ ☐ ☐ ☐ ☐ ☐ |
| (d) | - ______________________ | 0 1 2 3 4 5 6 7 8 9 10<br>☐ ☐ ☐ ☐ ☐ ☐ ☐ ☐ ☐ ☐ ☐ |

| 5.2. | Aussage | Zustimmungsskala (keine bis volle Zustimmung) |
|---|---|---|
| (a) | "Es wird einen zunehmenden Bedarf an Modellen und Methoden zur **Risikomessung** in Hochschuleinrichtungen geben." | 0 1 2 3 4 5 6 7 8 9 10<br>☐ ☐ ☐ ☐ ☐ ☐ ☐ ☐ ☐ ☐ ☐ |

| 5.3. | Aussage | Zustimmungsskala (keine bis volle Zustimmung) |
|---|---|---|
| (a) | "Die Finanzmittelgeber, speziell die staatlichen Tragereinrichtungen, werden ein Gespur und Verstandnis für die **Risikoposition** der Hochschuleinrichtungen entwickeln." | 0 1 2 3 4 5 6 7 8 9 10<br>☐ ☐ ☐ ☐ ☐ ☐ ☐ ☐ ☐ ☐ ☐ |
| (b) | "Die Finanzmittelgeber, speziell die staatlichen Tragereinrichtungen, werden eine **Risikoprüfung** (Audit) für Hochschuleinrichtungen einfordern bzw. vorschreiben." | 0 1 2 3 4 5 6 7 8 9 10<br>☐ ☐ ☐ ☐ ☐ ☐ ☐ ☐ ☐ ☐ ☐ |

**(2) Befragung Hochschulmanagement – befragte Hochschulen**
Internationale Vergleichsstudie in Australien, Deutschland, Österreich und der Schweiz

| Land | Hochschule | Administration | Leitung | Wissenschaft |
|---|---|---|---|---|
| Australien | Monash University Melbourne* | X | | |
| | Monash University Melbourne | | X | |
| | Monash University Melbourne | | | X |
| | RMIT University Melbourne | X | | |
| | University of Melbourne | X | | |
| | University of Melbourne | | | X |
| | University of New South Wales Sydney | X | | |
| | University of New South Wales Sydney | | | X |
| | University of Western Sydney | | X | |
| | University of Sydney* | X | | |
| | University of Sydney | | | X |
| Deutschland | Bucerius Law School Hamburg | X | | |
| | Bucerius Law School Hamburg | | X | |
| | Europäische Fachhochschule Fresenius Idstein | X | | |
| | Europäische Fachhochschule Fresenius Idstein | | X | |
| | Europäische Fachhochschule Fresenius Idstein | | | X |
| | Fachhochschule Jena | | X | |
| | Hochschule Magdeburg-Stendal (FH) | | X | |
| | Hochschule Magdeburg-Stendal (FH) | | | X |
| | Humboldt-Universität zu Berlin | | X | |
| | Universität Duisburg-Essen | | | X |
| | Universität Leipzig | X | | |
| | Universität Leipzig | | X | |
| | Universität Mannheim | X | | |
| | Universität Witten-Herdecke | | X | |
| Österreich | Technische Universität Wien | | | X |
| | Johannes Kepler Universität Linz | X | | |
| | Johannes Kepler Universität Linz | | X | |
| | Johannes Kepler Universität Linz | | | X |
| | Universität Wien | X | | |
| Schweiz | Eidgenössische Technische Hochschule Zürich | X | | |
| | Fachhochschule HSW Luzern | X | | |
| | Fachhochschule HSW Luzern | | | X |
| | Private Hochschule KAL | | X | |
| | Universität St. Gallen | X | | |

* In Australien konnte an zwei Hochschulen (Monash University Melbourne und University of Sydney) jeweils im Bereich Administration der Leiter des Risk Management Office befragt werden, da in diesen Fällen sowohl diese institutionelle Einrichtung vorlag als auch ein Interviewtermin vereinbart werden konnte.

**Schriften des Instituts für Finanzen**
**Universität Leipzig**

Herausgegeben von Prof. Dr. Udo Hielscher und Prof. Dr. Thomas Lenk

Band 1 Jörg Widmayer: Produktionsstrukturen und Effizienz im öffentlichen Theatersektor. Eine wirtschaftswissenschaftliche Analyse unter Verwendung eines dualen Frontieransatzes. 2000.

Band 2 Anja Birke: Der kommunale Finanzausgleich des Freistaates Sachsen. Vertikale und horizontale Verteilungswirkungen im Rahmen eines länderbezogenen Modellvergleichs mit Baden-Württemberg. 2000.

Band 3 Stefan Wilhelm: Kapitalmarktmodelle. Lineare und nichtlineare Modellkonzepte und Methoden in der Kapitalmarkttheorie. 2001.

Band 4 Thomas Lenk: Aspekte des Länderfinanzausgleichs. Tarifgestaltung, Gemeindefinanzkraft, Fonds "Deutsche Einheit". 2001.

Band 5 Volkmar Teichmann: Die Finanzbeziehungen zwischen den öffentlich-rechtlichen Rundfunkanstalten der Bundesrepublik Deutschland. Bestandsaufnahme und Reformvorschläge. 2001.

Band 6 Friedrich Vogelbusch: Steuerarbitrage bei Umsatz- und Verbrauchsteuern im Europäischen Binnenmarkt. Eine empirische Untersuchung. 2003.

Band 7 Frank Wolfert: Performanceanalyse als Steuerungsinstrument im Wertpapier-Managementprozess. 2003.

Band 8 Thomas Lenk: Gemeindefinanzbericht Sachsen 2002/2003. 2004.

Band 9 Uwe A. Giegold: Bewertung unbedingter börsengehandelter Zins-Derivate und Analyse von Arbitrage-Gewinnmöglichkeiten mit Hilfe von Arbitrage-Signalen. 2004.

Band 10 Matthias Klumpp: Modern Public Budgeting. Analyse und Bewertung von Informations- und Risikomanagementsystemen in Öffentlichen Einrichtungen am Beispiel einer Risk-Return-Steuerung für Hochschulen. 2009.

www.peterlang.de

Kolibri 360 GmbH
Ferdinand-Jühlke-Straße 7
99095 Erfurt, Deutschland
produktsicherheit@kolibri360.de

Druck:
CPI Druckdienstleistungen GmbH
im Auftrag der
Kolibri 360 GmbH
Ferdinand-Jühlke-Str. 7
99095 Erfurt